权威·前沿·原创

皮书系列为
"十二五""十三五""十四五"时期国家重点出版物出版专项规划项目

B

BLUE BOOK

智 库 成 果 出 版 与 传 播 平 台

福建蓝皮书

BLUE BOOK OF FUJIAN

福建乡村振兴报告
（2023~2024）

REPORT ON RURAL REVITALIZATION
IN FUJIAN PROVINCE (2023-2024)

福建农林大学／编　著

主　　编／王建南
执行主编／郑永平　杨国永　林姝敏　黄静晗
副 主 编／林建鸿　林丽梅　王全明　刘其赟

社会科学文献出版社
SOCIAL SCIENCES ACADEMIC PRESS（CHINA）

图书在版编目（CIP）数据

福建乡村振兴报告 . 2023~2024 / 福建农林大学编
著 . -- 北京：社会科学文献出版社，2024. 11. --（福
建蓝皮书）. --ISBN 978-7-5228-4212-7

Ⅰ. F327.57

中国国家版本馆 CIP 数据核字第 2024VY2909 号

福建蓝皮书
福建乡村振兴报告（2023~2024）

编　　著 / 福建农林大学
主　　编 / 王建南
执行主编 / 郑永平　杨国永　林姝敏　黄静晗
副 主 编 / 林建鸿　林丽梅　王全明　刘其赟

出 版 人 / 冀祥德
责任编辑 / 张建中
文稿编辑 / 郭晓彬
责任印制 / 王京美

出　　版 / 社会科学文献出版社（010）59367004
　　　　　　地址：北京市北三环中路甲 29 号院华龙大厦　邮编：100029
　　　　　　网址：www. ssap. com. cn
发　　行 / 社会科学文献出版社（010）59367028
印　　装 / 天津千鹤文化传播有限公司

规　　格 / 开　本：787mm×1092mm　1/16
　　　　　　印　张：28.5　字　数：430 千字
版　　次 / 2024 年 11 月第 1 版　2024 年 11 月第 1 次印刷
书　　号 / ISBN 978-7-5228-4212-7
定　　价 / 198.00 元

读者服务电话：4008918866

"福建蓝皮书"编委会

主　任　王建南

副主任　阮晓菁　郭为桂　郑逸芳　苏时鹏

委　员　杨国永　郑永平　黄跃东　林姝敏　王全明
　　　　盛　洁　沈君彬　毛丽玉　邓启明　黄静晗
　　　　林建鸿　林丽梅　刘其赟　陈智军　余丽燕
　　　　宋　羽　郭玉辉　唐江桥　陈永贵　陈顺和
　　　　洪燕真　纪金雄　屈　峰　张俊娜　陈凯达
　　　　裴锦泽　何忠军　宋　琴　李瀚卿　张艺融
　　　　杨　谦　蔡云霄

主要编撰者简介

王建南 福建南安人。福建农林大学党委书记。在职研究生学历，法学博士。教授，博士研究生导师。主要研究领域为中国共产党思想政治教育史和意识形态工作研究，从事高校党的建设、思想政治工作和教育管理工作，主持省部级课题 10 多项，在《求是》、《红旗》、《思想理论教育导刊》、《思想政治教育研究》、《福建论坛》（人文社会科学版）等期刊上发表论文 20 余篇，出版有《顺民意、得民心的重大改革——福建集体林权制度改革的理论与实践探索》《思考的印迹》《古田会议：从严治党思想研究》等专著，主编《福建红色文化读本》（大学版、高中版、初中版、小学版)、《立德树人的福建探索》系列丛书（10 本卷)、《信仰的力量——青年学生谈马克思主义》、《学校心理健康教育指导手册》和《家庭教育指导手册》等。

郑永平 福建长汀人。福建农林大学公共管理与法学院公共事业管理系主任，福建农村发展智库副主任，副教授。台湾大学建筑与城乡研究所访问学者，福建省社会建设研究会理事、福建省乡村振兴研究会专家服务团特聘专家。主要研究领域为区域发展战略规划与评价、传统村落保护与开发、城镇发展战略等。福建省"十二五"规划纲要起草组成员，近年先后作为主要起草人参与国家级、省市级各类区域规划类项目 20 余项。主持纵向省部级科研课题 6 项，发表论文 10 余篇，获中国专业学位教学案例中心案例入库 3 项。主要代表作有《以新发展理念引领粮食安全治理》（论文)、《基于新发展理念的经济安全治理新格局建构策略——评〈我国经济安全风险动态测度及监管对策研究：基于国别风险冲击视角〉》（论文）、《乡村振兴战略下福建传统村落产业发展研究》（论文）等。

杨国永 福建漳浦人。福建农林大学公共管理硕士（MPA）教育中心副主任、福建农村发展智库主任。博士，教授，硕士研究生导师。兼任福建省乡村振兴研究会政策研究中心秘书长。台湾大学建筑与城乡研究所、中国人民大学公共管理学院、厦门大学公共事务学院访问学者。主要研究领域为乡村建设与治理，土地、住房与城乡发展等。主持国家社科基金项目、福建省社会科学规划项目、福建省软科学计划项目等课题6项。以第一作者/通讯作者在《农业技术经济》《资源科学》《中国农业大学学报》《改革》《城市发展研究》等CSSCI/CSCD期刊上发表论文10余篇；出版专著4部。辅导晋江市、古田县、漳浦县多个地区的美丽乡村创建和乡村旅游发展。主要代表作有《农民工回乡建房的事件史分析——基于福建省农民工流出地的调查》（论文）、《农民工回乡建房的家庭福利效应——基于福建省农民工流出地的调查》（论文）、《耕地抛荒及其治理——文献述评与研究展望》（论文）、《权属意识、针对施治与耕地抛荒的现实因应》（论文）、《变局市场 厦漳地区房地产市场格局演替》（专著）等。

林姝敏 福建福州人。福建农林大学公共管理与法学院在职博士研究生、副教授，校教学培训师。主要研究领域为环境规制、社会保障等。主持福建省社会规划项目、福建省委宣传部项目、福建省软科学项目等4项。以第一作者/通讯作者发表论文7篇。

黄静晗 福建福州人。福建省高校新型智库区域特色发展研究院副院长，福建农林大学公共管理与法学院副教授，博士，硕士研究生导师，台湾大学访问学者，兼任福建省女科技工作者协会理事、福建省特色研究会理事等。主要研究领域为城乡发展规划与治理、城镇化、农村发展与制度创新等。主持国家社会科学基金项目、省社会科学基金项目、省软科学研究计划项目（重点）、省发改委研究项目、省财政厅研究项目、省科协重点决策咨询项目、省教育厅社科研究项目等科技计划项目以及省、市、区县等各级政府委托横向科技项目 20 多项，参与国家、省部、厅等各级科技项目几十项，出版专著 1 部，参编教材 3 部，发表核心期刊论文多篇，作为主要完成人的科研成果获福建省第十三届社会科学优秀成果奖三等奖、福建省第十一届社科优秀成果奖二等奖、福建省第十一届社科优秀成果奖三等奖、福建省第九届科技工作者优秀建议奖、福建省第八届社科优秀成果奖三等奖、福州市第十届社会科学优秀成果奖一等奖、福州市第九届社科优秀成果奖二等奖、福州市第六届社科优秀成果奖三等奖。主要代表作有《城市化进程中转型社区的韧性重塑研究——以福州 L 社区为例》（论文）、《正式制度与非正式制度的关系结构与形成逻辑——基于对我国农村集体产权制度改革的观察》（论文）、《村民行为与城中村集体产权重构研究》（专著）等。

林建鸿　福建仙游人。福建农林大学公共管理与法学院讲师。主要研究领域为人口发展与保障、社会工作与政策。主要代表作有《合理社会分层与农村稳定》（论文）、《劳动力外流与农村家庭养老研究——以福建省仙游县为例》（论文）、《行动者导向下的高校毕业生返乡下乡创业困境纾解》（论文）、《社会医疗保险中的 PID 现象及其消解》（论文）、《中国呼唤"银色拐杖"》（论文）等。

林丽梅　福建仙游人。福建江夏学院公共事务学院副教授，博士，硕士研究生导师，中国人民大学农业与农村发展学院访问学者。兼任福建省社会建设研究会理事。主要研究领域为农村资源与环境治理、养老服务发展、基层社会治理等。主持民政部民政理论重点项目、福建省创新战略项目、福建省自然科学基金项目、福建省中国特色社会主义理论体系研究项目、福建省社科规划项目等课题 5 项。以第一作者/通讯作者在《探索》、《中国生态农业学报》（中英文）、《生态与农村环境学报》等 CSSCI/CSCD 核心刊物上发表学术论文 10 余篇，单篇最高被引 161 次，出版专著 1 部。主要代表作有

《环境规制对城市绿色发展效率的影响——基于超效率 EBM 模型和系统 GMM 模型的实证分析》（论文）、《农村生活垃圾集中处理的农户认知与行为响应研究：以治理情境为调节变量》（论文）、《我国国家安全视阈中的边疆生态治理研究》（论文）、《农业面源污染防治行为及环境规制影响效应研究：以生猪规模养殖户为例》（专著）。

王全明 福建漳浦人。福建农林大学福建农村发展智库助理主任，兼任福建省乡村休闲发展协会副秘书长。主要研究领域为乡村建设与治理、项目策划与运营等。近年参与编撰"福建蓝皮书"《福建乡村振兴报告》、"乡村绿皮书"《福建省农村建设品质提升报告》等系列丛书；获福建农林大学 2023 年"三下乡"社会实践先进工作者荣誉称号。

刘其赟 湖北恩施人。福建农林大学公共管理与法学院讲师，博士。兼任福建省特色研究会理事等。主要研究领域为新型城镇化、公共部门人力资源管理等。主持或作为主要成员参与国家软科学研究计划重大项目、省社科规划青年项目、省教育厅社科研究项目及省、市、区县等各级政府委托横向科研项目等 20 余项，发表论文 10 余篇，作为主要完成人的多项研究获省部级决策采用，作为主要完成人的课题研究成果先后获中宣部优秀调研报告、福建省社科优秀成果二等奖 1 次和三等奖 3 次、福州市社科优秀成果一等奖 1 次和二等奖 2 次，有独立成果要报获省委政研室《政研专报》专期刊发。

序　一

党的十八大以来，习近平总书记为福建省擘画了"机制活、产业优、百姓富、生态美"的新福建宏伟蓝图，明确提出"四个更大"重要要求，为福建高质量发展指明了前进方向，提供了根本遵循。实施乡村振兴战略是解决新时代我国社会主要矛盾的迫切要求，对实现"两个一百年"奋斗目标和中华民族伟大复兴中国梦具有不可替代的重要作用。在这一波澜壮阔的历史进程中，按照习近平总书记对福建工作的重要指示精神和在福建工作期间开创的重要理念和重大实践，福建省以其深厚的农耕文明底蕴和坚韧不拔的创新创造精神，书写了自己的乡村振兴篇章，创设了一系列行之有效并在全国推行的工作机制，如科技特派员、"四下基层"、雇工购料法、造福工程、"生态银行"和"六大员"制度、集体林权制度改革、闽台乡建乡创合作等，这些在八闽大地的探索、实践和发展，正展现出福建省乡村振兴工作的活力和特色。

福建省乡村振兴促进会是福建省助推乡村振兴的一个重要社会公益组织。其通过广泛动员社会力量、汇聚社会资源，有效助推了全省巩固拓展脱贫攻坚成果与乡村全面振兴，被民政部评为"全国先进社会组织"。2024年3月，福建省乡村振兴促进会与福建农林大学签署战略合作协议，双方以此为抓手，发挥各自优势，共同实施省乡村振兴促进会"百村千品"赋能活动，共建"乡村振兴案例研究中心"，进而合作进行乡村振兴人才培训、乡村产业发展服务、菌草技术推广、乡村振兴课题研究等。这些将有效地助力巩固拓展脱贫攻坚成果，助推乡村全面振兴。

　　加强乡村振兴相关理论、政策法规学习和研究，找准助力乡村振兴工作的切入点和突破口，有助于更好地融入和助力乡村振兴。"福建蓝皮书"《福建乡村振兴报告（2023～2024）》（以下简称《蓝皮书》）对近两年福建学习研究乡村振兴战略理论、政策法规及其实施情况进行全面梳理与深入剖析。特别是其中的《社会组织助力福建省乡村振兴报告》对社会组织在助力福建省乡村振兴中的作为和成效做了客观的评述和肯定。《蓝皮书》作为一部连续、系统的出版物，不仅记录着福建省乡村振兴的特色做法与坚实步伐，而且承载着对农业、农村、农民发展深层次问题的深入思考和探索；不仅是理论研究和实际工作者的宝贵参考资料，也是社会各界了解福建省乡村振兴进程的一扇窗，还是农林院校、涉农智库的一个话语工具和平台。

　　未来，福建省乡村振兴促进会将发挥自身优势，为《蓝皮书》提供各种典型案例，积极推介各典型单位的一些好做法、好经验，共同为福建走好乡村振兴特色路献计出力。

（许维泽）

福建省乡村振兴促进会会长

福建省政协原副主席

2024 年 7 月

序　二

人们应该知道，乡村振兴不是一般意义的农业增长和收入提高，而是国家应对全球化挑战的"压舱石"。基于此，乡村振兴战略重点是通过"人与自然和谐共生"的"共同富裕"，达到物质精神双文明的和谐发展。这就尤其需要理论与实践相结合的"大众创业、万众创新"。

人们应该了解，先是在美国把中国作为主要战略竞争对手的2017年，党的十九大把乡村振兴确立为国家重大战略，再到经历了贸易摩擦、科技摩擦、金融摩擦之后的2022年，党的二十大进一步确立在2035年基本实现社会主义现代化，同年基本实现农业农村现代化；到2050年实现全面现代化，同年完成乡村全面振兴。这意味着乡村振兴必须与国家现代化同步。

2022~2023年，福建省委、省政府坚持以习近平新时代中国特色社会主义思想为指导，深入贯彻落实习近平总书记关于"三农"工作的重要论述，一方面及时总结省内"三农"工作经验，推出村内基本建设的"工料法"和"我在乡间有亩田"，以及"生态银行"等经验；另一方面学习运用浙江"千万工程"经验，按照习近平总书记的重要批示精神和党中央、国务院决策部署，立足资源禀赋和发展阶段，强化组织领导，完善政策举措，扎实推进乡村产业、人才、文化、生态、组织振兴，坚持走具有福建特色乡村振兴之路，各项工作取得明显成效。

在过去半年多，"福建蓝皮书"《福建乡村振兴报告（2023~2024）》（以下简称《蓝皮书》）编委会及相关作者在福建省的典型乡村进行实地调查，面向涉农部门、乡镇、村庄、企业、合作社和农户开展深度访谈，基于年度统计和问卷调查数据，采用描述性统计和计量分析方法，并参考相关部门工作总结和媒体公开报道，全面、动态地反映福建乡村振兴进展情况，对2022~2023年农业、农村、农民发展的重点、难点和热点问题进行深入探讨和分析，并对2024年福建乡村振兴面临的机遇和挑战进行综合判断，继而提出相关对策建议，以期为有力有效地推进福建乡村全面振兴贡献智慧。

作为正式、连续的出版物，《蓝皮书》已连续出版了2本，在全省乡村振兴领域形成一定影响，并逐渐成为"三农"理论研究工作者、实务部门同志研究探讨福建乡村振兴问题的载体，社会各界全面、快速了解福建乡村振兴进展情况的窗口，农林院校、涉农智库的话语工具和引导社会舆论的平台，以及"三农"理论工作者为各级党委、政府提供资政咨询的重要渠道和形式。

（温铁军）

福建农林大学乡村振兴学院院长

2024 年 7 月

摘　要

2022 年是党和国家历史上极为重要的一年，举世瞩目的党的二十大胜利召开，全面建设社会主义现代化国家新征程迈出坚实步伐；2023 年是全面贯彻党的二十大精神的开局之年，是三年新冠疫情防控转段后经济恢复发展的一年。2022~2023 年，福建全省上下学习贯彻习近平总书记关于"三农"工作的重要论述和重要指示精神，贯彻落实中央农村工作会议部署，学习运用"千万工程"经验，坚定不移走好具有福建特色的乡村振兴之路，扎实有序做好乡村发展、乡村建设、乡村治理、城乡融合重点工作，有力有效推进福建乡村全面振兴。通过在福建省的典型乡村进行实地调查，面向涉农部门、乡镇、村庄、企业、合作社和农户开展深度访谈，基于年度统计和问卷调查数据，采用描述性统计和计量分析方法，并参考相关部门工作总结和媒体公开报道，本书对 2022~2023 年福建省乡村经济、社会、政治、文化和生态发展状况及相关热点问题进行监测、分析和预测。

本书系统回顾和总结了 2022~2023 年福建省乡村振兴进展情况，包括乡村发展、乡村建设、乡村治理、城乡融合，以及农村改革与保障等方面。在克服疫情影响及经济下行压力下，2022~2023 年福建省乡村振兴取得新的进展。2023 年，全省第一产业增加值 3217.66 亿元，比上年增长 4.2%；全年粮食播种面积 84.11 万公顷，总产量 511 万吨；深入实施特色现代农业高质量发展"3212"工程；农业利用台资数量和规模保持全国第一；推进农村三次产业融合发展；村庄规划编制有序推进，提前完成村庄规划三年行动计划；全省规模化供水农村人口比例高于全国平均水平。对照乡村振兴的五个目标要求，本书认为福建省乡村振兴还存在一些问题，并结合 2024 年福建省乡村振兴面临的机遇和挑战提出了若干对策建议，以期有力有效地推进福建乡村全面振兴。

本书深入分析 2022～2023 年福建省乡村产业、人才、文化、生态和组织五个方面振兴情况，并对闽台乡建乡创合作发展、社会组织助力乡村振兴、集体林权制度改革、"三茶"统筹发展、农业文化遗产保护利用、耕地利用转型、农业科技特派员制度服务乡村振兴、农村宅基地"三权分置"改革等进行了调查分析。采访"三农"领域专家温铁军、林文雄、王胜熙、曾玉荣、陈秋华、黄跃东，以访谈录形式呈现他们对福建省乡村振兴的观点和看法。收编青年人才驿站、永泰样板、姐妹乡伴、福州鱼丸、智慧粮食产业、柑橘黄龙病防控的"永春模式"等探索具有福建特色的乡村振兴典型案例。

关键词： 乡村振兴　城乡融合　闽台融合　福建

目 录

I 总报告

II 分报告

V 案例篇

皮书数据库阅读**使用指南**

总 报 告

B.1

福建省乡村振兴进展与展望

（2022~2024年）*

杨国永　郑永平　林姝敏　唐江桥　黄静晗　毛丽玉　陈智军　宋琴**

摘　要： 2022~2023年，福建省乡村振兴取得新进展。2022年和2023年第一产业增加值分别为3076.20亿元和3217.66亿元，比上年增长

* 除特别标注，本篇报告的数据资料均来自中国人民政治协商会议福建省委员会农业和农村委员会商请相关部门单位提供的汇总资料。

** 杨国永，福建农林大学福建农村发展智库主任，博士，教授，主要研究领域为土地、住房与城乡发展，乡村建设与治理；郑永平，福建农林大学福建农村发展智库副主任，博士，副教授，主要研究领域为区域发展战略规划与评价、传统村落保护与开发、城镇发展战略等；林姝敏，福建农林大学公共管理与法学院副教授，在职博士研究生，主要研究领域为环境规制、社会保障等；唐江桥，福建农林大学公共管理与法学院讲师，博士，主要研究领域为农业经济管理；黄静晗，福建省高校新型智库区域特色发展研究院副院长，福建农林大学公共管理与法学院副教授，博士，主要研究领域为城乡发展规划与治理、城镇化、农村发展与制度创新等；毛丽玉，福建农林大学乡村振兴学院副教授，博士，主要研究领域为农业经济管理、农村发展与制度创新；陈智军，福建农林大学公共管理与法学院讲师，主要研究领域为农村发展；宋琴，福建农林大学公共管理与法学院硕士研究生。除上述作者外，福建农林大学乡村振兴学院硕士研究生吴文欣、刘燕燕、陈梁靖等，福建农林大学公共管理与法学院硕士研究生谢彩镕等对本报告写作均有贡献。

3.7%和4.2%；2022年和2023年粮食播种面积、总产和单产均实现"三增长"；大力实施特色现代农业高质量发展"3212"工程，累计扶持发展"一村一品"专业村970个；农业利用台资数量和规模保持全国第一；推进农村三次产业融合发展，2023年新增国家农村产业融合发展示范园创建单位4家；村庄规划编制有序推进，提前完成村庄规划三年行动计划；全省规模化供水农村人口比例高于全国平均水平；积极推进"生态+"康养、旅游，全省共有6个基地入选2022年、2023年国家级森林康养试点建设单位；开展党建引领乡村治理试点，全省运用"网格化""数字化""积分制""清单制"治理的村分别达4045个、2072个、8644个、2543个。但是，对照乡村振兴五个方面的目标要求，福建省乡村振兴还存在一些问题，比如农业科技创新能力仍然较弱，农村三次产业融合发展有待加强；乡村教育、医疗、养老等基本公共服务城乡差距仍然较大；乡村特色文化挖掘不深；乡村治理效能有待进一步提升；农民持续稳定增收面临压力。而对2024年福建省乡村振兴所面临的机遇和挑战的基本判断是：多重战略叠加，政策扶持力度加大，新质生产力引领产业升级转型，海峡两岸融合发展为乡村振兴提供了机遇；但也面临有效需求不足、部分行业产能过剩、社会预期偏弱、风险隐患仍然较多等压力，国内大循环存在堵点，外部环境的复杂性、严峻性、不确定性上升，这些因素给福建省推进乡村振兴带来了挑战。2024年是中华人民共和国成立75周年，是实现"十四五"规划目标任务的关键一年，是习近平总书记擘画"机制活、产业优、百姓富、生态美"新福建宏伟蓝图10周年，也是全面推进乡村振兴的关键一年，建议应采取相应对策，有力有效推进福建省乡村全面振兴。

关键词： 乡村建设　乡村治理　城乡融合　乡村改革与保障　福建农业

一 2022~2023年福建省乡村振兴进展分析

（一）2022~2023年福建省乡村发展

1.粮食生产和重要农产品供给

（1）粮食生产和供给

2022年中央一号文件提出，合理保障农民种粮收益，按照让农民种粮有利可图、让主产区抓粮有积极性的目标要求，健全农民种粮收益保障机制。2023年，中央实施新一轮千亿斤粮食产能提升行动。为保护调动农民种粮积极性，福建省在落实耕地地力补贴、农机购置补贴、实际种粮农民一次性补贴等中央稳粮惠农政策基础上，出台一系列地方政策支持粮食生产和重要农产品供给。福建省继续实施粮食产能区增产模式攻关与推广项目，建设300个以上粮食绿色高质高效示范片区，推广水稻工厂化育秧、水稻精确定量栽培、病虫害综合防治等增产技术，保证了粮食的生产和供给。2023年初，福建省农业农村厅、福建省财政厅联合出台了《2023年稳定发展粮油生产九条措施》，在此基础上，九市一区、县（市、区）基本配套制定了本级奖补政策，重点支持规模种植双季稻、设施蔬菜大棚轮作水稻、再生稻生产、山垄田复垦种粮等领域。2023年，福建省10多个县（市、区）开展水稻完全成本保险试点，探索将土地租金、人力投入等非直接物化成本纳入保障范围。除此之外，福建省还在全国率先探索为再生稻再生季提供保险保障。各地不断挖掘粮食种植面积潜力，积极开展在设施大棚、幼龄果茶园、边坡荒地间套种、扩种大豆、马铃薯、甘薯、玉米等粮食作物，稳妥开展低效茶果园退果退茶还粮工作。

2022年，福建省粮食总产量508.7万吨，高于2021年的506.4万吨。2023年，福建省粮食总产量511万吨，高于2022年的508.7万吨。2022年福建省粮食播种面积83.76万公顷，比2021年增加0.25万公顷。2023年福建省粮食播种面积84.11万公顷，比2022年增加0.35万公顷。从2022年到 2023 年，福建省农田单位面积产量均逐步提高。[①]

（2）"菜篮子"产品供给

习近平总书记在福州工作期间，始终把"菜篮子"工程作为城市工作重中之重来抓。福建省政府带着特殊感情、特殊责任，秉承弘扬习近平总书记当年的重要理念和重大实践，坚持"高起点""新水平"定位，把"菜篮子"工程当作基础民生工程抓实抓好。近年来，福建省不断加快推进各地"菜篮子"重点项目建设，打造农业现代化示范基地和乡村振兴示范区。福建省在保障菜篮子，特别是蔬菜、禽类、水产品生产方面，牢牢抓住种源自主可控。

2022 年猪肉产量 128.07 万吨，增长 3.0%；禽蛋产量 59.83 万吨，增长 7.0%；牛奶产量 21.51 万吨，增长 10.7%。年末生猪存栏 956.76 万头，比上年末增长 2.0%；全年生猪出栏 1614.13 万头，比上年增长 4.3%。全年水产品总产量 862.35 万吨，比上年增长 1.1%。其中，淡水产品产量 98.95 万吨，增长 3.5%；近海捕捞 153.12 万吨，与上年基本持平；远洋渔业 62.48 万吨，增长 3.0%；海水养殖 547.79 万吨，增长 0.8%。[②]

2023 年猪肉产量 135.47 万吨，增长 5.8%；禽蛋产量 69.13 万吨，增长 15.6%；牛奶产量 24.90 万吨，增长 15.8%。年末生猪存栏 948.62 万头，比上年末下降 0.9%；全年生猪出栏 1694.95 万头，比上年增长 5.0%。全年水产品总产量 890.2 万吨，比上年增长 3.3%。其中，淡水产品产量 102.4 万吨，增长 3.4%；近海捕捞 152.9 万吨，下降 0.1%；远洋渔业 55.1 万吨，下降 11.8%；海水养殖 579.8 万吨，增长 5.9%。[③]

---

① 《2022 年福建省国民经济和社会发展统计公报》，福建省统计局网站，2023 年 3 月 13 日，http：//tjj.fujian.gov.cn/xxgk/tjgb/202303/t20230313_6130081.htm；《2023 年福建省国民经济和社会发展统计公报》，福建省统计局网站，2024 年 3 月 14 日，https：//tjj.fujian.gov.cn/xxgk/tjgb/202403/t20240313_6413971.htm。

② 《2022 年福建省国民经济和社会发展统计公报》，福建省统计局网站，2023 年 3 月 13 日，http：//tjj.fujian.gov.cn/xxgk/tjgb/202303/t20230313_6130081.htm。

③ 《2023 年福建省国民经济和社会发展统计公报》，福建省统计局网站，2024 年 3 月 14 日，https：//tjj.fujian.gov.cn/xxgk/tjgb/202403/t20240313_6413971.htm。

具体在增强生猪产能方面，2021年为稳固生猪基础生产能力，防止产能大幅波动，促进生猪产业持续健康发展，福建省农业农村厅制定了《福建省生猪产能调控实施方案（暂行）》等相关制度，将各设区市农业农村局纳入考核范围。一系列相关举措，为加快生猪产业发展，巩固提升生猪产能奠定了基础。农业农村部在2021年底将福建省由净调入省调整为净调出省，猪肉自给率达102%。生猪养殖规模化率达92.5%，仅次于上海、北京，居全国第三位。

2. 特色现代农业高质量发展

（1）特色产业集聚提升

2021年3月，习近平总书记在福建考察时强调，要加快推进乡村振兴，立足农业资源多样性和气候适宜优势，培育特色优势产业。为贯彻落实习近平总书记重要指示精神，坚持走好特色路、打好特色牌，坚持产业兴农、质量兴农、绿色兴农，加快构建有福建特色的乡村现代产业体系，把农业建成现代化大产业。深入实施特色现代农业高质量发展"3212"工程，加快创建一批省级以上优势特色产业集群、现代农业产业园、农业产业强镇、"一村一品"专业村，点线面协同推进乡村产业发展。[1] 持续推进农业现代化示范区建设。推进农产品生产和初加工、精深加工协同发展，改造升级农产品加工设施，支持区域性预冷烘干、储藏保鲜、鲜切包装等初加工设施建设，发展智能化、清洁化精深加工，支持发展中央厨房等模式。

福建省着力推动名特优新农产品产业发展，提升"福农优品"的认知度、知名度和美誉度，扩大绿色优质农产品的市场占有率和影响力。以名特优新农产品为载体，深入开展名特优新农产品登录和精品品牌培育工作，全面塑造闽字号优品，全力打造以绿色有机地标及名特优新农产品为主体的绿色优质农产品，加快推进农业高质量发展。截至2023年，全省有效用标的绿色食品产品近1700个，创建了15个全国绿色食品原料标准

---

[1] 《福建省"十四五"特色现代农业发展专项规划》，福建省人民政府网站，2021年8月12日，http：//www.fujian.gov.cn/zwgk/zfxxgk/szfwj/szfgz/202108/t20210812_5668237.htm。

化生产基地，茶叶、蔬菜、水果、食用菌、水产品等主要认证产品的市场占有率大幅提升；累计收录全国名特优新农产品116个和301个生产经营主体，主要指标保持全国领先，"福农优品"已成为福建农业的重要标志和靓丽名片。①"福农优品"已在高速公路服务区、中石油加油站、永辉超市等开设销售专区270多个，覆盖全省60多个县（市、区）230多个农业企业的1200余款产品，销售额突破10亿元。立足自然资源优势，福建主要农作物良种覆盖率达98.5%，育成优质稻、拥有自主知识产权的白羽肉鸡等一批新品种。

（2）县域商业体系建设

2022年，福建省商务厅、福建省财政厅、福建省乡村振兴局联合发布了《关于实施县域商业建设行动的通知》，指导实施好福建省县域商业建设行动。该通知要求县域商业建设聚焦县域商业体系中的市场缺位和薄弱环节，发挥县城和乡镇的枢纽、节点作用，加快补齐基础设施和公共服务短板，辐射带动县域商业整体提升。通知实施以来，各地补齐县域商业基础设施短板。以人口相对集聚的乡镇为重点，支持升级改造一批商贸中心、大中型超市、集贸市场等，完善冷藏、陈列、打包、结算、食品加工等设施设备。鼓励连锁商贸流通企业、电子商务平台下沉农村，加强数字赋能，发展连锁经营和电子商务，拓展消费新业态新场景，打造乡镇商业集聚区。增强农村产品上行动能。引导商贸、电商、快递、物流企业围绕农村产品上行，建设分拣、预冷、初加工、配送等商品化处理设施，加强标准和品牌应用，提高农村产品商品转化率。县域商业补助资金大部分（不低于90%）下达到县（市、区），由各县自主安排项目，且优先支持乡村振兴重点县及欠发达老区苏区县；其余部分（以下简称"省级统筹资金"）由省商务厅会同省财政厅、省乡村振兴局（以下简称"省商务厅等三部门"）统筹用于跨区域物流、供应链等面向县域的重点项目。

---

① 《福建推动名特优新农产品产业发展 做好"土特产"文章》，中国新闻网，2023年8月4日，http：//www.fj.chinanews.com.cn/news/2023/2023-08-04/529933.html。

（3）农民就地就近就业创业

2022 年以来，受疫情等因素影响，城市部分行业特别是接触性服务业用工需求下降，整体以就近就业创业或是返乡就业居多。针对农民工就业需求，福建省政府拓宽农民就业增收渠道。特别是落实稳岗就业政策，加强就业技能培训、岗位技能提升培训和创业培训，开展家政进社区等活动，提高农民工就业能力。在重点工程项目和农业农村基础设施建设领域积极推广以工代赈，鼓励在高标准农田、农村人居环境整治提升等乡村建设中优先吸纳符合条件的农民就业。健全重点企业用工常态化联系服务制度，打造"家门口"就业服务平台。合理规划建设一批服务农业、农民的零工就业服务站点，向灵活就业农民就近提供服务。加强返乡入乡创业园、农村创业孵化实训基地等建设，持续开展"师带徒"活动，以创业带动就业。做好大龄农民工就业扶持工作。加强拖欠农民工工资源头预防和风险预警。①

发展富民产业稳岗，重点发展就业容量大的县域富民产业，持续推进乡村产业提档升级，不断拓宽农村就业增收渠道。2023 年以来，中央财政衔接资金用于产业发展的比重进一步提高，对产业层面技术、设施、营销等短板起到了支持帮扶作用。此外，2023 年，福建省积极借鉴"淄博热"模式，整合省内文旅资源，发挥特色，加强宣传，提振乡村文旅项目。各地立足乡村资源，建设宜居宜业宜游的美丽乡村，吸引力持续增强，新产业新业态持续发展，创造出更多的就业机会。

（4）农业对台对外合作

2023 年初，福建省委、省政府发布的《关于做好 2023 年全面推进乡村振兴重点工作的实施意见》提出，要推进特色现代农业高质量发展，深化闽台农业融合发展。近年来，闽台合作不断走深走实。闽台农业合作从最初引进台商从事初级农产品的小规模生产起步，逐步向资金、品种、技术、市场、管理等一揽子引进转变，从种养等第一产业向农产品加工、运销以及旅

---

① 《福建省出台政策 多举措助力脱贫人口稳岗就业》，闽南网，2023 年 2 月 16 日，https://baijiahao.baidu.com/s?id=1757975959197674519&wfr=spider&for=pc。

游休闲等农村第二、第三产业融合发展。目前已累计批办台资农业项目近3000个，农业利用台资的数量和规模持续保持全国第一。福建省首创以乡建乡创为主题的闽台合作模式、第三方全程辅导服务模式和两岸建筑师联合驻村模式，探索闽台乡建乡创融合发展新路，助力福建乡村振兴。目前已累计引入120多支台湾团队450多名台湾专业人才，为350个村庄开展乡建乡创陪护式服务，覆盖全省80%以上县（市、区）。

农业技术援外是福建农业对外合作的突出特色。福建农林大学国家菌草工程技术研究中心首席科学家、科技特派员林占熺教授菌草援外的事迹被全国熟知。林占熺教授及团队不遗余力推动菌草技术走向世界，菌草援外20年，被国外誉为"致富草""幸福草""太阳草""中国神草"。2021年9月2日，国家主席习近平向菌草援外20周年暨助力可持续发展国际合作论坛致贺信。2022年，福建农林大学作为依托单位获批建设中国—太平洋岛国减贫与发展合作中心。2023年，国家菌草工程技术研究中心正式成为联合国经社部的执行伙伴，双方联合在全球推广菌草技术。2023年3月，中国—太平洋岛国菌草技术示范中心在斐济启用，带动辐射周边萨摩亚、密克罗尼西亚、汤加等南太岛国。

发挥区域优势，农业文化遗产保护是福建农业对外合作的另一大特色。福建省农业文化遗产福州茉莉花与茶文化系统成为共建"一带一路"国家和地区重要交流合作平台。作为古代海上丝绸之路的起点，自"一带一路"倡议提出以来，福建依托省农业农村厅牵头建立的由农业、发改、商务等21个省直单位组成的农业对外合作联席会议制度，出台"农业对外合作六条措施"等一系列举措，在农产品出口、农业技术援外、农业对外投资，以及全球重要农业文化遗产交流等方面取得了丰硕成果。

3. 现代农业基础支撑

（1）耕地保护

福建省坚决遏制耕地"非农化"、有效防止耕地"非粮化"，坚持良田粮用原则，耕地优先保粮食，果树苗木尽量上山上坡，蔬菜园艺更多依靠设施生产和工厂化种植。加强耕地利用监管，制定实施《福建省耕地"非农化"常态化监管行动方案》和《关于防止耕地"非粮化"稳定粮食生产实施方案》。加强永久基本农田特殊保护，按照自然资源部的统一部署推进永久基本农田套合标注、核实整改补足工作。坚决遏制新增农村乱占耕地建房，2023年福建省自然资源厅牵头的"整治新增农村乱占耕地建房问题，牢牢守住耕地红线"项目取得明显成效。截至2023年，在全省查处的违建行为中，2023年新增农村乱占耕地建房问题33个，2020年新增1777个、2021年新增898个、2022年新增529个，呈明显的逐年下降趋势。2023年疑似新增农村乱占耕地建房问题信访投诉举报事件月均1件，与去年月均1.6件相比下降38%。[1]

为严格落实粮食安全党政同责，省级至基层逐级签订耕地保护和粮食安全责任书，坚决扛稳政治责任。出台稳定发展粮油生产"九条措施"，安排耕地地力补贴、实际种粮农民一次性补贴、种粮奖补资金等13.2亿元，创新推出"兴业惠粮贷"，发放贷款12.6亿元，九市一区和所有涉粮县出台稳粮惠农政策。开展"我在乡间有亩田"耕地认领活动，复垦撂荒地5.1万亩。

（2）高标准农田建设

按照国家《高标准农田建设通则》要求，围绕田块整治、土壤改良、灌排设施、田间道路、农田防护、农田输配电等内容建设高标准农田。2022年福建省新建高标准农田129万亩，累计建成994万亩。新增设施农业8.7万亩，累计超240万亩。[2] 2023年福建省高标准农田财政补助从亩均1600元提高到2400元，新建和改造提升高标准农田118万亩（占计划131%），被农业农村部列为全国示范样板省。[3]

（3）种业振兴行动

为实施现代种业创新工程，切实加强农业科技创新，不断夯实农业现代

---

[1] 《2024年福建省农业农村厅工作报告》，福建省农业农村厅网站，2024年2月6日，http://nynct.fujian.gov.cn/zjnyt/gzbg/202402/t20240206_ 6392798.htm。

[2] 《2023年福建省农业农村厅工作报告》，福建省农业农村厅网站，2023年1月20日，http://nynct.fujian.gov.cn/zjnyt/gzbg/202301/t20230120_ 6097717.htm。

[3] 《福建省高标准农田建设专项规划（2021—2030年）》，福建省农业农村厅网站，2021年11月3日，http://nynct.fujian.gov.cn/ztzl/sswgh/202111/t20211103_ 5764279.htm。

化物质装备基础，实施种业振兴行动，建设省农业生物种质资源库，福建省开展种源"卡脖子"技术攻关，高度重视种业创新。2022 年，福建省 3 家企业入选国家种业振兴企业，国家制种大县增加到 4 个，育成 223 个农作物新品种，农作物和畜禽良种覆盖率达 98.6%。三明市制定出台推进种业振兴行动二十条措施。建宁县通过全力推进高标准农田建设，助推农田变身稳产田、高产田，让种业插上科技的翅膀，制种产业进入了发展快车道。2022 年，该县杂交水稻制种面积达 15.5 万亩，杂交水稻制种产量达 3550 万公斤，面积和产量均占全国 10%以上，总产值超 20 亿元。

2023 年，福建省综合施策突破瓶颈，农业物质装备条件持续改善，印发农业科技攻关方案，立项开展农业核心种源、农业关键技术、现代农机装备等 14 个专项 33 个重点攻关项目，各项重点任务有序推进。种业振兴行动深入开展，完成福建省第三次全国农作物和畜禽种质资源普查与收集行动，尤溪老树金柑、龙岩山麻鸭分别入选全国十大优异农作物、畜禽种质资源。白羽肉鸡、青梗菜、花椰菜等 3 个国家育种联合攻关项目有序实施，育成农作物新品种 37 个，其中米质达部颁一级优质食用米标准的优质稻品种 7 个。新增 3 家国家畜禽核心育种场，"圣泽 901"白羽肉鸡品种占全国市场 15%，杂交水稻制种面积、产量保持全国第一。2023 年，福建省 61 个主要农作物品种通过国家审定，"闽玉 683"通过国家农作物品种审定委员会审定，成为福建省首个通过国家审定的普通玉米新品种。①

4. 创新要素赋能乡村振兴

（1）数字治理赋能乡村振兴

福建省大力推进数字乡村建设，坚持把数字乡村建设作为助推乡村振兴的重要支撑，整体带动和提升农业农村现代化发展，为乡村经济和社会发展提供强大动力，数字乡村发展全面起势，为全国数字乡村发展贡献福建力量。在推进乡村信息基础设施建设，实现信息化触角末梢通达方面，福建省

---

① 《福建省农业农村厅关于 2023 年审定主要农作物品种的通告》，福建省农业农村厅网站，2023 年 8 月 14 日，http://nynct.fujian.gov.cn/xxgk/zfxxgk/fdzdgknr/nyyw/ywgz/202308/t20230814_6227053.htm。

在全国率先完成全省行政村电信普遍服务专用客户端（光猫）100%部署工作，实现农村宽带网络运行情况全面实时监测。农村地区网络宽带平均接入速率超过 80M，具备千兆网络开通能力，基本实现城乡"同网同速"。全省建成 5G 基站 7.1 万个，5G 网络乡镇覆盖率达到 100%。所有行政村实现光纤、4G 通达，建成 NB-IoT 基站 2.8 万个，实现乡镇以上区域全覆盖。持续推进行政村内的较大规模人口聚居区、农场和林场等生产作业区的网络延伸覆盖，安排资金 2500 万元建成 265 个信息化示范村，宁德下党、古田会址、永定伯公凹等革命老区和福建春秋农场、福安农垦集团等农业生产核心区优先实现 5G 网络覆盖。深化涉农政务数据汇聚共享，建成省市两级"1+10"公共数据汇聚共享平台，汇聚 6300 多项超过 480 亿条有效数据记录，提供日均在线查询/核验 100 多万次、数据批量交换 3600 多万条。①

（2）文化创意赋能乡村振兴

加快发展农产品产地初加工和精深加工，深入实施"数商兴农"和"互联网+"农产品出村进城工程，实施文化产业赋能乡村振兴计划，推进乡村休闲旅游精品工程，13 个乡镇、20 个村入选全国乡村特色产业产值超十亿元镇与 2022 年全国乡村特色产业产值超亿元村。福建省龙岩市永定区、南平市建阳区入选首批 63 个全国文化产业赋能乡村振兴试点名单。龙岩市永定区依托丰富的文旅资源、特色鲜明的乡村产业、"东楼西湖北线"的全域旅游格局，提出创新工作机制，出台文化和旅游产业用地优惠政策，持续推进乡村振兴"一县一片区"，省级乡村振兴试点村、实绩突出村项目建设等 25 项试点工作任务，探索形成一批具有永定特色的乡村振兴模式和经验，示范引领全区乡村振兴。南平市建阳区提出创新工作体制机制，提升文化产业和旅游产业的社会效益，做强乡村特色文化产业和旅游业，加强文化和旅游人才队伍建设，推动文化和旅游项目建设运营，提升文化和旅游设施效能，统筹利用乡村文化和旅游资源，探索文化产业和旅游业用地模式等 8 个方面 26 项试点工作任

---

① 《福建：数字赋能 全面构建乡村振兴新图景》，中国福建三农网，2023 年 3 月 27 日，http：//www.fujiansannong.com/info/86281。

务，通过深入挖掘以建盏、建本、朱熹、宋慈为代表的优秀传统文化，结合得天独厚的生态条件，积极探索文化产业赋能乡村振兴新路径。[1]

（3）科技创新助力乡村振兴

科技创新在助力乡村振兴方面取得显著成效。一系列农业科技创新平台的建设，推动了农业农村现代化和农业高质量发展。科技特派员服务的开展为农民解决了许多技术难题，推广了众多科技成果和新品种，开展了大量农业实用技术培训。老区苏区县乡村振兴科技特派员服务团"科技村落"[2] 培育共建交流推进活动。共建双方围绕村落特色产业，结合农时农事关键，推进科技集成创新与示范，探索科技特派员集团服务助力共同富裕的新机制。同时，突出"一村一品"又兼顾特色产业，走出科技服务乡村产业振兴新路子，"科技村落"溢出及带动效应明显。省级"惠安胡萝卜科技小院"在东岭镇许山头村成立，通过零距离对接、零时差指导、零门槛服务、零费用培训，逐步实现"建设一个小院、入驻一个团队、辐射一个产业、示范农村一大片"。科技小院规模引进试种"旱优73"等抗旱稻，带动周边种植面积1490亩，以优化旱地粮食生产结构，确保旱地胡萝卜春季采收后的耕地不闲置，提高土地复种指数。近年来实施高标准农田建设1.5万余亩，成功探索"旱稻—胡萝卜"菜粮轮作模式。

（二）2022~2023年福建省乡村建设

1.农村风貌品质不断提升

（1）村庄规划编制有序推进

2021年，福建省在总结村庄规划编制试点工作基础上，研究出台了《福建省村庄规划编制指南（试行）》。经省市县乡村五级联动、共同努力，

---

[1] 《首批国家文化产业赋能乡村振兴试点确定》，福建省商务厅官网，2023年12月4日，https://swt.fujian.gov.cn/xxgk/jgzn/jgcs/sctxjsc/gzdt_386/202312/t20231204_6321854.htm。

[2] "科技村落"是由省委、省政府领导，省农科院会同共建老区苏区县人民政府，围绕村落农业产业关键技术难题，以科技特派员集团服务、整村推进科技进步、助力共同富裕为特征，建设的科技支撑强、产业发展好、服务成效显、农民增收实、乡土人才兴，且能辐射带动乡村产业振兴和特色现代农业高质量发展的建制村。

全省村庄规划编制工作有序推进。截至 2023 年 10 月，全省已开展的村庄规划总数共 9130 个，其中已经县级政府批复的有 8556 个，提前完成村庄规划三年行动计划。①

（2）农村裸房整治效果显著

以"节约资源、提升品质"为主题强化农房风貌管控，开展"崇尚集约建房"移风易俗专项行动，培育集约建房新风，逐步消除农房"高大裸空"现象。同时，在农村深入开展房屋安全隐患排查整治工作，加强在建房屋安全监管，继续实施危房改造。通过结合铁路沿线环境整治、美丽乡村建设和裸房整治等，有效提升农房风貌，延长农房使用寿命。②

（3）名镇名村和传统村落得到有效保护提升

2021 年，福建省十三届人大常委会表决通过《福建省传统风貌建筑保护条例》，将传统风貌建筑纳入法律体系。经过组织专家普查，截至 2023 年 10 月，福建省共认定历史建筑 9919 栋、传统风貌建筑 2489 处、"非世遗非文物"土楼 2593 处。③ 2022~2023 年，全省共完成 120 个名镇名村和传统村落改造提升工程。④ 在 2023 年住房和城乡建设部公布的第六批中国传统村落中，福建省有龙潭、土坑等 58 个村落入选。在住房和城乡建设部公布的六批共计8155 个中国传统村落名单中，福建有 552 个村落入选，数量位居全国第六。⑤

2.农村基础设施持续提档

（1）农村公路高质量发展

截至 2022 年底，福建省农村公路通车里程达 9.6 万公里，97%的乡镇

---

① 福建省农村建设品质提升工作组办公室、福建农林大学：《福建省农村建设品质提升报告（2021~2023）》，2024 年 1 月。
② 福建省农村建设品质提升工作组办公室、福建农林大学：《福建省农村建设品质提升报告（2021~2023）》，2024 年 1 月。
③ 福建省农村建设品质提升工作组办公室、福建农林大学：《福建省农村建设品质提升报告（2021~2023）》，2024 年 1 月。
④ 福建省农村建设品质提升工作组办公室、福建农林大学：《福建省农村建设品质提升报告（2021~2023）》，2024 年 1 月。
⑤ 福建省农村建设品质提升工作组办公室、福建农林大学：《福建省农村建设品质提升报告（2021~2023）》，2024 年 1 月。

通达了三级及以上公路，81.1%的陆域乡镇实现30分钟上高速，超60%的建制村通达双车道公路①；新增"四好农村路"全国示范县（含入围创建名单）11个、省级示范县12个；新增3个全国农村物流服务品牌；评选10条"最美乡村'福'路"②。2021~2023年，福建省共完成新改建农村公路8107.84公里，新增通公交建制村494个。③ 自然村道路"最后一公里"问题得以改善。2022年、2023年福建省较大人口自然村通硬化路比例分别为81.5%、85.3%。④

（2）农村供水保障水平全面提升

在2021年基本完成全省农村集中式饮用水水源地生态环境整治的基础上，截至2023年底，基本完成农村分散式饮用水水源地生态环境整治。2021~2023年，全省73个城乡供水一体化任务县（市、区）已全面完成规划编制，启动规模化水厂建设254处，其中已完成建设73处，铺设管网2.9万公里，其中新建乡镇污水配套管网3512.9公里⑤，1200多万群众实现从"有水喝"向"喝好水"的转变⑥。2022年全省规模化供水农村人口比例达63.3%（高于全国平均水平7个百分点），农村自来水普及率达89.1%。⑦

（3）农村水系综合整治成效明显

2022~2023年，福建省共完成农村安全生态水系建设563.41公里；完

---

① 福建省农村建设品质提升工作组办公室、福建农林大学：《福建省农村建设品质提升报告（2021~2023）》，2024年1月。
② 福建省农村建设品质提升工作组办公室、福建农林大学：《福建省农村建设品质提升报告（2021~2023）》，2024年1月。
③ 福建省农村建设品质提升工作组办公室、福建农林大学：《福建省农村建设品质提升报告（2021~2023）》，2024年1月。
④ 福建省交通运输厅：《关于商请提供乡村振兴相关数据资料的函》回复件，2024年1月，福建省政协农业和农村委员会转。
⑤ 福建省交通运输厅：《关于商请提供乡村振兴相关数据资料的函》回复件，2024年1月，福建省政协农业和农村委员会转。
⑥ 福建省农村建设品质提升工作组办公室、福建农林大学：《福建省农村建设品质提升报告（2021~2023）》，2024年1月。
⑦ 福建省农村建设品质提升工作组办公室、福建农林大学：《福建省农村建设品质提升报告（2021~2023）》，2024年1月。

成水系连通及水美乡村建设试点县 3 个（连江县、永春县和武平县）。①
2023 年全省完成水土流失综合治理面积 83.41 万亩，完成年度计划的
111.21%。② 建宁县、南安市、秀屿区（含湄洲岛）等 3 个县（市、区）在
2022 年公布的全国首批水系连通及水美乡村建设试点实施情况终期评估结
果中均获评优秀等级。③

（4）农村电力保障水平和网络服务质量全面提升

2022~2023 年，福建省共改造完成 561 条农网 10 千伏线路，全省农网
网架结构得到优化，农网供电可靠性得到提高；新改建供电台区 5336 个，
打造了 25 个乡村电气化示范点，基本解决了农村居民用电低电压、"卡脖
子"等用电受限问题，巩固提升了农村电力保障水平；全省 793 个乡镇实
现镇区千兆光网和 5G 网络覆盖，极大地提升了农村地区网络服务质量。④

（5）乡村振兴精品示范线路示范效应凸显

为促进美丽乡村串点成线、连线成片，进一步发挥乡村优势，挖掘乡村
特色，加快打造可学可看和具有示范效应的乡村振兴示范线路，2022 年福
建省投资 23.8 亿元重点打造 100 条乡村振兴精品示范线路。这些精品示范
线路主题鲜明、各具特色、串线连片，为全省乡村振兴带来明显的提升示范
效应。

3. 农村人居环境提质升级

（1）农村厕所革命提质增效

2021~2023 年，福建省累计新建改造农村户厕 1.74 万户，农村无害化
卫生厕所普及率达 99.35%以上；全省有一半以上的县（市、区）实现农村

---

① 福建省农村建设品质提升工作组办公室、福建农林大学：《福建省农村建设品质提升报告
（2021~2023）》，2024 年 1 月。
② 《2023 年省委和省政府为民办实事项目全部如期完成》，福建省人民政府网站，2024 年 1 月
29 日，http://fujian.gov.cn/xwdt/fjyw/202401/t20240129_6387716.htm。
③ 《全国首批水系连通及水美乡村建设试点评估结果出炉 福建 3 地获评优秀》，福建省水利厅网站，
2022 年 6 月，http://slt.fujian.gov.cn/ztzl/lsfzhzz/yw/202206/t20220615_5930278.htm。
④ 福建省农村建设品质提升工作组办公室、福建农林大学：《福建省农村建设品质提升报告
（2021~2023）》，2024 年 1 月。

公厕管护市场化。[1] 截至 2023 年 4 月，全省共有 43 个县（市、区）实现农村公厕管护市场化，占比 51%，推动农村公厕管护水平大幅提升。[2]

（2）农村生活污水治理成效显著

2021~2023 年，福建省共完成 1029 个村庄生活污水治理设施建设，64 个乡镇完成生活污水处理市场化运营管理，新建乡镇污水配套管网 3041.08 公里。[3] 经核实，福建省现有纳入国家监管清单的较大面积农村黑臭水体 150 条，截至 2023 年 10 月底，全省累计完成 52 条农村黑臭水体治理。[4]

（3）农村生活垃圾处理水平显著提升

截至 2022 年 12 月底，全省共有 160 个乡镇实现全镇域落实农村生活垃圾分类机制。其中，明溪县、长泰区和秀屿区（湄洲岛）先后被评为国家农村生活垃圾分类和资源化利用示范县（区）。[5] 截至 2023 年 8 月底，福建省 84 个县（市、区）中已有 45 个以县域为单位实施村庄生活垃圾市场化运营，市场化率为 53.57%。[6] 截至 2023 年 10 月，福建省已实现乡镇生活垃圾转运系统全覆盖，行政村全面建立常态化治理机制，农村生活垃圾无害化处理率达到 100%。

（4）农村"三线"维护梳理全面加强

2021~2023 年，全省累计投入改造建设资金 7900 余万元，治理农村电力杆线安全隐患 3021 处、拆除废旧电杆 5323 根，建成 748 个农网精品台区；完成 2910 公里农村通信线违规搭建整治；完成 4641.87 公里农村广播

---

① 福建省农村建设品质提升工作组办公室、福建农林大学：《福建省农村建设品质提升报告（2021~2023）》，2024 年 1 月。

② 福建省农村建设品质提升工作组办公室、福建农林大学：《福建省农村建设品质提升报告（2021~2023）》，2024 年 1 月。

③ 福建省农村建设品质提升工作组办公室、福建农林大学：《福建省农村建设品质提升报告（2021~2023）》，2024 年 1 月。

④ 福建省农村建设品质提升工作组办公室、福建农林大学：《福建省农村建设品质提升报告（2021~2023）》，2024 年 1 月。

⑤ 福建省农村建设品质提升工作组办公室、福建农林大学：《福建省农村建设品质提升报告（2021~2023）》，2024 年 1 月。

⑥ 福建省农村建设品质提升工作组办公室、福建农林大学：《福建省农村建设品质提升报告（2021~2023）》，2024 年 1 月。

电视线违规搭建治理。①

（5）绿盈乡村建设扎实推进

2019 年 8 月，福建省生态环境厅牵头省乡村生态振兴专项小组印发《福建省"绿盈乡村"建设工作指南（试行）》。2021~2022 年，福建省共创评、提升"绿盈乡村"3071 个。② 截至 2023 年 6 月，"绿盈乡村"建设有效推动福建省 39 个国家生态文明建设示范区和 7 个"绿水青山就是金山银山实践创新基地"创建，数量位居全国前列。

4. 农村综合服务设施持续改善

（1）农产品产地冷藏保鲜设施体系建设驶入"快车道"

推进农产品产地冷藏保鲜设施建设是 2023 年福建省全面推进乡村振兴重点工作之一。2023 年福建省计划建设 30 个农产品产地冷藏保鲜设施，上半年已经开工建设 86 个，开工率高达 286.67%。③ 受惠于政策带动，全省各地将农产品冷藏保鲜设施建设工作作为农业农村发展的重点投资项目。

（2）县域商业建设行动稳步推进

2022 年 4 月，福建省发布《关于实施县域商业建设行动的通知》，明确提出"到 2025 年，建立完善县域统筹、以县城为中心、乡镇为重点、村为基础的县域商业体系"。截至 2023 年 10 月，全省有 29 个乡镇商贸中心项目已开工，开工率 100%，其中 27 个乡镇商贸中心的建设改造已完成，年度任务完成率达 93.1%。④

（3）乡镇惠农综合服务中心建设探索前行

2020 年 10 月，福建省委常委会会议要求探索建设乡镇惠农综合服务中

① 福建省农村建设品质提升工作组办公室、福建农林大学：《福建省农村建设品质提升报告（2021~2023）》，2024 年 1 月。

② 福建省农村建设品质提升工作组办公室、福建农林大学：《福建省农村建设品质提升报告（2021~2023）》，2024 年 1 月。

③ 福建省农村建设品质提升工作组办公室、福建农林大学：《福建省农村建设品质提升报告（2021~2023）》，2024 年 1 月。

④ 福建省农村建设品质提升工作组办公室、福建农林大学：《福建省农村建设品质提升报告（2021~2023）》，2024 年 1 月。

心。截至 2023 年 10 月，福建省已开工建设 30 个省级乡镇惠农综合服务中心，完成投资 3325 万元。[①] 乡镇惠农服务中心不仅把服务送到农民家门口，打通了为农服务的"最后一公里"，有些地方还因地制宜吸纳特色产业入驻中心，促进了农村产业发展，带动了农民就业。

（4）农村幸福院建设全面铺开

福建省把高质量建设农村幸福院作为民生工程来贯彻落实，2021 年制定了《农村幸福院质量提升三年行动实施方案（2021—2023 年）》，要求到 2023 年底，全省达到三星级及以上标准的农村幸福院不少于 4000 所。截至 2023 年 10 月，福建省已开工建设 1140 个达到三星级及以上标准的农村幸福院，其中 1130 个已完工，已完成投资 4409 万元。[②]

（5）乡村"五个美丽"建设多点开花

2022 年 3 月，福建省立足乡村建设实际，启动"五个美丽"（即美丽乡村庭院、美丽乡村微景观、美丽小公园、美丽田园、美丽乡村休闲旅游点）建设。2022 年，全省创建省级美丽庭院 7494 户，市、县级美丽庭院 4.88 万户，培育 100 多条美丽庭院示范带（线），推动社会效益、经济效益、生态效益同步提升。[③] 2023 年上半年，全省已完成创建省级美丽庭院 7644 户，年度任务完成率 94.37%。[④] 截至 2023 年 10 月，福建省完成美丽乡村微景观改造 5607 处，年度任务完成率 114.4%；完成美丽小公园建设 1379 个，年度任务完成率 118.9%；打造完成美丽田园 344 片，年度任务完成率 110.4%；打造完成美丽乡村休闲旅游点 191 个，年度任务完成率

---

① 福建省农村建设品质提升工作组办公室、福建农林大学：《福建省农村建设品质提升报告（2021~2023）》，2024 年 1 月。
② 福建省农村建设品质提升工作组办公室、福建农林大学：《福建省农村建设品质提升报告（2021~2023）》，2024 年 1 月。
③ 福建省妇女联合会：《福建省妇联答复省人居办年度整治任务完成情况》，2023 年 10 月，内部资料。
④ 福建省农村建设品质提升工作组办公室、福建农林大学：《福建省农村建设品质提升报告（2021~2023）》，2024 年 1 月。

149.2%。①"五个美丽"创建活动是具有福建特色的农村建设品质提升之路。

5. 农村建设样板示范提升按下"快进键"

深入开展以集镇环境整治样板、闽台乡建乡创合作样板、"崇尚集约建房"样板、村庄生活污水治理样板和新时代农村社区建设样板的农村样板示范建设。2022~2023年，福建省共推动56个集镇环境整治样板创建，永泰县、建宁县和蕉城区等地培育样板取得明显成效。②2023年，福建省选择3个样板县（闽清县、三元区、邵武市）和9个样板村创建闽台乡建乡创合作样板。省级财政统筹各方面资金，新增安排6000万元建设补助资金，串点连线成片推动乡村由表及里、塑形铸魂，打造福建特色的宜居宜业和美乡村示范点、示范片，努力形成乡建乡创集聚效应。③2022年，福建省在全省遴选9个县（市、区）开展"崇尚集约建房"样板建设，各地均按序时完成年度建设任务。④2022年，福建省完成打造村庄生活污水治理样板5个，完成投资2737万元。其中，翔安区、漳平市、东山县被评为培育典型样板成效明显的县（市、区）。

（三）2022~2023年福建省乡村治理

1. 党建引领乡村治理

（1）深入开展党建工作机制创新

压紧压实五级书记抓乡村振兴责任，出台乡村振兴责任制实施细则，统筹开展实绩考核工作，将抓党建促乡村振兴情况作为市县乡党委书记

---

① 福建省农村建设品质提升工作组办公室、福建农林大学：《福建省农村建设品质提升报告（2021~2023）》，2024年1月。

② 福建省农村建设品质提升工作组办公室、福建农林大学：《福建省农村建设品质提升报告（2021~2023）》，2024年1月。

③ 福建省农村建设品质提升工作组办公室、福建农林大学：《福建省农村建设品质提升报告（2021~2023）》，2024年1月。

④ 福建省农村建设品质提升工作组办公室、福建农林大学：《福建省农村建设品质提升报告（2021~2023）》，2024年1月。

抓基层党建述职评议考核的重要内容。① 以建制村为基本单元规范设置党组织，普遍形成村党组织—村民小组（网格）党小组（支部）—党员联系户的组织体系。组织开展党员户挂牌、党员联系户、承诺践诺、设岗定责等活动，推广党支部领办合作社、"跨村联建"等方式，组建联村党组织 1095 个。开展党建引领乡村治理试点工作，全省运用"网格化""数字化""积分制""清单制"治理的村分别达 4045 个、2072 个、8644 个、2543 个。②

（2）"党建+"推进乡村社会经济全面发展

坚持党建引领城乡社区近邻服务，通过出台实施意见、开展"一十百"试点活动、召开现场推进会等方式，推动各地完善助幼、助教、助医、助老、助困等"五助"服务，让居民享受到更多专业、便捷、舒心的生活服务。厦门市深化近邻服务经验做法，在全国民政厅（局）长基层治理现代化建设专题培训班上做经验介绍。③ 南平邵武市谋划党建引领乡村振兴新机制，培育形成下沙镇"聚沙成塔"、吴家塘"金塘聚宝"、沿山镇"万亩金穗"等跨村联建模式，打造水北、沿山、卫闽、金坑、大竹等"五谷丰登"乡村振兴品牌。2023 年以来，围绕"五谷丰登"产业建立跨村联建建制村31 个，实施共建项目 33 个。④ 福州永泰县强化组织领导，在整合力量上开创新局面。探索建立乡村振兴党建引领"服务队+工作组+合作社"工作机制，初步构建了服务队政策保障、工作组多方赋能、合作社主体发展的"三方"协同发力机制。截至 2023 年 12 月，全县已培育村党组织领办合作社和村支部书记创业项目 52 个，39 名村支部书记联系领办卢峰茶业、金野

---

① 福建省农业农村厅：《关于 2022 年工作总结及 2023 年工作计划的报告》，2024 年 1 月，福建省政协农业和农村委员会转。
② 福建省农业农村厅：《关于 2023 年实施乡村振兴战略情况的报告（代拟稿）》，2024 年 1 月，福建省政协农业和农村委员会转。
③ 福建省民政厅：《关于报送乡村振兴相关数据资料的函》，2024 年 1 月，福建省政协农业和农村委员会转。
④ 邵武市委乡村振兴办：《福建乡村振兴简报（2023 年第 19 期）》，2024 年 1 月，福建省政协农业和农村委员会转。

农场、大康生态园等党员创业致富示范项目。①

（3）加强农村基层干部队伍建设

强化农村基层党组织政治功能和组织功能，全面培训提升乡镇、村班子领导乡村振兴能力，发挥农村党员先锋模范作用。② 宁德市探索"乡村振兴指导员"机制，破解乡村人才瓶颈。中央改革办将其作为改革案例向全国推介，设立"乡村振兴指导员"做法已在全省及贵州、安徽、河南等地推广。创新"六大员"选用办法，推动乡村有效治理。改"县聘、乡管、村用"为"乡聘、村用、县备案"，改"分散岗"为"合并岗"，实现全市"六大员"人数从4.4万人精简到2.5万人，推动各项工作更加高效高质落实。改"六大员"岗位补助由县直部门分头发放为县财政统一核拨、乡镇统一发放，改"单独干"为村委"统筹干"，改"终身制"为公开选聘、按时"换届"的"动态管"，让基层组织掌握"财权""人事权"，促进队伍结构优化，充分激发乡村振兴一线活力，大大提高了村"两委"的战斗力。③ 福州长乐区完善多层次奖励激励机制，激发干事热情。将乡村振兴片区开发纳入全区季度"一抓一促"考评和年度绩效考核，与机关干部、村"两委"待遇直接挂钩，调动干部干事创业精气神。注重在乡村振兴片区发展一线锻炼干部，先后提拔一批乡村振兴队伍干部到重要岗位任职，引导更多有能力、有抱负的干部投身乡村振兴。④

2.积极推进村民自治

（1）深化基层民主建设

健全基层群众自治机制，完善网格化管理、精细化服务、信息化支撑基

---

① 永泰县乡村振兴办：《福建乡村振兴简报（2023年第24期）》，2024年1月，福建省政协农业和农村委员会转。

② 福建省农业农村厅：《关于2022年工作总结及2023年工作计划的报告》，2024年1月，福建省政协农业和农村委员会转。

③ 宁德市委乡村振兴办：《福建乡村振兴简报（2023年第7期）》，2024年1月，福建省政协农业和农村委员会转。

④ 长乐区乡村振兴办：《福建乡村振兴简报（2023年第21期）》，2024年1月，福建省政协农业和农村委员会转。

层治理平台，推广运用积分制、清单制等治理方式。① 着力深化基层民主建设，夯实基层自治群众基础。以基层民主选举、民主协商、民主管理为抓手，深化基层民主建设，为构建自治、法治、德治相结合的基层治理体系夯实群众基础。坚持党组织领导基层群众性自治组织的制度，全省14247个村、2919个社区100%实现"一肩挑"，全面落实基层群众性自治组织法人备案制度。指导各地落实民主恳谈、评议等基本规范和具体制度，全省100%村（社区）建立民主协商制度、设立民主议事厅。持续推进全国村级议事协商创新实验试点任务，指导罗源县凤山镇城关村等15个试点单位开展中期评估工作，提高创新实验整体效能。

（2）加强和规范村规民约工作

推动全省所有村（社区）制定完善村规民约（居民公约），漳州市石埠村等3个村规民约入选"全国百篇优秀村规民约"，省级确认2批45篇优秀村规民约（居民公约）。协助出台全国首部《福建省发挥村规民约基层治理作用若干规定》地方性法规，《中国社区报》就福建省村规民约立法工作进行专题报道，该立法工作入选福建省"十大法治事件"。②

3.深入推动农村精神文明建设

（1）新时代农村精神文明建设亮点纷呈

深化新时代农村精神文明建设，弘扬八闽红色文化、优秀农耕文化、家风家训文化，实施传统村落集中连片保护利用示范工作，推进移风易俗，提升乡风文明水平。③ 持续开展"听党话、感党恩、跟党走"宣讲、家庭家教家风宣传等活动。建立健全文明城市、文明村镇"同测同考"机制，实现新时代文明实践县级中心、乡镇实践所、村实践站全覆盖。出台《福建省红色文化遗存保护条例》，开展乡村戏台建设试点，新增58处中国传统村落名录，

---

① 福建省农业农村厅：《关于2022年工作总结及2023年工作计划的报告》，2024年1月，福建省政协农业和农村委员会转。

② 福建省民政厅：《关于报送乡村振兴相关数据资料的函》，2024年1月，福建省政协农业和农村委员会转。

③ 福建省农业农村厅：《关于2022年工作总结及2023年工作计划的报告》，2024年1月，福建省政协农业和农村委员会转。

新申报 42 个历史文化名镇名村，编辑出版《乡土乡贤》等 8 辑乡村文化记忆丛书，创作播出《一代匠师》等一批融媒体产品。开展"新时代文艺惠民八闽万村行""四季村晚""村 BA"等活动，丰富群众精神文化生活。①

（2）城乡精神文明融合创建工程成效明显

精心策划实施"城乡精神文明融合创建工程"，着力解决城乡精神文明发展不平衡不充分这一突出问题，充分激发基层创建动能、整体提升全省精神文明特别是农村精神文明建设水平。经统计，2023 年福建省行政村总数 14316 个，其中县级及以上文明村总数 9081 个，全国文明村数量 140 个，省级文明村数量 458 个，市级文明村数量 2166 个；2023 年福建省乡镇总数 913 个，其中县级及以上文明乡镇总数 872 个，全国文明乡镇数量 37 个，省级文明乡镇数量 277 个，市级文明乡镇数量 368 个。②

4. 平安乡村建设进展

深化法治乡村和平安乡村建设，完善乡村公共法律服务体系，提升基层综治中心规范化水平，深入开展"枫桥经验"在福建、提升矛盾纠纷排查化解质效专项行动，实现农村扫黑除恶常态化。③ 深化法律进农村建设，培养农村"法律明白人"9.6 万余人，实现市、县、乡、村四级公共法律服务平台和村法律顾问全覆盖，国家级、省级民主法治示范村（社区）分别达 134 个、773 个。开展新一轮平安县乡村创建工作，全省平安乡镇（街道）占比 84.5%、平安村（社区）占比 76.5%。坚持和发展新时代"枫桥经验"，全面推行依法处理信访事项"路线图"等做法。推动农村地区扫黑除恶斗争常态化，扫除农村恶势力组织 16 个。深化"平安家园·智能天网"建设，全省 17.65 万路公共安全视频监控实现联网。④

---

① 福建省农业农村厅：《关于 2023 年实施乡村振兴战略情况的报告（代拟稿）》，2024 年 1 月，福建省政协农业和农村委员会转。

② 福建省文明办：《省文明办》，2024 年 1 月，福建省政协农业和农村委员会转。

③ 福建省农业农村厅：《关于 2022 年工作总结及 2023 年工作计划的报告》，2024 年 1 月，福建省政协农业和农村委员会转。

④ 福建省农业农村厅：《关于 2023 年实施乡村振兴战略情况的报告（代拟稿）》，2024 年 1 月，福建省政协农业和农村委员会转。

（四）2022~2023年福建省城乡融合发展

1. 城乡人口结构深刻变化

城镇化率是反映城乡人口结构的最直观指标，从福建省常住人口城镇化率来看，福建省城乡人口结构正在发生深刻变化。2022年，福建省城镇常住人口总量为2937万人，农村常住人口总量为1251万人，常住人口城镇化率为70.13%，较上年提高了0.41个百分点。2023年，福建省城镇常住人口总量为2972万人，农村常住人口总量为1211万人，常住人口城镇化率为71.05%，较上年提高了0.92个百分点。[①] 城乡之间的人口流动作为推动城乡融合的关键要素，在福建省的发展进程中发挥着不可忽视的作用。2023年，福建省深入实施新型城镇化战略，在深化户籍制度改革、推进城乡一体化方面迈出了重要步伐。福建省率先启动了全域范围内的户口迁移"跨省通办"服务，简化了户口迁移手续，提高了办事效率，极大地便利了民众的生活，促进了人口的合理流动与分布。据统计，2023年全年，福建省农业转移人口落户城镇的数量达到了37.7万人。[②]

2. 城乡居民收入差距缩小

相较于2022年，2023年城乡居民收入稳步增加，其中城镇居民人均可支配收入增长4.3%，农村居民人均可支配收入增长6.9%，高出城镇居民2.6个百分点，显示出农村经济的活力和潜力。农村居民收入的快速增长，一方面得益于福建省对农业、农村、农民的全面支持政策，如加强农村基础设施建设、推动农村产业结构调整、提升农业科技水平等；另一方面也得益于城乡融合发展战略的深入实施，城乡之间的人才、技术、资本等要素流动更加畅通，农村地区可以获得更多的发展红利。这种增长趋势不仅提升了福建省城乡居民的整体收入水平，更重要的是，它进一步缩小了城乡之间的收

---

① 福建省统计局、国家统计局福建调查总队：《2024年福建统计摘要》，2024年3月，福建省政协农业和农村委员会转。

② 《2024年福建省人民政府工作报告》，福建省人民政府网站，2024年2月4日，https：//www.fujian.gov.cn/xwdt/fjyw/202402/t20240204_6391648.htm。

入差距。2022 年福建省城镇居民人均可支配收入与农村居民人均可支配（纯）收入之比（以农民人均纯收入为 1）为 2.154，2023 年这一比值缩小为 2.101。[1]

3.城乡公共服务质量稳步提升

（1）坚持教育优先发展

推进 12 个国家级、省级义务教育优质均衡先行创建县建设，实现城乡紧密型教育共同体基本覆盖全省乡村学校。[2] 公办中小学幼儿园教师队伍得到有力补充，学前教育普惠率大幅提升，2023 年普惠率达 94.6%[3]，义务教育学位持续增加，随迁子女就读公办学校比例显著提高。

（2）医疗及社保供给不断优化

建立覆盖省、市、县、乡、村五级医疗保障服务网络，实现医保经办服务"掌上办""一网通办"，10561 个村卫生室服务能力达国家基本标准。[4] 社会保障体系提档升级，以提升"一老一小"服务为重点，优化养老服务供给，增加普惠性托位，提高社保待遇水平，强化社会救助帮扶，使社会保障更加有力、更加暖心。完成 1130 所农村幸福院质量提升工作，乡镇（街道）范围具备综合功能的养老服务机构覆盖率达 74.2%。[5]

（3）就业形势保持平稳

通过出台一系列政策措施，加快城乡人力资源流动，扩大就业容量，稳定重点就业群体；加强农村劳动力的技能培训和教育投入，实施"农民工职业技能提升计划"等，提升农村劳动力就业技能；同时通过人才引进计

---

[1] 福建省统计局、国家统计局福建调查总队：《2024 年福建统计摘要》，2024 年 3 月，福建省政协农业和农村委员会转。

[2] 福建省农业农村厅：《关于 2023 年实施乡村振兴战略情况的报告（代拟稿）》，2024 年 1 月，福建省政协农业和农村委员会转。

[3] 《2024 年福建省人民政府工作报告》，福建省人民政府网站，2024 年 2 月 4 日，https：//www.fujian.gov.cn/xwdt/fjyw/202402/t20240204_6391648.htm。

[4] 福建省农业农村厅：《关于 2023 年实施乡村振兴战略情况的报告（代拟稿）》，2024 年 1 月，福建省政协农业和农村委员会转。

[5] 福建省农业农村厅：《关于 2023 年实施乡村振兴战略情况的报告（代拟稿）》，2024 年 1 月，福建省政协农业和农村委员会转。

划、提供优惠政策等,吸纳农村人才到城市创业发展。职业技能培训投入力度加大,高技能人才培养成果显著,就业形势总体保持平稳,2023 年城镇新增就业 53 万人。[①]

4. 城乡产业融合持续深化

(1)推动区域协调发展

出台《关于进一步做深做实新时代山海协作 推动区域协调发展的意见》《关于深化山海协作 发展飞地经济的指导意见》等举措,明确新时代山海协作设区市级和县级对口协作关系,有效促进了城乡区域间的产业协同与互补。落实对口支援政策,深化与对口地区的合作,加快闽西革命老区高质量发展示范区建设,老区苏区振兴步伐加快,产业融合的空间与渠道进一步拓宽。

(2)深入推进三次产业融合发展

各地立足地域优势,出台了一系列有关三产融合发展的政策措施,多种途径、多种渠道、多种措施推进农村三产融合,促进了农村经济的转型发展,中药材国家优势特色产业集群、现代农业产业园以及农业现代化示范区等项目的建设,进一步提升了农村产业的竞争力和发展水平。比如,南平建瓯市对传统笋竹行业进行转型升级,当地政府积极引导,扩大生产链,联农带农,让笋竹产业持续做强,实现三次产业融合发展,从短赏味期到四季皆有鲜笋,建瓯笋竹产业正书写着"做强一根竹"的辉煌篇章。[②] 龙岩长汀县通过整合资源、以强带弱、抱团发展的方式做大做强槟榔芋等特色产业,走出一条企业带动、村集体搭台、市场化运作、组团式发展的富"芋"路。[③]

(3)创造产业融合发展的空间要素保障

在充分尊重农民意愿的基础上,根据国土空间规划进行全域土地综合整

[①]《三产融合串起福建笋竹全产业链条》,人民网,2024 年 3 月 18 日,http://fj. people. com. cn/n2/2024/0318/c181466-40779072. html。

[②]《长汀县涂坊镇:三产融合,三链同构,"小芋头"做活"大产业"奔向富"芋"路》,东南网,2024 年 2 月 4 日,http://www. fujiansannong. com/info/93864。

[③]《2024 年福建省人民政府工作报告》,福建省人民政府网站,2024 年 2 月 4 日,https://www. fujian. gov. cn/xwdt/fjyw/202402/t20240204_ 6391648. htm。

治，以乡镇或村为单位，收回集体建设用地使用权并按规划用途将其入市，或对法定登记的宅基地等进行复合利用，创造空间支持乡村产业发展。2023年安排不低于 5% 的新增建设用地计划指标用于支持农村三产融合发展项目。① 建立农村三产用地的双随机抽查制度，及时处理发现的问题，并不断完善政策，保障农业农村用地管理逐步规范。

（五）2022～2023年福建省乡村改革与保障

1.深化和巩固农村基本经营制度

（1）全面推进农村承包地"三权分置"制度实施

农村承包地"三权分置"是继家庭联产承包责任制以来农村改革重大制度创新。福建省积极贯彻中央政策，在省内推进农村承包地"三权分置"，引导土地经营权有序规范流转，并落实社会资本通过流转取得土地经营权行政审批工作。② 自 2020 年确定"第二轮土地承包到期后再延长 30 年"的政策以来，福建省坚持依法规范有序开展和充分尊重农民主体地位的原则，稳步推进农村土地延包工作，已在三明市沙县区开展试点③，以点带面，逐步铺开。新型农村用地承包管理协调机制已实施，农村土地承包合同日常变更工作机制已完善，土地经营权流转合同网签制度已推行④，农村土地资源得到持续高效配置。

（2）深化农村集体产权制度改革

一是持续深化集体林权制度改革，助推林改发展再出发。2023 年深入推进 3 个国家级和 15 个省级林业改革发展综合试点，推广"林票"运行机

---

① 《2024 年福建省人民政府工作报告》，福建省人民政府网站，2024 年 2 月 4 日，https://www.fujian.gov.cn/xwdt/fjyw/202402/t20240204_6391648.htm。
② 福建省农业农村厅：《关于 2023 年实施乡村振兴战略情况的报告（代拟稿）》，2024 年 1 月，福建省政协农业和农村委员会转。
③ 福建省农业农村厅：《关于 2023 年实施乡村振兴战略情况的报告（代拟稿）》，2024 年 1 月，福建省政协农业和农村委员会转。
④ 福建省农业农村厅：《关于 2023 年实施乡村振兴战略情况的报告（代拟稿）》，2024 年 1 月，福建省政协农业和农村委员会转。

制，折资量化林权资产，新增流转林权178.7万亩。完善生态补偿机制，累计完成重点生态区位商品林赎买53.4万亩。①

二是加强农村集体"三资"管理，建设农村集体资产线上监督平台。福建省加强农村集体"三资"监管，2023年查摆整改集体资产管理"点题整治"问题3707个。②建立建成福建省级农村集体资产监督管理平台，实现村财、经济合同线下线上同步公开。

三是建设农村产权流转交易市场。2022年已在三明市沙县区、福州市永泰县、莆田市秀屿区等12个市、县（区）开展农村产权流转交易市场建设试点。③福建沙县农村产权交易中心有限公司于2022年9月揭牌，成为福建省第一个区域性农村综合产权交易平台。④福州市于2023年在福建省率先出台《关于建立健全农村产权流转交易市场的实施意见》。农村产权流转交易体系搭建的福建尝试，有力推动了农村要素市场化改革和农村产权制度完善，新一轮新型村级集体经济和红色美丽村庄建设扶持计划业已启动。⑤

（3）农村宅基地制度改革和实施

一是深化宅基地制度改革试点。晋江市、沙县区、建瓯市3个试点县市化解历史遗留问题1183宗、累计形成49项制度性成果⑥，有序推进房地一体农房调查发证工作，圆满完成年度改革任务。

---

① 福建省农业农村厅：《关于2023年实施乡村振兴战略情况的报告（代拟稿）》，2024年1月，福建省政协农业和农村委员会转。
② 福建省农业农村厅：《关于2023年实施乡村振兴战略情况的报告（代拟稿）》，2024年1月，福建省政协农业和农村委员会转。
③ 《福建农村产权流转交易信息平台启动仪式在福州举办》，福建省人民政府国有资产监督管理委员会网站，2023年1月9日，https：//gzw.fujian.gov.cn/zwgk/gzdt/gzjg/cqgl/202303/t20230309_6128751.htm。
④ 《全省首个区域性农村综合产权交易平台落户三明》，三明市人民政府网站，2022年9月27日，https：//www.sm.gov.cn/zw/zwxx/sjdt/202209/t20220927_1832326.htm。
⑤ 福建省农业农村厅：《关于2023年实施乡村振兴战略情况的报告（代拟稿）》，2024年1月，福建省政协农业和农村委员会转。
⑥ 福建省农业农村厅：《关于2023年实施乡村振兴战略情况的报告（代拟稿）》，2024年1月，福建省政协农业和农村委员会转。

二是制定政策加强农村宅基地和村民住宅建设管理。福建省农业农村厅等有关部门出台《关于印发进一步加强农村宅基地和村民住宅建设管理九条措施的通知》（闽农规〔2023〕2号），政策上引导加强农村宅基地和村民住宅建设管理，包括强化村民住宅建设用地保障、加强农房建筑风貌管控、推进宅基地信息化管理等九方面。2023年福建省批准宅基地3.2万宗，占地4752.9亩。① 含原址翻改建和异地新建在内，2023年福建省批准宅基地4.14万宗，占地6263.41亩，同比增长分别为10.1%、9.1%。2023年共查处新增农村乱占耕地建房问题33个，较2020年1777个、2021年898个、2022年529个，呈逐年下降趋势。② 2023年共完成1.17万宗问题图斑补充调查及分类处置。③

2. 健全现代农业经营体系

（1）持续实施新型农业经营主体提升行动

培育并支持龙头企业、农民合作社、家庭农场等新型经营主体融合发展。2023年福建省共有福建春伦集团、福建光阳蛋业、厦门银祥集团、福建长富乳品、福建圣农控股集团、福建八马茶业等农业产业化国家重点龙头企业77个。④ 2022~2023年新型经营主体进一步提升，2023年入选国家农民合作社示范社的农民合作社达36家，包括22家农业农村系统国家农民合作社示范社、4家林业和草原系统国家农民合作社示范社、10家供销系统国家农民合作社示范社。⑤

---

① 福建省农业农村厅：《关于2023年实施乡村振兴战略情况的报告（代拟稿）》，2024年1月，福建省政协农业和农村委员会转。

② 《落实"点题整治"！福建省新增农村乱占耕地建房问题得到有效遏制》，福建省自然资源厅网站，2024年1月17日，https://zrzyt.fujian.gov.cn/zwgk/xwdt/zrzyyw/202401/t20240117_6381970.htm。

③ 福建省农业农村厅：《关于2023年实施乡村振兴战略情况的报告（代拟稿）》，2024年1月，福建省政协农业和农村委员会转。

④ 《农业产业化国家重点龙头企业名单》，中华人民共和国农业农村部网站，2023年5月18日，http://www.xqj.moa.gov.cn/nycyh/202305/t20230518_6427885.htm。

⑤ 《农业农村部 国家发展改革委 水利部 税务总局 市场监管总局 国家林草局 供销合作总社关于公布2022年国家农民合作社示范社和全国农民用水合作示范组织名单的通知》，中华人民共和国农业农村部网站，2023年4月10日，http://www.moa.gov.cn/govpublic/NCJJTZ/202304/t20230425_6426200.htm。

（2）大力发展农业社会化服务

聚焦农业生产关键薄弱环节和小农户，将土地托管、技术指导、农资供应、贷款融资支持等生产服务外包，大力发展农业社会化服务。将乐县、永春县入选农业农村部 2023 年 38 个全国农业社会化服务典型案例。将乐县为农户提供从种到收全程多项农业社会化服务支持，涵盖技术指导、农资供应、贷款支持、土地托管等，已成立 3 个片区"农耕保姆点"，组建 144 个"托管员"服务队，实现全县 13 个乡镇服务全覆盖；推广建设以来，将乐县已整合撂荒地及零星土地 6000 余亩，受益农户 1260 余户。[①] 永春县食用菌联农带农发展模式中，企业负责菌棒供应、产中技术指导和产后食用菌销售，合作社负责组织农民生产食用菌，农户负责具体生产，三个主体分工协作，部分关键环节的生产和服务外包大大提升了产业效益和乡村产业发展。

（3）加快农垦系统改革步伐

农垦系统改革主抓垦区集团化和农场企业化改革，立足地方实际加快资源资产整合，拓展农垦土地复垦、产业发展等社会化服务功能，推动乡村产业发展。福建省接续推进国有农场全面振兴，培育壮大垦区优势特色产业，积极参与"三品一标"认证和福建名牌农产品评选活动，积极培育创建农垦品牌并予以优选推介。2023 年 6 月，福鼎市农垦发展集团有限公司揭牌成立，成为福建省继福州市、福安市、光泽县、永春县、柘荣县之后的第 6 家区域性农垦集团。2023 年 7 月，福建省 112 家国有农场已有 56 家实施了集团化企业化改革。[②] 2023 年 8 月，福建省国有农场 2493 份土地租赁合同已建档立卡，2340 份合同对标清理规范，有力解决"租期过长、面积过大、租金过低"等不规范不合理问题。[③] 2023 年下半年起，福建省农垦系统着力推动完善农垦集团内部机制，健全现代企业制度，在土地整理管护、高标准

---

① 《将乐："农耕保姆"为您服务》，东南网，2024 年 1 月 1 日，https：//baijiahao.baidu.com/s？id=1786847665392362205&wfr=spider&for=pc。

② 《福建农垦加力推进区域性集团化改革》，福鼎市人民政府网站，2023 年 7 月 12 日，http：//www.fuding.gov.cn/ztzl/nyxxzl/nyxwdt/202307/t20230712_1777072.htm。

③ 《强化农垦土地管理　释放农垦资源活力》，福建农业农村公众号，2023 年 8 月 21 日，https：//mp.weixin.qq.com/s/C55HXXSJq_bmvF4YZYojRw。

农田建设项目、抛荒撂荒地整治和生产等环节发挥责任担当。

3. 完善乡村振兴工作推进机制

（1）加强党对乡村振兴工作的全面领导

福建省委常委会会议、福建省政府常务会议多次专题研究部署，高度重视乡村振兴工作。2023 年 1 月中共福建省委、福建省人民政府印发《关于做好 2023 年全面推进乡村振兴重点工作的实施意见》。2023 年 7 月召开福建省深入学习"千万工程"经验、建设福建美丽乡村现场推进会。2023 年 12 月出台《开展"千村示范引领、万村共富共美"工程的实施意见》，加快建设具有福建特色的宜居宜业和美乡村。[①]

（2）确保乡村振兴工作推进到位

完善省市县三级"领导小组+办公室+专项小组"工作推进机制。颁布实施《福建省乡村振兴责任制实施细则》，坚持省、市、县、乡、村五级书记抓乡村振兴。制订《省领导挂钩联系乡村振兴重点县及欠发达老区苏区县方案》，助推福建省 38 个挂钩老区苏区县阔步迈向振兴之路。建立"四个一"工作推进机制，通过实行"一把手"负总责，完善一个工作协调会商机制，召开一场现场推进会，表扬一批先进集体和个人推动乡村振兴工作落实。[②] 优化实绩考核，把巩固拓展脱贫攻坚成果纳入乡村振兴一并进行考核，设置三级指标 99 项，明确评分标准。组织开展 2022 年乡村振兴实绩考核[③]，通过点对点通报考核发现问题，督促整改落实，确保压力传导到位、责任落实到位、工作推进到位。

（3）全力打造乡村振兴示范精品

2022 年，福建省实施乡村振兴"十大行动"，统筹推进年度重点任务 116 项；深化"百镇千村"试点，组织实施项目 4292 个，完成投资 38 亿元，推

---

① 福建省农业农村厅：《关于 2023 年实施乡村振兴战略情况的报告（代拟稿）》，2024 年 1 月，福建省政协农业和农村委员会转。

② 福建省农业农村厅：《关于 2023 年实施乡村振兴战略情况的报告（代拟稿）》，2024 年 1 月，福建省政协农业和农村委员会转。

③ 福建省农业农村厅：《关于 2023 年实施乡村振兴战略情况的报告（代拟稿）》，2024 年 1 月，福建省政协农业和农村委员会转。

进串点连线成片，福建省打造形成乡村振兴精品线路 100 条；开展乡村振兴示范创建工作，申报创建示范县 3 个，组织创建示范乡镇 40 个、示范村 500 个。[①] 2023 年，持续实施乡村振兴"十大行动"，统筹推进 120 个年度重点项目；深化"千村试点、万村推进"工作，打造乡村振兴精品线路 120 条。[②]

4. 加强资金要素投入支持

（1）创新金融支持服务

持续完善优化"金服云"平台功能作用。"金服云"锚定"数字化普惠金融"主航道，设立乡村振兴、科特派等专区，为农业经营主体提供金融支持服务。加强支付环境和要素流转平台建设。加强农村支付环境建设，福建省县域主城区实体商户移动支付覆盖率超 80%。在宁德市试点建成农村生产要素流转融资平台，规范要素流转管理，覆盖市、县、乡、村四级农村产权交易，为各类农村生产要素提供确权登记、交易流转、信息发布等服务。创新金融产品支持乡村振兴。创新推出"渔排养殖贷""茶园契约贷""民宿贷"等 275 种生产要素流转融资信贷产品。截至 2023 年末累计融资 15.05 万笔，融资金额 176.53 亿元，当年新增融资业务约 2.5 万笔、融资金额 30 亿元。[③]

（2）加大资金要素投入力度

2023 年 1~10 月，福建省土地出让收入用于农业农村支出 298.9 亿元，安排 115.1 亿元新增专项债券用于农林水利项目建设；创新推出"福建乡村振兴贷"，为 3.7 万家农业经营主体提供优惠贷款超 80 亿元，福建省涉农贷款余额 20171.1 亿元、同比增长 13.9%。[④] 为加强农村基层组织建设以及推

---

① 福建省农业农村厅：《关于 2022 年工作总结及 2023 年工作计划的报告》，2024 年 1 月，福建省政协农业和农村委员会转。

② 福建省农业农村厅：《关于 2023 年实施乡村振兴战略情况的报告（代拟稿）》，2024 年 1 月，福建省政协农业和农村委员会转。

③ 中共福建省委金融委员会办公室：《关于反馈数字普惠金融服务发展情况的函》，2024 年 1 月，福建省政协农业和农村委员会转。

④ 福建省农业农村厅：《关于 2023 年实施乡村振兴战略情况的报告（代拟稿）》，2024 年 1 月，福建省政协农业和农村委员会转。

动乡村全面振兴提供重要保障，2022年、2023年福建省级财政下达村级组织运转补助经费均为13.08亿元。

5. 加强乡村振兴人才保障

（1）开展高素质农民培训

以福建农林大学、福建农业职业技术学院等农业院校为主要培训机构，持续培育高素质农民队伍。2022年遴选推荐了43个高素质农民省级培训基地。[①] 自2023年起，每年有300名以上高素质农民有机会通过选送进入福建农林大学本科学历继续教育试点课堂。[②] 2022年福建省培训高素质农民12.8万人次，高素质农民队伍不断壮大，为促进乡村振兴和农业农村高质量发展提供强有力的人才支撑。[③]

（2）实施乡村产业振兴带头人培育"头雁"项目

头雁项目是国家继高素质农民培育计划项目之后，2022年新推出的一项乡村人才建设的重要项目。项目要求每年为每个县培育10名左右"头雁"，用5年时间培育一支乡村产业振兴带头人"头雁"队伍。福建农林大学承接福建省农业农村厅头雁项目，成为培养"头雁"的重要阵地，2022年项目培训共开展7期13个主题班次，培育"头雁"700人。[④]

（3）引导人才乡村创业

开展青年人才返乡下乡创业创新培训，2022年福建省共开展创业培训4515人，其中农民工2329人；2023年共开展创业培训6273人，其中农民工3202人。创新人才培养模式，将省内外创新创业领军人才产业项目"嫁接"给返乡创业大学生、退伍军人等，以"师带徒"形式在各县领办、联办、协

---

① 《按需培训　因材施策——福建推进高素质农民培训　促进乡村振兴》，海峡农业杂志社公众号，2023年3月14日，https://mp.weixin.qq.com/s/WlW1Ty4hyWf34t2e5LADJg。

② 《一线来风丨福建"学习圆梦"提素质　培育人才兴产业》，农村工作通讯公众号，2023年7月31日，https://mp.weixin.qq.com/s/1fpBUTDzs3mmkt1m4xTp-g。

③ 《按需培训　因材施策——福建推进高素质农民培训　促进乡村振兴》，海峡农业杂志社公众号，2023年3月14日，https://mp.weixin.qq.com/s/WlW1Ty4hyWf34t2e5LADJg。

④ 《福建农林大学：福建乡村产业振兴带头人"头雁"培育的首选之地》，福建农林大学乡村振兴学院公众号，2023年7月13日，https://mp.weixin.qq.com/s/qEjCvwj5TDUU8InAw0yiKw。

办各类经济实体。搭建创新创业平台载体和乡村振兴人才驿站,将引才育才和就业创业元素有机结合,各地市也出台各类创业支持优惠政策。比如,厦门市出台《支持大学生返乡下乡在农业领域创业创新若干措施》,截至2023年3月,全市已扶持创办新型农业经营主体的大学生累计41名,扶持资金已达1060万元,其中,2023年扶持对象14名,扶持资金140万元。①

(4)引智服务乡村基层

招募"三支一扶"人员服务乡村,2021~2023年福建省级"三支一扶"招募人员分别为:648人、982人、1071人。举办"海归英才八闽行"活动,2022~2023年,累计组织留学人才90人次,深入福建省50个乡村开展服务。举办"智惠八闽"专家服务乡村振兴活动,2022~2023年,组织13批101人次专家深入乡村开展帮扶行动。开展"师带徒"医疗帮扶。2022年以来,福建省人力资源和社会保障厅已组织医疗专家共166人次赴基层医院"师带徒"。推进"师带徒"引凤计划,自2022年以来已在厦门市、福州市等7市举办"师带徒"引凤计划系列活动26场,签约人才项目76个精准帮扶助力乡村振兴。② 除此之外,福建省举办农村实用人才培训活动,多部门也联动选派科技、经济、行政等领域优秀人才下沉乡村。据统计,2022年福建省举办全国农村实用人才带头人示范培训班7期,培训农村实用人才带头人704人;接受农村实用技术线上培训达123.30万人次。③ 2023年福建省累计选派驻村第一书记2.2万名,选认科技特派员1.2万名,下派乡村振兴指导员1100多名,派出金融助理6352名④,大大增强了乡村振兴的人才保障。

---

① 福建省人力资源和社会保障厅:《引进人才服务中心落实乡村振兴有关工作情况》,2024年1月,福建省政协农业和农村委员会转。
② 福建省人力资源和社会保障厅:《引进人才服务中心落实乡村振兴有关工作情况》,2024年1月,福建省政协农业和农村委员会转。
③ 《按需培训 因材施策——福建推进高素质农民培训 促进乡村振兴》,海峡农业杂志社公众号,2023年3月14日,https://mp.weixin.qq.com/s/WlW1Ty4hyWf34t2e5LADJg。
④ 福建省农业农村厅:《关于2023年实施乡村振兴战略情况的报告(代拟稿)》,2024年1月,福建省政协农业和农村委员会转。

二　2022~2023年福建省乡村振兴存在的问题

（一）"产业兴旺"方面存在问题

一是粮食和部分重要农产品稳产保供仍有压力。部分县（市）未完成粮食播种面积任务，粮食单产提升空间大，大豆油茶亟待扩种，耕地抛撂荒治理能力、良种化、机械化、生产主体积极性等均有待提升。畜禽养殖面临环境压力，生猪产能易受内外部环境影响产生波动效应。农业抗风险能力整体较弱，自然灾害、国际形势变化、要素投入增长压力等对粮食和重要农产品稳产保供产生不确定性冲击。二是部分特色现代农业优势不明显。果蔬水产知名品牌少，"福农优品"全国知名度总体不高；林下产品供给有限，森林资源优势未充分挖掘；食用菌产能不充分，产业进一步优势发展受阻；茶文化建设和价值实现相对薄弱；休闲农业同质有余创新不足，产业发展乏力；渔业发展优势明显但面临日本核废水全球污染压力，产业发展面临新问题新困境。三是现代农业三大体系有待健全。产业体系上农业产业升级和产业链延伸不足，农业多功能性有待深入挖掘，三产融合有待深化，"3212"工程有待进一步壮链、强链、补链、延链。生产和经营体系上面临种源、土地、人才、资金、现代技术装备、龙头企业、农业社会化服务、农业绿色发展农资产品、农业大数据等要素约束，农业良种化、机械化、科技化、信息化、标准化、制度化、组织化、规模化和社会化水平均有待进一步提升。

（二）"生态宜居"方面存在问题

一是大部分乡村规划不够接地气。前期调研不充分，乡村规划缺乏科学性和实操性，形式主义和同质化问题突出。规划易忽视绿化建设管理、"五个美丽"内涵建设、历史文化价值挖掘以及村民主体地位体现。二是生态环境保护形势依然严峻。水环境治理和保护、海洋生态环境质量提升、水生态建设、地下水水质稳定等面临较大压力；空气质量保护、土壤安全利用水平提升、固体废弃物与化学品环境风险防控等不容忽视。农业绿色发展中依然存在面源污染、耕地质量下滑、废旧农膜污染等问题，畜禽粪污资源化利用和农作物秸秆综合利用水平需进一步提高。三是人居环境整治水平亟待全面提升。农村饮用水安全、农村厕所环境卫生、农村生活污水排放、农村垃圾分类处理等方面问题未全面解决。农房建设整体布局、建设品质、室内设计未大幅提高，居住环境舒适度较低。部分偏远农村基础设施建设覆盖率低，公共服务配套设施缺乏。历史名镇名村和传统村落整体保护开发不足。部分乡村追求现代化丧失乡村性。四是乡村生态治理体系未跟上时代要求。乡村生态振兴和生态环境保护体系仍未健全，市场化机制、社会化手段应用仍然不足。乡村生态治理能力和治理体系发展地区适应性不强，乡村生态振兴部分政策文件边界模糊，政策红利未能充分释放。农村生态环境保护监管依然薄弱，基层生态环境保护监管和执法力度仍显不足。

（三）"乡风文明"方面存在问题

一是仍有不良风气短期难以根除。六合彩、赌博、家暴、偷窃、人情攀比、封建迷信、大操大办、乱倒垃圾等不良风气仍然存在，易引发家庭矛盾和社会问题。广场舞、打麻将、打篮球、家庭卡拉 OK、宗教民俗等活动噪声扰民现象亦有发生。部分村民个人利益至上，社会主义核心价值观缺失。二是农村基本公共服务供给依旧不足。免费体检、特殊病种免费药物、义务教育等公共服务供给质量城乡不均等。乡村医院大病重病医疗水平较低。乡村图书馆、体育场等文体设施重建轻管，后期维护不足。幸福院、长者食堂等养老服务设施缺乏持续的资金投入和人力投入，供给稳定性堪忧。三是乡村特色文化挖掘不深。乡村戏台、村史馆、文化展示馆等特色公共文化空间较为缺乏，对外来文化生搬硬套，知名群众性文体活动较少。政府与当地非物质文化遗产、文化能人、非物质文化遗产继承人等联系不够紧密，乡村发展未能深挖乡村特色。部分传统村落、历史名镇名村未能开发，或已开发但商业氛围过于浓厚。四是机制不活，推动不够，参与不足。乡村文旅开发的联农带农机制、多元主体共赢机制等不灵活不接地气；基层政府推动不够，规划不足，投入有限，项目较少，力量薄弱；乡风文明建设的社会资本参与和农民参与的积极性和主动性仍然不高。

（四）"治理有效"方面存在问题

一是乡村治理体系"三治"融合有待完善。老村民参与乡村治理的积极性不高，新村民参与治理机制匮乏，自治主体缺位现象比较普遍，村民自治有待激励和规范。乡村基层干部法治观念较强，但村民法律意识仍旧淡薄，乡村普法宣传、法律服务、法治数字乡村建设等需加强投入。乡村德治取得成效但陈规陋习尚存，功利主义盛行，道德观念弱化。自治与法治、法治和德治、自治与德治间在治理实践中产生对立与冲突，自治、法治、德治三位一体的乡村治理体系有待完善。二是乡村治理效能有待进一步提升。农村基层党组织建设有待加强，基层党委、政府引领作用有待进一步发挥，基层干部队伍建设有待加强，部分党员干部工作方式方法有待改进，党群、干群关系有待进一步密切。网络化管理水平、数字化赋能水平以及精细化服务水平有待提升。积分制、清单制等务实管理的治理方式有待进一步推广应用。乡村本土化人才培养和乡村教师等农村专业人才队伍建设有待持续加强。三是乡村精神文明发展不平衡不充分。部分乡村扎实推进开展"听党话、感党恩、跟党走"宣讲、家风家训宣传、乡规民约制定完善活动，部分乡村则流于形式。福建省重点整治乡村陈规陋习，整体推进农村移风易俗，但部分乡村并不重视弘扬社会主义核心价值观。乡村精神文明发展呈现不平衡不充分特征。

（五）"生活富裕"方面存在问题

一是农民持续稳定增收面临压力。2022年福建省全年农村居民人均可支配收入24987元，增长7.6%，扣除价格因素，实际增长5.7%。[①] 2023年

[①] 《2022年福建省国民经济和社会发展统计公报》，福建省统计局网站，2023年3月14日，https：//tjj.fujian.gov.cn/xxgk/tjgb/202303/t20230313_ 6130081. htm。

福建省全年农村居民人均可支配收入 26722 元，增长 6.9%，扣除价格因素，实际增长 6.9%。[①]"十四五"期间福建省农村居民人均可支配收入预测年均增长 8%。[②] 受全球经济下行、农产品出口遭遇困境、国内农产品竞争加剧等因素影响，2023 年农民收入增长未能达到预期，农民持续稳定增收面临压力。二是部分脱贫地区和人口面临致贫返贫风险。受历史、自然、区位等因素制约，部分苏区县、老区县产业基础比较薄弱，经济发展相对吃力，虽已完成脱贫攻坚任务但集体经济发展比较落后，产业兴旺压力较大，有待进一步培育特色产业，增强"造血"功能。福建省脱贫人口收入虽总体增长，但部分群众面临突发疾病、灾害、事故等易致贫返贫风险，有待进一步常态化监测和及时帮扶。三是城乡消费环境、公共服务质量差距大。农村缺乏大型购物中心、电影院、体育小镇、科技展馆等场所。偏远山区消费市场商品品类不够丰富，高端商品较少。家具、电器、摩托车、汽车等商品实体店选购空间较为有限。农村淘宝物流速度和上门送货服务水平总体不及城市。教育、医疗、文化等领域公共服务水平城乡差距依然较大，未能有效满足农村居民日益增长的美好生活需要。

三 2024年福建省乡村振兴面临的机遇和挑战

（一）2024年福建省乡村振兴面临的机遇

2024 年是中华人民共和国成立 75 周年，是实现"十四五"规划目标任务的关键一年，是习近平总书记擘画"机制活、产业优、百姓富、生态美"新福建宏伟蓝图 10 周年，也是全面推进乡村振兴的关键一年。福建省乡村

---

① 《2023 年福建省国民经济和社会发展统计公报》，福建省统计局网站，2024 年 3 月 14 日，https://tjj.fujian.gov.cn/xxgk/tjgb/202403/t20240313_ 6413971.htm。

② 《福建省人民政府关于印发福建省"十四五"推进农业农村现代化实施方案的通知》，福建省发展和改革委员会网站，2022 年 7 月 4 日，http://fgw.fj.gov.cn/zwgk/fgzd/szcfg/2022 07/t20220705_ 5946161.htm。

振兴面临着以下重要机遇。一是政策扶持力度加大：随着国家对乡村振兴战略的持续推进，福建省作为东南沿海经济发达省份，面临国家和区域战略的多重叠加，有望获得更多政策支持和财政投入，用于改善农村基础设施、提升农业科技创新能力和加强乡村文化建设。二是产业升级转型机遇：福建省农业资源丰富，具有发展特色农业和精品农业的优势。新质生产力强调技术创新，将进一步推动福建省农业产业升级，提升农产品的附加值，促进农业向更加高效、智能、绿色的现代产业体系转变，拓展乡村经济的新领域，为农业农村发展注入新的活力。三是生态文明建设需求：福建省生态环境优美，乡村地区拥有得天独厚的自然资源和景观。在学习运用"千村示范、万村整治"工程经验，有力有效推进乡村全面振兴过程中，可以进一步加强生态文明建设，发展生态旅游和绿色农业，探索生态与经济双赢的特色模式。四是海峡两岸交流合作：《中共中央 国务院关于支持福建探索海峡两岸融合发展新路　建设两岸融合发展示范区的意见》《关于农业农村领域支持福建探索海峡两岸融合发展新路的若干措施》等文件的出台，为加强两岸合作指明了方向，有助于进一步支持福建发挥对台独特优势、进一步扩大对台先行示范效应，对于深化两岸农业农村交流合作、促进融合发展具有积极作用，将为全面推进乡村振兴提供更多助力。

（二）2024年福建省乡村振兴面临的挑战

当前我国经济发展仍面临有效需求不足、部分行业产能过剩、社会预期偏弱、风险隐患仍然较多等压力，国内大循环存在堵点，外部环境的复杂性、严峻性、不确定性上升，这些因素给福建省推进乡村振兴带来了挑战。一是全球化背景下的市场竞争：当前国际体系和国际秩序仍在调整中，全球产业链、供应链面临不确定因素，农产品的进出口冲击风险仍在，深刻影响了农业产业的生产结构和品种结构，积极应对国内外市场的激烈竞争，提升农产品品质、打造品牌、拓展市场，是乡村振兴过程中必须面对的挑战。二是城乡发展不平衡：虽然福建省整体经济较为发达，但城乡间的发展差距仍然存在。部分农村地区在基础设施建设、公共服务发展等方面相对滞后，影响了农民的生活水平提高和乡村的全面振兴。城市化进程的加速，乡村地区的人才流失现象仍然比较严重，农业领域缺乏高素质的技术人才和管理人才，制约了乡村振兴的步伐。三是整体经济下行的风险仍在：面对国外复杂严峻的风险挑战和国内多重因素交织叠加带来的经济下行压力，我国经济运行持续回升向好，但仍存在风险。经济下行引致了一系列问题，如有效需求不足导致农产品销售市场受限，部分行业产能过剩加剧了农业产业结构调整的压力，社会预期偏弱影响了农业领域的投资和消费意愿。四是自然灾害等突发风险仍在：自然灾害、市场波动、疫病等风险对农业生产和农民收入造成严重影响，对福建省的农业农村发展带来了不确定性。因此需要建立健全风险防范机制和管理制度，提升行业应急治理能力，确保乡村产业健康稳定发展。

四　有力有效推进福建省乡村全面振兴的对策建议

（一）切实保障粮食和重要农产品有效供给

1.全力稳定粮食生产与流通

鼓励农民种植双季稻和再生稻，提高土地利用效率。实施粮经轮作模式，如推广果茶园套种旱粮、蔬菜大棚轮作水稻等模式，以平衡农业生产，增加农民收入。通过集成推广良田、良种、良机、良法等技术措施，提高粮食单产，确保粮食产量稳定增长。健全种粮农民收益保障机制，落实稻谷最低收购价、耕地地力保护补贴、储备订单粮食直接补贴等政策，稳定种粮农民的收入预期。加强粮食储备与调控，落实粮食新增储备任务，加快省级粮库建设，提高粮食收储调控能力。支持省内企业到主产区建设粮食生产、加工、储备基地，加快建设福州、厦门（漳州）两个国家级物流枢纽，畅通粮食入闽通道，不断搭建完善粮食供应链。提高建设标准和质量，完善建后管护机制，不断提升耕地综合生产能力。

2.加强多元食物供给

树立大农业观、大食物观，积极拓展其他食物来源，如森林食品、水产品等，以满足人们多样化的食物需求。扎实推进生猪稳产保供工程，保持能繁母猪存栏数稳定，确保生猪生产的稳定供给。提升蛋禽、肉禽和草食动物养殖水平，推进设施养殖，提高鲜蛋、生鲜乳的自给保障水平。发展设施蔬菜栽培产业与海洋渔业，通过设施栽培提高蔬菜的产量和质量，同时加快发展设施水产养殖业，打造"福海粮仓"，提高海洋渔业的贡献率。

3.严格落实耕地保护制度

健全耕地数量、质量、生态"三位一体"保护制度体系，确保耕地的数量稳定和质量提升。改革耕地占补平衡制度，坚持"以补定占"，确保非农建设占用的耕地得到及时补充，保持耕地总量动态平衡。[①] 加快建设高标准农田，逐步把永久基本农田全部建成高标准农田，并确保高标准农田原则上全部用于粮食生产。实施地力提升工程，示范推广绿肥种植、有机肥施用、测土配方施肥等技术措施。[②] 分类稳妥开展违规占用耕地整改复耕工作，细化明确耕地"非粮化"整改范围，合理安排恢复时序。深入开展"我在乡间有亩田"活动，推进撂荒地复垦种粮。

4.加强农业基础设施建设

结合区域资源禀赋和农业产业特色，科学编制省、市、县三级永久基本农田全部建成高标准农田实施方案。引导社会资本参与高标准农田建设，形成多元化的投资格局。有序推进国家重大水利工程、中型水库建设工程、大中型灌区现代化改造工程，支持新建花卉温室大棚、高标准钢架设施农业温室大棚。探索应用现代信息技术、生物技术等前沿科技，提高高标准农田的智能化、精准化水平。明确农田基础设施的产权归属和管护责任，建立长效

---

① 《农业农村部关于落实中共中央国务院关于学习运用"千村示范、万村整治"工程经验 有力有效推进乡村全面振兴工作部署的实施意见》，中华人民共和国农业农村部网站，2024年2月20日，http://www.moa.gov.cn/ztzl/2024yhwj/zxgz_ 29632/202402/t20240220_ 6448720.htm。

② 福建省发展和改革委员会：《〈关于福建省2023年国民经济和社会发展计划执行情况及2024年国民经济和社会发展计划草案的报告〉参阅材料》，2024年1月，福建省政协农业和农村委员会转。

管护机制，确保设施的正常运行和持久效用，真正做到"建管并重"。① 鼓励和支持农业设施装备的研发和创新，提升农业生产的智能化、精准化水平。

5. 加快推进种业创新

整合科研院校、企业等各方资源，形成产学研用紧密结合的种业协同创新体系。深化种业市场化改革，打破行业壁垒，鼓励企业加大研发投入力度，培育出更多优质品种。加快推进福建海南南繁科研育种基地改扩建工程，基本建成福建省海洋水产种业研究中心、淡水水产种业研究中心。提升国家级杂交水稻制种大县和三明"中国稻种基地"建设水平，推进特色农作物种苗和畜禽良种繁育基地等建设，培育一批育繁推一体化种业龙头企业。②

（二）坚决守住不发生规模性返贫底线

1. 强化防止返贫监测帮扶

进一步完善"一键报贫"等平台功能，提高报贫效率和准确性。加大乡村干部走访排查和行业部门筛查力度，确保及时发现并核实认定返贫风险。扩大低保和临时救助覆盖范围，确保困难群众得到及时有效的帮助。

2. 接续推进脱贫地区乡村振兴

加大省级以上衔接资金投入力度，优化资金使用结构，确保更多资金用于产业发展。扩大庭院经济试点范围，推动更多县、乡、村参与试点，提高庭院经济的示范效应。继续实施"雨露计划"，提高职业教育质量，促进脱贫家庭新成长劳动力稳定就业。拓展完善劳务协作对接机制，大力扶持就业帮扶车间健康发展，全力挖掘以工代赈就业带动能力，切实发挥乡村公益性岗位兜底作用。加强易地扶贫搬迁集中安置点的后续管理和服务，确保搬迁

---

① 福建社会科学院编著《2023—2024 年福建经济社会发展与预测蓝皮书》，海峡出版发行集团、福建人民出版社，2024。
② 福建省发展和改革委员会：《〈关于福建省 2023 年国民经济和社会发展计划执行情况及 2024 年国民经济和社会发展计划草案的报告〉参阅材料》，2024 年 1 月，福建省政协农业和农村委员会转。

群众安居乐业。

3.深化对口协作与区域合作

加强山海协作制度优化创新，完善山海协作考核指标体系，建立市级山海协作对口合作机制。创新发展飞地经济，持续提升"产业飞地"发展效果，打造一批"科创飞地"，促进山海区域协调发展。[①] 加强闽宁等对口协作区域的互访交流，深化合作内容和层次。结合受援地产业基础和发展定位，促进传统产业改造升级、打造小而精的特色优势产业、帮助培育壮大龙头企业和战略性新兴产业。[②] 拓展财政援宁资金规模，引导更多社会资本参与扶贫协作。加强"组团式"支援工作，组织更多专家和专技人才参与帮扶工作，提高帮扶质量和效率。

（三）加快推进特色现代农业高质量发展

1.培育壮大乡村优势特色产业

基于一方水土、突出地域特色，做好"土特产"文章。统筹推进茶文化、茶产业、茶科技融合发展，持续开展"闽茶海丝行"活动，增强"多彩闽茶"知名度、美誉度。优化水果区域布局，因地制宜发展新兴特色水果产业，加快推广水肥一体化、微喷（滴）灌等设施，建设一批水果采后商品化处理中心。突出"福"字，加快区域公共品牌建设，扩大"福农优品"品牌效应，进一步提升福建省绿色优质农产品的知名度和竞争力。进一步深入实施特色现代农业高质量发展"3212"工程，打造一批高质量省级以上现代农业产业园、特色优势产业集群、农业产业强镇、"一村一品"专业村。

2.推动农村流通高质量发展

加强农产品产地冷藏、冷链物流设施和农产品商品化处理设施建设，推

---

① 福建省发展和改革委员会：《〈关于福建省2023年国民经济和社会发展计划执行情况及2024年国民经济和社会发展计划草案的报告〉参阅材料》，2024年1月，福建省政协农业和农村委员会转。

② 福建省发展和改革委员会：《〈关于福建省2023年国民经济和社会发展计划执行情况及2024年国民经济和社会发展计划草案的报告〉参阅材料》，2024年1月，福建省政协农业和农村委员会转。

进乡镇商贸中心建设，完善县、乡、村三级物流配送体系。实施"互联网+"农产品出村进城工程，推进电子商务进农村，提升农民电子商务技能，提高农产品的网络零售额。设立农村流通人才培养计划，培养一批懂市场、会经营、善管理的农村流通人才。继续举办电商主播大赛、福品网购节、"数商兴农"等活动，深化与抖音、京东等头部电商平台合作，推动商文农融合，扩大消费。[①]

3. 加快农文旅融合发展

采用串点并线、组团联盟、集中推介、经营托管等方式，促进乡村旅游有序良性运营，打造具有地方特色的金牌旅游村和全域生态旅游小镇，增加中国美丽休闲乡村和省级美丽休闲乡村的数量，提升乡村旅游的吸引力和影响力。打造特色休闲渔村，加快建设渔港经济区，为"海上福建"增添靓丽景观。促进三次产业融合发展，争取更多园区纳入国家农村产业融合发展示范园。挖掘乡村特色美食，引入主题夜市等时尚消费活动，利用原生态的自然舞台丰富夜间展演活动，因地制宜发展温泉疗养、中医养生、健康养老、运动健身等业态。[②]

4. 强化农业科技和装备支撑

促进农产品生产和初加工、精深加工协同发展，促进农产品就近就地转化增值。推进农产品加工设施改造提升，支持区域性预冷烘干、储藏保鲜、鲜切包装等初加工设施建设，发展智能化、清洁化精深加工产业，支持发展中央厨房等模式。实施设施农业现代化提升行动，研发推广适合丘陵山区和特色作物生产的小型机械、智能机械，推进农机农艺协同，进一步提升主要农作物综合机械化率。加快发展工厂化健康养殖，高标准新建一批现代农业设施，补齐专用品种培育、仓储保鲜冷链物流与精深加工等短板。

---

① 福建省发展和改革委员会：《〈关于福建省 2023 年国民经济和社会发展计划执行情况及 2024 年国民经济和社会发展计划草案的报告〉参阅材料》，2024 年 1 月，福建省政协农业和农村委员会转。
② 福建省发展和改革委员会：《〈关于福建省 2023 年国民经济和社会发展计划执行情况及 2024 年国民经济和社会发展计划草案的报告〉参阅材料》，2024 年 1 月，福建省政协农业和农村委员会转。

5.促进闽台农业融合发展

着力创新两岸农业合作新机制、新模式，推动两岸农业资源要素深度对接，建立适应海峡两岸融合发展新要求的重要载体和示范窗口。突出重点区域和重点产业，推动台湾农民创业园产业升级，高标准建设一批闽台农业融合发展产业园。深化闽台旅游资源合作开发，支持台湾业者参与乡村旅游提质升级项目，建立一批两岸青少年乡村研学基地。支持台企台农集聚地区创建国家乡村振兴示范县，建设海峡两岸乡村振兴合作基地及国家现代农渔业优质平台，支持三明建设海峡两岸乡村融合发展试验区，支持南平深化乡村生态、文化、旅游产业对台合作，开展海洋经济交流合作，鼓励宁德拓展海洋养殖产业对台合作。[①]

（四）大力建设宜居宜业和美乡村

1.增强乡村规划引领效能

完善乡村规划体系，强化规划的层次性和协调性，确保乡村规划与区域规划、城镇规划、土地利用规划等相衔接。以战略定位指导具体规划，推动乡村规划与产业发展村庄经营相结合，加强规划的科学性和可操作性。强化规划的公众参与性，加强规划宣传和教育，提高村民的规划意识和参与度。科学设定城镇化目标，审慎有序推进合村并镇，保持乡村适度规模，形成"产业带动、生态引领、一村一品、农旅融合、少数民族、美丽海岛"等多类型的示范村镇。[②]编制乡村建设导则，强化分类施策与多样化梯次推进相结合，可以将村庄分为集聚提升、城郊融合、特色保护、搬迁撤并等类别[③]，因地制宜推进不同类型村庄建设。加大力度引进台湾知名高校及建筑师、文创团队，开展驻村陪伴式规划设计服务。

[①] 福建省农村建设品质提升工作组办公室、福建农林大学：《福建省农村建设品质提升报告（2021~2023）》2024年1月。

[②] 福建省农村建设品质提升工作组办公室、福建农林大学：《福建省农村建设品质提升报告（2021~2023）》2024年1月。

[③] 福建省农村建设品质提升工作组办公室、福建农林大学：《福建省农村建设品质提升报告（2021~2023）》2024年1月。

2.深化农村环境整治

系统推进农村建设品质提升、裸房整治、污水处理、垃圾清运等各项工作。推广地方建筑立面图集，强化农村建房带图审批，加强农村建筑风貌管控。实施整村推进厕所革命项目，全面建成乡镇生活污水处理设施。深化乡村"五个美丽"建设，新建成一批美丽乡村庭院、美丽乡村微景观、美丽小公园、美丽田园、美丽乡村休闲旅游点。将环境综合整治与田园风貌保护进行有机结合，对"田水路林村"进行综合整治提升，坚持开展美丽宜居村庄和特色田园乡村创建，聚焦打造新时代乡村建设"福建模式"。[①]

3.加强乡村基础设施建设

加快"四好农村路"高质量发展，夯实乡村交通运输保障基础。推动城乡供水一体化工程的全面开工建设，建立完善的供水设施维护和管理制度，确保农村居民饮水安全。加强农村水系和中小河流域治理，强化水环境治理和水生态保护。实施农村电网巩固提升工程，推广智能电网和新能源技术，提高农村电网智能化水平。提高建制村5G网络覆盖率，提高农村地区信息化水平。推动建立信息化管理平台，以县域为单元对涉及农村公厕、生活污水处理设施、生活垃圾收转处置设施等的基础信息进行数字化管理。加大力度开展农村公共场所"适老化改造"项目。实施乡村夜经济基础设施亮化工程，打造多维度乡村夜景和沉浸式体验空间。

4.强化农村基本公共服务县域统筹

坚持按照"完善制度、提高水平、逐步并轨"的总体原则，逐步建立起全民覆盖、普惠共享、城乡一体的基本公共服务体系，实现城乡公共服务均等化。[②] 推进城乡学校共同体、紧密型县域医共体建设。建立覆盖省、市、县、乡、村五级医疗保障服务网络，实现医保经办服务"掌上办""一网通办"，提升村卫生室服务能力标准化水平。实施新一轮农业转移人口市

---

① 福建省农村建设品质提升工作组办公室、福建农林大学：《福建省农村建设品质提升报告（2021~2023）》2024年1月。

② 福建社会科学院编著《2023—2024年福建经济社会发展与预测蓝皮书》，海峡出版发行集团、福建人民出版社，2024。

民化行动，鼓励有条件的县（市、区）将城镇常住人口全部纳入住房保障政策范围。提升农村幸福院建设质量，提升乡镇（街道）范围具备综合功能的养老服务机构的覆盖率。

5. 增强县城在城乡融合发展中的作用

推进新型城镇化与乡村振兴相融合，加快形成城乡联动、以城促乡、以工促农、全面推进的城乡一体化发展新局面。提升中心城区要素集聚和辐射带动能力、综合承载能力和治理能力，鼓励引导产业和服务项目在中心城区的布局，完善市政设施和公共服务设施，有序推进农业转移人口市民化。增强中心城镇产业发展能力和交通节点功能，完善基础设施配套服务，实现镇区"扩容提质"，增强吸纳农业转移人口的能力。积极推动有条件的中心城镇撤镇改街，加强基础设施配套建设和公共服务设施布局，实现基本公共服务对常住人口全覆盖。促进空间相邻、产业相近、文化相通、功能相似的小城镇一体化发展。

（五）持续提升乡村治理能力和水平

1. 加强农村基层党组织建设

强化农村基层党组织政治功能和组织功能，全面培训提升乡镇、村班子领导乡村振兴能力，发挥农村党员先锋模范作用。全面落实"四议两公开""六要"群众工作法，健全村级重要事项、重大问题由村党组织研究讨论机制。健全基层群众自治机制，完善网格化管理、精细化服务、信息化支撑基层治理平台，推广运用积分制、清单制等治理方式。[①] 充分发挥党组织"产业富民、改革兴村、服务便民、生态宜居、乡风文明"的引领作用，把党员中政治素质好、群众威望高、带头致富能力强的关键能人作为"领头雁"充实到村级组织中，使其成为带领群众投身乡村振兴的中坚力量。深化"跨村联建"工作机制，推进党支部领办合作社，开展农村党员创业致富示

---

① 福建省农业农村厅：《关于 2023 年实施乡村振兴战略情况的报告（代拟稿）》，2024 年 1 月，福建省政协农业和农村委员会转。

范基地创建行动，扶持发展新型农村集体经济，抓好新一轮红色美丽村庄建设试点。①

2. 深入推进农村精神文明建设

弘扬八闽红色文化、优秀农耕文化、家风家训文化，实施传统村落集中连片保护利用示范，推进移风易俗，提升乡风文明水平。深化文明村镇、文明家庭、星级文明户等创建活动。推进乡村史志修编，传承乡村记忆。深化移风易俗，完善村规民约，持续开展家庭家教家风宣传活动。推动建成一批乡村戏台、村史馆、文化展示馆等特色乡村公共文化空间，打造一批村歌、四季"村晚"等群众性文体活动品牌。加快探索市场化、社会化的多元协同推进的"福建古厝"活化利用之路，传承弘扬优秀传统文化，打造具有较高知名度的"福建古厝"品牌。

3. 深化法治乡村和平安乡村建设

完善乡村公共法律服务体系，提升基层综治中心规范化水平。深入开展"枫桥经验"在福建、提升矛盾纠纷排查化解质效专项行动。扎实推进平安示范村、平安校园、平安园区创建活动，实现农村扫黑除恶常态化。完善乡镇信访联席会议制度，畅通信访渠道，加大矛盾纠纷排查力度，确保社会安定稳定。强化食品药品安全监管，持续开展安全生产专项整治行动，推进"平安乡村"视频监控系统和应急广播体系建设，做好暴雨、洪涝、台风等自然灾害防御工作，提升应急救灾能力。

4. 推动新时代农村工作机制探源与提升

对福建省创设的行之有效并在全国推行的驻村第一书记、科技特派员、"四下基层"、"六大员"制度、雇工购料法、造福工程、"生态银行"机制、集体林权制度改革、闽台乡建乡创合作等农村工作机制，进一步丰富机制内容，完善机制功能，赋予新的活力。

---

① 《关于学习运用"千村示范、万村整治"工程经验 有力有效推进乡村全面振兴的实施意见》，福建省人民政府网站，2024 年 2 月 8 日，http：//fujian.gov.cn/zwgk/zxwj/szfwj/202402/t20240208_ 6394431.htm。

（六）深化农业农村重点改革

1. 巩固完善农村基本经营制度

推进农村承包地"三权分置"，引导土地经营权有序规范流转，落实社会资本通过流转取得土地经营权行政审批工作。开展第二轮土地承包到期后再延长 30 年试点，发展多种形式适度规模经营。完善农村土地承包合同日常变更工作机制，推行合同网签制度。

2. 深化农村土地制度改革

巩固和完善农村基本经营制度，在涉农乡村全面建立土地流转服务中心，探索农村承包地经营权有序流转机制，鼓励土地经营权向家庭农场、农民合作社和新农人流转，推动土地托管扩规增效。学习借鉴浙江经验，探索先租后让、租让结合的弹性供地模式，根据乡村产业项目发展的需要，转变供地模式，实行"点状供地"，提高用地效率，解决用地难的问题。

3. 深入探索强村富民新机制

完善跨村联建机制，探索乡镇组团发展模式，在不改变原有行政区划的情况下，选择一个区域内的中心乡镇作为主导，通过"1+1""1+N"等方式联合周边发展一般和较弱的乡镇建立"乡镇联盟"，推动形成资源共享、功能错位、优势互补、联动共赢、区域协同的乡村振兴新格局。推动有条件的镇村成立"强村富民"公司，利用市场化经营、专业化管理模式，采取效益分红、发展基金、公益基金、激励基金等方式，构建起"强村带弱村""大村带小村"的发展格局，筑牢共同富裕发展基础。[1] 构建县城、乡镇、中心村分工合理的产业空间结构和利益联结机制，创新生态产品流转融资服务机制，盘活农村生产要素。

4. 深化农村集体产权制度改革

加强农村集体"三资"监管，建设完善省级农村集体资产监督管理平

---

[1] 《印江新寨镇团山村支部委员会：跨村联建党组织"强村富民"兴乡村》，当代先锋网，2023 年 9 月 21 日，http://www.ddcpc.cn/detail/d_ partyconstruction/11515116257429.html。

台，促进新型农村集体经济健康发展，严格控制农村集体经营风险。[①] 深入开展农村产权流转交易市场建设试点，启动新一轮新型村级集体经济和红色美丽村庄建设扶持计划。贯彻落实新印发的《深化集体林权制度改革方案》，加快推进集体林地"三权分置"，发展林业适度规模经营，切实加强森林经营，保障林木所有权权能，加强木本粮油、木材、竹材、森林药材等重要初级林产品供给能力建设，鼓励林业大市、大县培育林业支柱产业，探索完善生态产品价值实现机制，妥善解决历史遗留问题。持续深化集体林权制度改革、农业水价综合改革、农垦改革和供销合作社综合改革。

---

① 《关于学习运用"千村示范、万村整治"工程经验 有力有效推进乡村全面振兴的实施意见》，福建省人民政府网站，2024 年 2 月 8 日，http：//fujian. gov. cn/zwgk/zxwj/szfwj/202402/t20240208_ 6394431. htm。

分 报 告 ⧗

B.2
福建省乡村产业振兴情况分析
（2022~2023年）

盛 洁*

摘 要: 产业振兴是实现乡村振兴的基础和前提，是加快推进农业农村现代化的根本。2022~2023年福建省乡村产业振兴取得显著成效。总体上，农村经济持续增长。2022年和2023年第一产业增加值分别为3076.20亿元和3217.66亿元，按可比价格计算，分别比上年增长3.7%和4.2%。在粮食和重要农产品供给方面，2022年和2023年粮食面积、总产和单产均实现"三增长"；肉蛋奶和菜果茶菌等重要农产品稳中有增，粮食和重要农产品保供能力持续提升。在发展特色现代农业方面，以实施特色现代农业高质量发展"3212"工程为抓手，推动特色产业集聚；打造"福农优品"区域公用品牌，强化农业品牌建设；发展壮大乡村特色优势产业，推动福建省特色现代农业体系建设。在推进农村三产融合过程中，大力发展农产品加工业，促进农产

---

* 盛洁，福建农林大学经济与管理学院讲师，博士，主要研究领域为数字经济、农户市场行为和农业农村现代化。

品多次加工，实现多次增值；积极拓展农业多种功能，鼓励发展休闲农业、生态旅游等业态；推进国家农村产业融合发展示范园建设，成功创建10家国家农村产业融合发展示范园，全面打造乡村产业振兴新引擎，实现福建省农业产业链、价值链双提升。在农业绿色生态发展方面，通过推动林业、畜牧水产养殖业等产业绿色转型和推进农业面源污染综合防治，提升农业废弃物资源化利用水平。此外，深化推进8个国家农业绿色发展先行区建设，不断探索农业绿色发展典型模式。在农业科技装备提升方面，深入推进种业振兴；加强高标准农田建设，确保耕地数量和质量；提升农业机械化水平；加强农业标准化和农产品质量安全建设，全面促进农业标准化生产技术示范推广。2022年和2023年福建省主要农产品质量安全监测总体合格率分别达99.4%和99.5%，保持全国前列。在推进数字农业和数字乡村建设上，2022年，福建省建立"农业云131"信息工程平台，扩大乡村信息基础设施建设，推动乡村数字产业快速发展。在农业对外开放和闽台合作上，农产品对外进出口额总体呈平稳上升趋势；闽台农业融合发展程度增强并且闽台基层交流不断深化。同时，福建省乡村产业振兴也存在一些问题，表现为：稳定粮食生产压力仍然较大；乡村产业发展水平有待进一步提升；现代农业科技和装备支撑不足。为加快推进乡村产业振兴，福建省要确保粮食和重要农产品稳定安全供给；加快构建福建特色乡村现代产业体系；深化现代农业科技和制度改革。

关键词： 乡村产业振兴　特色现代农业　绿色生态农业　三产融合　数字农业

一　农林牧渔业产值

2022~2023年，福建省农业农村经济持续向好，农业生产稳定增长。2022年福建省生产总值为53109.85亿元，按可比价格计算，比上一年增长4.7%。其中，第一产业产值3076.20亿元，按可比价格计算，比2021

年增长 3.7%。2023 年福建省实现生产总值 54355.10 亿元，按可比价格计算，比 2022 年增长 4.5%。其中第一产业产值 3217.66 亿元，按可比价格计算，比 2022 年增长 4.2%。福建省第一产业总量和增速均呈上升状态（见表1）。

从地区生产总值的产业构成来看，福建省第一产业占地区生产总值的比重总体呈下降趋势。2022 年福建省第一产业产值占比为 5.8%，比前三年分别下降了 0.3%、0.5% 和 0.1%。2023 年福建省第一产业占比相较于 2022 年增加了 0.1 个百分点，整体趋于稳定（见表1）。

表1　2019~2023 年福建省三次产业产值、占比和增速

单位：亿元，%

项目			2019 年	2020 年	2021 年	2022 年	2023 年
分产业	第一产业	产值	2595.53	2730.81	2899.91	3076.20	3217.66
		占比	6.1	6.3	5.9	5.8	5.9
		增速	3.5	3.1	5.0	3.7	4.2
	第二产业	产值	20065.48	20168.43	23319.82	25078.20	23966.43
		占比	47.4	46.2	47.0	47.2	44.1
		增速	5.4	2.4	8.1	5.4	3.7
	第三产业	产值	19665.57	20709.31	23346.32	24955.65	27171.01
		占比	46.5	47.5	47.1	47.0	50.0
		增速	10.4	4.0	9.0	4.0	5.2
地区生产总值			42326.58	43608.55	49566.05	53109.85	54355.10
地区生产总值增速			7.5	3.2	8.3	4.7	4.5

资料来源：《福建统计年鉴2022》《福建统计年鉴2023》《2023 年福建省国民经济和社会发展统计公报》。

第一产业中，农林牧渔业所占比重及其增速也存在差异。2022 年，福建省农林牧渔业总产值为 5502.56 亿元，按可比价格计算，比 2021 年增长 3.9%。其中，农业、林业、牧业、渔业、农林牧渔服务业产值分别为 2065.66 亿元、429.92 亿元、1066.25 亿元、1740.75 亿元和 199.98 亿元，按可比价格计算，相较于 2021 年分别增长了 5.2%、5.0%、4.3%、1.7%、

4.2%，其中农业的增长速度最快。从农林牧渔业总产值项目构成来看，2019~2023 年农业产值占比始终最高，其次是渔业，进而分别为牧业、林业和农林牧渔服务业（见表 2）。

2023 年，福建省农林牧渔业总产值为 5729.21 亿元，按可比价格计算，比 2022 年增长 4.3%，增幅相较于 2022 年提高了 0.4 个百分点。2023 年，农业、林业、牧业、渔业、农林牧渔服务业产值分别为 2193.52 亿元、454.75 亿元、1083.36 亿元、1789.56 亿元和 208.01 亿元，按可比价格计算，相较于 2022 年分别增长了 3.7%、3.5%、6.2%、4.0%、4.2%，与 2022 年不同，2023 年福建省农林牧渔业中牧业的增长速度最快（见表 2）。

表 2　2019~2023 年福建省农林牧渔业产值和增速

单位：亿元

项目		2019 年	2020 年	2021 年	2022 年	2023 年
农业	产值	1774.77	1818.18	1906.02	2065.66	2193.52
	增速	4.0	4.0	4.1	5.2	3.7
林业	产值	417.33	390.57	424.87	429.92	454.75
	增速	4.1	3.2	2.3	5.0	3.5
牧业	产值	914.39	1141.12	1059.91	1066.25	1083.36
	增速	0.5	3.9	10.5	4.3	6.2
渔业	产值	1361.68	1373.12	1621.51	1740.75	1789.56
	增速	4.3	1.9	2.9	1.7	4.0
农林牧渔服务业	产值	168.40	178.08	188.65	199.98	208.01
	增速	6.1	4.4	5.1	4.2	4.2
总产值	产值	4636.56	4901.07	520.97	5502.56	5729.21
	增速	3.6	3.3	5.1	3.9	4.3

资料来源：《福建统计年鉴 2022》《福建统计年鉴 2023》《2023 年福建省国民经济和社会发展统计公报》。

二　粮食和重要农产品供给

粮食和重要农产品稳产保供对稳经济、保民生具有"压舱石"的作用，是建设农业强国的首要任务，也是建设社会主义现代化强国的头等大事。[1]
2022年福建省层层压实粮食安全党政同责，加大粮食生产奖补力度，制定
稳粮惠农政策，60个县（市、区）开展认领"一亩田"活动，有力保障粮
食和重要农产品生产供给。2019~2023年福建省粮食面积、产量和增速总体
均呈上升趋势。[2] 2022年福建省全年粮食播种面积83.76万公顷，超国家任
务0.25万公顷，粮食产量508.70万吨，比上年增长0.4%（见表3）。其
中，稻谷产量393.75万吨，比2021年增长0.14%。[3]

2023年，粮食生产再获丰收。福建省严格落实粮食安全党政同责，出
台稳定发展粮油生产"九条措施"，实施"藏粮于地、藏粮于技"战略，创
新推出"兴业惠粮贷"等稳粮惠农政策，全面完成粮安考核指标要求。[4] 福
建省完成粮食播种面积84.11万公顷，产量达510.97万吨，单产405公斤，
实现面积、产量、单产"三增长"。2023年粮食产量比2022年增长0.4%，
和2022年增速基本一致（见表3）。

表3 2019~2023年福建省粮食面积、产量和增速

单位：万公顷，万吨，%

项目		2019年	2020年	2021年	2022年	2023年
粮食	面积	82.24	83.44	83.51	83.76	84.11
	产量	493.90	502.32	506.42	508.70	510.97
	增速	-0.9	1.7	0.8	0.4	0.4

资料来源：《福建统计年鉴2022》《福建统计年鉴2023》《2023年福建省国民经济和社会发展统
计公报》。

---

[1] 《抓紧抓好粮食和重要农产品稳产保供——全面推进乡村振兴重点工作述评①》，中国经济
网，2023年2月15日，http://m.ce.cn/bwzg/202302/15/t20230215_38392836.shtml。

[2] 《2023年福建省农业农村厅工作报告》，福建省农业农村厅网站，2023年1月20日，
http://nynct.fujian.gov.cn/zjnyt/gzbg/202301/t20230120_6097717.htm。

[3] 《福建统计年鉴2023》，福建省统计局网站，2023年11月23日，https：//tjj.fujian.gov.cn/
tongjinianjian/dz2023/indexch.htm。

[4] 《2023年福建省农业农村厅工作报告》，福建省农业农村厅网站，2023年1月20日，
http：//nynct.fujian.gov.cn/zjnyt/gzbg/202301/t20230120_6097717.htm。

2022 年福建省加强"菜篮子"产品生产，生猪产能巩固提升，能繁母猪存栏高于国家任务数，肉蛋奶、菜果茶菌等全面增产。[1] 2022 年福建省肉蛋奶总产量达 377.64 万吨，比上一年增长 4.4%。其中，猪肉总产量为128.07 万吨，年末实现生猪出栏 1614.13 万头，生猪存栏 956.76 万头，较2021 年均有增长，超额完成计划目标。蔬菜和水果总产量分别为 1599.77万吨和 817.31 万吨，比 2021 年增长 3.9%和 7.1%，增幅较大。茶叶和食用菌的总产量分别为 52.08 万吨和 153.13 万吨，较上一年增加了 6.7%和4.9%。此外，水产品总产量持续增长，2022 年为 862.35 万吨，较 2021 年增长 1.1%（见表 4）。

表 4 2019~2023 年福建省重要农产品产量

单位：万吨，万头

项目		2019 年	2020 年	2021 年	2022 年	2023 年
肉蛋奶总产量		318.19	329.98	361.88	377.64	405.21
生猪	肉总产量	103.03	103.75	124.34	128.07	135.47
	出栏数	1297.26	1299.86	1547.59	1614.13	1694.95
	存栏数	641.52	910.90	937.62	956.76	948.62
蔬菜总产量		1437.33	1492.30	1540.46	1599.77	1649.42
水果总产量		681.61	717.05	763.02	817.31	914.34
茶叶总产量		43.99	46.14	48.79	52.08	55.01
食用菌总产量		133.36	137.88	146.04	153.13	155.36
水产品总产量		814.58	830.34	853.07	862.35	890.20

资料来源：《福建统计年鉴 2020》《福建统计年鉴 2022》《福建统计年鉴 2023》《2023 年福建省国民经济和社会发展统计公报》。

2023 年福建省提倡树立大农业观、大食物观，念好"山海经"，多渠道拓展食物来源，重要农产品稳中有增。肉蛋奶总产量达 405.21 万吨，同比增长 7.3%，鲜蛋、生鲜乳自给保障水平继续提高 5 个百分点左右。持续加强生猪产能调控，生猪出栏数为 1694.95 万头，比 2022 年增长 5.0%；存栏

---

[1] 《2023 年福建省农业农村厅工作报告》，福建省农业农村厅网站，2023 年 1 月 20 日，http://nynct.fujian.gov.cn/zjnyt/gzbg/202301/t20230120_ 6097717.htm。

数为 948.62 万头，比上年末下降 0.9%，能繁母猪存栏超过国家任务。猪肉总产量达 135.47 万吨，较 2022 年增长 5.8%，实现省内鲜猪肉基本自给。蔬菜品种丰富，2023 年产量 1649.42 万吨，比 2022 年增长 3.1%。水果、茶叶、食用菌等产量稳中有增，产量分别为 914.34 万吨、55.01 万吨和 155.36 万吨，同 2022 年相比增长 11.9%、5.6% 和 1.5%。此外，水产品总产量增幅较 2022 年扩大，2023 年产量为 890.20 万吨，比 2022 年增长 3.2%（见表 4）。其中，淡水产品产量 102.4 万吨，增长 3.4%；近海捕捞 152.9 万吨，下降 0.1%；远洋渔业 55.1 万吨，下降 10.5%；海水养殖 579.8 万吨，增长 5.9%。[①]

三　特色现代农业建设

发展壮大乡村特色优势产业。福建省农业资源多样且气候适宜，形成了茶叶、水果、蔬菜、畜禽、水产、食用菌和烟叶等十大特色优势产业。2021 年 3 月，福建省农业农村厅、海洋与渔业局印发的《特色现代农业高质量发展"3212"工程实施方案》强调，要持续做强做优做大茶叶、水果、蔬菜等乡村特色产业。[②] 2022 年福建省提出全产业链提升乡村产业建设水平，全面推动特色现代农业提质增效，新建现代农业项目约 850 个，新增投资 373 亿元。福建省十大乡村特色产业全产业链总产值达 2.3 万亿元。[③] 2023 年福建省现代农业重点项目完成投资 452.7 亿元、占年计划 116%。[④]

推动特色产业集聚提升。2022 年福建省以实施特色现代农业高质量

① 《2023 年福建省国民经济和社会发展统计公报》，福建省统计局网站，2024 年 3 月 14 日，http：//tjj.fujian.gov.cn/xxgk/tjgb/202403/t20240313_ 6413971.htm。

② 《关于印发特色现代农业高质量发展"3212"工程实施方案的通知》，福建省农业农村厅网站，2021 年 2 月 25 日，http：//nynct.fujian.gov.cn/xxgk/zfxxgk/fdzdgknr/nyyw/nyzc/202103/t20210305_ 5544417.htm。

③ 《2023 年福建省农业农村厅工作报告》，福建省农业农村厅网站，2023 年 1 月 20 日，http：//nynct.fujian.gov.cn/zjnyt/gzbg/202301/t20230120_ 6097717.htm。

④ 《2024 年福建省农业农村厅工作报告》，福建省农业农村厅网站，2024 年 2 月 6 日，http：//nynct.fujian.gov.cn/zjnyt/gzbg/202402/t20240206_ 6392798.htm。

发展"3212"工程为抓手，新创建了闽西禽蛋国家优势特色产业集群，漳平、永春2个国家现代农业产业园和7个国家农业产业强镇，推进593个"一村一品"专业村建设，超额完成年度现代农业重点项目建设任务，乡村特色产业加快向优势区域集聚发展。① 2023年，福建省加快推进特色现代农业高质量发展"3212"工程，推动乡村特色产业向适宜区集中、向产业园区集聚。累计建设省级以上现代农业产业园27个、特色优势产业集群19个、农业产业强镇84个、"一村一品"专业村970个。创建国家现代农业全产业链标准化示范基地8个，居全国前列。新创建"福九味"中药材国家优势特色产业集群，漳浦、福清2个国家现代农业产业园，漳平、福安2个国家农业现代化示范区，连江筱埕镇等7个国家农业产业强镇。②

强化农业品牌建设。2022年福建省打造"福农优品"区域公用品牌，推进"福农优品"进高速公路服务区、进加油站、进超市，"三品一标"农产品达5972个，成功举办中国农民丰收节系列庆祝活动、首届中国茶叶交易会，开展第六次"闽茶海丝行"推介活动。③ 2023年福建省"福农优品"品牌影响力持续扩大。发布首批"福农优品"百品榜名单，涵盖福建省70个县（市、区）3000多个绿色优质农产品，累计评定全国名特优新农产品116个，持续打响福建绿色优质农产品品牌。5个农业品牌纳入农业农村部首批农业品牌精品培育计划，新增35个全国名特优新农产品，遴选推介10个福建农产品区域公用品牌、32个福建名牌农产品。成功举办第二届中国国际茶叶交易会等展会，在央视一套、东南卫视等媒体投放专题宣传片，与主要电商平台联合开展推广活动，开设高速公路服务区、加油站商品专柜、

---

① 《2023年福建省农业农村厅工作报告》，福建省农业农村厅网站，2023年1月20日，http：//nynct. fujian. gov. cn/zjnyt/gzbg/202301/t20230120_ 6097717. htm。
② 《2024年福建省农业农村厅工作报告》，福建省农业农村厅网站，2024年2月6日，http：//nynct. fujian. gov. cn/zjnyt/gzbg/202402/t20240206_ 6392798. htm。
③ 《2023年福建省农业农村厅工作报告》，福建省农业农村厅网站，2023年1月20日，http：//nynct. fujian. gov. cn/zjnyt/gzbg/202301/t20230120_ 6097717. htm。

大型购物超市体验中心等线下平台，"福农优品"品牌影响力、竞争力不断增强。①

四　农村三产融合

大力发展农产品加工业。福建省围绕蔬菜、水果、食用菌、茶叶、畜禽、粮食等主要生产基地，实施农产品产地初加工补助，重点支持农民专业合作社、家庭农场和农业企业。实施农产品精深加工提升项目，发展精细加工、推进深度开发，促进农产品多次加工，实现多次增值。② 2022 年累计建成农产品产地初加工中心 1278 个，农产品加工转化率达 74%。整省推进"互联网+"农产品出村进城工程，实施农产品产地冷藏保鲜设施建设项目 200 个，福建省农村网络零售额 2062 亿元，居全国第三。出台预制菜产业发展 21 条措施，推动农产品加工业持续发展。③ 2023 年福建省加强农产品产地冷藏保鲜设施、冷链物流设施和农产品商品化处理设施建设，推进乡镇商贸中心建设，覆盖率达 93.1%。④

积极拓展农业多种功能。福建省鼓励发展休闲农业、生态旅游、森林康养、乡村民宿、房车露营、户外运动等业态，新增一批全国休闲农业重点县、省级以上美丽休闲乡村和休闲农业示范点，支持具有代表性、典型性的农业文化遗产申报中国重要农业文化遗产。2022 年，创建一批省级以上休闲农业示范点，新增 4 个国家农村产业融合发展示范园和一批中国美丽休闲

---

① 《2024 年福建省农业农村厅工作报告》，福建省农业农村厅网站，2024 年 2 月 6 日，http：//nynct. fujian. gov. cn/zjnynt/gzbg/202402/t20240206_ 6392798. htm。

② 《福建省人民政府关于印发福建省"十四五"推进农业农村现代化实施方案的通知》，福建省人民政府网站，2022 年 7 月 5 日，http：//nynct. fujian. gov. cn/xxgk/ghjh/zcqfzgh/202207/t20220705_ 5948593. htm。

③ 《中共福建省委扶贫开发成果巩固与乡村振兴工作领导小组办公室关于 2022 年工作总结及2023 年工作计划的报告》，中共福建省委扶贫开发成果巩固与乡村振兴工作领导小组办公室提供。

④ 《中共福建省委福建省人民政府关于 2023 年实施乡村振兴战略情况的报告》，福建省人民政府提供。

乡村、全域生态旅游小镇。[①] 2023 年福建省加快农文旅融合发展，培育金牌旅游村 30 个、全域生态旅游小镇 22 个，新增中国美丽休闲乡村 8 个、省级美丽休闲乡村 63 个。[②]

推进国家农村产业融合发展示范园建设。2021 年，国家发展改革委办公厅、农业农村部办公厅以及工业和信息化部办公厅等部门联合发布《关于印发第三批国家农村产业融合发展示范园创建名单的通知》，福建省龙岩市连城县、宁德市古田县、泉州市永春县、漳州市南靖县和福州市闽清县被认定为第三批国家农村产业融合发展示范园，加上第一批和第二批入选的南平市武夷山市、三明市建宁县、南平市建瓯市、宁德市寿宁县和三明市尤溪县，目前福建省共成功创建 10 家国家农村产业融合发展示范园。示范园通过做强融合主体，创新融合方式，大力发展农业特色产业，加快产业融合项目建设，完善利益紧密联结机制，全面打造乡村产业振兴新引擎，实现福建省农业产业链、价值链双提升。[③]

五 农业绿色生态发展

推动农业产业绿色转型。2019 年以来，福建省启动实施"三个百千"绿化美化行动、千万亩森林质量精准提升工程和重点区域林相改善行动，大力推进武夷山森林和生物多样性保护、国家储备林、珍贵用材树种培育等工程项目建设。福建省建设森林生态景观林 27.8 万亩、绿美示范片 1.9 万亩，建设省级森林乡镇 79 个、省级森林村庄 1100 个。实施"闽西北森林质量精准提升示范项目""武夷山森林和生物多样性保护工程""闽西北（南）山

---

① 《2023 年福建省农业农村厅工作报告》，福建省农业农村厅网站，2023 年 1 月 20 日，http://nynct.fujian.gov.cn/zjnyt/gzbg/202301/t20230120_ 6097717.htm。

② 《2024 年福建省农业农村厅工作报告》，福建省农业农村厅网站，2024 年 2 月 6 日，http://nynct.fujian.gov.cn/zjnyt/gzbg/202402/t20240206_ 6392798.htm。

③ 《经验分享｜福建省推进农村产业融合发展示范园创建经验总结》，中华人民共和国国家发展和改革委员会网站，2021 年 11 月 24 日，https://www.ndrc.gov.cn/fggz/fgzy/xmtjd/2021 11/t20211124_ 1305040.html。

地丘陵生物多样性保护项目"等森林质量精准提升项目。2019年以来，福建省争取中央预算内投资森林质量精准提升项目资金9.67亿元，完成建设任务112.98万亩。2022年进一步颁布《福建省林业局关于印发福建省森林质量精准提升工程方案（2021—2025年）的通知》，实施森林质量精准提升工程，开展重点区域林相改善行动，科学拓展造林绿化空间，增强森林绿色生态功能。① 此外，福建省坚持"种养结合、以地定养"，推动畜牧水产养殖业绿色转型。2023年福建省福州市连江县、宁德市蕉城区和福鼎市入选国家级水产健康养殖和生态养殖示范区。②

推进农业面源污染综合防治。2022年中共福建省委、福建省人民政府印发的《福建省深入打好污染防治攻坚战实施方案》提出，要深入推进农用地土壤污染防治和安全利用及农业面源污染治理。2019~2022年，福建省大力推广绿色生产方式，深入实施农业绿色发展专项行动，实施化肥减量"2345"工程。福建省农业主要污染来源，即化肥、农药和农膜的投入总体减量增效（见表5），"生态福建—绿色农业"成为福建农业的名片。③

表5 2019~2022年福建省化肥、农药和农膜投入量

单位：万吨

项目	2019年	2020年	2021年	2022年
化肥施用量	106.26	100.81	96.63	92.07
农药使用量	4.55	4.32	4.17	3.98
农膜使用量	5.85	5.18	4.63	4.67

资料来源：《福建统计年鉴2023》。

---

① 《福建持续推进森林质量精准提升》，福建省发展和改革委员会网站，2023年3月14日，http：//fgw.fujian.gov.cn/ztzl/tjzfznzb/ggdt/202303/t20230317_6132528.htm。

② 《农业农村部关于公布〈国家级水产健康养殖和生态养殖示范区名单（2023年）〉的通知》，中华人民共和国农业农村部网站，2023年12月29日，http://www.moa.gov.cn/govpublic/YYJ/202312/t20231229_6443734.htm。

③ 《福建蓝皮书：福建乡村振兴报告（2020~2022）》，社会科学文献出版社，2022，第51页。

提升农业废弃物资源化利用水平。2023 年福建省生态环境厅、福建省农业农村厅印发《进一步深化畜禽养殖污染防治十条措施》，提出近年来福建省持续推进畜牧业转型升级和畜禽粪污资源化利用，取得明显成效。2021年以来，福建省坚持绿色导向，农业绿色发展专项行动深入实施，不用化学农药的生态茶园基本全覆盖，畜禽粪污综合利用率达 90%、秸秆综合利用率达 93%、农膜回收利用率达 83%。① 持续增设肥料农药包装废弃物回收处置试点，实现试点区域应收尽收，激励回收。2023 年福建省农用地土壤污染风险得到有效管控，受污染耕地安全利用率高于 93%。②

深化农业绿色发展先行区建设。福建省持续推广"五节一循环"等绿色发展模式。深化漳州市、南平市、永泰县、长汀县、建宁县、尤溪县、福清市和安溪县 8 个国家农业绿色发展先行区建设，创建福清、罗源、安溪、德化、尤溪、永安、新罗、漳平、柘荣、屏南等 10 个第二批省级农业绿色发展先行区，推进平和、武夷山、永泰等县（市、区）绿色发展先行先试支撑体系建设，探索不同生态类型、不同主导品种的农业绿色发展典型模式。全面开展生态农场评价工作，建设一批国家级、省级生态农场，探索生态农业扶持政策，提高农业质量效益和竞争力，让生态农场建设成为支撑农业绿色低碳发展的重要平台和有力抓手。③

六　农业科技装备提升

深入推进种业振兴。2022 年福建省实施种业振兴行动，建设省农业生物种质资源库，3 家企业入选国家种业振兴企业，国家制种大县增加到 4

---

① 《福建省人民政府办公厅关于印发福建省"十四五"特色现代农业发展专项规划的通知》，福建省人民政府网站，2021 年 7 月 16 日，http：//zfgb. fujian. gov. cn/9306。
② 《中共福建省委、福建省人民政府印发〈福建省深入打好污染防治攻坚战实施方案〉》，福建省人民政府网站，2022 年 5 月 31 日，http：//www. fujian. gov. cn/zwgk/zxwj/szfwj/202205/t20220531_ 5922384. htm。
③ 《2024 年福建省农业农村厅工作报告》，福建省农业农村厅网站，2024 年 2 月 6 日，http：//nynct. fujian. gov. cn/zjnyt/gzbg/202402/t20240206_ 6392798. htm。

个，建设 179 项省级科技计划项目，育成 223 个农作物新品种，农作物和畜禽良种覆盖率达 98.6%。[①] 2023 年种业振兴行动深入开展。福建省第三次全国农作物和畜禽种质资源普查与收集行动完成，尤溪老树金柑、龙岩山麻鸭分别入选全国十大优异农作物、畜禽种质资源。白羽肉鸡、青梗菜、花椰菜等 3 个国家育种联合攻关项目有序实施，育成农作物新品种 37 个。新增 3 家国家畜禽核心育种场，"圣泽 901"白羽肉鸡品种占全国市场 15%，杂交水稻制种面积、产量保持全国第一。[②]

加强高标准农田建设。耕地是确保国家粮食安全的物质基础，耕地数量和质量不仅决定了粮食等农产品的综合供给能力，而且决定了供给的质量和可持续性，因此福建省不断加强高标准农田建设。2022 年，福建省新建高标准农田 129 万亩，累计建成 994 万亩。治理水土流失 95.5 万亩，水土保持率提升至 92.6%。新增设施农业 8.7 万亩，累计超 240 万亩。[③] 2023 年，福建省将高标准农田财政补助从亩均 1600 元提高到 2400 元，新建和改造提升高标准农田 118 万亩，占计划 131%，被农业农村部列为全国示范样板省。[④]

提升农业机械化水平。2019~2022 年，福建省农业机械投入力度不断加大，农业机械设备使用面积和动力消耗均呈现不断上升的趋势。2022 年农业机械使用面积和动力分别为 194.21 万公顷和 1296.71 万千瓦（见表 6）。2022 年福建省主要农作物综合机械化率达 73%。补贴推广农机具 12.3 万台（套），数字农机服务水平进一步提升。[⑤] 2023 年福建省实施农

① 《2023 年福建省农业农村厅工作报告》，福建省农业农村厅网站，2023 年 1 月 20 日，http://nynct.fujian.gov.cn/zjnyt/gzbg/202301/t20230120_6097717.htm。
② 《2024 年福建省农业农村厅工作报告》，福建省农业农村厅网站，2024 年 2 月 6 日，http://nynct.fujian.gov.cn/zjnyt/gzbg/202402/t20240206_6392798.htm。
③ 《中共福建省委扶贫开发成果巩固与乡村振兴工作领导小组办公室关于 2022 年工作总结及2023 年工作计划的报告》，中共福建省委扶贫开发成果巩固与乡村振兴工作领导小组办公室提供。
④ 《2024 年福建省农业农村厅工作报告》，福建省农业农村厅网站，2024 年 2 月 6 日，http://nynct.fujian.gov.cn/zjnyt/gzbg/202402/t20240206_6392798.htm。
⑤ 《中共福建省委扶贫开发成果巩固与乡村振兴工作领导小组办公室关于 2022 年工作总结及2023 年工作计划的报告》，中共福建省委扶贫开发成果巩固与乡村振兴工作领导小组办公室提供。

作物生产全程机械化推进行动,大力推广轨道运输机,主要农作物综合机械化率达74.5%,农业设施装备不断改善。农机补短板工作成效显著,对购置山地轨道运输机械给予累加补贴,新增山地运输轨道650多公里。大力推广粮食烘干机械,发改、自然资源等六个厅局制定相关扶持政策,支持农民合作社、种粮大户购置烘干机具,福建省粮食烘干需求满足率由50%提高到60%。[①]

表6 2019~2022年福建省农业机械使用情况

单位:万公顷,万千瓦

项目	2019年	2020年	2021年	2022年
农业机械使用面积	169.66	181.09	189.67	194.21
农业机械动力	1237.73	1260.20	1270.52	1296.71

资料来源:《福建统计年鉴2021》《福建统计年鉴2022》《福建统计年鉴2023》。

加强农业标准化和农产品质量安全建设。为推进农业标准化生产,福建省全面促进农业标准化生产技术示范推广。2022年,福建省农业农村厅组织申报遴选推荐农业地方标准制修订项目55个,印发生产技术规范和操作规程202个。福建省各农安县优质农产品标准化生产示范基地从创建前343个增加到1214个。福建省将食用农产品合格证与一品一码追溯有机衔接、并行推进,2022年福建省主要农产品质量安全监测总体合格率达99.4%,位居全国前列。[②] 2023年福建省农业农村厅结合《质量强国建设纲要》提出的目标和要求,印发了"三品一标"四大行动实施方案,其中包括优质农产品生产基地建设行动、农产品品质提升行动、优质农产品消费促进行动、达标合格农产品亮证行动。8个基地入选第一批国家现代农业全产业链标准化示范基地创建单位。豇豆农残问题治理取得阶段性成效,福建省国家

---

① 《中共福建省委福建省人民政府关于2023年实施乡村振兴战略情况的报告》,福建省人民政府提供。

② 《守护"舌尖上的安全" 福建保障农产品质量安全》,中国新闻网,2023年4月28日,https://baijiahao.baidu.com/s?id=1764426089234287518&wfr=spider&for=pc。

级农安市、县达到 18 个，农产品质量安全监测总体合格率达 99.5%，继续保持全国前列。①

七　数字农业

近年来，福建省大力推进数字农业和数字乡村建设，整体带动和提升农业农村现代化发展，为乡村经济和社会发展提供强大动力。福建省出台实施《福建省数字乡村发展行动规划（2022—2025 年）》、《福建省 2022 年数字乡村发展工作要点》和《福建省数字农业农村发展规划（2020—2025）》等文件，指导推进三明大田县、南平武夷山市、龙岩上杭县、宁德寿宁县等 4 个国家级、20 个省级数字乡村试点地区因地制宜展开数字农业建设。②

乡村信息基础设施建设。2022 年福建省在全国率先完成福建省行政村电信普遍服务专用客户端 100% 部署，所有行政村实现光纤、4G 通达，实现农村宽带网络运行情况全面实时监测，基本实现城乡"同网同速"。此外，创建了 2 个国家级、11 个省级数字农业创新应用基地，5G 茶园、蛋禽养殖机器人等数字农业应用也取得突破。③

乡村数字产业发展。2022 年，福建省建立"农业云 131"信息工程平台，覆盖农业主体、农产品赋码追溯、绿色食品认证信息、动物检疫、农业机械、农业投入品、畜禽价格等各类涉农数据。开展"数字农田"工程，福建省 55 个县（市、区）启动"数字农田"管理平台创建工作。畅通农村物流配送"最后一公里"，大力发展农村电商，实施"互联网+"

---

① 《我省省级农产品质量安全抽检总体合格率为 99.5%》，福建省人民政府网站，2024 年 1 月 15 日，http：//fujian. gov. cn/xwdt/fjyw/202401/t20240115_ 6380545. htm；《2024 年福建省农业农村厅工作报告》，福建省农业农村厅网站，2024 年 2 月 6 日，http：//nynct. fujian. gov. cn/zjnyt/gzbg/202402/t20240206_ 6392798. htm。

② 《福建：数字赋能全面构建乡村振兴新图景》，中国福建三农网，2023 年 3 月 27 日，http：//www. fujiansannong. com/info/86281。

③ 《2024 年福建省农业农村厅工作报告》，福建省农业农村厅网站，2024 年 2 月 6 日，http：//nynct. fujian. gov. cn/zjnyt/gzbg/202402/t20240206_ 6392798. htm。

农产品出村进城工程，农产品网络销售比重不断上升，2022年福建省农村网络零售额2588亿元，同比增长2.9%，居全国第3位；农产品网络零售额454.6亿元，同比增长26.9%，居全国第5位。建设一批国家级数字农业创新应用基地，辐射带动福建省家庭农场、专业合作社、龙头企业等新型经营主体建设农业物联网应用基地300多个，有力推动农业数字化、智能化转型。2023年深化"互联网+"农产品出村进城工程，加大力度推进电子商务进农村，福建省农产品网络零售额超383.5亿元，同比增长18.9%。[1]

根据北京大学新农村发展研究院联合阿里研究院发布的《县域数字乡村指数》研究报告，福建省县域数字乡村指数和进入"百强县"数量均排全国第三。县域数字生活发展水平指数达67.2，闽侯县、武夷山市、安溪县等14个县（区）进入数字乡村百强县。[2] 福建省数字农业发展和数字乡村建设水平不断提升。

八　农业对外开放与闽台合作

农产品进出口总体增长。2019~2022年，福建省农产品进出口总额处于不断上升的状态，随着疫情缓解，2021年和2022年积压货单得以继续，进出口额快速增长。2022年农产品进出口额分别达174.93亿美元和127.58亿美元，同比增长10.8%和9.2%（见表7）。2023年，福建省"闽茶海丝行"欧亚站、香港站等经贸活动成功举办，签订意向合同10.2亿元，特色农产品出口提升行动深入实施，全年福建省农产品出口总额达113.41亿美元，进口额达169.95亿美元。受国内外大环境影响，疫情导致进出口增速下行压力增大，2023年福建省进出口额均出现负增长，但总体呈现稳定增长趋

---

[1] 《2023年福建省农业农村厅工作报告》，福建省农业农村厅网站，2023年1月20日，http://nynct.fujian.gov.cn/zjnyt/gzbg/202301/t20230120_6097717.htm。

[2] 《〈县域数字乡村指数〉报告发布：乡村数字基础设施东西差距小》，央广网，2022年5月31日，https://tech.cnr.cn/techgd/20220531/t20220531_525844571.shtml。

势（自 2019 年以来）。此外，中国菌草技术从福建生根发芽，30 多年来不断传播到全球 104 个国家和地区，为全球减贫提供中国方案。

表 7　2019~2023 年福建省农产品进出口额及增速

单位：亿美元，%

项目	2019 年	2020 年	2021 年	2022 年	2023 年
农产品出口额	91.48	92.94	116.85	127.58	113.41
增速	-8.6	1.6	25.7	9.2	-11.1
农产品进口额	84.87	107.55	157.90	174.93	169.95
增速	7.5	26.7	46.8	10.8	-2.8

资料来源：《中国农产品进出口月度统计报告》（2019~2023 年）。

推进闽台农业融合发展。2022 年福建省积极推动农业对台对外开放，台湾省的 6 个农民创业园连续 5 年包揽国家评价前六名，农业利用台资数量和规模保持全国第一，创历史新高。① 2023 年闽台农业交流合作纵深拓展。中共福建省委、福建省人民政府关于贯彻落实《中共中央 国务院关于支持福建探索海峡两岸融合发展新路 建设两岸融合发展示范区的意见》的实施意见正式发布，提出要推进两岸融合发展示范区建设。农业农村部出台"20 条措施"，支持福建省积极探索海峡两岸农业融合发展新路径。福建省新增 86 家台资农业企业，合同利用台资 1.48 亿美元，农业利用台资数量和规模保持大陆第一，台湾省的 6 个农民创业园连续 6 年包揽国家考评前六名。厦门市大力推进两岸种业发展集聚区建设，每年从台湾引进选育蔬菜新品种 150 个以上，花椰菜、鲜食玉米、小番茄等优质种子国内市场占有率超过 60%，种业发展集聚区成为台湾种子种苗进入大陆的"中转地"。② 福建省创建海峡两岸乡村振兴合作基地，推进建设海峡两岸乡村融合发展试验区。

---

① 《2023 年福建省农业农村厅工作报告》，福建省农业农村厅网站，2023 年 1 月 20 日，http://nynct.fujian.gov.cn/zjnyt/gzbg/202301/t20230120_ 6097717.htm。

② 《2024 年福建省农业农村厅工作报告》，福建省农业农村厅网站，2024 年 2 月 6 日，http://nynct.fujian.gov.cn/zjnyt/gzbg/202402/t20240206_ 6392798.htm。

闽台基层交流不断深化。2023 年福建省举办了第十五届海峡论坛、第一届海峡两岸农业交流大会、首届海峡两岸乡村振兴与共同富裕论坛和第六届 21 世纪海上丝绸之路博览会暨第二十五届海峡两岸经贸交易会等。不同形式的活动推进了闽台两岸基层常态化交流，提升了两岸农业合作水平。

九 福建省乡村产业振兴存在的问题及对策建议

（一）福建省乡村产业振兴存在的问题

1. 稳定粮食生产压力仍然较大

福建省是粮食调入大省以及粮食主销区之一，粮食生产压力仍然较大，必须确保粮食生产稳定和安全。首先，随着农资价格、人工成本持续上涨，压缩了种粮效益，农民种粮积极性受到影响，粮食种植存在"谁来种"这一关键问题。其次，全球气候变化加剧，自然灾害发生的频次和强度不断提高，粮食和主要农产品生产面临的考验明显增加。最后，随着世界百年变局加速演进，全球农业供应链不确定因素明显增多，粮食等重要农产品进口风险加大。[①]

2. 乡村产业发展水平有待进一步提升

近年来，福建省乡村特色产业得到一定发展，但尚未形成完整的乡村现代产业体系。一方面，产业集聚和产业融合程度仍不足，在特色产业链上初级农产品加工所占比重较高，农业附加值低；另一方面，乡村产业发展所需的基础设施如冷链物流、集中配送等资源不足且分配不均。此外，农业面源污染和废弃物资源利用效率可进一步提升。

3. 现代农业科技和装备支撑不足

首先，部分特色产业种业发展创新不足，如设施蔬菜、畜禽育种等方面相对薄弱。其次，受地形等因素限制，部分山区农业机械化水平较低。再

---

① 《2024 年福建省农业农村厅工作报告》，福建省农业农村厅网站，2024 年 2 月 6 日，http://nynct.fujian.gov.cn/zjnyt/gzbg/202402/t20240206_ 6392798.htm。

次，农业新技术推广应用不足。农技推广人员的科技素养参差不齐，外加相关政策引导性不够，导致农户对新技术的认知和采用积极性不高。最后，数字农田建设要加快落实推进。受基础设施、人才和相关政策等方面的影响，福建省部分地区尚未开展数字农田或相关数字农业建设，不利于福建省整体农业高质量发展的推进。①

（二）加快福建省乡村产业振兴的对策建议

1. 确保粮食和重要农产品稳定安全供给

首先，要继续加大政策奖补力度，各地也要出台新的稳粮惠农政策，多渠道增加粮播面积。加大再生稻推广力度，对不同粮食作物分品种制订实施方案，以提升单产，稳定粮食生产。

其次，要树立大农业观、大食物观，加快构建多元化食物供给体系，为食物供给增强保障。要强化生猪产能调控，提升生猪标准化、规模化养殖水平，推进设施蛋禽、肉禽和草食动物规模养殖，以确保肉蛋奶生产基本稳定和提升自给保障水平。对于重点区域蔬菜生产，要通过建设高标准设施大棚，培育现代集约化育苗中心等方式提升产量和质量。对于食用菌产业，要通过生产示范推动其转型升级，进一步发展食用菌工厂化生产，降低食用菌生产对耕地的过度依赖，加快补齐采后商品化处理、冷链物流等短板。②

最后，要加强农产品质量安全监管。通过创建标准化示范基地，推进农产品标准化生产，加强生产过程管控和产品检测，提高源头快检筛查精准度和全过程食品安全追溯监管能力。③

2. 加快构建福建特色乡村现代产业体系

首先，继续大力实施特色现代农业高质量发展"3212"工程，推动乡

---

① 《2024 年福建省农业农村厅工作报告》，福建省农业农村厅网站，2024 年 2 月 6 日，http：// nynct. fujian. gov. cn/zjnyt/gzbg/202402/t20240206_ 6392798. htm。

② 《2024 年福建省农业农村厅工作报告》，福建省农业农村厅网站，2024 年 2 月 6 日，http：// nynct. fujian. gov. cn/zjnyt/gzbg/202402/t20240206_ 6392798. htm。

③ 《2024 年福建省农业农村厅工作报告》，福建省农业农村厅网站，2024 年 2 月 6 日，http：// nynct. fujian. gov. cn/zjnyt/gzbg/202402/t20240206_ 6392798. htm。

村特色产业提质增效。从"强链"、"补链"和"延链"三个角度来提升乡村产业发展水平。通过创建现代农业示范园、产业强镇等方式推动特色产业向优势区域集聚发展，加强产业链。通过建设农产品相关基础设施，如冷链物流基地、冷链集配中心等提升农产品加工水平，让初级农产品加工逐步向精深加工发展靠拢，以补足链条。拓展农业多种功能，鼓励发展休闲农业、生态旅游、森林康养、乡村民宿等新业态，提升乡村产业附加值。其次，要提升乡村产业的绿色生态水平。在"绿水青山就是金山银山"理念的指导下，推广"五节一循环"等绿色发展模式，以国家农业绿色发展先行区为样板，减少农业面源污染和提高废弃物资源利用效率，走可持续绿色发展道路。最后，要扩大"福农优品"的影响力，通过"三品一标"行动、产销对接活动以及电商直播等形式来进一步培育品牌、推介品牌和宣传品牌。[①]

3. 深化现代农业科技和制度改革

首先，要深入推进种业振兴。通过建设福建省农业生物种质资源库，加强农业种质资源保护利用，加快突破农业优新品种。其次，要提升农业机械化水平。通过调整优化农机购置补贴政策，大力发展与福建不同地区相适配的山地轨道运输机械、小型插秧机、植保无人机等农机，以因地制宜地满足农业生产需求。再次，通过人才引进和培训以及推动产学研相结合来提升农业科技推广人员的整体水平，拓宽农户新技术新信息的获取渠道，提升农户对农业新技术的认知度和接受度。最后，要加快福建"农业云131"工程建设，构建农业大数据平台，推进乡村信息基础设施优化升级，加强农业生产经营、农村社会管理等涉农信息协同共享，以推动数字农业和数字乡村发展。[②] 此外，要结合乡村产业振兴过程中的实际问题，分类有序推进重点领域和关键环节改革，加强政策推动与保障支持。

---

① 《2024年福建省农业农村厅工作报告》，福建省农业农村厅网站，2024年2月6日，http：//nynct.fujian.gov.cn/zjnyt/gzbg/202402/t20240206_6392798.htm。
② 《2024年福建省农业农村厅工作报告》，福建省农业农村厅网站，2024年2月6日，http：//nynct.fujian.gov.cn/zjnyt/gzbg/202402/t20240206_6392798.htm。

B.3
福建省乡村人才振兴情况分析
（2022~2023年）

刘其赟*

摘　要： 2022~2023年，福建省坚持走具有福建特色的乡村振兴之路，持续落实乡村人才振兴的支持政策。通过大力培养乡村本土化人才、引导各类人才流入乡村、加强乡村振兴人才管理制度改革、深入实施"师带徒"人才下乡、推进多主体参与乡村人才振兴、以人才支持促进脱贫地区乡村振兴、深入开展闽台乡村人才交流合作等措施，实现乡村人才振兴取得新进展。但仍存在支撑乡村振兴的人才队伍总量不足、结构有待优化，促进乡村人才发展的体制机制改革仍需深化，吸引各类人才到乡村创新创业的环境不够完善等问题。未来，应系统规划和构建乡村振兴人才支撑体系、改革优化乡村人才队伍建设的体制机制、凝聚各类主体合力推进乡村人才队伍建设，并持续完善乡村人才振兴的保障体系。

关键词： 福建乡村　人才队伍　人才振兴

2022~2023年，福建省全面贯彻落实党中央、国务院决策部署，立足资源禀赋和发展阶段，持续巩固拓展脱贫攻坚成果，深入谋划实施"千村示范引领、万村共富共美"工程，走具有福建特色的乡村振兴之路。在乡村人才振兴方面，坚持将人才振兴作为推动乡村振兴的重要抓手，实施乡村振兴人才支持计划，深化派驻第一书记和工作队、科技特派员、乡村振兴指导

---

* 刘其赟，福建农林大学公共管理与法学院讲师，博士，主要研究领域为农村人力资源管理。

员、金融指导员等制度，推进"师带徒"人才下乡，组织引导各领域人才到基层一线服务，乡村人才振兴的支持政策和制度环境更加完善，乡村人才振兴工作取得新进展、新成效。

一 福建省推进乡村人才振兴的主要做法与成效

2021 年，福建省将实施乡村振兴战略领导小组与省扶贫开发领导小组整合为扶贫开发成果巩固与乡村振兴工作领导小组，下设乡村人才振兴专项小组，由福建省人力资源和社会保障厅牵头统筹推进乡村人才振兴工作。福建省政府把乡村人才发展纳入全省人才队伍建设发展中统筹推进，在出台的多项乡村振兴政策中均对乡村人才振兴做出重要安排，逐步形成导向鲜明、针对性强、倾斜力度明显的乡村人才政策体系。

2021 年 10 月 22 日，福建省人大常委会通过《福建省乡村振兴促进条例》，其中第三章专门就人才支撑进行规定。2022 年 6 月，福建省政府印发《福建省"十四五"推进农业农村现代化实施方案》，提出鼓励各类人才返乡创业、开展创业创新培训、全面开展农村基层干部乡村振兴主题培训、提升农民科技文化素质等具体内容。2024 年 1 月，福建省委、省政府印发《关于学习运用"千村示范、万村整治"工程经验 有力有效推进乡村全面振兴的实施意见》，提出要动员社会力量投入乡村振兴，落实乡村振兴人才支持计划，加大乡村本土人才培养力度，有序引导城市各类专业技术人才下乡服务，全面提高农民综合素质。在上述政策指导下，各部门、各地区出台一系列政策、采取多种举措推进乡村人才振兴。

（一）培养乡村本土化人才

福建省通过实施高素质农民培育计划全面提高农民综合素质，强化乡村振兴本土人才的内在支撑。通过实施农村创业带头人培育行动、乡村产业振兴带头人培育"头雁"项目、乡村振兴青春建功行动、乡村振兴巾帼行动等建设本土化人才队伍。通过持续实施农村订单定向医学生免费培养项目、"大学生乡村医生"专项计划、教师"优师计划"、"特岗计划"和"国培计划"等支持培养本土急需紧缺人才。此外，大力发展面向乡村振兴的职业教育，深化产教融合和校企合作。比如，通过技工院校为山区重点企业制订"一企一策"个性化高技能人才"订单生"培养方案。为适应乡村发展需要，福建省将招才引智和培育本土人才结合，通过人才引进、培训、帮扶等形式培养农村电商、乡村工匠、农业经理人等乡村产业人才。截至2023年底，已培养中专学历以上高素质农民8.68万人，其中大专学历2.2万人①，高素质农民队伍不断壮大。截至2023年底，已培育乡村工匠1300余名②，其中9人入选农业农村部第一批乡村工匠名师。

（二）引导各类人才流入乡村

将农业农村领域急需人才纳入年度急需人才引进指导目录，依托福建省引才"百人计划"、省级高层次人才认定、紧缺急需人才认定等人才项目，支持涉农领域高层次、紧缺急需人才向乡村基层一线流动。立足基层需求持续开展"海归英才八闽行"项目，通过技术指导、项目合作、人才交流、产业对接等方式，组织留学人才精准对接帮扶。推进"智惠八闽"专家服务乡村振兴活动，通过多种形式的技术帮扶、产业帮扶和人才帮扶活动，把在城市的科研院所专家服务基地设到基层，发挥专家智力引领带动作用，促进基层巩固脱贫攻坚成果和推进乡村振兴。

积极搭建专家服务基层的平台和载体，持续提高服务专家和人才的水平。按照《福建省专家服务基地管理办法》做好专家服务乡村振兴的基地建设。

---

① 《去年福建省培训高素质农民11.21万人次》，东南网，2024年2月1日，https：//new.qq.com/rain/a/20240201A01U2V00。

② 《福建认定56名省级乡村工匠名师》，福建省人民政府网站，2024年2月25日，https：//fujian.gov.cn/xwdt/fjyw/202402/t20240225_6399020.htm。

（三）加强乡村振兴人才管理制度改革

推动机构编制资源向基层一线倾斜，允许各县（市、区）根据乡镇（街道）功能定位、区域面积、人口规模、管理任务等实际，在核定总额内统筹调配人员编制。加大行政编制和事业编制的统筹使用力度，打破乡镇事业单位不同类型编制干部使用的限制，打通事业干部上升渠道。支持乡镇按照人才引进相关政策和基层实际，拓宽乡村振兴人才引进空间。实行乡镇编制"专编专用"，增加选调生招录用编和乡镇公务员招考用编。[①] 推进专项职业能力考核机制，推出沙县小吃制作、茶叶制作、安溪竹藤编、香道技艺等38个符合地方传统特色以及非物质文化遗产技艺传承与创新的专项职业能力考核项目。2022~2023年，全省共计6609人次参加乡村振兴相关项目专项职业能力考核，其中6447人次取得了相应专项职业能力证书。[②] 对长期在基层一线和艰苦边远地区工作的城市科研院所专家，实行"定向评价、定向使用"的基层职称评聘制度。

（四）深入推动"师带徒"人才下乡

出台《关于开展"师带徒"人才下乡助力乡村振兴的实施意见》，重点推动乡村产业、教育、医疗领域人才下乡。以三明、永春为试点举办"师带徒"引凤项目大赛，在厦门、福州、三明、南平等多个县区举办"师带徒"引凤计划相关活动。在产业领域，每年遴选一批创新创业人才及其成熟的产业项目，以"师带徒"形式"嫁接"给基层，孵化乡村振兴带动型创业人才。在教育领域，每年组织省市名优教师赴乡村开展"下沉式"培训活动，传帮带一批乡村骨干教师。在医疗领域，加大柔性引进人才力度，开展全国和省级基层名老中医药专家传承工作室建设项目。组织实施县域医共体能力提升项目，推进基层医疗服务高质量发展。

---

① 福建省委编办：《强化编制保障助力乡村振兴》，《福建乡村振兴简报（2022年第6期）》，2022年3月，福建省政协农业和农村委员会转。
② 福建省人力资源和社会保障厅：《关于反馈人社领域乡村振兴相关数据的函》，2024年1月，福建省政协农业和农村委员会转。

（五）推进多主体参与乡村人才振兴

积极引导多方人才力量参与乡村振兴，如晋江市推动"政、校、企、村"四方联动，搭建大学生实践营、校园双微创意营、大树微景观工作营等平台，实施"名师大家"驻村计划、"乡里乡亲"乡建团队融合发展计划等。[1] 2023 年 7 月，晋江举办全国大学生乡村设计竞赛结对仪式，40 支高校团队与遴选的 40 个村庄成功结对。[2] 出台政策文件，支持技工类学校招收农村籍学生，要求"各技工院校深入农村地区和偏远山区招生，特别是要采取多种优惠措施，招收有意愿到技工院校学习培训的有返贫倾向家庭青年"[3]。同时，加强对家庭困难学生上学资助，落实《福建省中等职业学校国家助学金管理办法》。[4] 推进"万企兴万村"行动，2023 年 1962 家民营企业帮助 2568 个村实施"兴村"项目 3147 个。[5]

（六）以人才支持促进脱贫地区乡村振兴

实施"雨露计划"，促进脱贫人口稳岗就业。支持脱贫家庭新成长劳动力接受职业教育，指导帮助脱贫劳动力实现稳岗就业。[6] 继续实施高校毕业

---

[1] 晋江市委乡村振兴办：《"微整形"整出大美乡村》，《福建乡村振兴简报（2022 年第 6 期）》，2022 年 3 月，福建省政协农业和农村委员会转。

[2] 晋江市委乡村振兴办：《"微整形"整出大美乡村》，《福建乡村振兴简报（2023 年第 14 期）》，2023 年 7 月，福建省政协农业和农村委员会转。

[3] 《关于做好 2022 年技工院校秋季招生工作有关事项的通知》，福建省人力资源和社会保障厅网站，2022 年 4 月 26 日，https://rst.fj.gov.cn/zw/zfxxgk/zfxxgkml/zyywgz/zynljs/202204/t20220426_5900113.htm；《关于做好 2023 年技工院校秋季招生有关工作的通知》，福建省人力资源和社会保障厅网站，2023 年 3 月 23 日，https://rst.fujian.gov.cn/zw/jgszyzn/zsdw/fjsjgjyzx/xxgk/zxzx/202303/t20230323_6136104.htm。

[4] 福建省人力资源和社会保障厅：《关于反馈人社领域乡村振兴相关数据的函》，2024 年 1 月，福建省政协农业和农村委员会转。

[5] 中共福建省委福建省人民政府：《关于 2023 年实施乡村振兴战略情况的报告（代拟稿）》，福建省政协农业和农村委员会转。

[6] 中共福建省委福建省人民政府：《关于 2023 年实施乡村振兴战略情况的报告（代拟稿）》，福建省政协农业和农村委员会转。

生"三支一扶"计划和省属本科高校招收农村学生专项计划，实施全科医生特岗和农村订单定向医学生免费培养计划优先向脱贫县倾斜。安排专项经费，面向原23个省级扶贫开发重点县继续实施农村紧缺师资代偿学费、补充教师经费资助计划[1]，健全完善核查机制，确保乡村教师待遇落实到位[2]。通过落实闽宁对口协作联席会议制度，选派党政干部和专业技术人才赴宁夏开展帮扶工作，积极动员社会力量参与闽宁协作等为宁夏乡村振兴提供人才支持。

（七）深入开展闽台乡村人才交流合作

在全国首创以乡建乡创为主题的闽台合作模式、第三方全程辅导服务模式和两岸建筑师联合驻村模式。每年支持开展100个乡建乡创合作项目，引进台湾建筑师和文创团队、台湾乡建乡创人才，为村庄提供规划设计、产业文创等陪护式服务。[3] 从2023年开始，启动闽台乡建乡创合作样板县（镇、村）创建活动，吸引更多台胞领办创办农民合作社、家庭农场、贸易合作社。各地积极发挥特色优势吸引台湾乡建人才，如漳浦县以台湾农民创业园为载体，吸引台胞840人到漳浦创业就业。在全国首创台胞科技特派员制度，选聘21位台商担任科技特派员。[4] 三明市依托海峡两岸乡村融合发展试验区，引进12个台湾乡建乡创团队，探索形成"文教旅""农文旅""农教旅"融合等一批两岸乡村融合发展机制。[5]

---

[1] 福建省教育厅：《2022年福建省农村专业人才队伍建设情况》，2024年1月，福建省政协农业和农村委员会转。

[2] 福建省教育厅：《2022年福建省农村专业人才队伍建设情况》，2024年1月，福建省政协农业和农村委员会转。

[3] 《凤来雁归 才聚乡村》，福建省人民政府门户网站，2022年11月28日，https://fujian.gov.cn/zwgk/ztzl/gjcjgxgg/xld/202211/t20221128_6063449.htm。

[4] 漳浦县委乡村振兴办：《探索乡村振兴闽台合作新路》，《福建乡村振兴简报（2023年第14期）》，2023年7月，福建省政协农业和农村委员会转。

[5] 三明市委乡村振兴办：《打造"四个一批"典型 提升乡村振兴试点成效》，《福建乡村振兴简报（2023年第15期）》，2023年8月，福建省政协农业和农村委员会转。

二　福建省乡村振兴人才队伍建设情况

（一）农业生产经营人才

1.乡村产业振兴"头雁"

2022年8月，福建省启动乡村振兴产业带头人培育"头雁"项目，计划每年为每个县（市、区）培育10名"头雁"，力争用5年时间培育一支能够引领一方、带动一片的乡村产业振兴带头人"头雁"队伍。[①] 而且，从农业技术系列职称评审、申请"福建乡村振兴贷"、农民合作社规范提升、家庭农场培育、评选乡村振兴先进集体和个人等12个方面制定"头雁"培育的支持政策和激励保障措施。2022年"头雁"项目由福建农林大学等作为培育机构完成7期14个主题班次的培训工作，共培训各县区产业带头人810名。[②] 2023年福建省乡村产业振兴带头人培育"头雁"项目于2023年9月开班[③]。

2.高素质农民队伍建设

坚持"需求导向、产业主线、分层实施、全程培育"，实施高素质农民培育计划、"学习圆梦"素质提升行动等。在福建农林大学开展高素质农民本科学历继续教育试点（每年计划招收学员不少于300名），在福建开放大学、福建农林大学、福建农业职业技术学院等院校开展"书证融通"试点工作，依托福建省终身教育学分银行，建立高素质农民学员学分银行个人账号和终身学习档案，对学员已获得的职业技能培训等进行认定，并转换为学历教育学分，推动学历教育与技能培训协同、能力提升与延伸服务衔接。

---

① 《福建将培育一批乡村振兴"头雁"！翔安这些人在列》，业翔民安，2022年8月23日，https://www.163.com/dy/article/HFFR18TS0514Q7CG.html。

② 《福建省推进高素质农民培训促进乡村人才振兴》，中国供销合作网，2023年2月17日，https://www.chinacoop.gov.cn/news.html？aid=1770347。

③ 《培育乡村产业振兴带头人福建首批"头雁"结业了》，新华网，2023年10月23日，http://www.fj.xinhua.org/20231023/b59365faa5b84662b3a49a9c2b245065/c.html。

2022年培训高素质农民12.8万人次[①]，2023年培训高素质农民11.21万人次。为强化高素质农民培训条件建设，建立"院校理论教师+行业创业导师+农业技术专家+农民实用人才讲师团"的专兼职培训师资库，入库师资3843人[②]。

在各地高素质农民队伍建设实践中，龙岩市形成"在教育培训中提高、在搭台服务中成熟、在政策扶持中壮大"的培育路径，2020~2023年6月累计举办高素质农民培训班610个，培训35091人次，组织大专学历教育农民生源799人。[③] 漳州市采取课堂教学、田间实践、线上培训、跟踪服务等形式开展高素质农民培训。宁德市安排宁德职业技术学院针对退役军人开展高素质农民（退役军人就业创业）培训班。

（二）农村二、三产业发展人才

1. 农村创业创新带头人

2020年《福建省农村创新创业带头人培育行动实施方案》提出，紧扣乡村产业振兴目标，强化创新驱动，加强指导服务，优化创业环境，培育一批扎根乡村、服务农业、带动农民的农村创新创业带头人，到2025年全省农村创新创业带头人达到3万人以上，农业重点县的行政村基本实现全覆盖。[④] 截至2023年3月，已培育农村创新创业带头人超2.4万名，到2025年将超过3万名。[⑤] 为选拔优秀创意项目、推荐示范典型，截至2023年成

[①] 《福建省推进高素质农民培训促进乡村人才振兴》，中国供销合作网，2023年2月17日，https：//www.chinacoop.gov.cn/news.html？aid=1770347。

[②] 《福建省推进高素质农民培训促进乡村人才振兴》，中国供销合作网，2023年2月17日，https：//www.chinacoop.gov.cn/news.html？aid=1770347。

[③] 《福建龙岩："五个强化"让高素质农民培育更高效》，福建省农业农村厅网站，2023年6月28日，https：//nynct.fujian.gov.cn/xxgk/gzdt/qsnyxxlb/ly/202306/t20230628_6194243.htm。

[④] 《如何准确把握〈福建省农村创新创业带头人培育行动实施方案〉总体目标？》，福建省农业农村厅网站，2023年10月25日，http：//nynct.fujian.gov.cn/jdhy/zcwd/cjwt/cyfz/202312/t20231212_6330007.htm。

[⑤] 《福建省已培育农村创新创业带头人超2.4万名，到2025年将达3万名以上》，中国就业网，2023年3月14日，https：//chinajob.mohrss.gov.cn/h5/c/2023-03-14/372220.shtml。

功举办5届农村创业创新项目创意大赛、选拔辅导孵化优秀农村创意项目和创业主体近300个。①

为持续开展农村创新创业带头人培育行动，各地从财政、金融、用地、人才等方面提供支持。比如，福州市出台减免入驻企业租金、提供创业租用场地补贴、给予一次性创业补贴等相关政策。泉州市在全省率先推行优秀农村实用人才贷款贴息政策。晋江市吸引500多个团队2000多名大学生等到农村实践，将"实精美"理念贯穿乡村建设全过程。

2. 农村电商人才

农村电商是乡村振兴的新引擎。福建省以电子商务进农村示范工作为抓手，将农村青年电商培训列为工作重点，全省各地每年举办不同层次、不同类别的电商培训500余场，培训3万人次以上，电商人才"立体"培训体系逐步形成。② 2023年3月，福建省举办首届农村电子商务职业技能竞赛，金银奖选手获颁一级和二级技能等级证书，并被授予"福建省技术能手"称号。③

福建各地立足自身特色优势培育农村电商人才。比如，福州市制定《福州市农村电商带货主播培育方案（2022—2025）》，计划2022~2025年每年培训农村电商带货主播1000人次以上、培育一批农村电商带货主播。④ 漳州市通过政策指导、经费支持等大力发展自媒体、短视频、直播电商、线上经济、网红经济等，漳州市商务局2023年累计开展5批次农村电商培训，培训人员1100多人次。⑤

---

① 《福建省已培育农村创新创业带头人超2.4万名，到2025年将达3万名以上》，中国就业网，2023年3月14日，https：//chinajob. mohrss. gov. cn/h5/c/2023-03-14/372220. shtml。

② 《谢震：发展农村电商 助推乡村振兴》，福建省乡村振兴研究会网站，2021年9月1日，http：//www. fujianxczx. com/newsinfo/1868142. html。

③ 《我省农村电子商务师首次技能大比拼》，福建省人民政府网站，2023年3月26日，https：//www. fujian. gov. cn/xwdt/fjyw/202303/t20230326_ 6137893. htm。

④ 《关于市十六届人大二次会议第6001号建议的答复》，福州市人民政府网站，2023年4月14日，https：//www. fuzhou. gov. cn/zwgk/zdlyxxgk/tabl/rcjy/202304/t20230414_ 4585906. htm。

⑤ 《点赞漳州｜漳州市商务局：培养电商"新农人"助力乡村全面振兴》，闽南网，2023年12月9日，https：//baijiahao. baidu. com/s？ id=1784777872383846167&wfr=spider&for=pc。

3. 乡村工匠

2023 年，福建省乡村振兴局等部门联合出台《关于推进乡村工匠培育工作的实施意见》，提出"十四五"期间在全省挖掘一批传统工艺和乡村手工业者，培育一支服务乡村振兴的乡村工匠队伍，打造一批乡村工匠品牌。福建省乡村工匠主要从事刺绣印染、纺织服饰、编织扎制、雕刻彩绘、传统建筑、金属锻铸、剪纸刻绘、陶瓷烧造、文房制作、漆器髹饰、印刷装裱、器具制作、茶制作、传统酿酒、传统农副食品加工等工作。2023 年认定 56 人为省级乡村工匠名师。截至 2023 年底，全省已培育乡村工匠 1300 余名[①]，其中 9 人入选农业农村部第一批乡村工匠名师[②]。

（三）乡村公共服务人才

1. 乡村教师队伍

采取多项举措支持乡村队伍补充、提高乡村教师地位待遇、完善乡村教师评聘制度、促进乡村教师成长。2021～2023 年省级财政投入 1.07 亿元实施乡村教师补充"两个专项计划"。2021～2023 年省级财政累计下达 2.47 亿元奖补经费，全面落实乡村教师生活补助。明确各地加强乡村教师周转宿舍建设，将符合条件的教师纳入当地住房保障范围。建立乡村教师职称"直聘制度"，在乡村学校任教累计满 25 年且仍在乡村学校任教的教师，已取得中、高级专业技术职务任职资格的，可不受岗位职数限制直接聘任到相应岗位。乡村教师评聘高级职称不受课题研究、发表论文的刚性限制。将中小学教师到乡村学校任（支）教 1 年或到薄弱学校任（支）教 3 年以上的经历作为申报高级教师职称和省特级教师的必要条件。加强城乡帮扶支援，促进教师成长。全面推行县域内义务教育教师交流轮岗制度。创新开展"下沉式"培训，每年省级培训均面向义务教育乡村教师开设多个专门班次。持续实施省级乡村优

---

① 《福建认定 56 名省级乡村工匠名师》，福建省人民政府网站，2024 年 2 月 25 日，https://fujian.gov.cn/xwdt/fjyw/202402/t20240225_6399020.htm。

② 《全国首批乡村工匠名师名单公示！福建 9 人入选》，福建日报网站，2024 年 3 月 12 日，https://baijiahao.baidu.com/s?id=1793290902591096516&wfr=spider&for=pc。

秀青年教师培养奖励计划，累计遴选 304 名培养对象。①

2. 乡村卫生健康人才队伍

出台《福建省 2021—2023 年加强基层医疗卫生人才队伍建设实施方案》，自 2021 年起启动为期 3 年的基层医疗卫生人才队伍"三个一批"（定向培养一批、招聘一批和培训一批）建设项目。截至 2023 年 10 月，累计为基层招聘医学生 1242 名，定向培养 1365 名，开展乡村医生线上培训 4363 人次、线下技能培训 4063 人次②，基层医疗卫生机构卫技人员通过基层卫生高级职称评审 2300 余人，在岗乡村医生中取得执业（助理）医师资格人员占比 44%③。

3. 乡村文化旅游体育人才队伍

从 2020 年起，福建省文化和旅游厅每年开展一次乡村文化和旅游带头人选拔会。通过宣传推介、项目资助、教育培训等方式，提高乡村文化和旅游带头人队伍的能力素质。2023 年底，省文化和旅游厅、省农业农村厅联合印发的《福建省乡村文化和旅游带头人选拔工作实施方案（2023—2025 年）》提出，2023~2025 年，每年选拔培养 30 名左右乡村文化和旅游带头人。据不完全统计，2021~2023 年福建省非物质文化遗产代表性传承人有 276 名。④ 截至 2023 年，共选拔乡村文化和旅游带头人 112 名⑤，入选人员涵盖各类乡村文旅人才，自 2019 年起共有 75 人入选文化和旅游部乡村文化和旅游带头人支持项目⑥。

为鼓励和引导文旅经济领域企事业单位及相关专业技术（技能）和管理人才深入乡村，福建省开展文旅特派员试点工作。2023 年确定福州市永泰县、

---

① 《我省多措并举推进乡村教师队伍建设》，福建省教育厅网站，2023 年 9 月 10 日，https：//jyt.fujian.gov.cn/jyyw/ttxw/202309/t20230910_ 6253975.htm。

② 《福建："三大计划"补齐县域医师队伍短板》，新华网，2024 年 1 月 9 日，http：//www.fj. xinhuanet.com/20240109/bf3ae94c346943b7a957db629a2636ff/c.html。

③ 《福建省进一步深化改革促进乡村医疗卫生体系健康发展》，人民网，2024 年 1 月 26 日，http：//fj.people.cn/n2/2024/0126/c181466-40728334.html。

④ 福建省文化和旅游厅：《关于反馈乡村振兴相关数据资料的函》，2024 年 1 月，福建省政协农业和农村委员会转。

⑤ 福建省文化和旅游厅：《关于反馈乡村振兴相关数据资料的函》，2024 年 1 月，福建省政协农业和农村委员会转。

⑥ 《省文旅厅启动 2023 年度全省乡村文化和旅游带头人选拔工作》，福建省文化和旅游厅，2023 年 7 月 24 日，https：//wlt.fujian.gov.cn/wldt/btdt/202307/t20230724_ 6212676.htm。

厦门市翔安区等15个县（市、区）为首批文旅特派员试点县，并选取永泰县嵩口镇大喜村、翔安区香山街道大宅村等共66个村开展具体试点工作。[①]

4. 乡村规划建设人才队伍

2022年，福建省自然资源厅在全省范围内开展"驻镇村规划师"试点工作，各地纷纷开展相关实践探索。2021年，福州市印发《福州市村镇责任规划师制度实施方案》，在全省率先推出"一师一员"村镇责任规划师制度，引入福州市引进生作为村镇规划专员，逐步建立"市县镇村"四级联动型村镇责任规划师制度。截至2023年，福州市累计已有39名规划专员走马上任，31个乡镇有了责任规划师把关服务。[②] 自2022年起，漳州市在长泰区岩溪镇珪后村、平和县南胜镇前山村、南靖县南坑镇南高村开展驻镇村规划师试点工作。[③] 泉州市在永春县横口乡、永春县石鼓镇半岭村、南安市洪梅镇启动驻镇村规划师试点工作，依托高校师资力量和服务平台，为当地村庄规划编制提供全方位指导服务。[④]

（四）乡村治理人才

1. 村党组织带头人队伍

以村"两委"换届为契机选优配强村党组织书记。2021年换届后，全省1.4万多名村党组织书记全部通过法定程序当选村委会主任，村党组织书记平均年龄43.9岁，大专以上学历占比44.2%，队伍实现整体优化提升。[⑤]村干部基本报酬和村级组织办公经费两项按每年每村不低于13万元标准落

---

① 福建省文化和旅游厅：《关于反馈乡村振兴相关数据资料的函》，2024年1月，福建省政协农业和农村委员会转。

② 《福州已有39名村镇规划专员走马上任》，福州新闻网，2023年9月15日，https：//news. fznews. com. cn/fzxw/20230915/60Hrs4c598. shtml。

③ 《漳州市：乡村规划需要"陪伴式""在地式"》，东南网，2022年6月30日，https：//baijiahao. baidu. com/s？id=1737016290424716956&wfr=spider&for=pc。

④ 《打通规划服务"最后一公里" 我市启动驻镇村规划师试点工作》，泉州市自然规划局网站，2022年5月26日，http：//zyghj. quanzhou. gov. cn/xwdt/gzdt/202205/t20220526_ 2730866. htm。

⑤ 《堡垒坚强 乡村富美——福建省全面加强农村基层党建工作综述》，人民网，2022年9月5日，http：//fj. people. com. cn/n2/2022/0905/c181466-40110684. html。

实。强化县级党委抓乡促村责任，全覆盖开展村党组织书记教育培训，加强对村干部特别是"一肩挑"人员管理监督。持续完善派驻驻村第一书记制度，制定《福建省驻村第一书记和工作队员管理办法（试行）》，做好生活、健康等方面保障措施，并通过纳入重点培养对象、优先提拔使用等方式激励驻村干部担当作为。推进实施从优秀村（社区）党组织书记、村（居）委会主任中考试录用乡镇（街道）机关公务员等的制度。

各地积极探索创新，夯实村党组织带头人队伍。宁德市 2022 年选派 10 名市直机关优秀年轻干部担任乡镇党委书记，选派 62 名选调生担任村党组织书记或村委会主任助理，41 名年轻干部到乡镇班子和乡村振兴服务中心等挂职锻炼。[①] 三明市引导推动市县两级直属（异地）商会和各乡镇商会原则上结对帮扶 1 个行政村，组织引导近 100 名乡贤企业家回乡任村"两委"主干或乡村振兴指导员，推进"会村联建""企村联建"。[②]

2. 乡村振兴指导员队伍

针对一些地方村级组织不强、产业薄弱、乡村专业人才队伍不足等情况，福建多地探索建立乡村振兴指导员制度。截至 2022 年 11 月，全省引导 844 名充满乡村情怀、工作经验丰富的领导干部回村担任乡村振兴指导员，带动政策、资金、项目、技术等资源要素下乡。[③]

宁德市引导临近退休的党政干部助力乡村振兴，先后选派 6 批 544 名指导员到村服务，基本实现省级乡村振兴示范村、产业薄弱村、金牌旅游村等全覆盖。[④] 三明市采取登门拜访、寄送"家书"、组织返乡考察等方式动员退休或退居二线公职人员参与乡村振兴，截至 2023 年 7 月，189 名老同志

① 《基层壮筋骨一线长才干（深度关注·党旗在基层一线高高飘扬）》，人民网，2023 年 6 月 6 日，https：//new.qq.com/rain/a/2023 0606A00MWM00.html。

② 三明市委乡村振兴办：《三明市：凝聚民企力量助力乡村振兴》，《福建乡村振兴简报（2022 年第 17 期）》，2022 年 9 月，福建省政协农业和农村委员会转。

③ 《凤来雁归　才聚乡村》，福建省人民政府门户网站，2022 年 11 月 28 日，https：//fujian.gov.cn/zwgk/ztzl/gjcjgxgg/xld/202211/t20221128_ 6063449.htm。

④ 《人民日报关注宁德探索建立乡村振兴指导员制度：人才沉下去 发展强起来》，东南网，2023 年 6 月 8 日，https：//new.qq.com/rain/a/20230608A06O5X00.html。

返乡担任乡村振兴指导员或村（联村）党组织第一书记，带动各村争取资金 3.5 亿元，实施民生项目 1318 个、产业项目 1126 个。[1]

3.高校毕业生基层成长

福建省第四轮（2021~2025 年）高校毕业生"三支一扶"计划，计划每年统一招募约 600 名高校毕业生，派遣到被纳入县级基本财力保障范围的县（市、区）乡（镇）从事支教、支农、支医和帮扶乡村振兴工作。2021~2023 年省级"三支一扶"计划分别招募了 648 人、982 人、1071 人[2]，培养了一批扎根基层、奉献基层的青年人才队伍。此外，福建省持续开展大学生志愿者服务西部、欠发达地区等项目。截至 2023 年，累计有 8138 名大学生志愿者赴宁夏、西藏、新疆、新疆生产建设兵团及省内三明、南平、龙岩、宁德开展志愿服务，缓解了西部和基层对人才的需求。[3]

4.农村法律人才队伍

《法治福建建设规划（2021—2025 年）》提出，深化一村（社区）一法律顾问制度，培育农村法治带头人。加强乡镇（街道）和海岛、山区、偏远农村等基层法治专门队伍建设，加强乡镇（街道）合法性审查力量和机制建设，推进法治人才区域统筹和均衡发展。2022 年，福建省深化乡村公共法律服务，实现"一村一法律顾问"，培养"法律明白人"5.8 万名。[4]2023 年，深化法律进农村，培养农村"法律明白人"9.6 万余人，实现市、县、乡、村四级公共法律服务平台和村法律顾问全覆盖，国家级、省级民主法治示范村（社区）分别达 134 个、773 个。[5]

---

[1] 《福建三明：人才聚乡村 振兴添活力》，人力资源和社会保障部，2023 年 7 月 14 日，https：//new.qq.com/rain/a/20230714A06ZEF00？no-redirect＝1。

[2] 福建省人力资源和社会保障厅：《关于反馈人社领域乡村振兴相关数据的函》，2024 年 1 月，福建省政协农业和农村委员会转。

[3] 《我省累计 8138 名大学生参加西部、欠发达地区志愿服务》，福建省人民政府网，2023 年 7 月 31 日，https：//www.fujian.gov.cn/zwgk/ztzl/sxzygwzxsgzx/zx/202307/t20230731_6216808.htm。

[4] 中共福建省委扶贫开发成果巩固与乡村振兴工作领导小组办公室：《关于 2022 年工作总结及 2023 年工作计划的报告》，2023 年 1 月，福建省政协农业和农村委员会转。

[5] 中共福建省委福建省人民政府：《关于 2023 年实施乡村振兴战略情况的报告（代拟稿）》，福建省政协农业和农村委员会转。

（五）农业农村科技人才

科技特派员制度兴于福建，并成功推向全国。20 多年来福建省持续推动科技特派员制度创新发展，科技特派员制度在推进乡村振兴进程中焕发新的活力。2023 年 11 月 27 日，福建发布的全国第一个涉及科技特派员制度的地方标准《科技特派员服务规范》历经两年多推广运用上升为国家标准。[①] 该标准全面梳理总结推行科技特派员制度 24 年来的经验做法，明确和细化科技特派员术语定义、人员要求、服务内容等，突出科特派员工作"订单式"需求对接、"菜单式"服务供给的特色，是福建乃至全国科技特派员管理和服务向规范化、制度化迈进的重要参考。

福建省科技特派员深入农村基层一线，将资金、人才、技术、信息等引入乡村，手把手培训示范带动创业发展，带领群众增收致富。2022 年选任科技特派员 2150 人、团队科技特派员 702 个、法人科技特派员 39 个[②]，2023 年选任科技特派员 2217 人、团队科技特派员 794 个、法人科技特派员 28 个[③]。20 多年来，累计选派省、市、县三级科技特派员 7.9 万人次，选派优秀干部 2 万多名。全年在基层一线开展服务的省、市、县三级科技特派员超过 1 万名[④]，实现科技特派员创业和技术服务乡镇全覆盖、产业全覆盖。创建了首个全国骨干科技特派员（南平）培训基地，在全国首创科特派利益共同体备案登记保护制度。

为进一步激发科技特派员的积极性，2022 年福建省出台《关于深入推进科技特派员制度服务乡村振兴的若干措施》，明确省级科技特派员每人每

[①] 国家标准的名称是《农业社会化服务科技特派员服务规范（GB/T43348—2023）》。

[②] 《2022 年福建省科技特派员名单公布》，福建省人民政府网，2022 年 7 月 21 日，https：//www. fujian. gov. cn/xwdt/fjyw/202207/t20220721_ 5957534. htm？eqid = dfbb921600016cde000000056492b2b0。

[③] 《鼓励更多科技人员把论文写在生产车间和田野大地上 福建选认 2023 年福建省科技特派员 2217 名》，东南网，2023 年 4 月 7 日，https：//baijiahao. baidu. com/s？id = 1763431061317314117&wfr=spider&for=pc。

[④] 《福建擦亮新时代科技特派员"金名片"》，工人日报网，2023 年 6 月 17 日，https：//baijiahao. baidu. com/s？id = 1768915165602176227&wfr=spider&for=pc。

年安排 2 万元工作经费，其中 50% 可在科技特派员年底考核合格后包干给科技特派员使用，其余 50% 按照《福建省科技特派员专项资金管理办法》凭票据报销。

作为科技特派员制度的发源地，南平市坚持"高位嫁接、重心下移，夯实农村工作基础"的工作思路，通过高端"引"、机关"派"、基层"培"、社会"聘"，构建高校院所专家、专技人员、乡土人才的"宝塔型"人才体系。2023 年共选派选任省、市级个人科技特派员 1201 人、团队 134 个、法人 7 个。截至 2023 年 7 月，南平市累计选派科技特派员 12 批 1.9 万人次，引入科技特派员团队 1517 个，推广新品种新技术 1.8 万项次，开展技术服务 21.9 万项次，实现科特派服务三次产业全链条覆盖、行政村全覆盖。①

三 福建省乡村人才振兴存在的问题

（一）支撑乡村振兴的人才队伍总量不足

虽然福建省乡村振兴人才队伍不断壮大，但由于长期以来乡村人才培养力量相对较弱，乡村振兴人才队伍规模不够庞大，乡村人才总体发展水平与乡村振兴和农业农村现代化的要求之间还存在较大差距。随着乡村振兴的发展，乡村规划建设、文化保护、教育医疗、经营管理等多领域对专业人才的需求日益强烈，各类人才短缺的矛盾也日益突出。

在本土化人才队伍中，高素质农民、新型职业农民规模不够，特别是高学历高素质农民比较缺乏，懂农业、懂市场、会经营的本土人才队伍规模不足。农业生产经营人才中家庭农场经营者、农民合作社带头人数量不足，农村二、三产业发展人才中农村创业创新带头人有限，制约乡村经济发展。服务乡村事业发展的乡村教师、乡村卫生健康人才、乡村文化旅游体育人才以及乡村规划建设人才等数量与乡村振兴需求有较大差距。比如，有的老区山

---

① 《福建南平：深入推进科技特派员制度创新发展》，中国财富网，2023 年 10 月 27 日，https：// baijiahao. baidu. com/s? id = 1780901704803671375&wfr = spider&for = pc。

区中小学教师青黄不接、教师整体年龄偏大，若不及时吸引和招聘新教师，可能面临教师群体式退休后后继无人的问题。[①] 专业人才数量和水平不足导致教育、医疗、卫生、养老等公共服务城乡差距较大。农村社会工作人才、农村经营管理人才、法律人才等数量不足导致基层治理体系不够完善，制约乡村治理效能提升。

（二）支撑乡村振兴的人才队伍结构有待优化

福建省乡村振兴人才队伍中不同类别人才的数量比例、学历结构、年龄结构、专业结构等有待优化。高层次人才较少，如农业农村高科技领军人才、科技创新人才、科技推广人才等占比较低。带动农村高质量发展的创业创新人才、农村第二和第三产业发展带头人等规模较小。乡村规划指导员队伍、乡村社会治理和社会工作人才队伍建设有待加强。

乡村振兴人才队伍特别是基层农业从业人口存在老龄化趋势明显等年龄结构不合理问题。虽然不少地方表明年轻人有想法、能成事，但总体来看，投入乡村振兴一线工作的青年人才数量依然严重不足、层次不高。

从专业结构看，福建乡村振兴人才队伍主要集中在传统农林学科，农村实用人才集中在种植、养殖等传统生产领域，比较缺乏适应时代发展要求、掌握互联网、大数据以及生物技术、人工智能等新技术、新方法，有文化、懂技术、会经营的复合型人才。

（三）促进乡村人才发展的体制机制改革仍需深化

虽然福建省不断优化吸引各类人才参与乡村振兴的管理和服务机制，但如何拓宽留在乡村、服务乡村人员的发展空间，让他们在乡村也能实现发展抱负和人生价值，还需不断深化相关改革。比如，从事技术应用和推广、技艺技能和经营管理等工作的各类乡土人才受学历、资历条件制约，

---

① 《两会声音 | 集聚人才力量 赋能乡村振兴》，新华网，2024 年 1 月 26 日，http：//www.fj. xinhuanet.com/20240126/3719397831a24b51bcdeaca76e028ade/c.html。

职称评定和职业发展较为滞后。基层科技、教育和医疗卫生等公共服务人员受工资福利待遇、发展空间等影响，工作动力不强。一些乡村教师和医疗卫生服务人员学历偏低，工作强度大、技能提升受限等导致职称评定困难。一些地方大学生不愿意去导致相关专业技术人才只出不进、青黄不接。一些农技服务人员由于农业生产市场化发展和产业化承包经营等，找不到服务的切入点，缺乏职业成就感。乡镇公务员和事业单位岗位吸引力不足，即使招录到大学生，他们也想离开乡镇。吸引青年人才回乡发展的激励机制仍比较缺乏。

尽管福建省不断探索吸引各类人才流入乡村的制度改革，建立了驻村第一书记、乡村振兴指导员、科技特派员等制度，但也面临资源嫁接与乡村内生发展、短期服务与长期发展的矛盾。如何进一步激发城市专业人才内在激情，借助外部资源培养乡村自身人才队伍，仍需不断探索。城市专业人才下乡创业发展、乡贤参与乡村治理、大学生返乡就业创业等面临的户籍、土地、资金等问题也还需通过制度完善进行保障。

（四）吸引各类人才到乡村创新创业的环境不够完善

各类人才投入乡村除了受政策和制度的引导，也取决于乡村经济社会发展的环境。在城乡差距拉大的现实背景下，乡村人口流失问题较为突出，基层"引人难""留人难"等问题长期存在。基础设施、产业发展等多方面环境制约使得乡村还未成为各类人才创新创业的热土。

由于城乡资源配置不均，年轻人多希望到县城买房定居，让子女享受更好的教育资源。许多地方的乡镇干部上班在乡镇、生活在县城，难以全身心扎根一线。乡村人口外流造成一些地方人气不足。由于乡村产业发展配套设施不全，乡村创业存在一定风险。有的城市人才到乡村创业，却因为乡村法治体系不完善易产生纠纷等影响了城市资本下乡的热情。有的乡村无法满足服务专家、科技人才的住房等需求，缺乏带动产业发展的能人，加之自身资源条件和特色不够突出，吸引人才支撑乡村发展面临更大困难。

四　推进福建省乡村人才振兴的对策建议

（一）系统规划和构建乡村振兴人才支撑体系

1. 加强乡村振兴人才体系建设规划

立足全面推进乡村振兴和走具有福建特色乡村振兴之路的要求，发挥福建乡村振兴中产业、区位、文化特色优势①，科学预测和评估福建乡村人才供求和结构，在摸清乡村人才现状的基础上，统筹协调、系统谋划乡村人才队伍的总量、结构和区域分布，明确乡村人才振兴的总体要求、重点任务、政策措施，着力解决乡村振兴中的人才供求矛盾。

2. 明确乡村振兴人才体系建设任务

大力培养爱农业、懂技术、善经营的新型职业农民，充实高素质农民队伍。加大农村实用人才和专业人才队伍建设力度，建设以乡村本土人才为主体、多种人才为支撑的农业农村人才队伍。持续提升本土人才队伍知识和学历。持续通过政策倾斜、财政支持等方式扩充乡村教师、乡村卫生健康人才队伍。采取多种形式积极培育乡村文化旅游体育人才，深化"驻镇村规划师"改革探索，充实乡村规划建设人才队伍，提高乡村公共服务水平。完善驻村第一书记、乡村振兴指导员制度，持续推进村党组织带头人队伍整体优化提升，大力推进农村社会工作人才队伍和法律人才队伍建设，完善基层治理体系，提升基层治理效能。深化科技特派员制度，强化农业农村高科技领军人才、科技创新人才、科技推广人才队伍建设。加大农村创业创新带头人、农村电商人才、农村经营管理人才等农村产业发展人才培育力度。

（二）改革优化乡村人才队伍建设的体制机制

1. 完善乡村人才使用及评价机制

创新乡村人才评价工作体制机制，持续推进职业农民职称评定改革。贯

---

① 《坚定不移走福建特色的乡村振兴之路》，东南网，2022 年 1 月 18 日，https：//baijiahao.baidu.com/s？id=1722252408503116883&wfr=spider&for=pc。

彻落实基层专业技术人才队伍建设的改革方案和政策精神，深化县域专业人才统筹使用制度改革，优化乡村教师、基层医卫人员招录程序，统筹基层编制资源向乡村农技推广、中小学、幼儿园、卫生院等领域倾斜。加大引才投入力度和政策倾斜力度，大力招聘"一懂两爱"村务工作者，推进村"两委"或村主干担任村集体经济负责人，完善发挥基层党组织作用发展集体经济的机制。持续实施"三支一扶"、高校毕业生基层成长计划，逐步提高大学生到基层的待遇，完善基层人才成长通道。

2. 加强城市人才服务乡村的通道建设

鼓励各类城市人才分类别、分梯度到乡村一线开展工作。完善符合要求的公职人员、城市专业人才、经营管理人才回乡担任村"两委"成员、乡村振兴指导员、集体经济负责人等机制。全面建立城市医生、教师、科技文化人员等定期服务乡村机制。多措并举，引进、推选、培育、扶持一批成长于乡土、奉献于乡里的乡贤人才反哺家乡，保障乡贤回乡发展土地租用、房屋租建、投资获利权益。扶持农业领域的职业经理人、农业技术经纪人、乡村工匠、基层文化能人、非物质文化传承人等在农村开展相关业务。

3. 完善吸引各类人才服务乡村的机制

开展优秀青年人才回流行动。帮助大学毕业生、外出创业成功人士等青年返乡发展，帮助他们解决创业过程中面临的融资、用地、风险应对等难题。发挥青年人的资源优势、技术优势、思维优势，建立适应青年发展的激励机制，吸引符合条件的青年人才加入特色乡村振兴项目，提高乡村人才队伍活力。完善台湾乡村建设人才和团队参与福建乡村建设的机制，健全台湾乡村建设人才服务机制和交流合作机制，助力两岸融合发展示范区建设。

（三）凝聚各类主体合力推进乡村人才队伍建设

充分发挥政府、教育培训机构、企业、行业协会、社会团体等多方主体的作用，形成建设乡村人才队伍的合力，共同培养和建设乡村人才队伍。

1.充分发挥政府引领作用

地方政府应进一步明确当地乡村振兴的人才需求，通过完善政策、配置资源等更好发挥引领作用。持续优化乡村生态环境和经营环境，吸引更多优秀人才到乡村工作和生活。同时，应科学规划乡村产业发展和资源开发，完善基础设施，提升乡村公共服务水平，加强对乡村科技服务、创新创造的支持，完善乡村治理体系，弘扬健康积极的乡村文化，为各类人才投入乡村创业发展营造良好氛围。

2.充分发挥各类教育培训机构的主体作用

发挥高校、职业院校、各级党校（行政学院）、农业广播电视学校等培训机构在卓越农林人才、乡村本土人才、基层干部队伍和农村实用人才等培养培训中的作用。各类教育培训机构等应发挥各自优势，立足区域经济和农业现代化发展需求，不断更新人才培养的内容、方法和模式，提高人才培养的针对性。高等教育机构特别是农林院校应适时改造完善涉农专业，引导学生热爱农村，立志投身全面乡村振兴事业。高职院校应完善乡村本土人才培育规划，在农民教育培训、农业技术服务、农村文化传承等方面发挥优势。协调各教育培训机构采取"本土化、直通车"方式培养基层急需紧缺人才。支持高等学校、职业院校通过乡土人才定向委培、乡镇农技人员专升本函授、定向招录培养等方式加强农村实用人才培养。

3.充分发挥基层组织的承载作用

建立健全由农民专业合作社、专业技术协会、龙头企业等承担培训任务的机制，不断创新培训方式、更新培训内容、提升培训效果。引导农业企业建设农民应用新技术实训基地，鼓励农业企业依托信息、科技、品牌、资金等优势带动农民创办家庭农场、农民合作社。支持农业企业联合科研院所、高等学校建设产学研用协同创新基地，培育科技创新人才。

（四）完善乡村人才振兴的保障体系

1.加强组织保障

各级党委和政府应进一步提高对乡村人才振兴重要性的认识，建立党委统一领导、组织部门指导、党委农村工作部门统筹协调、相关部门分工负责的乡村人才振兴工作联席会议制度。进一步明确各级党委、政府、业务部门和相关工作部门在乡村人才振兴中的责任，完善乡村人才振兴统一协调机制。在乡村振兴考核中突出对人才振兴目标责任的考核。推进驻村第一书记派驻单位与所服务乡村的互动帮扶。加强领导干部基层工作经历考核，优先提拔使用政治过硬、实绩突出的农村工作干部，在基层工作中培养和考察机关事业单位工作人员。

2. 加强投入保障

做好实施乡村人才培养计划的经费预算，建立乡村人才振兴专项资金，明确各级财政的配套办法，保障乡村人才培养的经费投入。做好乡村人才待遇提升、人才激励奖励等预算开支，落实相关支持政策。强化乡村人才创新创业的财政支持、税收优惠和金融支持等。支持涉农企业加大乡村人力资本开发投入力度，鼓励证券、保险、担保、基金等金融机构服务乡村振兴，引导工商资本投资乡村事业。

3. 完善服务保障

构建培养、吸引、使用、管理乡村人才的服务链，做好新型职业农民培养培训组织和服务工作。因地制宜建设产业园区、科创平台，完善基础设施，为乡村人才创新创业提供条件，及时协调解决乡村人才遇到的创业资金借贷、办公场所选址等问题。完善人才服务平台和站所建设，鼓励有条件的地方建立村庄人才公寓或专家公寓，为农业科技人才短期性、周期性下乡提供便利。加强乡村人才服务改革，延伸税收等服务到乡村，及时解决乡村人才发展遇到的困难。

4. 营造舆论环境

加强引导和鼓励各类人才投身乡村建设。通过优秀人才评选、创新创业比赛、职业技能大赛等，选树一批乡村人才先进典型。及时宣传和褒奖"头雁"典型、致富带头人、扎根乡村的优秀干部，宣传乡村振兴典型案例。激发人才创新创业热情，营造良好农村创新创业环境。发展乡村旅游，宣传乡村传统文化，增强城乡互动，厚植全民乡村情怀。

参考文献

《中共中央办公厅　国务院办公厅印发〈关于加快推进乡村人才振兴的意见〉》，中华人民共和国中央人民政府网，https：//www.gov.cn/zhengce/2021－02/23/content_5588496.htm。

《中共福建省委　福建省人民政府印发〈关于实施乡村振兴战略的实施意见〉》，福建省人民政府网，https：//www.fujian.gov.cn/xwdt/fjyw/201803/t20180326_2257059.htm。

《关于学习运用"千村示范、万村整治"工程经验　有力有效推进乡村全面振兴的实施意见》，福建省人民政府网，https：//www.fujian.gov.cn/xwdt/fjyw/202402/t20240208_6394431.htm。

中央农村工作领导小组办公室：《习近平关于"三农"工作的重要论述学习读本》，人民出版社、中国农业出版社，2023。

《调研文摘｜福建乡村人才振兴之路研究》，福建省人力资源和社会保障厅官网，https：//rst.fujian.gov.cn/zw/rsrc/202112/t20211230_5805123.htm。

张登国：《中国乡村人才振兴路径探析》，人民出版社，2022。

B.4
福建省乡村文化振兴情况分析
（2022～2023年）

林建鸿　阮晓菁*

摘　要：　文化振兴是乡村全面振兴的重要内容，也是实现乡村振兴的重要推动力量。2022～2023年福建省围绕乡风文明，通过强化顶层设计、夯实阵地基础、统筹文明创建等持续深化农村思想道德建设，传承弘扬八闽优秀传统文化，推进文化遗产保护传承发展，完善乡村公共文化服务体系，加快推进农文旅融合发展，积极探索文化赋能乡村振兴新路径。同时，福建省乡村文化振兴思想认识、建设力量、供需结构及产业发展模式等方面仍存在问题或不足。对此，需要统筹乡村文化发展模式，多维度丰富乡村文化系统，在"赋能"中谋求发展，在发展中增强"赋能"，走好具有福建特色的乡村文化振兴之路。

关键词：　乡村文化振兴　统筹推进　文化赋能　福建特色

一　2022～2023年福建省乡村文化振兴进展分析

乡村全面振兴，既要塑形，又要塑魂。文化振兴，是乡村振兴的重要内容，也为乡村全面振兴提供动能和支撑。乡风文明是乡村振兴的灵魂。近年来，福建省委、省政府立足省情农情，统筹推进理论武装、文明培育、文明

---

*　林建鸿，福建农林大学公共管理与法学院讲师，主要研究领域为人口发展与保障、社会工作与政策。阮晓菁，福建农林大学党委宣传部部长、社会科学处处长，博士，研究员，主要研究领域为公共管理、马克思主义中国化研究。

实践、文明创建工作，大力弘扬八闽红色文化、优秀农耕文化、家风家训文化，大力推进乡村文化遗产保护传承发展，持续深化移风易俗，丰富乡村文化生活，不断提高新时代福建乡风文明水平，赋能具有福建特色的乡村振兴之路。

（一）持续深化农村思想道德建设

1.高扬思想旗帜，理论武装持续深化

（1）推动新时代文明实践走深走实

作为习近平新时代中国特色社会主义思想重要孕育地和实践地，福建省始终坚持把学习宣传贯彻习近平新时代中国特色社会主义思想作为长期重大政治任务。近年来，福建省充分发挥"新时代宣讲师"作用，依托新时代文明实践中心（所、站），特别是《闽山闽水物华新——习近平福建足迹》等书中故事发生地的新时代文明实践中心（所、站）等平台阵地，广泛开展学习座谈、线下讲堂、文艺汇演、文明实践等活动，有效推动党的创新理论特别是习近平文化思想和党的二十大精神在八闽大地落地生根、深入人心。截至2022年，福建省已实现新时代文明实践中心（所、站）全覆盖，"一县一中心、一乡一所、一村一站""以中心带所、以所带站、以站联点"的建设格局基本形成①，夯实理论武装基层阵地。在此基础上，福建省策划实施"循迹再奋进"新时代文明实践提质培优工程，分三个类别选取60家实践单位进行重点培育，示范引领带动全省新时代文明实践工作提档升级，同时印发《福建省新时代文明实践讲习班制度（试行）》，加强对新时代文明实践工作的经验总结、宣传推介，打造彰显"福建味道"的新时代文明实践特色亮点。② 2023年9月，福建省率先在华安县、武平县、将乐县等7个县（市、区）先试先行，通过老百姓看得见、听得懂、传得开的讲习班推动新时代文明实践走深走实、见行见效。

---

① 《让文明之花绽放八闽大地——2022年福建省精神文明建设风采展示》，《福建日报》2023年2月15日，第5版。
② 《筑精神高地 扬文明新风》，《福建日报》2023年12月1日，第2版。

（2）深入开展各类群众性主题教育活动

持续开展"听党话、感党恩、跟党走"宣讲活动，大力实施公民道德建设工程，深入开展各类群众性主题教育活动，"全闽共舞·喜迎二十大"第五届福建省广场舞展演、"德耀八闽·喜迎二十大"道德模范身边好人故事汇等活动持续举办，累计观看参与人数超 50 万人[①]；精心组织"雷锋精神耀八闽"主题系列活动，广泛开展"文明实践+红色文化""文明实践+非遗传承""文明实践+移风易俗"等主题文化活动，在润物无声中涵育新风展示新貌[②]。

（3）以高质量党建引领乡村文化振兴

积极探索创新"党建+"工作模式，深入实施"党建+文化"工程，提升乡村文化内涵，打造文化品牌，让党建与文化、经济、社会相互促进，为乡村振兴注入新的活力。比如，福州市省级乡村振兴试点村长乐区营前街道长安村的"党建+养老"模式，着力打造"你若长安、便是幸福"品牌，推动基层治理与乡村振兴同频共振同向发力；泉州台商投资区党工委聚力基层善治工程，建设村级"党建+"邻里中心 12 个，推广应用乡村治理"积分制""清单制"的建制村超过 50%，激发群众"共同参与、共享成果"积极性，串联洛阳桥、上塘雕艺街等"一桥两街三园四馆"，深化家风家训场馆建设，打造"海丝"文明实践线、区域"文化大观园"，促进乡风文明进步。

2.厚植道德沃土，文明创建硕果累累

（1）深入开展文明村镇创建活动

文明创建是缔造美好生活的重要抓手。近年来，福建省充分发挥作为全国群众性精神文明创建活动发源地的优势，深入开展文明村镇创建活动，持续深化文明乡风联系点建设和移风易俗重点领域突出问题专项治理，加强乡

---

① 《让文明之花绽放八闽大地——2022 年福建省精神文明建设风采展示》，《福建日报》2023 年 2 月 15 日，第 5 版。
② 《凝聚奋进新征程的强大精神力量——2023 年福建省精神文明建设风采展示》，《福建日报》2024 年 2 月 2 日，第 5 版。

村人居环境整治和农村思想道德建设，大力整治农村大操大办、厚葬薄养等不良习俗，不断提升乡村环境面貌、文明程度和生活品质。截至2023年底，福建省县级及以上文明乡镇、文明村的占比分别为95.51%（见表1）、63.43%（见表2），省级"文明乡风联系点"覆盖所有县（市、区），切实发挥联系点辐射带动其他村居的重要作用。

表1 2023年福建省各设区市文明乡镇分布情况

单位：个，%

地区	乡镇总数	县级及以上文明乡镇数量	其中				县级及以上文明乡镇占比
			全国文明乡镇数量	省级文明乡镇数量	市级文明乡镇数量	县级文明乡镇数量	
福州市	129	125	4	29	58	34	96.90
厦门市	10	10	1	7	2	0	100.00
宁德市	112	110	2	17	67	24	98.21
莆田市	46	45	3	12	18	12	97.83
泉州市	133	121	9	43	32	37	90.98
漳州市	110	106	5	45	34	22	96.36
龙岩市	123	117	3	34	50	30	95.12
三明市	129	127	7	44	59	17	98.45
南平市	115	105	3	46	42	14	91.30
平潭综合实验区	6	6	0	0	6	0	100.00
合计	913	872	37	277	368	190	95.51

注：同一乡镇获得多级文明乡镇荣誉称号，仅依其最高荣誉称号计算1次。
资料来源：福建文明风网，http：//wmf.fjsen.com/。

表2 2023年福建省各设区市文明村分布情况

单位：个，%

地区	行政村总数	县级及以上文明村数量	其中				县级及以上文明村占比
			全国文明村数量	省级文明村数量	市级文明村数量	县级文明村数量	
福州市	2196	1335	21	60	435	819	60.79
厦门市	147	124	9	17	31	67	84.35
宁德市	2170	1462	20	63	359	1020	67.37
莆田市	829	498	9	35	188	266	60.07

续表

地区	行政村总数	县级及以上文明村数量	其中				县级及以上文明村占比
			全国文明村数量	省级文明村数量	市级文明村数量	县级文明村数量	
泉州市	2055	1274	21	89	258	906	62.00
漳州市	1568	1057	16	59	88	894	67.41
龙岩市	1786	1013	17	52	134	810	56.72
三明市	1738	1167	14	45	135	973	67.15
南平市	1635	1069	13	37	457	562	65.38
平潭综合实验区	192	82	0	1	81	0	42.71
合计	14316	9081	140	458	2166	6317	63.43

注：同一行政村获得多级文明村荣誉称号，仅依其最高荣誉称号计算1次。

资料来源：福建文明风网，http://wmf.fjsen.com/。

（2）引导和促进乡村文明行为

贯彻落实《开展高价彩礼、大操大办等农村移风易俗重点领域突出问题专项治理工作方案》，推动各设区市用好用足地方立法权，通过制定文明行为促进条例（办法或规定），将破除铺张浪费、天价彩礼、大操大办、薄养厚葬、封建迷信等陈规陋习纳入法治化轨道，为相关工作开展提供有力的制度保障。截至2023年底，全省9个设区市均已制定文明行为促进条例（办法或规定），不断强化乡村道德激励约束机制，积极推广积分制、数字化等典型做法，积分制推广运用村占比超33%，乡风民风日益向上向善，群众满意度持续提升。福州市长乐区营前街道长安村涌现出了"林友海式""林松官式"好村民，将简办婚丧喜庆活动节省下来的26万元捐赠给村医养中心，彰显新时代乡村文明新气象。

（3）深入开展志愿服务

近年来，福建省不断健全完善志愿服务协调工作机制，举办全省新时代文明实践志愿服务项目大赛，开展全省学雷锋志愿服务"五个最美"先进典型宣传推选和第六批五星级志愿者认定工作，让志愿服务精神在全社会发扬光大。2023年福建省新时代文明实践志愿服务大赛，涵盖理论政策宣讲、文化文艺服务、医疗健身、科普支教、法律服务、卫生环保、扶弱帮困、助老助残、乡风文明等诸多项目，集中展现了近年来福建省新时代文明实践志愿服务的概貌成效和广大志愿者的担当作为。平潭综合实验区作为全国唯一的对台综合实验区，积极探索乡村志愿服务两岸融合新路，在上楼村成立了以台湾志工文化为模板的全区第一支社区志愿服务队；2022年8月，平潭海峡两岸青年志愿者服务站吸纳志愿者350人，其中在岚台胞志愿者50人，从理念和行动上推动他们由"被管理者"变成"参与者""志愿者"，成为实验区乡风文明建设中的重要"融"力量。

3. 培树法治新风，三治协同提质增效

近年来，福建省坚持大抓基层的鲜明导向，提高乡村自治水平，发挥乡村德治功能，推进法治乡村和平安乡村建设，不断健全党组织领导下的自治、法治、德治相结合的乡村治理体系，让新时代福建乡村既充满活力又稳定有序。深化乡村公共法律服务，现已培育"法律明白人"超9.6万人，实现市、县、乡、村四级公共法律服务平台和村法律顾问全覆盖，国家级、省级民主法治示范村（社区）分别达134个、773个；深入开展平安乡村建设，"四无"① 村居创建成效明显，全省平安乡镇（街道）占比84.5%、平安村（社区）占比76.5%；坚持和发展新时代"枫桥经验"，全面推行依法处理信访事项"路线图"等做法，不断完善矛盾纠纷化解机制；推动农村地区扫黑除恶斗争长效常治，先后扫除农村恶势力组织16个；深化"平安家园·智能天网"建设，全省17.65万路公共安全视频监控实现联网，农村社会治安防控系统进一步升级。

（二）大力弘扬八闽优秀传统文化

1. 赓续历史文脉，弘扬优秀传统文化

近年来，福建省着力赓续历史文脉，推动优秀传统文化创造性转化和创新性发展，积极推动中华福文化的传承与创新、海洋文化的宣传与应用、朱子文化的研究与发展、侯官文化的挖掘与弘扬、"闽人智慧"的整理与传

---

① "四无"即无案件、无上访、无诉讼、无邪教。

播，八闽文化更加繁荣兴盛。深入实施福建文化标识体系构建行动、福建省优秀传统文化传承发展工程，加强文物保护利用和文化遗产保护传承，支持三坊七巷、万里茶道、福建船政等申报文化遗产，加快水下考古（平潭）基地等项目建设，加快长汀、宁化长征国家文化公园建设，深入挖掘福建优秀传统文化的时代价值和世界意义，为构建中华文明标识体系贡献福建力量。深入挖掘不同地域传统文化的特色，着力整合海洋文化、"福"文化、闽台历史文化、朱子文化等特色文化的共性，努力在开展涉台文物保护、"迁台记忆"档案保护和开发利用等工作上下功夫，持续创建"福建戏剧""八闽丹青""闽版图书""视听福建"等一批世界级、国家级、省级文化品牌，提炼出最能反映福建历史文化和人文风情的文化符号和文化产品。充分利用"数字福建"优势，以创意为灵魂，融合流行元素，把中华美学精神和时代审美追求结合起来，不断创新八闽文化传播方式，打造独具福建特色的文化IP，讲好每个项目和产品的文化故事，让游客和消费者形成深刻的文化记忆和自觉的口碑宣传；创新实施文化惠民工程，强化公众参与意识，以民俗文化活动、书院教学活动、文化科普宣传活动为载体，带动地方居民主动加入历史文化保护传承工作，打造立体多维的福建优秀文化传播矩阵。

2. 留住乡村记忆，保护历史文化遗产

（1）加强乡村文化遗产保护与利用的制度建设

近年来，福建省高度重视各类乡村文化遗产的保护利用工作，先后制定《福建省历史文化名城名镇名村和传统村落保护条例》《福建省传统风貌建筑保护条例》《福建省红色文化遗存保护条例》等法规，强化保护传承顶层设计；印发《关于在城乡建设中加强历史文化保护传承七条措施的通知》，持续推进城乡建设中历史文化保护，实施乡村文物保护工程，推进乡村文物建筑活化利用；出台《福建省鼓励社会力量参与文物保护利用实施意见》《福建省文物建筑认养管理规定》，鼓励社会力量参与乡村文物保护利用，为参与者创造条件、提供支持，形成"政府主导、社会参与、成果共享"的文物保护利用新格局；组织编印《乡土乡贤》《乡居乡聚》等8辑乡村文化记忆系列丛书，发掘、讲好福建乡村文化故事；注重推动历史文化名镇名村和农业文化遗产在乡村振兴战略实施中发挥更大的优势作用。

（2）持续开展历史文化名镇名村和传统村落的申报与利用工作

持续开展历史文化名镇名村的申报、评审、认定工作和乡土建筑调查、保护、利用工作。福建省现有中国历史文化名镇名村76个，省级历史文化名镇名村124个（见表3、表4）。福建省第三次全国文物普查共登记各类乡土建筑10000多处，许多乡土建筑已被公布为各级文物保护单位。2023年，福建省共有58个村落入选第六批中国传统村落名录，至此全省共有552个中国传统村落，居全国第六位①；另有5座国家级历史文化名城、4条中国历史文化街区、9414栋历史建筑。实施传统村落整体保护利用工程，对18个国保省保集中成片传统村落的文物保护单位进行重点修缮、环境整治、展示利用，确保村落文化资源得到集中保护和合理开发。从2014年开始，省级累计重点扶持近200个街区名镇名村改善提升、1000多栋历史建筑修缮维护和活化利用。特别是自2020年扩大到"十街十镇百村千屋"，投入5.42亿元，用于10个历史街区、100个名镇名村和传统村落、1000处历史建筑的保护行动，并纳入省委、省政府为民办实事；2021年投入2.41亿元用于该保护行动；2022年安排3亿元开展古街古镇古厝保护行动，安排5045万元用于历史建筑保护修缮补助。②

表3　福建省入选各批次中国历史文化名镇名村情况

单位：个，%

批次	历史文化名镇	历史文化名村	名镇名村合计	全国名镇名村合计	占全国总量比重
第一批	1	1	2	22	9.09
第二批	1	2	3	58	5.17
第三批	0	3	3	77	3.90
第四批	1	3	4	94	4.26

① 《我省58个村落入选第六批中国传统村落名录》，《福建日报》2023年3月22日，第6版。

② 《探寻城乡历史文化保护传承的"福建路径"》，福建省人民政府网站，2022年12月15日，https://www.fujian.gov.cn/zwgk/ztzl/gjcjgxgg/dt/202212/t20221215_6079124.htm。

续表

批次	历史文化名镇	历史文化名村	名镇名村合计	全国名镇名村合计	占全国总量比重
第五批	4	7	11	99	11.11
第六批	6	13	19	178	10.67
第七批	6	28	34	271	12.55
合计	19	57	76	799	9.51

资料来源：中华人民共和国住房和城乡建设部，https：//www.mohurd.gov.cn/。

表4　福建省各设区市历史文化名镇名村分布情况

单位：个，%

地区	中国历史文化名镇名村（占全省比重）	省级历史文化名镇名村（占全省比重）	名镇名村合计（占全省比重）
福州市	6(7.89)	17(13.71)	23(11.50)
厦门市	0(0.00)	0(0.00)	0(0.00)
宁德市	19(25.00)	24(19.36)	43(21.50)
莆田市	1(1.32)	8(6.45)	9(4.50)
泉州市	8(10.53)	13(10.48)	21(10.50)
漳州市	8(10.53)	17(13.71)	25(12.50)
龙岩市	17(22.37)	13(10.48)	30(15.00)
三明市	10(13.16)	12(9.68)	22(11.00)
南平市	7(9.21)	20(16.13)	27(13.50)
平潭综合实验区	0(0.00)	0(0.00)	0(0.00)
合计	76(100.00)	124(100.00)	200(100.00)

资料来源：中华人民共和国住房和城乡建设部，https：//www.mohurd.gov.cn/；福建省文物局，http：//wwj.wlt.fujian.gov.cn/。

（3）创新推进农业文化遗产保护发展实践

坚持在发掘中保护、在利用中传承，推进农业文化遗产保护发展实践，全面助力乡村振兴。福建省现有"福州茉莉花与茶文化系统"、"尤溪联合梯田"（为"中国南方山地稻作梯田系统"4个子项目之一）、"安溪铁观音茶文化系统"等3项全球重要农业文化遗产，与浙江省并列全国第一；还拥有7项中国重要农业文化遗产，分别是"福州茉莉花种植与茶文化系统""尤溪联合梯田""安溪铁观音茶文化系统""福鼎白茶文化系统""松溪竹蔗栽培系统""福建长乐番薯种植系统""福建武夷岩茶文化系统"。① 近年来，福建省充分挖掘农业文化遗产经济、社会、文化、生态等方面的价值，通过建立保护机制、强化品牌塑造、赋能乡村振兴，念活农业文化遗产保护"经"。② 2023 年，福鼎白茶品牌价值上升至 60.7 亿元，居"中国茶叶区域公共品牌价值十强"第五位，并被授予"最具品牌带动力"荣誉；安溪铁观音品牌价值达 1432.44 亿元，品牌强度 907，区域品牌（地理标志产品）价值再次位列第一。

（4）积极培育文化遗产活化利用的创意人才

加大挖掘地方特色文化扶持力度，培养创意高素质人才，推动乡村振兴。鼓励乡村文化文物特色小镇和传统村落依据各自的特色文化主题进行文物展示和利用。持续开办文物保护工程技术人员（木工、泥瓦工）培训班，累计培训古建筑传统工匠近 600 人，通过专业化规范化培训，丰富从业人员理论知识和实践操作能力，激发从业人员的创新意识，提高从业人员的整体素质。注重科技与传统技术的协同创新，从而实现文化元素助力创意农业的不断革新。厦门市海沧区借势借力借智，引入台青专业服务团队参与乡村规划建设，按照"海沧所需，台青所长"的原则，发挥闽台融合发展优势，在风格上突出两岸融合特色，保留闽南风貌，打造特色滨海美丽乡村。

3. 传承文化根脉，非遗保护持续发力

（1）加强非物质文化遗产保护传承的制度建设

近年来，福建省围绕加快建设文化强省和全域生态旅游省目标，坚持"保护为主、抢救第一、合理利用、传承发展"，加大非物质文化遗产保护传承力度，先后出台《福建省非物质文化遗产条例》《福建省省级非物质文化遗产代表性传承人认定与管理办法》等法规，并推动各地市专项立法，已公布施行的有《厦门经济特区闽南文化保护发展办法》《福州市软木画技艺保护规定》《福州市脱胎漆器技艺保护规定》《福州市闽剧保护规定》

---

① 张辉：《福建省新增 2 项中国重要农业文化遗产》，《福建日报》2023 年 9 月 22 日，第 6 版。
② 蔡茂楷、李红波：《福建念活农业文化遗产保护"经"》，《农民日报》2023 年 9 月 14 日，第 5 版。

《福州市寿山石雕刻技艺保护规定》《漳州水仙花保护管理办法》等，非遗保护传承更加"有法可依"。

福建省现有9个项目入选联合国教科文组织非遗名录（名册），其中南音、妈祖信俗、中国剪纸（漳浦、柘荣）、中国传统木结构营造技艺（闽南民居）、送王船——有关人与海洋可持续联系的仪式及相关实践、中国传统制茶技艺及其相关习俗等6个项目入选"人类非物质文化遗产代表作名录"；中国木拱桥传统营造技艺和中国水密隔舱福船制造技艺2个项目入选"急需保护的非物质文化遗产名录"；"福建木偶戏后继人才培养计划"入选"保护非物质文化遗产优秀实践名册"，填补了我国在联合国教科文组织优秀实践名册项目上的空白；还有国家级非物质文化遗产代表性项目145项、代表性传承人143人、保护单位145个、文化生态保护（实验）区2个；省级非物质文化遗产代表性项目705项、保护单位775个、传承人917人、文化生态保护区1个、文化生态保护示范点15个以及众多市、县两级非物质文化遗产项目，全省非物质文化遗产四级名录保护体系不断健全。从地区分布情况来看，泉州、福州、宁德、漳州四地市的非物质文化遗产分别占全省非物质文化遗产总数的17.95%、12.30%、12.30%、12.08%，泉州市的非物质文化遗产传承人占比最大，为24.08%；从内容类别来看，"传统技艺"类非物质文化遗产占比最大，为34.92%，"传统技艺""传统戏剧"类非物质文化遗产传承人占比较大，分别为29.48%、22.18%（见表5、表6）。

表5　福建省各设区市非物质文化遗产及非物质文化遗产传承人分布情况

单位：个，%

地区	非物质文化遗产		非物质文化遗产传承人	
	数量	占比	数量	占比
省直	24	2.71	29	2.75
福州市	109	12.30	161	15.26
厦门市	78	8.80	92	8.72
宁德市	109	12.30	118	11.18
莆田市	70	7.90	103	9.76
泉州市	159	17.95	254	24.08

地区	非物质文化遗产		非物质文化遗产传承人	
	数量	占比	数量	占比
漳州市	107	12.08	109	10.33
龙岩市	69	7.79	62	5.88
三明市	79	8.92	39	3.70
南平市	78	8.80	85	8.06
平潭综合实验区	4	0.45	3	0.28
合计	886	100.00	1055	100.00

注：由于有的非物质文化遗产项目为两地或多地共同申报，分地市项数合计存在重复累计情况。

资料来源：福建省艺术馆（福建省非物质文化遗产保护中心），http：//www.fjysg.net/。

表6　福建省非物质文化遗产及非物质文化遗产传承人类型构成

单位：个，%

类别	非物质文化遗产		非物质文化遗产传承人	
	数量	占比	数量	占比
民间文学	29	3.38	15	1.42
传统音乐	59	6.87	113	10.71
传统舞蹈	45	5.24	49	4.64
传统戏剧	78	9.08	234	22.18
曲艺	24	2.79	58	5.50
传统体育、游艺与杂技	51	5.94	57	5.40
传统美术	62	7.22	140	13.27
传统技艺	300	34.92	311	29.48
传统医药	42	4.89	22	2.09
民俗	169	19.67	56	5.31
合计	859	100.00	1055	100.00

资料来源：福建省艺术馆（福建省非物质文化遗产保护中心），http：//www.fjysg.net/。

（2）创新拓展非遗展览展示展演活动

近年来，福建省不断拓展非遗展览展示展演活动，精心组织每年一届的"文化和自然遗产日"非遗宣传展示系列活动，结合春节、端午节等重大民俗节庆活动，组织非遗过大年、视频直播家乡年、端午习俗体验等惠民活动，推进非遗融入百姓日常生活；通过举办联合国教科文组织非遗项目展览及履约活动，组织入选联合国非遗名录名册项目、国家级非遗代表性项目和传承人参加非物质文化遗产博览会、外交部福建推介会、香港中联办公众开放日、第六届世界闽商大会、第十二届海峡两岸文化产业博览会、中国国际进口博览会等高端会议活动以及全国非遗曲艺周展演、非遗传统技艺大展等，加强福建非遗保护传承实践优秀成果在国际国内交流舞台上展示、宣传、传播和阐释。2022年"文化和自然遗产日"福建非遗宣传展示系列活动以"连接现代生活绽放迷人光彩"为主题，突出"享传统文化购非遗好物促文旅经济"，全省举办360多场非遗宣传展示活动，涉及非遗项目226项，非遗传承人460人，累计线上线下参与人次超过1000万。①

（三）不断完善公共文化服务体系

1.夯实设施基础，持续提升服务水平

近年来，福建省大力推进乡村公共文化服务设施建设，在实现镇村综合文化站（服务中心）全覆盖的基础上，通过指导支持460个乡村综合性文化服务中心设施建设，示范带动提升全省整体水平，打造40多个有特色、有品位的公共文化新空间。近5年来，福建省共安排中央和省级财政资金24696.5万元，支持全省超过1200家公共图书馆、美术馆、文化馆（站）免费开放和公共文化基础设施建设，推动全省公共文化服务均等化、多样化、个性化、便捷化水平不断提升。

2.从惠民到悦民，丰富文化产品供给

持续开展"新时代文艺惠民八闽万村行"活动，创作播出《一代匠师》等一批融媒体产品，扶持全省50多个非遗地方剧种和13个濒危剧种院团进行免费或低票价惠民演出，每个受扶持院团全年演出优秀剧目不少于50场；省属院团积极开展公益低票价和无偿演出、送戏下乡活动，进一步丰富了乡

---

① 《福建省非遗保护成果丰硕》，福建省人民政府网站，2022年12月15日，https：//fujian. gov. cn/xwdt/fjyw/202212/t20221215_ 6079066. htm。

村群众的精神文化生活。广泛组织乡村群众性文化活动，持续打造"百姓大舞台"公共文化服务品牌，推进每个设区市下辖县（市、区）全覆盖，并常态化组织开展文化惠民演出；每年安排5场"春燕行动——福建乡村音乐会"，推动高品质的公共文化服务惠及乡村广大人民群众；积极引导各地举办"村晚"、"村BA"、村排、村跑等"村"字头活动，2023年全省12个乡村"村晚"入围全国"四季"村晚示范展示点。

3. 聚焦人才培养，提高文化服务素养

持续实施乡村文旅能人选拔工作，带动乡村文化和旅游人才队伍建设。自2020年起，福建省每年组织开展全省乡村文化和旅游带头人选拔会，累计选拔省级带头人112名，入选人员涵盖乡村文化协管员、乡村剧团负责人、乡村民宿经营者、非遗代表性传承人、返乡创业大学生、服务乡村文化和旅游的老干部、开发乡村文化和旅游项目的企业家、为农民直播带货的乡村网红、挖掘乡村文化旅游资源的村干部等，不仅提升乡村文旅带头人队伍能力素质，还示范带活乡村文化、带动文旅产业、带富周边群众、带强人才队伍等。坚持省、市、县三级联动，以年均超200期的频次开办村级文化协管员、综合文化站长培训班，加强队伍专业技能培训，提升乡村文化工作者志愿者整体素养。据不完全统计，2021~2023年福建省农村实用人才中，非物质文化遗产代表性传承人为276人。①

（四）加快推进农文旅融合发展

近年来，福建省持续深化三次产业融合发展，大力发展休闲农业，充分

---

① 《福建省文化和旅游厅关于公布第五批省级非物质文化遗产代表性传承人名单的通知》，福建省文化和旅游厅，2021年2月25日，https://wlt.fujian.gov.cn/zfxxgkzl/zfxxgkml/30qtyzdgkdzfxx/04fwzwhyc/202102/t20210225_5539032.htm；《福建省文化和旅游厅关于2021年度省级非物质文化遗产代表性传承人传承活动评估结果的公示》，福建省文化和旅游厅，2022年8月30日，https://wlt.fujian.gov.cn/zwgk/tzgg/gggs/202208/t20220830_5983825.htm；《福建省文化和旅游厅关于省级非物质文化遗产代表性传承人2022年度传承活动评估结果的公示》，福建省文化和旅游厅，2023年8月7日，https://wlt.fujian.gov.cn/zwgk/tzgg/gggs/202308/t20230807_6221707.htm。

依托各地种养业、田园风光、村落建筑等资源，培育休闲农业福建品牌。深入实施乡村休闲旅游精品工程，加快农文旅融合发展，现已培育金牌旅游村30个、全域生态旅游小镇22个，2023年新增连江县丹阳镇新洋村等40个省级美丽休闲乡村和三华农场（福建三华农业有限公司）等23个省级休闲农业示范点。积极探索文化产业赋能乡村振兴新路径，以项目建设助力乡村文化产业发展，2023年全省重点推进17个文旅赋能乡村振兴项目，总投资122.43亿元，年度计划投资10.17亿元，全年完成投资12.22亿元，完成率达120.16%；开展文旅特派员试点工作，2023年确定福州市永泰县、厦门市翔安区等15个县（市、区）为首批文旅特派员试点县，并选取永泰县嵩口镇大喜村、翔安区香山街道大宅村等共66个村开展具体试点工作，并为每个试点村安排5万元经费支持，合计330万元，66个试点村全年围绕推动乡村产业振兴、人才振兴、文化振兴等方面共实施289个项目，开展691场文化和旅游主题活动，带动近万人就业；龙岩市永定区、南平市建阳区成功入选首批全国文化产业赋能乡村振兴试点县，在体制机制、发展举措、产业导入、政策保障上先试先行，促进乡村文化和旅游融合发展。

全省各地积极探索、推进农文旅融合发展。比如，三明市尤溪县梅仙镇半山村依托靠近县城、镇区的区位优势以及拥有鹭鸟、古民居、名木古树等资源禀赋，发展竹排、民宿、农家乐等，打造集吃、住、玩于一体的乡村旅游业，获评国家3A级旅游景区。村里出资修缮古民居，并免20年租金引进2名艺术家创办"新知青艺术公社"，吸引1000余名青年艺术家、大学生志愿者到村实习、学习，进行艺术创作，开展技能培训，艺社负责人周青获得首届"全国乡村振兴青年先锋"荣誉，通过抖音、小红书等平台推介，吸引游客打卡，创"流量经济"，"新知青艺术公社"制作的推介半山村的舞蹈作品《风筝误》经新华社转载，点击量超2000万人次。漳州市长泰区枋洋镇全域推进和美线条地建设，发掘卢经忠谏、林震状元等本地文脉，建成青阳廉洁文化大观园，打造了一批新兴网红打卡地；活化利用赤岭传统古村落，与厦门大学等4所高校共建漆艺漆画艺术创作与研究基地，结合勘察新发现的鼓鸣岩矿泉水源、尚吉优质温泉水源，积极谋划生成温泉康养休闲旅游度假区项目，带动资源优势转化为经济优势；莆田市秀屿区湄洲岛依托妈祖文化国际旅游目的地资源和优势，突出文化创意，将庭院经济与民宿特色相结合，增加生态环保等本地元素，植入台湾地域主题元素，通过打造各类主题式特色民宿产品，有力推动"美丽乡村"向"美丽经济"转化。

二 福建省乡村文化振兴存在的问题及对策建议

（一）福建省乡村文化振兴存在的问题

1. 乡村文化振兴思想认识仍有偏差

思想认识直接影响着乡村文化振兴工作实践。应该说关于乡村文化的衰败，乡村文化振兴的必要性和紧迫性已是普遍共识，然而对于乡村文化的认知和价值判断仍存在偏差。第一种错误倾向是盲目鼓吹传统文化，将一切古人的文化遗留物当作"经典"来挖掘与弘扬，致使当前乡村文化建设中出现沉渣泛起、糟粕横溢、封建迷信卷土重来的迹象；第二种是妄自贬低乡土文化，给它扣上"老土""过时""落后"的帽子，致使当前统筹城乡建设中将建设乡村文化等同于"复刻"城市文化，出现文化产品和服务供给与乡村文化生态水土不服的问题；第三种是奉行"实用主义"，即对乡村文化价值判断完全以"市场需求""产业效益"为导向，"有立项"有经济收益则轰轰烈烈地抓，无项目"吃力不讨好"则以"完成指标"应付，致使存在一些地方和部门不愿管、不爱管的问题，文明乡风建设流于形式，不重实效。

2. 乡村文化振兴建设力量仍然薄弱

乡村人口流失问题是乡村文化振兴面临的最严峻挑战之一。"七普"数据显示，2020年福建省乡村人口为1298万人，占31.25%，10年减少284万人。作为乡村振兴主体的农民尤其是中青年群体大量流失，动摇了乡村文化建设和发展的根基。虽然目前鼓励高校毕业生、农民工等群体返乡创业就业，但有研究指出，20世纪90年代以后出生的新一代农民工或知识分子因长期脱离乡村，对乡村文化缺乏认同与归属感，这将大大削弱乡村文化建设的基础力量，后续发展动力明显不足。① 而且受乡村工作环境、薪资待遇、基础设施等因素影响，乡村不仅难以留住本地人才，而且更难吸引外地人才，导致乡村专业人才普遍匮乏，乡村产业发展、村庄规划建设、乡土文化保护传承等人才支撑不足问题突出，加之留守乡村群体大多文化素质不高、文化传承意识不够、文化建设能力不足、文化消费动力不足，这便导致乡村文化振兴工作进展缓慢。

3. 乡村文化振兴供需结构仍需优化

为了更好地满足农民日益增长的精神文化需求，各级政府不断补短板、强弱项，大力推进乡村公共文化服务体系建设。但是具体实践中存在一厢情愿代表或者"想当然地"决定群众需求的文化产品和服务供给，单纯移植或翻版城市文化产品和服务供给方法以及缺乏地域、文化、村情差异性和独特性系统分析的统一化和标准化建设模式，效果乏善可陈。例如一些地方的文化站缺乏专门管理人员，大门常年紧闭，或者沦为村民打麻将的地方，甚至被挪作他用，仅有的一些文化活动器材也基本无人问津，图书报刊陈旧，有的文化站甚至仅是一个挂牌的空屋子。此外，"重投入轻管理""重设施建设轻人才培养""多头组织""无人管理""资源浪费"等问题，使得村民很难从这些文化设施和文化供给中感受到文化满足感、获得感和幸福感。

4. 乡村文化振兴产业发展模式单一

实施乡村振兴战略以来，各地积极挖掘整理发展乡土文化中的优秀传统、优秀因子、特色魅力，推动农文旅融合发展，盘活文化价值，赋能乡村振兴。但是实践中存在"满天星斗，不见月亮"、文化基础"被淡化"与割裂、开发利用难度大与后期运营具有不确定性、整体业态发展水平不高等问题，尤其是盲目跟风复制"他山之石"现象普遍，即在没有进行充分考察与论证的情况下照搬已经成功的发展模式，造成某一发展模式数量上猛增。复制成功也导致乡村文化产业的发展模式单一，本土特色不足；复制失败则

---

① 范建华、秦会朵：《关于乡村文化振兴的若干思考》，《思想战线》2019年第4期，第86~96页。

导致投巨资建造的特色小镇或旅游景区冷冷清清，既无品牌，又无产业。如何克服同质化，是现阶段农文旅融合发展实践必须高度重视和思考的问题。

（二）加快推进福建省乡村文化振兴的对策建议

1.统筹发展模式，拓展乡村文化振兴深度

乡村文化振兴的重要意义在于传承发展提升农耕文明，激发优秀传统乡土文化活力，繁荣兴盛乡村文化。统筹发展模式，汇聚各方力量，大力推动乡村优秀传统文化传承复兴，释放出新时代乡村文化建设的充沛活力，为乡村振兴提供更多的文化动能。

一是统筹政府和社会力量，建立政府主导推动、民间团体联动、村集体带动、农民主动的"四位一体"联动联建机制，鼓励各地通过教育、培训、宣传以及数字化技术等多种手段提升人们的保护传承意识，搭建参与平台，出台激励机制，让公众"想参与""能参与""乐参与"新时代乡村文化建设。

二是统筹历史脉络与现实条件，以县域为单位全面梳理乡土文化遗产的起源和特质、存量、分布、保护开发现状，制订契合地方实际的"串点连线成片"整体行动方案，坚决纠正割裂文脉整体性、缺失特色灵魂的"破碎化"发展模式，克服无序的乡村文化建设。

三是统筹保护开发乡村文化遗产与践行社会主义核心价值观，下好乡村文化遗产探源"先手棋"，研究好、解读好、阐释好乡村文化遗产，加强文化形象建设与文化认同，使其成为涵养社会主义核心价值观的重要思想源泉；守好乡村精神文明建设"主阵地"，在保护修缮的基础上，充分挖掘古建筑古村落所蕴含的丰富历史信息、文化内涵和情感价值，建设集非遗展示、文化沙龙、文化传承、轻食餐饮等功能于一体的乡村新型文化空间，提升乡村新时代文明实践站、乡镇综合文化站的产品与服务供给能力，广泛开展群众性文化活动，弘扬乡土优秀传统文化；种好村民文明素养"责任田"，采用专家讲座、远程教育等方式，宣讲村史乡情等，开展文化和旅游相关技能培训，培育一批"田秀才""土专家""农创客"，探索开展"乡

村工匠"专业人才职称评价改革，实现文化扶志和文化扶智，充分发挥乡村文化遗产引领社会风尚、教育人民、服务社会、推动发展的作用，提升乡村文化自信与乡风文明水平。

2. 多维度丰富表达，拓展乡村文化振兴宽度

乡村的活力在于乡村文化，乡村振兴必须是乡村文明的整体复兴。乡村文化振兴是内涵丰富的系统工程，要在传承优秀传统乡土文化的基础上，将乡村文化建设与生态环境保护、人居环境整治、社会文明程度提升等行动进行全盘考虑、整体推进，促进城乡协调发展、全域宜居发展，多维度丰富乡村文化表达，涵养文明乡风。

一是科学编制乡村文化遗产保护与发展规划，加强乡村文化遗产活态传承与创意开发，特别是要对接市场开展非遗生产性保护工作，结合非遗工作站、传习所和传承人工作室等重点培育和打造具有地方、民族特色和市场潜力的文创项目、产品和品牌，营造宜居适度的文化生态空间并进行合理开发与运营，提升乡村人居环境品质。

二是引导各地立足现有基础和区域特色，以历史脉络为纽带，将文化遗产资源串珠成链，进行整体开发、统筹宣传、一体化打造，统筹历史文化保护、全域风貌提升、宜居环境整治，着力打造景村一体、功能协调、综合效益显著的美丽乡村连片示范区，有序推进宜居宜业和美乡村建设。

三是坚持以人为本，守正创新，加强乡村公共文化建设，充分发挥新时代文明实践中心（所、站）的枢纽和平台作用，优化基层公共文化设施布局，支持建设乡村戏台、城乡公共文化新空间，围绕农民精神文化层面需求提供更多更好的农村公共文化产品和服务；支持反映福建"三农"工作、新时代农民生产生活尤其是乡村振兴实践题材的文艺创作与交流展演，持续实施乡村文化和旅游带头人支持项目和"乡村网红"新型文化志愿者培育计划，活跃繁荣农村文化市场，丰富农村文化业态，学习运用"千万工程"经验，推进乡村公共文化服务高质量发展；组织广大农民办好中国农民丰收节系列庆祝活动，开展四季"村晚""福建乡村音乐会"等群众性文化活动，举办"村BA"、村排、村跑等"村"字头赛事，丰富乡村文化生活，

激发新时代乡村文化活力，促进乡村文化持续繁荣兴盛，让广大农民过上更有文化的美好生活。

3.产业赋能发展，延展乡村文化振兴广度

启动实施文化产业赋能乡村振兴计划，以文化产业赋能乡村经济社会发展，是新阶段全面推进乡村振兴，培育乡村发展新动能的重要举措。乡村文化振兴要注重利用乡村文化产业这一重要载体，充分发挥文化赋能作用，推动农文旅深度融合，丰富乡村文化业态，将乡土文化转化为具有吸引力和影响力的元素，如农耕体验、民俗文化、乡村文旅、非遗展示等，不断提高乡村文化产业的附加值，使其"活起来""火起来"。

一是精准发力推进文化和旅游扶志、扶智建设，优化乡村营商环境，鼓励新乡贤、新农人投身文化产业赋能乡村振兴八大重点领域，支持各地整合乡村文化资源、完善文化和旅游项目库并建立健全招商沟通互动机制，持续探索政府主导、企业和社会各界参与、市场化运作、可持续发展的模式与路径。

二是围绕高品质生活内涵推进农文旅供给侧改革，重点推动国家文化公园周边以及城边、景边、海边、山边、交通干道边乡村人文资源和自然资源保护利用融入区域发展大局中，探索适合省情的"文化+"产业发展模式和路径，加强乡村文化教育研学体系、"三生一文（生态、生命、生活、文化）"产业发展平台的构建，建设一批国际化程度高、福建特色明显的乡村农文旅 IP。

三是以市场化方式推动乡村文化遗产可持续发展，构建与"深体验、微度假"相适应的乡村文化消费业态，鼓励发展定制消费、IP 消费、数字消费、体验消费等，支持有条件的地方建设农文旅融合发展示范区，推动传统技艺、特色美食、艺术展演等项目聚集转化，创新夜间消费场景，打开乡村振兴的流量入口。

四是充分运用互联网、大数据、人工智能等现代科技手段，加强乡村文化数字化建设，赋能乡村文旅宣传，通过短视频、音频、VR、AR 等吸引游客，发展"数字展览"、沉浸式体验、虚拟展厅、智慧旅游、高清直播等新型文旅服务模式，打造乡村特色文旅品牌，繁荣发展乡村文化产业。

B.5
福建省乡村生态振兴情况分析
（2022~2023年）[*]

林丽梅　郑逸芳^{**}

摘　要： 生态振兴作为乡村振兴的关键环节和核心依托，是推进农业农村现代化建设、促进生态文明建设、增进民生福祉的重要措施。2022~2023年，福建省围绕农村人居环境整治提升、生态系统保护和修复、生态资源开发利用、防灾减灾体系建设等重点工作有序推进乡村生态振兴，取得显著成效。但与此同时，福建省乡村生态振兴仍存在生态振兴参与主体较为单一、生态资源价值未能充分体现、治理政策协同合力不足、农村生态文化建设相对滞后等待完善之处。对此，需要从立足政社协同以优化治理主体结构，强化产业融合以促进生态价值实现，统筹政策体系以提高综合治理效能，重塑生态文化以提高生态认知水平等方面进一步推动福建省乡村生态振兴提质增效。

关键词： 乡村生态振兴　生态治理　生态产品价值　生态文化　福建省

乡村生态振兴是普惠的民生福祉。2022~2023年，福建省持续以《关于实施乡村振兴战略的实施意见》为纲，贯彻落实《福建省乡村生态振兴

---

* 除特别标注外，本篇报告的其他数据均来自福建省政协农业和农村委员会提供的汇总资料（省委省政府相关部厅局委《关于商请提供乡村振兴相关数据资料的函》）。

** 林丽梅，福建江夏学院公共事务学院副教授，主要研究领域为乡村生态治理，农村环境治理；郑逸芳，福建农林大学公共管理与法学院教授，博士研究生导师，主要研究领域为公共管理、基层社会治理。

专项规划（2018—2022年）》，出台了《福建省推进乡村建设行动实施方案》和《深化生态省建设 打造美丽福建行动纲要（2021—2035年）》，围绕"山更好、水更清、林更优、田更洁、天更蓝、海更净、业更兴、村更美"等八个方面目标，抓重点、补短板、强弱项，打造"绿盈乡村"品牌，推动富有绿化、绿韵、绿态、绿魂的福建特色乡村生态振兴，成效显著。持续推进农村突出环境问题治理，农村生活垃圾生态处理机制基本建立；生态系统保护和修复工作稳步推进，生态系统质量和稳定性有所提升，持续筑牢生态安全屏障；乡村生态资源得到合理开发利用，结合福建实际持续开展"绿水青山就是金山银山"转化机制的有益探索；水利、海洋等系统防灾减灾体系进一步完善，乡村防灾减灾智慧应急能力进一步提升。

一 2022~2023年福建省农村人居环境整治提升状况

2022年，福建省专门出台《福建省农村人居环境整治提升行动实施方案》，在农村生活垃圾生态处理、农村生活污水治理提升、农村"厕所革命"提档升级和村容村貌整体提升等方面提出具体行动目标和任务，并针对以上各项治理任务，出台细致、可操作的各类政策制度，推动2022~2023年农村人居环境整治提升工作有序开展。

（一）农村生活垃圾治理与源头分类状况

为贯彻落实上级政策文件精神，2022年，福建省住房和城乡建设厅等6部门发布《关于进一步加强农村生活垃圾收运处置体系建设管理的通知》，有序推进农村生活垃圾源头分类减量，积极探索符合农村特点和农民习惯、简便易行的分类处理模式；并以乡镇或行政村为单位建设一批区域农村有机废弃物综合处置利用中心，探索就地就近就农处理和资源化利用的路径。2022年，福建省在农村地区深入实施"村收集、镇转运、县处理"的城乡一体化垃圾治理模式，乡镇生活垃圾转运系统实现全覆盖，农村生活垃圾全部处理处置,共有37个县(市、区)以县域为单位实现农村生活垃圾治理市场化,160个乡镇落实全镇域农村生活垃圾分类机制。① 截至2023年10月,福建省已实现乡镇生活垃圾转运系统全覆盖,行政村全面建立常态化治理机制,农村生活垃圾无害化处理率达到100%;在72个乡镇实施全镇域落实垃圾分类机制;全省秸秆综合利用率保持在90%以上,已建立32个全生物降解地膜试验评价和示范推广基地,示范推广全生物降解地膜2000多亩。② 2023年,福建省在光泽县和莆田市湄洲岛旅游度假区实施全域农村生活垃圾分类试点,并通过编制试点县实施成效要素,探索全域生活垃圾分类有益经验。

(二)农村生活污水治理提升状况

2022~2023年,福建省持续深入实施省政府出台的《福建省农村生活污水提升治理五年行动计划(2021—2025年)》。2022年,省生态环境厅出台《福建省2022年农村生活污水提升治理实施方案》,2023年,福建省发挥联席会议制度,由省农村生活污水提升治理工作领导小组办公室出台《福建省进一步做好农村生活污水治理工作方案》,为农村生活污水治理提升工作提供了制度遵循。在近两年的农村生活污水治理实践中,福建创新"投、建、管、运"一体化模式,坚持市场化运作、专业化运营,取得积极成效,农村生活污水处理效果得到明显改善。截至2022年底,福建省污水处理治理工作涉及84个县,已基本建成7556个村庄的农村污水处理设施,治理设施覆盖率达54%。截至2023年底,福建省已全面建成乡镇生活污水处理设施,56.2%的行政村完成生活污水治理。此外,福建省还制定了《农村生活污水治理样板工程建设评分细则》《农村生活污水处理设施水污染物排放标准》《农村生活污水提升治理设施及管网建设指引(试行)》《农村生活污水提升治理设施及管网运维指引(试行)》《农村生活污水提升治理

---

① 《2022年福建省生态环境状况公报》,福建省生态环境厅网站,2023年6月2日,https://sthjt.fujian.gov.cn/zwgk/sjfb/hjsj/qshjzkgb/202306/t20230629_6195024.htm。

② 福建省农村建设品质提升工作组办公室、福建农林大学:《福建省农村建设品质提升报告(2021~2023)》,2024年1月。

设施及管网建设图集介绍》等地方标准和技术文件，发布优秀设备推荐名录、工程设计优秀案例，指导设施和管网的设计、建设、运维等工作。

（三）农村"厕所革命"提档升级状况

农村建设品质提升工作实施以来，福建省在组织领导、日常调度、资金保障和专项推进等方面不断强化，农村厕所革命成效显著。全省累计新建改造农村户厕1.74万户，农村无害化卫生厕所普及率达99.35%以上。截至2023年4月，全省共有43个县（市、区）实现农村公厕管护市场化，占比51%，农村公厕管护水平大幅提升。① 此外，近年来，福建省实施农村厕所革命整村推进财政奖补政策，该政策以行政村为单元进行奖补，实施整村推进、整体规划设计、整体组织发动，同步实施户厕改造、公共设施配套建设，并建立健全后期管护机制。自2019年实施以来，省财政厅累计投入1.73亿元，支持759个行政村整村推进厕所革命②，推动卫生厕所不断推广普及，农村人居环境得到明显改善。2022年，福建省新改建农村卫生厕所10709户。2023年，实施84个整村推进厕所革命项目，打造4个农村厕所革命样板县（市、区）。2023年，省财政厅下达资金1690万元，对2022年农村厕所革命整村推进成效明显的84个行政村给予奖补，用于粪污收集、储存、运输、资源化利用和后期管护能力提升等方面设施建设。③ 此外，根据《福建省农村厕所革命样板县评估办法（试行）》，福建省通报表扬了一批2022年度农村厕所革命成效突出县（市、区），并推广典型经验做法。

（四）村容村貌美化绿化整体提升状况

2022年，中共福建省委扶贫开发成果巩固与乡村振兴工作领导小组办

---

① 福建省农村建设品质提升工作组办公室、福建农林大学：《福建省农村建设品质提升报告（2021~2023）》，2024年1月。

② 《84个行政村获农村"厕所革命"整村推进财政奖补》，中国福建三农网站，2023年11月13日，http://www.fujiansannong.com/info/92571。

③ 《84个行政村获农村"厕所革命"整村推进财政奖补》，中国福建三农网站，2023年11月13日，http://www.fujiansannong.com/info/92571。

公室印发《关于开展乡村建设"五个美丽"创建活动的方案》，福建省深入开展"五个美丽"建设活动，创新开展美丽乡村庭院、美丽乡村微景观、美丽乡村小公园（小广场）、美丽田园、美丽乡村休闲旅游点等乡村"五个美丽"建设活动。经过两年的建设，福建省乡村振兴局公布2023年度乡村"五个美丽"建设典型名单，共1000户美丽乡村庭院之星、100个美丽乡村微景观、100个美丽乡村小公园（小广场）、100片美丽田园和40个美丽乡村休闲旅游点。[①] 通过培育一批小而精、小而优的建设点，以点带面推动生态宜居宜业和美乡村建设。此外，绿盈乡村建设作为村容村貌整体提升的重要项目持续推进。2022年，福建省"绿盈乡村"累计占比达80%以上[②]，整治裸房14.1万栋；深入开展村庄清洁行动，厦门海沧区、泉州石狮市、三明建宁县获评全国村庄清洁行动先进县。

二 2022～2023年福建省乡村生态系统保护和修复状况

2022～2023年，福建省持续实施《福建省重要生态系统保护和修复重大工程实施方案（2021—2035年）》《福建省国土空间生态修复规划（2021—2035年）》等方案、规划，开展南方丘陵山地带生态保护和修复、海岸带生态保护和修复、海洋防灾减灾与生态修复、自然保护地建设及野生动植物保护、重点流域水环境综合治理等重点任务，进一步优化乡村生态空间、强化水域综合治理、加强海洋生态环境保护修复和重点生态系统保护修复。

（一）乡村生态空间优化状况

2022～2023年，福建省科学构建生态保护空间格局，通过严守生态保护

---

① 《省乡村振兴局公布2023年度乡村"五个美丽"建设典型名单》，福建省乡村振兴研究会网站，2024年1月3日，http：//www.fujianxczx.com/newsinfo/6728027.html。
② 《2022年福建省生态环境状况公报》，福建省生态环境厅网站，2023年6月2日，https：//sthjt.fujian.gov.cn/zwgk/sjfb/hjsj/qshjzkgb/202306/t20230629_6195024.htm。

红线，把全省 27.52% 的国土面积划入生态保护红线范围内，自然岸线保有率保持在 37% 以上。基本完成省市县国土空间总体规划编制工作，初步建成覆盖全域的国土空间规划"一张图"，在全国率先上线运行"阳光规划"系统。与此同时，福建省还科学推进乡村规划实施。2022 年，福建省共完成村庄规划编制 6957 个。2023 年，推进实用性村庄规划编制，完成批复 8324 个，实施城乡建设品质提升 5 类工程 35 个项目，完成投资 320.1 亿元，占年度计划的 106.7%。与此同时，为扩大乡土生态空间、优化部门联动，福建省生态环境厅、福建省自然资源厅下发《关于进一步加强建设用地土壤环境联动监管的通知》，明确建设用地土壤环境监管范围、要求和职责分工，健全完善建设用地联动监管机制，有效防范人居环境风险。此外，福建省还深入开展国土空间绿化工程，全省完成植树造林 127.6 万亩、森林抚育 347.9 万亩、封山育林 110 万亩。[①]

（二）水域综合治理状况

饮用水水源保护方面。2022 年，福建省对 17 个饮用水水源保护区进行调整，推进饮用水水源保护区格局优化和精准管理。[②] 截至 2023 年 12 月，福建省 9 个设区城市及平潭综合实验区共监测 108 个正式投入使用的集中式生活饮用水水源（取水口），其中地表水水源 106 个（河流型 48 个，湖库型 58 个）、地下水源 2 个。2023 年 12 月监测数据显示，108 个集中式生活饮用水水源均达标（达到或优于Ⅲ类标准），达标比例为 100%；106 个地表水水源均达标，达标比例为 100%，其中有 92 个达到或优于Ⅱ类标准，占 86.8%。[③]

---

① 《2022 年福建省生态环境状况公报》，福建省生态环境厅网站，2023 年 6 月 2 日，https：//sthjt. fujian. gov. cn/zwgk/sjfb/hjsj/qshjzkgb/202306/t20230629_ 6195024. htm。

② 《福建省人民政府关于划定、调整和取消福州、三明、南平、龙岩等市 17 个饮用水水源保护区的批复》，福建省人民政府网站，2022 年 8 月 20 日，http：//zfgb. fujian. gov. cn/10074。

③ 《福建省县级以上集中式生活饮用水水源水质状况（2023 年 12 月）》，福建省生态环境厅网站，2024 年 1 月 22 日，https：//sthjt. fujian. gov. cn/zwgk/sjfb/hjsj/yyssysz/202401/t20240122_ 6384441. htm。

小流域水环境综合治理方面。2022～2023年，福建省认真贯彻落实《福建省水污染防治条例》。2023年，通过修订、完善《福建省水资源条例》，进一步规范水资源管理制度。积极开展小流域综合治理，2022年、2023年全省小流域Ⅰ～Ⅲ类水质比例分别达95.5%和96.8%；Ⅰ～Ⅱ类水质比例分别达58.2%和61.5%。结合农村黑臭水体及流域水环境综合治理，2022年全年统筹推进500个村庄农村生活污水治理为民办实事项目，完成475个村庄治理，累计消除36条较大面积农村黑臭水体。① 推进漳州市国家农村黑臭水体治理试点，全面落实控源截污、内源治理、生态修复等措施，逐步消除试点范围内农村黑臭水体。

水土流失治理状况方面。2022年，福建省共完成水土流失综合治理面积200.33万亩，占年度计划任务的133.55%；水土流失面积降至9053平方公里，水土流失率为7.21%，水土保持率提升至92.63%。② 2023年，保护修复生态环境，完成水土流失治理80.2万亩，占年度计划任务的106.9%。

（三）海洋生态环境保护修复

2022年，福建省共划定496个海洋生态环境分区管控单元，构建陆域、流域、海域相统筹的海洋空间治理体系；推动红树林、珊瑚区等重点区域划入海洋生态保护红线，严格加强生态环境保护修复，累计完成红树林保护修复1.1万亩。③ 全面推进全省35个湾区陆域污染防治和海岸线生态保护修复，重点推动平潭、厦门东南湾区等12个国家级美丽海湾建设，以点带面努力打造福建样板。推进湿地名录编制发布，各县（市、区）累计发布一般湿地名录2873处、面积35.85万公顷。强化近岸海域综合治理，2022年近岸海域优良水质比例为85.8%，2023年提高到89.1%。持续加强滨海湿

① 《2022年福建省生态环境状况公报》，福建省生态环境厅网站，2023年6月2日，https://sthjt.fujian.gov.cn/zwgk/sjfb/hjsj/qshjzkgb/202306/t20230629_6195024.htm。
② 《2022年福建省生态环境状况公报》，福建省生态环境厅网站，2023年6月2日，https://sthjt.fujian.gov.cn/zwgk/sjfb/hjsj/qshjzkgb/202306/t20230629_6195024.htm。
③ 《2022年福建省生态环境状况公报》，福建省生态环境厅网站，2023年6月2日，https://sthjt.fujian.gov.cn/zwgk/sjfb/hjsj/qshjzkgb/202306/t20230629_6195024.htm。

地保护和整治修复，全面规范闽江河口湿地国家级自然保护区等现有沿海各类自然保护地管理。按照自然恢复为主、人工修复为辅的原则，实施入海污染物总量控制、近岸海域综合治理、"蓝色海湾"整治修复等工程。2022年，修复海域面积 2.4 万亩、岸线长度 38.4 公里[①]；福建省 4 个海洋生态保护修复工程入选中央财政支持项目，入选数量居沿海省份之首（全国共16 个）[②]。

（四）重要生态系统保护修复状况

2022 年 12 月，福建省修订《福建省湿地保护条例》，进一步完善湿地生态系统保护的政策法规体系。系统开展生态保护修复工作，自 2019年以来，福建省共投入生态保护修复资金 261 亿元，组织实施生态保护修复重大项目 16 个，一体推进主要江河流域、海洋、矿山等重要生态系统的保护和修复，修复林地、湿地和废弃矿山面积 45 万亩，修复河道堤岸317 公里。2022 年，加快武夷山国家公园建设，持续开展"绿盾"自然保护地强化监督工作，新设立福清兴化湾水鸟省级自然保护区，不断完善以国家公园为主体的自然保护地体系。实施生物多样性保护重大工程，防治外来物种侵害，开展互花米草除治三年攻坚行动，累计除治互花米草13.48 万亩。推进造林绿化和重点区位森林质量精准提升，林地面积达1.3 亿亩，森林覆盖率连续 44 年保持全国第一。永定生态修复示范工程以评审第一名成绩入选全国示范工程，获 3 亿元中央资金支持。与此同时，实施重点流域山水林田湖草沙综合治理，推进绿色生态屏障建设。2023 年，福建闽江流域山水林田湖草生态保护修复工程入选《国土空间生态修复典型案例集》。

---

① 《福建省自然资源厅厅长：全省国土空间生态保护修复格局逐步构建》，新京报网站，2023 年8 月 14 日，https：//baijiahao. baidu. com/s？ id＝1774220278305695228&wfr＝spider&for＝pc。

② 《4 个海洋生态保护修复项目获中央财政奖补》，福建省人民政府网站，2023 年 5 月 7 日，http：//www. fj. gov. cn/xwdt/fjyw/202305/t20230507_ 6164438. htm。

三 2022~2023年福建省乡村生态资源开发利用状况

生态资源是福建最宝贵的资源，生态优势是福建最具竞争力的优势。近两年，福建省依托生态优势，因地制宜地进行乡村生态资源的合理开发利用，有序发展乡村生态旅游，持续探索生态产品价值实现机制和自然资源资产管理制度，将生态资源要素融入产业发展，有效推动乡村绿色发展。

（一）乡村生态旅游资源开发状况

2022~2023年，福建省以加强乡村生态旅游、文化与旅游融合提升为工作重点大力开发乡村生态旅游资源。一是加强乡村生态旅游品牌建设。2022年，福建省分别有6个乡村旅游重点村和3个乡村旅游重点镇入选第四批全国乡村旅游重点村和第二批全国乡村旅游重点镇（乡）。[1] 2022~2023年，福建省共评选产生了52个"全域旅游乡镇"和61个"金牌旅游村"。与此同时，福建省农业农村厅连续两年开展省休闲农业示范点和省美丽休闲乡村评选工作，共51个点为福建省休闲农业示范点，81个乡村为福建省美丽休闲乡村。二是推动乡村生态旅游产业融合发展。2023年，福建成立森林风景道旅游联盟，打造"清新福建"观光旅游列车，通过"走出去""请进来"积极开展乡村旅游推介。同时，在全省范围内积极发掘生态涵养、休闲观光、文化体验、健康养老等生态功能，利用"生态+"等模式，推进生态资源与旅游、文化、康养等产业融合。全省共有6个基地入选2022年、2023年国家级森林康养试点建设单位。2022~2023年共评选省级森林养生城市、森林康养小镇和森林康养基地125个。[2]

---

[1] 《福建6村3镇入选全国乡村旅游重点村镇》，闽南网，2022年12月6日，https：//baijiahao. baidu. com/s？id＝1751433788320320425&wfr＝spider&for＝pc。

[2] 《2022年福建省级森林养生城市、森林康养小镇和森林康养基地公示名单》，福建省林业局网站，2022年10月28日，http：//lyj. fujian. gov. cn/zwgk/gsgg/202210/t20221028_ 6026642. htm；《2023年福建省级森林养生城市、森林康养小镇和森林康养基地公示名单》，福建省林业局网站，2023年10月24日，http：//lyj. fujian. gov. cn/zwgk/gsgg/202310/t20231024_ 6284503. htm。

（二）生态产品价值核算与实现机制状况

2022~2023年，福建省深入开展具有山海特色的生态产品市场化改革试点，着力推动生态资源转化为绿色发展基础、产业竞争优势，提升生态产品溢价；制定出台推进生态环境治理项目产业化、促进绿水青山转化为金山银山若干措施，持续策划实施生态环境治理项目；举办生态环境项目成果发布会，以项目带动环保产业发展；完善流域生态补偿、综合性生态保护补偿等多元化生态补偿机制，闽粤两省开展新一轮汀江—韩江跨省流域横向生态保护补偿机制试点。2023年，南平市率先在全国创新国家公园"外圈"协同保护"内圈"模式，率先开展生态产品价值核算，建立"森林生态银行"模式，推出"林业碳汇贷""竹林认证贷"等绿色金融产品，建立"绿水维护补偿"机制等一批全国或全省首创的经验做法。厦门市五缘湾片区生态修复与综合开发、南平市"森林生态银行"和"水美经济"、三明市林权改革和碳汇交易促进生态产品价值实现等案例先后入选自然资源部典型案例。近年来，福建省依托乡村独特生态资源、农业、人文优势，积极探索乡村"两山"转化路径模式，建设一批乡村生态经济发展的示范样板。在第六、第七批生态文明建设示范区评选中，福建共有13地入选，在第六、第七批"绿水青山就是金山银山"实践创新基地评选中，福建亦有4地入选。

（三）自然资源资产管理制度优化状况

坚持生态惠民、生态利民、生态为民，近年来，福建省持续推进自然资源管理制度建设。一是积极开展自然资源资产产权制度改革探索。2022年，福建省自然资源厅印发《福建省全民所有自然资源资产所有权委托代理机制试点实施总体方案》，在福建7个设区市和武夷山国家公园，侧重区域优势自然资源类型开展全民所有自然资源资产所有权委托代理机制试点工作，这一做法走在全国前列。自然资源资产统一确权登记制度等5项经验入选《国家生态文明试验区改革举措和经验做法推广清单》，并向全国推广。二是强化自然资源资产监督监测。2022年，福建省出台《福建省矿产资源监督管理办法》，强化矿产资源监督管理的制度保障。在全国率先开展"天地网"动态执法监管活动，开展用地用矿监测 41 期、用海监测 107 期，实现陆、海域全覆盖多轮次监测，切实保护好土地、海洋、矿产等各类自然资源，从严筑牢生态安全屏障。2022 年，福建省完成"三区三线"划定并通过自然资源部审查。同年，全省违法用地案件数量总体呈下降趋势，自然资源部卫片监测确认违法用地案件 0.6 万宗、面积 3.0 万亩（耕地 5859 亩）。[①]

四 2022~2023年福建省乡村防灾减灾体系建设状况

2022 年 8 月底，福建省已全面完成地震、自然资源、气象、海洋、林业、水利、交通、住建、应急、生态环境等 10 行业领域的自然灾害综合风险普查调查工作，为提升防范和应对自然灾害综合能力提供科学依据。在全面完成风险普查的基础上，福建重点围绕水系统、海洋系统加强防灾减灾体系建设，并大力加强地质灾害防治，强化乡村防灾减灾智慧应急能力建设，有效提升乡村防灾减灾工作质量。

（一）水利防灾减灾体系建设

2022 年，福建省发布《关于切实加强水库除险加固和运行管护工作的通知》，明确重点任务及其责任单位，有效推动加强水库除险加固和运行管护工作。2023 年，福建省共安排省级以上财政资金 20.84 亿元[②]，以提升福建省水利防灾减灾能力，建立高效科学的水旱灾害防治体系。具体建设内容包括：一是聚焦灾后设施修复完善，支持受台风影响受灾地区水毁灾损水利工程修复等工作，提升群众正常生产生活保障能力；二是聚焦重点防洪工程

---

① 《2022 年福建省生态环境状况公报》，福建省生态环境厅网站，2023 年 6 月 2 日，https://sthjt. fujian. gov. cn/zwgk/sjfb/hjsj/qshjzkgb/202306/t20230629_ 6195024. htm。

② 《福建多举措支持提升水利防灾减灾能力建设》，央广网，2023 年 11 月 26 日，http://www. ctdsb. net/c1716_ 202311/1967982. html。

建设，支持中小河流、山洪沟治理和重点区域排涝能力建设，支持水文基础设施、小型水库工程、病险水库（闸）除险加固及安全监测工程建设等，提升整体水旱灾害防御能力；三是聚焦生态环境修复，支持灌区建设改造修复和重点水土流失治理工程建设，提升灌溉供水、排水保障能力。

（二）海洋防灾减灾状况分析

2022年，福建省近岸海域共发生赤潮12起，其中，有毒赤潮3起，主要有毒赤潮藻种为链状亚历山大藻、指沟卡尔藻和蝴蝶凯伦藻，分布在泉州市梅林、莆田市南日岛和平潭综合实验区流水及苏澳附近海域。赤潮累计持续天数为120天，累计最大影响面积为263.1平方千米，造成渔业直接经济损失约852.75万元。[①] 2022~2023年，福建省持续实施《福建省海洋观测网规划（2021—2025年）》，大力推进海洋与渔业信息化建设，通过实施"智慧海洋"工程，提升海洋与渔业重大灾害预警能力，在卫星应用、海洋环境服务、渔业安全应急指挥、防灾减灾等领域形成一批示范应用。2023年，福建省海洋与渔业局修订了《福建省风暴潮灾害应急预案》《福建省渔业防台风应急预案》，有效加强海洋防灾减灾能力。

（三）地质灾害防治状况

2022年，福建省出台《福建省地质灾害防治项目管理办法》，以进一步规范地质灾害防治项目的管理。2022~2023年，福建省自然资源厅、教育厅、应急管理厅等六部门联合印发《福建省2022年地质灾害防治方案》和《福建省2023年地质灾害防治方案》，明确健全完善联防联控协同机制、深入开展全域地质灾害隐患大排查、加强地质灾害防治体系建设等主要任务。2022年，开展省级地灾隐患点治理60处，汛期累计派出技术人员2200人

---

① 《2022年福建省生态环境状况公报》，福建省生态环境厅网站，2023年6月2日，https：//sthjt.fujian.gov.cn/zwgk/sjfb/hjsj/qshjzkgb/202306/t20230629_6195024.htm。

次，转移受威胁群众 14 万人次。总结归纳群发性地质灾害防御规律 6 条，被自然资源部全国推广。

（四）乡村防灾减灾智慧应急能力建设状况

一是强化乡村应急通信保障。建立健全应急指挥通信体系，为 3550 个容易发生通信中断问题的山洪灾害高风险行政村全部配备卫星电话，配套开展应急卫星电话管理平台全覆盖检查培训工作，实时在线监测各地联通状态，确保突发灾害等极端条件下省、市、县、乡、村五级应急通信"生命线"畅通。二是推进乡村"数字"防火。结合森林防灭火工作实际，建立省、市、县、乡四级森林防灭火指挥体系，融合对接国家遥感卫星火情监测数据及气象部门县（区）级火险等级预警预报服务数据，结合"福建应急通 App"开展火险等级预报、火情热点核查反馈、生产性用火报备核销等工作。2022~2023 年，全省累计完成 2.59 万次生产性用火报备，核查火情热点 1088 起，核实火灾 10 起。三是围绕气象、水旱、海洋、森林火险、地质、地震等六大主要自然灾害，基于数字应急综合应用平台建设完善综合风险监测预警一张图，横向接入气象、水利、自然资源、海洋渔业、地震等行业部门共 19 类自然灾害监测预警预报数据，实现各类灾害风险一图全览，有力支撑乡村自然灾害综合风险分析研判工作。

五 福建省乡村生态振兴存在的问题及对策建议

（一）福建省乡村生态振兴存在的问题

1. 主体层面：生态振兴参与主体较为单一

生态振兴是一个涉及多个领域和多方参与者的复杂过程，包括政府、企业、农村居民、非政府组织等，必须充分发挥包括政府、村民等在内的多元主体力量。但现阶段，福建省乡村生态振兴过程中，仍主要依靠各级政府力量采取行政主导方式推进。在顶层制度设计上，少有关于多元协同治理理念渗透。2019 年，乡村生态振兴专项规划在初次明确的绿盈乡村评价指标体系中，以"生态文化制度"指标考核"生态文化制度建立、生态环境保护共识的达成情况"，而在近两年的指标体系中进行了删除，弱化了对农民参与情况的考察。此外，部分具体领域虽对社会化运营管理有所涉及，但仍具有服务于行政干预意图的明显痕迹。而在执行层面，表现为多元参与者的作用被边缘化或忽视，如在农村生态环境治理方面，形成"行政吸纳自治"现象，原本可由村级组织依靠非正式制度解决的村庄生态治理问题，在政府过度干预之后，反而难以妥善解决。在农村生活垃圾收运体系中，多个村庄仍然难以落实农户付费制，给乡镇财政或村财造成较大压力。与此同时，在当前福建乡村生态振兴实践中，非政府组织的倡导、监督和协调作用发挥仍相对有限，导致生态振兴缺乏必要的社会监督和评估机制，在某种程度上使得生态振兴项目的透明度和公信力有所降低。

2. 价值层面：生态资源价值未能充分体现

福建省生态资源极具优势，需加强对生态资源的有效开发利用，实现生态惠民、生态利民。然而现阶段福建省在推动生态产品外部经济内部化的过程中，存在产品延伸价值低、价值实现机制不健全的问题。福建拥有茶叶、水果、海鲜等较有影响力的乡村生态产品，但受制于产业链不完善，产品附加值和竞争力较低，没有形成规模化、品牌化效应。而以生态产业化为导向的纯公共性产品价值转化则仍处于起步阶段，建立有效的价值实现机制仍有诸多瓶颈亟待解决。乡村生态旅游品牌建设缺乏亮点和特色，乡镇与村庄在开发利用生态资源时往往同质性较强，"全域旅游乡镇"和"金牌旅游村"创建与评选工作尚未形成旅游带动效应。在"生态+"产业融合方面，生态与旅游、文化、康养等产业融合发展尚未形成较清晰、稳定的新产业、新业态、新模式，行业细分领域的产业链还不够完善。此外，生态产品价值实现机制和自然资源资产管理制度探索虽然一直走在全国前列，但在生态产品价值量化、核算体系、评估、产权等方面尚未有重大突破和创新，仍需持续探索和大胆创新。

3. 治理层面：治理政策协同合力不足

治理有效是实现乡村生态振兴可持续发展的重要保障。在夯实治理根基的问题上，现阶段福建乡村生态振兴发展中的治理能力和治理体系尚不能适应新形势要求。近两年，关于乡村生态振兴整体性专项规划、各类行动方案、行动纲要、年度工作重点、各具体领域实施方案等密集出台。这些政策文本虽然有层次性、针对性、连贯性，但同时也存在部分任务相互杂糅、重复、边界模糊等缺陷，政策合力未能真正充分发挥。比如，各部门针对相应领域工作情况，对乡镇、村庄进行各类评选、认定，但本质上可能考察的内容基本是一致的，如"五个美丽"建设典型、40个美丽乡村休闲旅游点、省文化和旅游厅评选的"全域旅游乡镇""金牌旅游村"等，所涉及相关村镇实则是相互交叉的，诸如此类现象在各具体领域屡见不鲜。各类评选认定工作给基层造成巨大负担，当评选认定工作未能给民众带来实际经济、社会等各类效益时，这类工作便成为服务于政绩表现的形式化任务。

4. 文化层面：农村生态文化建设相对滞后

生态文化是乡村生态振兴的内生动力与根魂所系。现阶段，福建传统的乡村生态文化价值体系未能在快速发展变化的新时代及时进行更新迭代，变得难以适应。一方面，传统生态文化观念认为乡村环境可"自然消解"污染物，而随着农村社会经济快速发展，"不可或不易消解"的各类工业品以指数级增长速度进入农村，给农村带来巨大的生态环境负担，远超环境消解可承载的范畴，造成传统乡村生态文化观念与现实的巨大冲突。另一方面，现阶段福建在进行生态资源开发利用的同时，一定程度上忽视了对新时代农村生态文化的重塑，容易使相关参与者在追求功利主义的过程中，约定俗成的生态保护理念和以人际关系为依托的乡村共同体体系渐次解体。对此，以乡村生态公共事务治理为纽带强化共同体塑造，在理论上是可行之道，但在实践中，却由于行政力量的过分干预，农村居民在缺乏参与度的情况下，新型乡村生态文化的形塑缺乏现实场域。

（二）进一步推进福建省乡村生态振兴的对策建议

1. 立足政社协同，优化治理主体结构

乡村生态振兴需重构多元协同治理主体结构，在政社良性互动的过程中

发挥企业、农民、社会组织等多元主体作用，激活乡村生态振兴的内生力量。一是树立政社协同理念，并将其渗透到政策制定、执行、监督、评价等生态振兴政策实施全过程。在顶层设计方面，应将如何实现多元主体协同纳入规划、政策、制度设计中，通过科层管理体制进行有效传导，引导贯彻政社协同治理理念，为构建多主体共治模式提供价值基础。二是持续创造多元主体共同参与的机会和条件。通过多种方式鼓励和支持社会各界积极参与乡村生态振兴工作，通过建立激励机制、提供优惠政策等方式吸引企业、社会组织和个人参与；通过宣传教育、示范引领等方式提高农民环保意识，引导他们积极参与乡村生态保护和修复工作。三是关注农民需求，维护农民根本利益，确保农民在乡村生态振兴中得到真正的实惠，只有这样才能使农民在思想上重视、行动上参与。同时，充分利用熟人社会特点，发挥非正式制度的引导约束作用，提高乡村生态治理效率。

2. 强化产业融合，促进生态价值实现

将生态资源真正转化为经济财富是实现乡村生态振兴的关键环节和可持续动力。福建应立足生态优势，持续探索加强"生态+"产业融合模式，健全生态产品价值实现机制。一是要高质量开发乡村生态旅游资源。制定全面、科学的乡村生态旅游发展规划，明确发展目标和定位。规划应充分考虑当地自然和文化资源的特色，以及游客的需求和期望。同时，注重设计的可持续性，确保资源得到合理利用和保护。利用互联网等现代信息技术手段，创新营销方式，提高乡村生态旅游的知名度和影响力。此外，确保当地居民和开发者之间建立公平、合理的利益共享机制。让当地居民参与到乡村旅游开发中来，共享发展成果，提高他们的积极性和参与度。二是"生态+"产业融合。在完善相关政策和法规的基础上，加大对"生态+农业""生态+旅游""生态+文化""生态+康养""生态+信息技术"等产业的投入和支持力度，引导社会资本投入，加快业态模式创新。与此同时，加强生态教育和宣传，提高各类主体的生态保护意识，避免过度开发。三是持续探索生态产品价值，实现制度创新，通过制定统一标准、强化数据支撑和推动科技创新，完善生态产品价值核算体系；完善生态产品的交易规则、交易方式和交易流程，构建生态产品市场交易平台，并强化监督管理；培育龙头企业，促进产业集聚，推动生态产品产业化发展。

3. 统筹政策体系，提高综合治理效能

应统筹好各层级、各领域的政策制度，构建起系统高效的乡村生态治理体系。一是立足福建实际，加快农村生态环境专项法律制度的建设，对乡村资源的开发保护、农业投入品管理、农村工业污染防治及农村人居环境治理等制定系统科学的规定。二是充分发挥省乡村振兴战略领导小组办公室、省乡村生态振兴专项小组的统筹协调作用，强化农业、水利、林业、环保等部门间的协调合作关系，通过跨部门的工作机制和沟通渠道，确保各项相关政策相互衔接、相互支持，强化政策合力。三是加强对各项生态振兴政策实施效果的评估和监控，通过定期评估政策实施效果，发现问题并及时调整政策，确保政策能够持续发挥作用。同时，提高乡村生态振兴各项政策的透明度和农民参与程度，让农民了解政策制定的过程和依据，增加政策的合法性和可信度。乡镇一级在落实各项任务时，应积极听取农民的意见和建议，促进政策与农民需求的匹配和协调。

4. 重塑生态文化，提高生态认知水平

适应新时代乡村经济社会发展特点，充分挖掘乡村生态文化底蕴，重塑乡村和合共生生态文化，提高社会整体的生态认知水平。一是加强农村生态文化教育。一方面要创新多元化培育手段，农村生态文化教育要充分利用新兴媒体，借助互联网载体，通过抖音、微博和微信公众号等平台推送相关生态文明的文章、视频和图片等；另一方面要丰富农民生态文明培育内容，加强生态农业专业知识的普及，引导农民正确认识生态发展的规律，按照科学的种植方法发展农业。二是制定行之有效的生态文化建设制度，对农村生态文化建设的具体实施方案做出明确部署。设立专门的工作小组，明确各工作小组的具体分工以及各岗位的职责所在。建立乡村生态文化建设社会参与机制，增加人民群众表达生态文化需求的机会，提高他们对生态文化建设的参与感和责任感。三是提高村民生态责任认知，提升村庄生态自治能力。充分发挥新乡贤具有人熟、地熟、村情熟的优势，重视对乡贤的树立和推崇，让

乡贤成为弘扬生态文化的重要力量。同时，充分发挥村规民约的作用，在基层党组织的团结带领下，将自治、法治与德治有机结合，打造能体现福建各地文化基因的乡村发展格局，让乡村在潜移默化中建立良好的乡村秩序、有序的乡村社会关系。

参考文献

郎宇、王桂霞：《生态资源价值化助推乡村振兴的逻辑机理与突破路径》，《自然资源学报》2024年第1期。

程莉、王伟婷、章燕玲：《数字经济何以推动乡村生态振兴？——基于中国省级面板数据的经验证据》，《中国环境管理》2023年第6期。

郑银治：《乡村振兴战略背景下农村产业生态化的实现路径——以福建省龙岩市长汀县为例》，《天水行政学院学报》2023年第3期。

钟霞：《乡村生态治理现代化进程中乡村生态文化的发展机制研究——以福建省为例》，《海峡科技与产业》2023年第3期。

B.6
福建省乡村组织振兴情况分析
（2022~2023年）

沈君彬 *

摘　要： 2022~2023 年，福建省压实五级书记抓乡村振兴责任，加强农村基层党组织带头人队伍和组织体系建设，农村基层党组织的创造力、凝聚力和战斗力不断增强。全省通过强化村民自治组织规范化建设有效提升了村（居）自治水平，具体举措包括：一是着力深化基层民主，夯实基层自治群众基础；二是着力加强社区治理，提升基层群众自治水平；三是着力完善社区服务，激发基层群众自治活力。两年来，"阳光 1+1"牵手计划等具有福建特色的农村社会组织助力乡村振兴品牌日趋成熟，该计划在全省范围内动员了千家社会组织与千个老区村开展结对帮扶和深度合作，取得了显著成效。2022~2023 年，福建省还积极推行跨村联建、村党支部领办合作社，以发展壮大村级集体经济，全省已基本消除年经营性收入 10 万元以下的村。针对福建各地 150 名基层干部群体开展的问卷调查与深度访谈结果表明，福建省乡村组织振兴存在一些突出问题，应引起高度关注。在统计 50 位乡镇主官问卷数据和访谈资料的基础上，本报告就如何促进乡村组织振兴提出了具体政策建议。

关键词： 乡村组织　乡村振兴　福建　基层党建

---

* 沈君彬，福建省习近平新时代中国特色社会主义思想研究中心中共福建省委党校（福建行政学院）研究基地研究员，主要研究领域为基于"人口三化"的社会政策因应研究。

一　2022~2023年福建省农村基层党组织建设

习近平总书记在给浙江宁波余姚横坝头村全体党员的回信中指出，"办好农村的事情，实现乡村振兴，基层党组织必须坚强，党员队伍必须过硬"。可见，农村基层党组织是实现乡村全面振兴坚强有力的战斗堡垒，加强农村基层党组织建设是实现福建乡村组织振兴的重中之重。2022~2023年，福建省强化县级党委抓乡促村责任，常态化整顿软弱涣散村级党组织，全覆盖开展村党组织书记教育培训工作，加强对村干部特别是"一肩挑"人员管理监督，农村基层党组织建设得到稳步巩固提升。

（一）压实五级书记抓乡村振兴责任

近年来，福建省严格落实五级书记抓基层党建工作责任，省委常委率先垂范，建立党支部工作联系点，带动各级党委书记深入乡村一线，抓党建、谋发展、促振兴。2023年6月，福建省正式颁布实施《福建省乡村振兴责任制实施细则》①，细化各级各有关部门特别是党委和政府主要负责人抓乡村振兴责任。统筹开展实绩考核，将抓党建促乡村振兴情况作为市县乡党委书记抓基层党建述职评议考核的重要内容。持续深化乡村振兴"百镇千村"建设试点，衔接开展乡村振兴示范县、示范乡镇、示范村创建工作。全面落实县级领导班子成员包乡走村、乡镇领导班子成员包

---

① 《福建省乡村振兴责任制实施细则》共七章26条。第一章总则，共4条，包括指导思想、工作原则、省委农村工作领导小组职责、省委扶贫开发成果巩固与乡村振兴工作领导小组职责等内容。第二章部门责任，共2条，包括省直部门10个方面的主要责任。第三章各级责任，共5条，包括地方党委和政府推进乡村振兴14个方面具体责任，并对市、县、乡镇、村各级党委和政府及主要负责人推进本地区乡村振兴工作有关责任内容作出规定。第四章社会动员，共5条，包括强化山海协作，深化闽宁协作，发挥群团组织优势和力量参与乡村振兴，支持驻闽部队持续推进挂钩帮扶，履行企事业单位和社会组织责任等。第五章考核监督，共5条，包括实行乡村振兴战略实绩考核和乡村振兴工作报告制度，开展实施乡村振兴战略情况督查及对乡村振兴进展情况进行评估等。第六章奖惩，共3条，包括表彰激励、追责问责以及建立常态化约谈机制的相关内容。第七章附则，共2条，明确实施细则施行时间等内容。

村联户、村干部经常入户走访制度。加强工作作风建设，党员干部特别是领导干部要树牢群众观点，贯彻群众路线，多到基层、多接地气，大兴调查研究之风。推行干部与群众同吃、同住、同劳动、同调研的实践锻炼模式，推动干部力量下沉基层一线。统筹解决好"三农"工作中两难、多难问题，把握好工作时度效。加强乡村振兴统计监测。深化纠治乡村振兴中的各类形式主义、官僚主义等问题，切实减轻基层迎评送检、填表报数、过度留痕等负担。

（二）加强农村基层党组织带头人队伍和组织体系建设

一是筑强堡垒，选好"头雁"。全省各地结合乡镇和村"两委"换届，选优配强党组织书记。2021年换届后，1.4万多名村党组织书记全部通过法定程序当选村委会主任，村党组织书记平均年龄43.9岁，大专以上学历占比44.2%，队伍综合素质实现整体优化提升，使党的全面领导在农村得到充分彰显和有力加强。二是织密网络，健全组织体系。健全"行政村党支部（总支、党委）—网格（村民小组）党小组（党支部）—党员联系户"村党组织体系，激活引领乡村振兴"神经末梢"。针对一些新的经济社会服务组织中党组织"空白点"、一些村改社区党组织运行不畅等问题，持续探索创新农村基层党组织的组织设置、工作内容和领导方式，推进党组织和党的工作全面覆盖、有效覆盖。三是补齐短板，全面提升战斗力。全面开展对村党组织书记考核一遍、对村"两委"体检一遍、对村情摸排一遍的"三个一遍"行动，及时诊断把脉。结合"达标创星"活动，每年常态化确定一批软弱涣散村，落实一名县级领导联村、一名乡镇领导包村、一名第一书记驻村、一个县级以上机关单位结对的"四个一"整顿措施，不断扩大先进增量、缩减后进存量，推动"整乡推进、整县提升"。四是优化农村"六大员"队伍的选聘管理机制和队伍结构。为优化"六大员"队伍结构，全省在逐村调研摸底、建立台账的基础上，按照"一人多岗、一岗多职，同类归并、减员增效"的思路，对工作职能相近、人选条件要求基本一致的岗位实行归并，将原有的村级15个左右"小员"整合成3~9名农村"六大员"，并鼓励现任村"两委"干部兼任。目前，全省共有农村"六大员"10万余人，其中村"两委"成员兼任的有5.5万余人，占51.1%，岗位平均精简60%，人数平均精简50%。此外，宁德市创新"六大员"选用办法，推动乡村有效治理。改"县聘、乡管、村用"为"乡聘、村用、县备案"，改"分散岗"为"合并岗"，实现全市"六大员"人数从4.4万人精简到2.5万人，推动各项工作更加高效高质落实。改"六大员"岗位补助由县直部门分头发放为县财政统一核拨、乡镇统筹发放，改"单独干"为村委"统筹干"，改"终身制"为公开选聘、按时"换届"的"动态管"，让基层组织掌握"财权""人事权"，促进队伍结构优化，充分激发乡村振兴一线活力，大大提高了村"两委"的战斗力。[①]

二 2022~2023年福建省村民自治组织建设

（一）着力深化基层民主，夯实基层自治群众基础

2022~2023年，福建省民政部门以基层民主选举、民主协商、民主管理为抓手，深化基层民主建设，为构建自治、法治、德治相结合的基层治理体系夯实群众基础。一是开展民主选举。坚持党组织领导基层群众性自治组织的制度，配合组织部门圆满完成2021年村（居）委会换届选举工作，全省14247个村、2919个社区100%实现"一肩挑"，全面落实基层群众性自治组织法人备案制度。二是完善民主协商制度。指导各地落实民主恳谈、评议等基本规范和具体制度，全省100%的村（社区）建立民主协商制度、设立民主议事厅。持续推进全国村级议事协商创新实验试点任务，指导罗源县凤山镇城关村等15个试点单位总结中期评估工作，提高创新实验整体效能。三是加强和规范村规民约工作。推动全省所有村（社区）制定完善村规民

---

① 宁德市委乡村振兴办：《福建乡村振兴简报（2023年第7期）》，2024年1月，福建省政协农业和农村委员会转。

约（居民公约），漳州市石埠村等3个村规民约入选"全国百篇优秀村规民约"，省级确认2批45篇优秀村规民约（居民公约）。出台全国首部专门规范村规民约的地方性法规——《福建省发挥村规民约基层治理作用若干规定》，《中国社区报》就福建省村规民约立法工作进行专题报道，该立法工作入选福建省"十大法治事件"。

（二）着力加强社区治理，提升基层群众自治水平

2022~2023年，福建省持续加强社区队伍建设，强化科技支撑，扩大社会参与，形成同向合力。一是加强社区工作者队伍建设。连续15年组织实施高校毕业生服务社区计划，全省统一招募300名高校毕业生到基本财力保障的县从事社区工作。推进高校毕业生到城乡社区就业创业，提升社区队伍整体素质。各设区市（含平潭）出台社区工作者管理办法，采取"三岗十八级"等方式，完善社区工作者岗位及薪酬等级序列。2022年有7个村（居）委会获"全国先进基层群众性自治组织"称号，16名社区工作者获"全国优秀城乡社区工作者"称号。二是持续推进城乡社区减负赋能工作。开展"社区万能章"治理行动，明确应由和不应由村（居）委会出具证明的2份清单。依托全国基层政权建设和社区治理信息系统，逐步实现城乡社区治理数据统一采集、多方共享。民政厅联合福建移动公司开展"基于区块链的智慧社区平台"国家创新试点工作，搭建民主协商、养老协同、五社联动三大应用场景，助力提升社区服务智能化水平。三是发动社会力量参与。推行社区、社会组织、社会工作者、社区志愿者、社会慈善资源"五社联动"，引导更多人才、资金、技术等参与基层治理，社会工作专业人才培养纳入省"海纳百川"高端人才聚集计划，全省街道（乡镇）实现社工站全覆盖。

（三）着力完善社区服务，激发基层群众自治活力

2022~2023年，福建省以增进人民福祉为出发点和落脚点，持续优化社区服务格局。一是推行近邻服务。坚持党建引领城乡社区近邻服务，

通过出台实施意见、开展"一十百"试点活动、召开现场推进会等方式，推动各地完善助幼、助教、助医、助老、助困等"五助"服务，让居民享受更多专业、便捷、舒心的生活服务。厦门市深化近邻服务经验做法，在全国民政厅（局）长基层治理现代化建设专题培训班上做经验介绍。二是夯实服务阵地。因地制宜设立"近邻驿站"或"邻里驿站"，打造集学习、休闲、健身、调解、议事等功能于一体的活动平台，全省城乡社区综合服务设施覆盖率达100%。三是推进标准化建设。制定《城乡社区民主协商工作要求》《城市社区服务　通用要求》等地方标准，并在全国首创性开展社区服务质量认证，有效应用标准化和质量认证手段推动社区治理创新。

三　2022~2023年福建省农村社会组织发展

2018年以来，福建省社会组织积极参与乡村振兴发展，取得了较好的成效。福建省兴业慈善基金会《立足金融，深耕教育，厚植产业，惠泽民生，打造全方位扶贫公益体系》、福建省简单助学公益协会《"山盟计划"，扶贫扶智》两个扶贫案例入选国务院扶贫办2019年社会组织扶贫50佳案例。福州市青年创业促进会《青春扶贫 消费助农》、厦门市泉水慈善基金会《用希望之光照亮前程》、福建海西青年创业基金会《聚集产业人才 创业助力脱贫》、福建省黄仲咸教育基金会《聚集老区山区 致力脱贫攻坚》、南平市扶贫开发协会《精准发掘小白茶 形成扶贫大产业》、福鼎市扶贫开发协会《在产业扶贫路上的"银发"农业专家顾问团》、福建省福至心灵助学服务中心《爱与科技的力量》、邵武市春暖社会工作服务中心《造"血"扶贫 把"根"留住》等8个案例入选国务院扶贫办2020年社会组织扶贫50佳案例。福建省职业经理服务行业协会《借力"阳光1+1"打造消费助农新路径》案例入选国家发改委2021年全国消费帮扶助力乡村振兴优秀典型案例。福建省中小企业商会《创新打造"乡村振兴服务之窗"》案例荣获2022年度"创新中国"综合性商会工作最佳案例。在诸多案例中，"阳光1+1"牵手计划尤为突出。

2020 年以来，福建省民政厅联合省扶贫办（省乡村振兴局）持续开展"阳光 1+1"牵手计划，在全省范围内动员千家社会组织与千个老区村开展结对帮扶和深度合作。截至 2023 年 11 月，福建省共有 1232 家社会组织与 1263 个老区村签订协议，开展结对共建工作，主要涉及产业带动、教育资助、医疗服务、科技支持、红色旅游、慈善助残、基础设施建设、电商平台消费、专业社工服务、其他类等；全省各级社会组织直接投入近 2 亿元，引导会员企业投入 8.7 亿元，生成项目 5217 个，惠及老区群众 325 万人次。经过 3 年多的工作实践，逐步形成了具有福建特色的社会组织助力乡村振兴新品牌。

（一）从"单向帮扶"到"携手共进"

改变以往单向提供扶贫资源、"一刀切""拉郎配"方式，通过搭好线上信息发布、线下供需见面、村社联系沟通三个平台，打破信息壁垒，做到精准帮扶。全省共摸排 8000 多个老区村，汇总上报 1200 多个有意向、条件基础较好的老区村；各个社会组织立足自身特色优势，双方信息在平台上公开发布、平等沟通、双向选择，由推着前进变为携手共进，鼓励双方因村因社制宜，确定合作形式，选准合作项目，确保信息对接精准、帮扶方式精细。比如，福建省盲人协会多次深入结对共建老区村"问诊把脉"，对村里建档立卡户、低保户、特困户、残疾人等困难家庭进行逐一入户摸底调查，对村人口情况、特色产业、自然资源等方面进行全面梳理，精准了解村民需求，分析实施脱贫攻坚和乡村振兴思路，探讨结对帮扶措施。

（二）从"输血帮扶"到"造血共赢"

改变以往一捐了之、五分钟热度的输血帮扶模式，发动社会组织把自身在资金、技术、管理、市场等方面的优势和老区村的自然条件、生态环境、资源禀赋等优势结合起来，以双方深度合作造血共赢模式发展老区村优势特色产业，既增强老区村脱贫致富的内生动力，又促进社会组织及其会员单位自身发展壮大。比如，南平市延平区科技特派员创新创业协会指导村尾村流转耕地650亩，与农业龙头企业建立"协会+企业+老区村"合作发展模式，在村里建立科技特派员协会示范基地、农业科普知识宣传基地，实现科技、资本、劳动力、土地资源有效对接。通过农业科技产业带动，村尾村年吸引省内外游客达7万~8万人，60%的农户近220个劳动力实现就业，人均年收入净增加1万多元，村尾村成为生态宜居美丽乡村。

（三）从"线下助力"到"互联共享"

改变单一线下助力帮扶的形式，依托"互联网+"，让互联网营销触角直接延伸到村、户、人。社会组织采取个性化量身帮扶模式，一对一帮助老区村确定营销方案、设计产品包装、撰写宣传文案、对接销售渠道，以电商快车道助力老区农产品上行，用互联网思维助推老区产业发展。比如，福建省职业经理服务行业协会运用数字化技术帮助大田老区乡镇、老区村搭建线上、线下一体化产销平台的线下体验馆，开展了农民主播选拔培养、首届助农直播年货节、助农直播公益行等活动，为本地农产品开路、为农户创增收。同时，通过电商大数据分析，健全农副产品供应链体系，推动种植、养殖业规模化发展。共选拔培养主播56人，设立"阳光1+1"大田农副产品指定专营店30余家，实现农副产品销售额超300万元。

（四）从"公益自觉"到"乡风文明"

2022~2023年，福建省改变以往只关注群众物质帮扶需求的局限，从人的精神需求、社会认同、自我实现等更多维的层次发力，从在村民"家门口"打造"乡村公益文化圈"着手，调动群众"主人翁"热情参与的积极性，实现乡村文化与现代公益文化的交流融合，培育乡村文明新风尚。比如，南平市邵武春暖社工指导龙斗村老年协会、乡风文明促进会成立"龙斗公益银行"，推行公益积分存储与兑换机制，形成亲帮亲、邻帮邻的常态化帮扶网络。规定每年冬至之日为村里"德孝节"，弘扬德孝文化，表彰贤德模范，促进村民形成相互关怀、邻里互助、乡风文明的良好社会风尚。

四　2022~2023年福建省新型农村集体经济发展

近年来，从中央到地方各个层面不断释放有利于农村集体经济发展壮大的利好政策。比如，2022年中央一号文件指出，要"探索新型农村集体经济发展路径"，2023年中央一号文件则要求，探索资源多样化途径发展新型农村集体经济。农业农村部发文"鼓励村党支部领办农民合作社，聚集人才、资源优势发展特色产业"，中共福建省第十一次党代会强调，"深入推进抓党建促乡村振兴、促共同富裕"。为此，2022~2023年，福建省积极推行跨村联建、村党支部领办合作社，发展壮大村级集体经济，全省已基本消除年经营性收入10万元以下的村。

（一）积极推进跨村联建壮大农村集体经济

在《摆脱贫困》中，习近平同志曾经指出："农村实行联产家庭承包责任制后，相对集中的生产活动、社会活动减少了，但这不是一盘散沙，各干各的，各顾各的。改革以后，更需要一种凝聚力，把大家、把千百户农民吸引到一起，发展商品生产。"①受小农经济观念和资源禀赋因素影响，一些组织"软、涣、散"，产业"小、散、弱"的薄弱村，在发展村级组织、壮大集体经济时，如果一味地单打独斗往往力不从心。跨村联建，是以党建促进乡村振兴和共同富裕的重要举措，有助于充分发挥党组织的战斗堡垒作用和共产党员的先锋模范作用。通过跨村联建合作机制实现资源共享，既有利于夯实党的执政根基，又有助于通过乡村产业发展壮大农村集体经济，这一组织和资源整合机制对于完善福建省农村基层治理体系有着显著成效。2022~2023年，福建省跨村联建工作进入推深做实的"三联"阶段——全省各地通过优化"组织联建"、强化"上下联动"，突出"产业联创"，在切实提升福建省农村基层党组织政治功能和组织力的同时，把党的组织优势

---

① 习近平：《摆脱贫困》，福建人民出版社，1992。

转化为各地乡村振兴的发展动能，有力促进了福建省各地市农村村级集体经济的发展。

以宁德市周宁县为例，该县打破就支部抓支部、就村抓村的路径依赖和惯性思维，深入贯彻"跨村联建"模式，形成了"串珠成线、连线成片，全县推进、辐射周边"抱团发展的新路子。其成效主要体现在两个方面：其一，充分激发出了基层组织的新活力。"跨村联建"模式可有效突破村域的地理条件限制，各联建村通过"联村党委"发挥出党建统领作用，通过以强带弱、强强联合、抱团发展，周宁县各基层党组织的凝聚力、向心力、执行力得到显著增强，真正实现基层党建工作和乡村振兴的同频共振。全县成立 9 个联村党组织、9 条乡村振兴示范带（线），共计覆盖 3 个社区、53 个行政村。其二，探索出了强村富民的新路径。"跨村联建"模式有效引导各联建村发挥出各自的优势资源，实现资源互惠、优势互补、共赢发展。该县玛坑乡首章、升阳、芹太垅、灵凤山等 4 个联建村通过"联村党委"实行统销统购，将原本散户手里的茶青的销售价格从每斤 7 元提升到每斤 15 元，2023 年带动 4 个村共计增收 50 余万元，实现村民和村财的"双增收"。

（二）党支部领办合作社壮大农村集体经济

为破解党支部影响力不强、农业生产主体分散、村集体经济发展水平薄弱等问题，近年来福建省各地积极探索党支部领办合作社的实践路径，将党支部的政治和组织优势、合作社的经济优势以及群众的能动性深度糅合起来，实现了新型农村集体经济的稳步增长，持续带动福建省农民稳步增收。

闽侯县是福建省探索推行党支部领办合作社的一个县域缩影。该县紧邻福州主城区，辖区内既有福州大学城，也有以农业为主导产业的山区和半山区。囿于传统耕作方式的低收益，闽侯下辖的山区和半山区所在乡镇土地抛荒、撂荒现象比较突出，随着劳动力的城乡流动，不少农村呈现出"空心化"之势。为解决上述问题，闽侯县于 2022 年出台《关于推进创建村党支部领办农业生产服务型农民合作社的实施方案》，采取给予资金奖补、政策扶持等多种激励措施，大力支持山区和半山区所在村的村党支部积极领办农业生产服务型农民合作社，通过合作社的运营，为山区和半山区引入资金、技术与人才等资源，实现了复垦撂荒地，开拓新产业的目标。为了鼓励闽侯下辖山区和半山区所在村党支部积极领办农业生产服务型农民合作社，2022年该县累计投入建设资金达1600多万元，极大改善了山区和半山区所在村的排水系统、农田灌溉设施、田间道路。同时，该县以财政一次性补助10万元作为创建村党支部领办农业生产服务型农民合作社试点村集体入股合作社的入股资金。此外，该县对于农业经营主体给予600元/亩的复垦抛荒地种植粮食补助，对于超过30亩的种粮大户给予300元/亩的补助，这一补助标准基本与开荒成本持平。在上述激励政策的支持下，村民返乡入社入股的积极性得到极大提升。比如，洋里乡茶苑村的丰成农业合作社，除茶苑村村集体入股10万元之外，还有16位村民积极入股共计注资20万元。此外，还有许多村民表达了返乡入社入股的强烈意愿。

五　福建省乡村组织振兴存在的问题及对策建议

为开展对福建省乡村组织振兴存在问题与对策的实证研究，2023年底至2024年初本报告课题组奔赴全省各地对福建基层干部群体展开问卷调查与深度访谈。截至2024年4月12日下午5点，合计访谈对象150人。受访者包含乡镇主官（乡镇党委书记或乡镇长）50人，其他乡镇干部（非主官）35人，到村任职选调生26人，村民委员会主任或村支部书记15人，挂职（驻村）干部24人。

（一）福建省乡村组织振兴存在的问题

1. 当前农村基层党组织建设面临的突出问题

150位福建基层干部的问卷调查数据中有高达70.67%的受访者认为，当前福建省农村基层党组织建设面临的最突出的问题是"农村基层党组织老龄化严重，年轻劳动力外流，流动党员较多，基层党组织难以开展组织活动"。可见，"人口三化"① 趋势之下"人"的因素，已经成为福建省农村基层党组织建设的突出制约因素。发挥基层党组织的战斗堡垒作用和广大共产党员的先锋模范作用是促进农村产业兴旺、迈向共同富裕的关键所在，然而问卷调查显示，有56.67%的受访者认为当前"基层党组织经济引领能力不足，在促进乡村产业兴旺上缺乏积极主动精神"的问题较为突出。有46%的受访干部认为，当前福建省基层农村"党员带头致富能力不足，责任意识不强"的问题相对突出。

此外，分别有42%、40.67%的受访者认为，当前福建农村基层党组织建设面临着"部分地区基层党组织涣散，缺乏执行力、凝聚力""一些基层党员干部忙于自己的副业，村庄事务治理不规范，对村庄事务无法全心投入"的问题。

2. 当前村民自治组织建设面临的突出问题

实行村民自治是人民当家作主的途径之一。然而，本次对150位福建基层干部的问卷调查结果显示，有高达82.67%的受访者认为，当前福建省村民自治面临的最突出的问题是"村民参与村庄事务的积极性不高，只有在事关切身利益时才会有参与积极性"。有60.67%的受访者指出，"劳动力外流，村民之间缺乏交流，没有形成建设家乡的共识"。可见，"人口三化"趋势之下"人"的因素，不仅是影响福建省农村基层党组织建设的突出制约因素，而且对福建省村民自治组织建设产生了深刻负面影响。此外，有超过1/3（36.67%）的受访干部认为，当前"村民参与能力不足"的问题比较突出。

除了上述问题较多被提及，"一些宗族习惯影响乡村移风易俗及乡村精神文明建设，干预村'两委'选举""村'两委'缺乏对村民参与的引导，村民与村'两委'之间缺少充分沟通""城中村流动人口多，组织村民参与自治等志愿活动存在难度"等问题亦被认为是较为突出的问题，但这些问

---

① 指人口少子女化、人口老龄化、人口流动化，"人口三化"不仅是公共政策的重要决策变量，亦可将之升华为一种思维方式。

题的选择占比均少于30%，不甚突出。

3. 当前农村社会组织发展面临的突出问题

在问卷中，150位福建基层干部认为，有三方面问题并列为当前福建省农村社会组织发展面临的最突出问题，分别是："范围多局限于乡村志愿活动，如村居环境治理、村规民约宣传等，涉及乡村产业发展、民主协商等领域的较少""乡村社会组织参与治理多依赖政府部门开展工作，自身缺乏独立性""村民更多关心的是农忙生产，集体意识淡薄，缺乏对同一文化的认同感与归属感，社会组织动员村民参与治理的效果不理想"。上述三个问题的选择率均为53.33%。

此外，分别有47.33%、44.67%的受访者认为，"社会组织自身存在一些局限性，如缺乏独立性、资源整合能力有限、与村民融合不深等问题""乡村社会组织规模小、资源匮乏、参与能力有限、缺少专业人才，这些因素导致社会组织的工作难以开展，组织动员能力不足"问题比较突出。

4. 当前福建省新型农村集体经济发展面临的突出问题

发展新型农村集体经济是福建实现省域共同富裕战略目标的坚实保障，亦是推进福建乡村产业振兴的主要路径之一。在设置"您认为当前农村集体经济发展面临的突出问题是？"这一问题的答案时，问卷设置了6个选项，统计结果显示150位福建基层干部受访者的选择的分布是相对均衡的。各选项中，有75.33%的受访者认为，在发展新型农村集体经济进程中福建省面临的最突出的问题是"基础设施薄弱，资金、人才匮乏"，有66%的受访干部认为，"发展集体经济的土地、资金、人才等要素有限，村集体经济发展规划不足"。60%的受访干部认为，当前福建省新型农村集体经济发展面临着"村民缺乏专业的投资经营知识，创新不足。收支单一，'引进来'渠道不畅通，产业支撑薄弱"难题。此外，分别有42.67%、40.67%、28.67%的受访者认为福建省新型农村集体经济的发展面临着"集体经济发展局限于传统的'老路子'，单纯依赖村集体自然资源发展，未充分探索集体经济增收与可持续发展的新路径""在长期包干到户的影响下，村民发展集体经济意识不强，观念落后，导致村集体经济不活跃""一些村集体为打造村庄资源特色，盲目跟风发展集体产业，导致集体经济发展后劲不足"等诸多问题。

（二）加快福建省乡村组织振兴的对策建议

乡村振兴，关键在人。乡镇党委和政府作为我国国家行政体制的末梢，是乡村振兴战略的基层实践者和五大振兴任务的具体落实者。作为乡镇主官，乡镇党委书记和乡镇长在各乡镇振兴工作的部署和实施中位置关键、责任重大，属于"关键少数"。为此，本报告系统梳理出 50 位乡镇党委书记、乡镇长关于加快福建省乡村组织振兴的核心政策建议。

1. 促进福建省农村基层党组织建设的政策建议

50 位乡镇主官就促进福建省农村基层党组织建设提出如下政策建议：一是切实鼓励本地大学生和外出乡贤返乡，改善基层党组织带头人的"人才荒"问题；二是考虑到农村大部分常住人口年龄偏大，建议在推选农村基层党组织带头人的时候，对年龄要求限制不要过于苛刻；三是加强对基层党员，尤其是基层党组织带头人的培训；四是加大对基层干部的关心关怀，提高各方面待遇，建议进一步放宽村支部书记参考公务员和事业单位准入条件，让优秀的村支部书记有奔头；五是在跨村居联建基础上完善中心村式组团发展模式，强村带弱村，在提升村财收入和造血能力方面给予政策指导和支持；六是建设党员之家，搭建党员交流线上线下平台，提升党员归属感和荣誉感。

2. 促进福建村民自治组织建设的政策建议

50 位乡镇主官就促进福建省村民自治组织建设提出如下政策建议：一是提高群众参与自治的积极性最为关键，建议各级财政在传统文化活动、新文化下乡活动组织、村级积分超市（群众参与治理积分兑换礼品）等方面给予支持，提高群众参与度；二是村民自治需要一支强有力的"领头雁"队伍，建议对村民自治组织的带头人给予适当激励，吸引年轻人和能人返乡，多引导本地体制内退休人员在退休后返乡指导乡村建设；三是发展特色产业，成立合作社，让群众有钱赚，群众的凝聚力和约束力才会提高，最后形成自觉参与，真正实现村民自治；四是要加强党组织对村民自治的领导和监督，结合村规民约制定合理合法的议事规则，同时上级部门要对村民自治事项进行程序性和实质性审查。

3.促进福建省农村社会组织发展的政策建议

50位乡镇主官就促进福建省农村社会组织发展提出如下政策建议：一是借鉴浙江"千万工程"先进经验，各地各乡镇因地制宜支持和鼓励社会组织参与；二是建议引导更多有积极性的村民参与到一些涉及本地发展的社会组织中，如公益协会、教育促进会、慈善组织等；三是多安排村民关心关注事务的相关项目，加强日常接触和沟通，提升他们的获得感与参与感；四是社会组织要加强同乡镇党委、政府的沟通交流，在镇党委、政府的领导和指导下，参与农村基层治理；五是社会组织参与农村基层治理是对村民自治的有力补充，应符合农村的实际需要，积极增强针对性与有效性而不是流于形式。

4.促进福建省新型农村集体经济发展的政策建议

50位乡镇主官就促进福建省新型农村集体经济发展提出如下政策建议：一是借鉴浙江玉环市干江镇深化"4951"（村民占股49%，村集体占股51%）股份众筹机制实现富民强村的实践经验，因地制宜支持和鼓励"集体股份众筹、村级股份联营、村企股份合作"等具体做法，推动村民变"股民"、村庄变景区、资源变资产；二是针对村"两委"干部推动村集体经济发展能力和意识不足的问题，加强引导和培训，有条件的乡镇可以成立专业部门或者引入专业机构进行指导；三是根据地域差异，结合实际制定集体经济发展的目标要求，避免地方为了完成考核指标而"弄虚作假"，把集体经济做实；四是建议各乡镇摸排本地资源，在此基础上结合本地独有的特色元素进行策划，同时应从县级层面给予规划、资金等政策支持；五是建议加强乡村基础设施建设，加大省级转移支付力度，不断发展壮大农村集体经济，促进产业发展农民增收；六是部分山区县村级集体经济发展难度较大，建议因地制宜，选择一些有条件的村，县以上财政转移支付一定资本金，带动村民入股发展种养业、乡村旅游业等，为这些困难村壮大村集体经济找到一条可行之路。

参考文献

习近平：《坚持把解决好"三农"问题作为全党工作重中之重　举全党全社会之力推动乡村振兴》，《乡村振兴》2022年第4期。

习近平：《决胜全面建成小康社会　夺取新时代中国特色社会主义伟大胜利》，《人民日报》2017年10月19日。

习近平：《高举中国特色社会主义伟大旗帜　为全面建设社会主义现代化国家而团结奋斗》，《人民日报》2022年10月26日。

习近平：《论坚持全面深化改革》，中央文献出版社，2018。

曹海军、曹志立：《新时代村级党建引领乡村治理的实践逻辑》，《探索》2020年第1期。

田雄：《虚置与重构：村民自治的主体缺失与制度干预——以苏北黄江县为例》，《南京农业大学学报》（社会科学版）2015年第3期。

专 题 篇

B.7

闽台乡建乡创合作发展报告[*]

邓启明　兰子馨　郑小玲　陈凯达　陈顺和[**]

摘　要：　近年福建省创新推出"闽台乡建乡创"合作发展模式，开展"陪护式"服务工作。本报告先从发展历程和政策支持等方面进行简要回顾与分析，归纳、总结出台胞台企在拓展和深化乡村建设及促进产业与文化振兴等方面的成效及典型案例，进而分析、把握实际工作中面临的困境及存在的问题。在此

---

[*]　基金项目：闽江学院引进人才社科预研项目"两岸青年乡建乡创合作效应评估、模式创新及促进机制研究"、福建省习近平新时代中国特色社会主义思想研究中心重大项目"习近平总书记关于乡村振兴的重要论述研究"（FJ2023XZZ002）。

[**]　邓启明，管理学博士，硕士研究生导师，闽江学院乡村振兴研究院常务副院长、经济与管理学院"闽都学者"特聘教授，海峡两岸乡建乡创发展研究院特聘专家，主要研究领域为农业农村现代化与农产品贸易、海峡两岸融合发展；兰子馨，闽江学院乡村振兴研究院科研助理，主要研究领域为乡村振兴、闽台乡建乡创；郑小玲，闽江学院经济与管理学院副教授、乡村振兴研究院海峡两岸乡建乡创发展研究中心副主任，主要研究领域为海峡两岸融合发展、闽台乡建乡创；陈凯达，博士，福建农林大学风景园林与艺术学院讲师，主要研究领域为可持续建筑设计与城市规划；陈顺和，硕士研究生导师，福建农林大学风景园林与艺术学院教授，副院长，主要研究领域为环境、文化景观与文化创意。

致谢：海峡两岸乡建乡创发展研究院王玲院长、邓利娟副院长和闽江学院乡村振兴研究院詹琳副主任等师生参与调研交流，特此致谢！

基础上，研究设计出以下对策建议：完善保障体系，推进乡建乡创工作制度化；倡导专业多元，推进服务团队逐步多元化；扩大交流协商，推动海峡两岸间标准共通；加强项目设计，提高乡村运营与管理水平；提高融入意识，增强融合发展动力及效果；等等。以推动和深化海峡两岸乡村融合发展示范区建设。

关键词： 闽台乡建乡创 海峡两岸 融合发展 乡村振兴

一 引言

海峡两岸（闽台）历史渊源深厚，在地缘、血缘、文缘等方面有着密切联系，台湾地区人口中祖籍为福建的占有优势比重，许多台湾青年怀揣着对故土的思念和对早日实现两岸统一的期盼，纷纷跨越台湾海峡，来到福建学习、就业和创业。与此相适应，近年福建省在乡村振兴领域也积极借鉴台湾地区"社区营造"和"乡村再生"等的做法与经验，"先行先试"，首创出以乡村建设和乡村创业创新创造等为主题、由两岸青年联合驻村并全程辅导服务的"闽台乡建乡创合作"这一两岸乡村融合发展创新举措和模式，旨在鼓励、引导台湾建筑师和文创团队等（以下简称"台湾团队"）深入福建乡村，通过沉下心、扎下根，努力根据当地乡村人居环境整治、产业培育与发展升级、文化创意和活化运营等方面的多样化需求，从规划、设计和营造宜居宜业和美乡村，到创意、营销和带动当地特色产业发展升级，为全面推进乡村振兴注入新的理念和活力，为两岸融合发展示范区建设开启了新的篇章。

2023年9月，《中共中央 国务院关于支持福建省探索两岸融合发展新路 建设海峡两岸融合发展示范区的意见》正式发布实施，福建省在推动两岸融合发展与乡村全面振兴方面又迈出了坚实的一步。台湾青年积极投身福建乡村振兴工作，发挥自身专业技能和专长，推广、完善台湾地区社区营造和乡村再生等方面发展经验和先进理念与成熟模式，助力福建乡村发展，成为推动两岸乡村融合发展的重要力量。

二 闽台乡建乡创融合发展历程

闽台乡建乡创是为借鉴台湾地区乡村文化创意产业发展的成功经验，结合福建本土资源禀赋和发展实际情况，推动福建乡村发展建设，闽台两岸设计师（文创）团队进行的深度交流合作，为乡村振兴提供了新思路和新模式。根据政策出台和实施实践成效，闽台乡建乡创融合发展大致分为三个阶段，即2020年前初步探索阶段、2020～2022年扩大引进阶段、2023年起深化拓展阶段。

（一）2020年前：初步探索阶段

自2015年起，福建省人民政府就大力支持台湾青年来闽就业创业不断深化两岸经济文化交流合作等，陆续颁布了《福建省人民政府关于鼓励和支持台湾青年来闽创业就业的意见》等文件，台湾青年逐渐参与到福建省发展建设中，并略有涉及乡村建设发展。

2018年，福建省住房和城乡建设厅等3部门共同发布的《关于鼓励台湾建筑师来闽参与乡村建设的若干意见（试行）》重点强调，对于委托台湾建筑师（含文化创意）团队提供1年以上以提升农房建筑风貌（包括新建农房和农房整治）为主要服务内容、开展陪伴式设计服务指导的村庄（若干村庄打包签订合同的，按一个项目计算），规划设计咨询服务费用50万元以上的，省级补助每个村（项目）50万元。① 于是有4个村庄引进台湾建筑师团队开展村庄规划设计咨询"陪护式"服务，共计拨款200万元（见表1）。这一政策的出台与实施，使台湾青年逐步有机会正式参与到福建省乡村建设行动中。

---

① 《关于鼓励台湾建筑师来闽参与乡村建设的若干意见（试行）》，福建省住房和城乡建设厅官网，2018年10月23日，https：//zjt. fujian. gov. cn/xxgk/zfxxgkzl/xxgkml/dfxfgzfgzhgfxwj/czjs_ 3793/201810/t20181029_ 4560139. htm。

表1　2018年引进台湾建筑师团队开展陪伴式服务补助资金安排情况

设区市	县（市、区）	试点村	金额（万元）	备注
福州市	闽清县	梅溪镇樟洋村	50	每个村分别补助50万元
三明市	泰宁县	新桥乡大源村、杉城镇际溪村	100	
龙岩市	连城县	四堡镇黄坑村	50	
合计			200	

资料来源：福建省住房和城乡建设厅官网。

2019年，福建省住房和城乡建设厅发布了《关于支持福建省青年建筑师协会开展闽台乡建乡创相关工作的通知》，指出"委托福建省青年建筑师协会（以下简称"青建协"）作为闽台乡建乡创合作项目的辅导主体。辅导服务内容包括：为台湾建筑师提供法律政策咨询……协调服务县乡村、大陆设计单位和台湾建筑师团队对接乡村建设项目；举办两岸建筑师交流、沙龙、调研、培训等"①，为台湾建筑师团队提供了平台依托。于是有10个村庄引进台湾建筑师团队开展农村人居环境整治规划设计提升和陪伴式服务，共计拨款500万元（见表2）。

表2　2019年引进台湾建筑师团队开展农村人居环境整治规划设计提升
和陪伴式服务补助情况

设区市	县（市、区）	补助资金（万元）	试点村
福州市	永泰县	50	长庆镇
	闽清县	100	雄江镇梅雄村、云龙乡后垅村
漳州市	诏安县	50	梅岭镇腊州村
泉州市	德化县	50	杨梅乡云溪村
三明市	泰宁县	50	新桥乡水源村
南平市	建瓯市	50	迪口镇店村村
龙岩市	新罗区	50	小池镇培斜村
宁德市	福安市	100	潭头镇南岩村、社口镇秀峰村
合计		500	

资料来源：福建省住房和城乡建设厅官网。

---

① 《福建省住建厅支持青建协开展闽台乡建乡创相关工作的通知》，福建省青年建筑师协会，2019年4月29日，https://mp.weixin.qq.com/s/hrJgOhVEHYkXdZasFnYa-A。

（二）2020~2022年：扩大引进阶段

2020年福建省住房和城乡建设厅进一步扩大引进台湾建筑师团队，共有28个村庄引进台湾建筑师团队开展农村人居环境整治规划设计提升和陪伴式服务，共计拨款1400万元。值得注意的是，2021年福建省住房和城乡建设厅等4部门联合发布了《关于深化闽台乡建乡创融合发展若干措施的通知》[1]，重点从拓宽闽台合作领域、加大资金支持力度、完善辅导对接服务、健全组织工作体系四个方面加以支持指导，进一步拓宽了台湾建筑师团队的规划咨询项目领域，支持数量扩大到了90个（见表3）。此外，福建省青年建筑师协会成立了20人的服务专班，在台北、福州、厦门、泉州等多地设立"海峡建筑师家园"服务网点，进一步完善项目库、人才库、专家库，实现"政策有辅导、项目有信息、合作有对接、落地有跟踪、问题有协调"的全过程辅导服务。[2] 福建省青年建筑师协会还进一步探索推广两岸建筑师联合驻村计划，帮助台湾团队匹配大陆协作高校和设计单位，引导两岸建筑师共同合作开展项目，提升项目实施效率。

表3　2018~2021年各地市台湾建筑师团队开展农村人居环境整治
规划设计提升和陪伴式服务补助情况

单位：项，万元

地区	项目	2018年	2019年	2020年	2021年	总计
福州市	项目数	1	3	5	15	24
	资金	50	150	250	750	1200
泉州市	项目数	—	1	6	13	20
	资金	—	50	300	650	1000

---

[1] 《关于深化闽台乡建乡创融合发展若干措施的通知》，福建省住房和城乡建设厅网站，2021年4月8日，https://zjt.fujian.gov.cn/xxgk/zfxxgkzl/xxgkml/dfxfgzfgzhgfxwj/czjs_3793/202104/t20210408_5568734.htm。

[2] 《海峡两岸乡建乡创发展研究中心前往省青建协调研：闽台青年携手筑梦圆梦美丽乡村》，闽江学院乡村振兴研究院，2022年8月10日，https://www.mju.edu.cn/xczxyjy/2022/0810/c4948a138466/page.htm。

地区	项目	2018 年	2019 年	2020 年	2021 年	总计
漳州市	项目数	—	1	2	9	12
	资金	—	50	100	450	600
三明市	项目数	2	1	5	16	24
	资金	100	50	250	800	1200
南平市	项目数	—	1	2	12	15
	资金	—	50	100	600	750
龙岩市	项目数	1	1	5	12	19
	资金	50	50	250	600	950
宁德市	项目数	—	2	3	13	18
	资金	—	100	150	650	900

资料来源：福建省住房和城乡建设厅发布整理。

2022 年，福建省住房和城乡建设厅等 4 部门联合发布了《关于深化闽台乡建乡创融合发展若干措施的补充通知》①，为台湾团队承接项目、驻村提供陪护式服务提供较大的便利条件。7 月 22 日，由闽江学院与福建省人民政府台港澳办公室合作共建、经国台办批复的海峡两岸乡建乡创发展研究院正式成立，旨在引导台胞台企参与乡村建设工作，促进两岸乡村融合发展。

11 月 21 日，福建省住房和城乡建设厅等 5 部门印发《福建省闽台乡建乡创合作管理规定》，明确增加了样板县和样板村的鼓励创建类型，这有利于深化两岸乡村的合作与融合发展。② 为此，12 月 8 日三明市举办了"首届海峡两岸（三明）乡村融合发展论坛"。开幕式上，省委台港澳办领导为三明市"海峡两岸乡村融合发展试验区"授牌，全国台企联与三明市签订《支持三明推动海峡两岸乡村融合发展战略合作协议》，成立"第一家园台

---

① 《福建省住房和城乡建设厅等 4 部门关于深化闽台乡建乡创融合发展若干措施的补充通知》，福建省住房和城乡建设厅网站，2022 年 6 月 2 日，https：//zjt. fujian. gov. cn/xxgk/zfxxgkzl/xxgkml/dfxfgzfgzhgfxwj/czjs_ 3793/202206/t20220602_5924365. htm。

② 《福建省住房和城乡建设厅等 5 部门关于印发〈福建省闽台乡建乡创合作管理规定〉的通知》，福建省住房和城乡建设厅网站，2022 年 11 月 21 日，https：//zjt. fj. gov. cn/xxgk/zfxxgkzl/xxgkml/dfxfgzfgzhgfxwj/czjs_ 3793/202211/t20221121_ 6058163. htm。

青乡建乡创联盟"。12 月 17 日，由闽江学院主办、海峡两岸乡建乡创发展研究院和闽江学院乡村振兴研究院共同承办的"首届海峡两岸乡村融合发展论坛"在福州举办，来自海峡两岸暨香港 120 多位专家学者和基层工作者等重点围绕"两岸乡村融合发展理论与实践"等专题进行研讨。[1]

至此，福建省级财政累计安排 1.22 亿元补助了 244 个项目，鼓励支持了 100 多支台湾建筑师和文创团队、300 多名台湾专才入闽，为 300 多个村庄实施乡建乡创陪护式服务，覆盖全省 80% 以上县（市、区）。

（三）2023年起：深化拓展阶段

2023 年，福建省住房和城乡建设厅出台的《关于以闽台乡建乡创合作为抓手助力乡村振兴和两岸融合的指导意见》明确指出：要开展样板创建，探索乡村振兴新路。中共中央、国务院正式宣布实施的《关于支持福建探索海峡两岸融合发展新路 建设海峡两岸融合发展示范区的意见》指出：要努力在福建全域建设两岸融合发展示范区，进一步推动海峡两岸（闽台）交流合作向更宽领域、更深层次拓展。虽然样板工作于 2023 年正式开始，但样板集镇于 2024 年才正式开始建设。2024 年有 4 个闽台乡建乡创合作样板县、13 个闽台乡建乡创合作样板集镇、13 个闽台乡建乡创合作样板村项目。

换言之，从 2023 年起福建省每年启动 3 个闽台乡建乡创合作样板县、8 个样板集镇、8 个样板村创建项目（不含厦门市，每类样板创建期两年），设区市每年另启动 2 个样板集镇创建项目（平潭综合实验区 1 个），并且每年将继续支持开展 100 个乡建乡创合作项目。2023 年新引入 15 支台湾团队，2025 年计划引入台湾团队达 200 支以上。

三 闽台乡建乡创合作成效

总体而言，近年闽台乡建乡创合作模式得到逐步推广和广泛应用，形成

---

[1] 《首届两岸乡村融合发展论坛福州举行》，闽江学院乡村振兴研究院，2022 年 12 月 17 日，https：//www.mju.edu.cn/xczxyjy/2023/0104/c4294a143730/page.htm。

了一批可复制、可推广的经验，打造出许多县市区、集镇、乡村的示范点，既推动了闽台乡村融合发展和乡村全面振兴，也助力宜居宜业和美乡村及海峡两岸融合发展示范区建设。

（一）引领台湾团队的成长与融入

在福建省住房和城乡建设厅等部门的大力支持指导下，福建省青年建筑师协会[1]主要为台湾团队提供政策咨询、项目对接、协助办理相关申报材料等服务，通过政策搭桥、机制对接和情感牵引等协力开启闽台乡建乡创旅程。为了进一步完善服务台湾团队入闽"一站到底"的"绿色通道"，福建省推动"海峡建筑师家园"在两岸设立多个服务站点，实现线下网点联动服务，为台湾团队入驻福建乡村开展工作提供了便利。福建省青年建筑师协会逐步探索，总结了闽台乡建乡创发展 CID 模式[2]，依照每个台湾团队不同的专业特长精准对接福建乡村需求，使台湾团队得以发挥其自身优势，实现资源的有效整合与优化配置。在此模式下，台湾团队与乡村之间的联系越发密切，较好营造了台湾团队登陆的"第一家园"，打通了闽台乡建乡创合作的"最后一公里"。

（二）助力福建乡村的发展与振兴

台湾地区在社区营造、乡村改造以及生态农业发展等方面积累了丰富经验和独特模式。闽台乡建乡创合作中逐步引入和推广了先进的社区营造理念和做法，在合作过程中，两岸建筑师共同总结、梳理出台湾社区营造"九步法"——开展田野调查、培育核心骨干、编制三年规划、善用社会资源、

---

① 福建省青年建筑师协会成立于 2016 年 6 月，是由福建省内从事建筑设计及相关行业的青年建筑师及文创从业者自愿组成的非营利性社团组织。在 2019 年 4 月，政府通过购买服务方式委托省青年建筑师协会，依托"海峡建筑师家园"的"1+N"服务网点和省市县住建系统三级服务网络，实施"政策有辅导、项目有信息、合作有对接、落地有跟踪、问题有协调"的全过程闭合服务。

② CID 模式：C 即 Connect 连接，引进来；I 即 Integrate 融合，留下来；D 即 Duplicate 复制，走出去。

155

搭建支持平台、成立自治组织、推进自治升级、合力营造社区、形成社区共同体；还运用"陪伴式"服务模式，深入福建乡村，开展规划设计、社区营造工作。这些乡建乡创项目深挖地方特色产业、人文及景观等资源，为村民而建、为村民而兴，培育出一批可复制可推广的乡建乡创发展模式，在乡村产业、文化、生态等方面取得了显著成效，为其他地区提供了有益的经验和借鉴。据统计，2018年以来，福建省青年建筑师协会先后吸纳了3000多人参与两岸联合驻村计划，累计引进台湾团队120多支、台湾乡建乡创人才400名，"陪护服务"全省近80%的县（市、区）共计350多个村庄。①

闽台乡建乡创合作较好地促进了福建乡村产业转型升级、环境整治效果提升等。通过引入台湾团队，借鉴台湾休闲农业、乡村旅游、文创产业等业态发展模式，深入发掘福建乡村自身文化底蕴和资源优势，发展地方特色产业，合作推动了福建乡村旅游业、民宿业、农业深加工等产业的升级，成功打造了一批集观光、休闲、体验、教育等于一体的新型业态，如漳平台湾创意园、闽清雄江镇依托橄榄产业发展特色文旅等。这推动了乡村产业从单一的传统农业向多元化的现代农业转变，同时，借助台湾文创力量，将文化创意融入乡村产品设计与营销中，延长产业链，激活了乡村经济，增加了农民收入，提高了乡村自我造血功能。台湾团队通过社区营造"九步法"，对村庄进行科学规划、精心设计，对传统建筑进行保护和活化，还动员当地村民共同参与项目设计实施全过程，既确保了规划能落地实施，改善了乡村的环境，提升了乡村整体风貌，还增强了村民的主人翁意识，提高了乡村治理水平。

（三）助推两岸间合作与融合发展

近年闽台乡建乡创合作向多领域、深层次拓展，不再局限于建筑设计和规划领域，还拓展到了集镇环境整治、乡村社区营造、传统村落和历史文化

---

① 《追梦，在希望的田野上》，东南网，https://taihai.fjsen.com/2023-07/20/content_31365509.htm。

街区保护利用等多个方面。其在合作模式上也进行了创新，如引入"双陪护"机制，即由大陆建筑师团队长期配合台湾团队进行"陪护式"服务，还通过两岸建筑师、规划师的联合驻村、共同设计等方式，推动了两岸团队的跨界合作、互学互鉴。台湾的建筑和规划理念与大陆的实践经验相结合，产生了许多具有创新性和实用性的乡村建设方案，不仅提升了乡村品质、项目实施效率，也为两岸的合作模式提供了有益参考，增进了两岸情谊。同时，闽台两地同根同源，乡村文化深厚且有诸多共通之处。通过闽台乡建乡创合作，共同挖掘和保护乡村文化遗产，推进传统村落的保护与发展，举办各类文化节庆活动，如晋江市金井围头村举办了八届的闽台乡村旅游文化节、永春县联合福建农林大学与闽江学院相关部门举办了以"柑甜两岸·橘香五洲"为主题的"2023 中国永春芦柑品牌文化节"等活动，推动了两岸文化的相互借鉴和融合，增进了两岸民众的文化认同感，实现了文化的传承与创新。

此外，闽台乡建乡创合作通过举办研讨会、论坛等活动，为两岸建筑师、文创师、乡村发展专家等提供交流平台。2022 年、2023 年海峡两岸乡建乡创发展研究院先后举办了两届海峡两岸乡村融合发展闽江论坛和海峡乡创大赛、出版了两本专著；中国社科院农村发展研究所等于 2023 年 4 月 13~15 日在厦门举办的首届海峡两岸乡村振兴与共同富裕论坛暨两岸乡村振兴与"三茶"成果展，吸引了两岸 600 余人参会参展，其中来自台湾的专家学者和展商超 150 位；专家学者交流、共享海峡两岸在乡村发展、乡村建设、乡村治理等方面的经验，为深化两岸融合发展和全面推进乡村振兴贡献智慧与力量。2023 年 10 月 24 日，以"深化两岸农业交流，携手共创美丽乡村"为主题的"第一届海峡两岸农业交流大会"在漳平举行；大会还举行了农业领域对台合作项目签约仪式，共签约项目 25 个，总投资 58 亿元，主要涉及台湾名优农产品种植、农产品加工、三产融合等领域。

四 闽台乡建乡创合作典型案例

近年来，福建省坚持以通、惠、情促融，积极探索乡村振兴与海峡两岸乡村融合发展新路，吸引 400 多名台湾专业人才，同大陆的建筑设计师组成 120 多个团队联合驻村，参与乡建乡创项目，开展陪护式服务，培育出一批可复制可推广的乡建乡创发展模式，涌现出许多先进典型，并出版了《筑梦山水间》① 一书。

（一）案例一：吴正隆团队

吴正隆设计师② 及其设计团队先后为不同类型乡村量身定制了实践方案，在平潭北港村，吴正隆设计团队让平潭的石头厝"修旧如旧"，北港村从一个小渔村变身为中国美丽休闲乡村，成为平潭最热门的旅游打卡地；在起步镇，吴正隆团队一直怀揣"乡愁"，努力站在村民的角度考虑建设方案，以一条溪、一座桥、一古街的"起步特质"衍生出独具特色的设计方案，从而将起步镇打造成"突出文化历史、彰显地域风貌、充满人文关怀"的新城镇。福州市罗源县起步镇集镇环境整治示范项目在省级样板考评中排名全省第一，在 2023 年 8 月举办的第二届海峡两岸乡建乡创奖颁奖典礼上荣获"乡建类金奖"。

吴正隆团队通过多次走访调研和问卷调查等，深入了解起步镇居民的生活状况，明确了集镇的受益群体及其主要需求与期待。设计团队站在居民的角度，确保设计方案能够满足实际需求。经过多次探讨，团队最终决定以"五大整治"为基础，对起步镇环境整治方案进行初步构想与逐步完善，确定了"展示乡村资源、彰显地域特色、充满人文关怀、实现城乡共享"的总目标。除了对基础设施进行改造外，还通过设置介绍牌来展示传统民居的建筑特色，并将黄厝活化改造为"国学讲堂"，提升游览的趣味性、互动性；同时对主干道进行绿化景观提升及拆除旧屋空间改造和街角休闲空间改

---

① 《筑梦山水间》于 2023 年 8 月由福州市文联、海峡两岸乡建乡创发展研究院与闽江学院乡村振兴研究院联合出版，较具体记录了 15 个闽台乡建乡创合作的典型事例，在促进乡村振兴、两岸融合发展上取得了显著的成效。
② 吴正隆现为福州隆云设计服务有限公司负责人，曾为中国文化大学环境设计学院副教授、海峡两岸乡建乡创发展研究院理事、福建省青年建筑师协会特聘台湾专家、福州市首批村镇责任规划师、台湾地区注册建筑师，长期在海峡两地从事规划、建筑及景观设计工作。

造等。起步镇集镇环境整治项目不仅改善了起步镇的整体环境，提升了居民的生活质量，让居民更加了解自己的乡村文化和历史，而且吸引了更多游客前来观光旅游，为起步镇的经济发展注入了新的活力。

（二）案例二：曾芝颖团队

曾芝颖团队在乡建乡创领域开展了一系列深入且富有成效的工作。曾芝颖通过海峡青年节获得了她"登陆"后的第一个项目——参与规划建设闽清梅城印记历史文化街区，开展"陪伴式"服务。曾芝颖带领多名台湾青年负责项目的纪录片拍摄、街区场景设计、开街活动策划、文创产品设计等工作，帮助梅城镇对街区内文物古迹、历史建筑进行保护和改造，这也给非物质文化遗产和手工技艺的传承和展示带来了新机遇，这也让梅城印记街区的非遗历史文化"活起来"，为非遗文化独特魅力的呈现提供了大舞台。

此外，2019 年曾芝颖团队与福建省住房和城乡建设厅 2023 年闽台乡建乡创合作样板县闽清县进行通力合作，将雄江镇多栋废弃民房改造成橄榄湖民宿，通过互联网推介吸引了众多游客。在雄江海峡乡创街区，曾芝颖团队还引入了来自台湾的果味气泡酒、咖啡等乡创产品进行展出，吸引了不少游客与村民的关注，丰富了当地的乡创产品市场，也促进了两岸乡创文化的交流与融合。同时，曾芝颖团队积极打造库区移民文化馆和吉祥物"雄将"，高水平留存库区乡愁记忆，促进乡村旅游业发展。

（三）案例三：跨界自造团队

2023 年度样板县三明市三元区的小蕉村与台湾大叶大学的"跨界自造"团队建立了合作，并开展了一系列富有成效和创新性的工作。小蕉村陶瓷文化底蕴深厚，周边散布着宋、元、明、清的古窑址。"跨界自造"团队看到了"活化"小蕉村的可能，希望通过复兴古窑址文化，让村庄发展更具生命力。团队提出了"顶层规划+社区营造"的理念，用 3 个月为小蕉村绘制一幅蓝图，并计划用 3 年时间陪伴村庄逐步将蓝图变为现实。

"跨界自造"团队成员走村入户，踏遍每个角落，进行资源盘点与文化挖掘。他们深入了解村民的需求和期望，努力寻求村民的配合与参与。团队不仅在设计和监工方面发挥专业优势，还积极助力当地产业发展，提供陪护式服务。此外，团队按照"原生态、低成本、有特色"的乡村建设理念，坚持规划引领、科学布局，致力于打造美丽乡村人居环境；同时充分利用当地特色资源，打造特色乡村振兴示范线，特别是"活化"小蕉村古窑址文化，推动村庄发展更加生机勃勃。在人才培养方面，"跨界自造"团队也做出了积极贡献。由于村庄改造收益显现，一座以千年古窑历史为基石，集康养、农业、文创于一体的陶文化主题文创村逐渐形成，它的成功不断吸引更多的学生和建筑设计师加入团队中，"跨界自造"团队逐步成为两岸交流融合的平台。小蕉村先后获得了"国家森林乡村""省森林村庄""省乡村振兴试点村""省新农村社区样板村""海峡两岸乡村融合发展示范村"等荣誉称号，不断吸引周边甚至全国各地游客的到来。

此外，还有台湾团队与当地村民"共同缔造"的厦门海沧青礁村院前社；上趣开新团队为村庄提供规划设计、开发文创产品的泰宁"耕读李家"等。这些项目不仅提升了村落的人居环境质量，带动了当地的产业发展，同时，这些案例也将为其他地区的乡村振兴提供有益的借鉴和参考。随着闽台乡建乡创合作的深入推进，会有更多成功的案例涌现，为两岸乡村建设与发展注入新的活力。

五 闽台乡建乡创合作存在的问题及对策建议

（一）闽台乡建乡创合作存在的问题

1. 台湾团队运行存在一定局限性

当前，台湾青年大多选择在经济发达、总体条件较好的省区和城市发展创业，愿意扎根乡村、投身乡建乡创建设的并不多见；另外，闽台乡建乡创项目启动后主要吸引台湾青年建筑师或者文创团队，其他行业（或专业）的台青较少参与其中。而从参与闽台乡建乡创工作的台湾团队来看，不乏相对成熟团队，但也有一些新兴团队。前者一般能够从容应对服务项目中可能遇到的困难与新问题，维持团队稳定；但新兴团队可能因自身技能、资金及经验等相对不足，难以保证正常运转。据了解，即使是上述福建省青年建筑师协会特聘台籍专家吴正隆团队，刚来福建时也遇到乡建乡创经验与经费不足，甚至交流沟通与落地实施不畅等困难。

究其原因，一是自身力量相对弱小、不确定因素多，缺乏有效的信息渠道和资源整合，特别是资源投入不足、人员流动频繁、综合能力不强等；二是服务项目内容与特色不清晰、发展方向与服务方式不明确，在长期的实践探索中容易出现疲劳和困惑；三是缺乏比较优越和较好的待遇与工作条件，对专业人才的吸引力不足，难以留住人才。此外，还包括团队政策不稳定，以及初期政策宣传不充分、执行力度不够等。

2.台湾团队融合发展仍面临制约

一是闽台标准与要求存在不一致性。通过深入剖析政治制度、历史文化、发展历程、社会组织和对外合作等多个层面，闽台两地在乡村发展方面存在显著差异。显然，闽台乡建乡创工作中面临问题与困境凸显了"标准共通""多样化""全程辅导""多元参与主体"的重要性和迫切性，尤其是多元参与主体可以减少甚至避免信息不对称和理解偏差，全程辅导可提高合作的效率和服务项目成果的可持续性。尤其是对于初到大陆发展的台湾团队而言，在工作时往往习惯采用台湾地区标准，不自觉忽视了两地标准与要求的不一致性，甚至使所有努力前功尽弃，既大大降低了工作效率、损害了自身声誉，又对乡建乡创工作的开展造成了困扰。

二是台湾青年团队融入当地乡村社会存在挑战。来闽发展创业的台湾建筑师、文创团队大多是青年群体，在价值观念、文化水平等方面与前辈存在显著差异，对大陆的认同感、归属感不强。与此同时，部分团队在推进乡建乡创工作中，存在过分强调硬件建设的不合理倾向，即较重视基础设施等的建设，而对于文化挖掘与传承、培育和增强乡村共同体意识等方面的工作重视不够，导致乡村特色难以凸显，甚至传统乡土文化面临破坏。此外，"台独"势力干扰两岸融合，增加了台湾团队融入乡村社会的难度。因此，台湾团队想要真正融入乡村社会，是一个长期过程。

3. 相关政策支持与落实有待加强

2018 年以来，大陆相继出台"31 条措施""26 条措施""农林 22 条措施"等多项惠台政策，旨在深化海峡两岸经济文化交流合作，为台胞台企发展创造同等待遇与机遇。福建首创的乡建乡创合作模式为台胞台企带来极大便利，推动闽台交流与合作深入发展。然而，受岛内政治、两岸关系和国际经济发展环境等因素的影响，当前不仅一些利台惠台政策措施未能真正落实到位，甚至部分项目的相关协议也难以真正落实（或执行不到位），海峡两岸（闽台）乡村融合发展仍面临艰巨任务。

具体而言，一是政策宣传与实施具有一定滞后性，特别是相关政策措施出台后未能及时进行更有针对性的宣传推广，让台胞台企和业务部门知晓最新政策措施；二是政策宣传与推广力度不足，宣传方式单一，未能覆盖广大台胞，多数台胞未能准确理解和认识政策措施，更谈不上根据自身需求与专长等用好用足相关政策规定；三是一些台胞缺乏跟踪和关注最新政策规定的意识，在项目创设过程中难以准确运用相关政策，进而影响政策的有效执行和项目的顺利落地；四是一些政策规定相对宏观，缺乏实施细则（或配套措施），可操作性和实际效果并不强。总之，一些台企在项目创设过程中常因对相关政策措施不熟悉、解读不准确而导致政策执行不到位与落地困难，不仅使自身错失先机，而且难以进行下一步操作，甚至投入更高的成本。

4. 宣传动员与当地社会参与度不高

一是海峡两岸（闽台）乡村发展理念存在差异。台湾地区强调社区自治和民间参与，特别是在乡土文化传承与保护方面重视人文和社会因素；而大陆正加快推进农业农村现代化，注重产业化和现代化的推进，强调经济效益与产业优化升级等。这不仅反映出两地在历史文化、基本制度及发展水平与方向等方面的差异，也构成了各自独特的文化与社会风貌。组织开展闽台乡建乡创工作旨在促进乡村振兴和海峡两岸融合发展，不仅需要台湾团队参与房屋设计和修缮、文创产品开发工作，改善乡村风貌与人居环境等；还需要振兴产业与组织，因地制宜培育特色产业并创新运营管理模式。

二是村民缺乏理解和支持，社会参与不足及劳动力缺乏等问题。理论上，村民作为乡村主体应积极参与家乡振兴，但实际上村里大多数青壮年进城里谋生，只留下老人、妇女和孩子等弱势群体，导致乡村缺乏凝聚力，村民对乡村发展认同感低、参与意愿不高。因而，即使有台湾团队协助，乡村振兴仍面临挑战。

（二）深化闽台乡建乡创合作的对策建议

新形势下全面推进乡村振兴和深化海峡两岸乡村融合发展是大势所趋、人心所向，如何在已有成果和初步实践探索基础上更好地面对当下遇到的新问题、制约因素和挑战，如何更好地鼓励、动员和支持引领台胞参与乡建乡创工作，持续提高其积极性、创造性和有效性，并坚持"以通促融、以惠促融、以情促融"，走出一条具有时代特征和区域特色推进和深化闽台乡建乡创融合发展道路，值得进一步思考。

1.完善保障体系，推进乡建乡创工作制度化

一是完善乡建乡创保障措施。鉴于目前关于乡建乡创的基础性制度尚不完备，政府部门需要密切协作并按职责分工推动公共服务向基层延伸覆盖，引导各类资源要素向乡村建设流动。由于财政资金发挥对农村社区建设的引导作用，必须进一步整合相关资金，拓宽资金来源渠道，建立多元化的投入机制，统筹利用村集体经济收入、政府投入和社会资金等多个来源，设立专项资金，并强化资金监督管理，提高资金使用效率，保障两岸乡建乡创项目的顺利推进。

二是相关部门应设立"电子信箱"等，以便随时收集台胞在具体实践中遇到的问题。还应定期组织闽台两地专家学者、工作人员等互相交流，共同探讨问题解决方案，为宜居宜业和美乡村建设贡献力量。这一系列措施将进一步助推海峡两岸（闽台）乡建乡创融合发展。

2.倡导专业多元，推进服务团队逐步多元化

一是提倡多元化专业人员参与，特别是在海峡两岸（闽台）乡建乡创融合发展建设中，要鼓励青年建筑师和文创从业者积极参与其中。我们认

为，每位专业人员都有创造和发挥自己才能的机会，无论是建筑师、文化创意设计师，还是其他相关领域的专业人员，都可以为两岸乡建乡创项目贡献自己的力量。这不仅有助于海峡两岸（闽台）乡村融合发展，还能助力提升宜居宜业和美乡村的建设水平，创造更多机遇和价值。此外，在多元化专业人员参与的过程中，需要建立相关机制和流程，以保证协同工作的效率和效果。这包括技术和知识交流平台、项目管理流程、团队协作模式等。

二是参与主体多元化，倡导政府、企业、社区和民间组织等不同实体进行合作，以共同探讨和解决乡村发展中的各种问题。处理地方涉台事务的官方机构主要负责涉台咨询、落实并推进惠台政策的实施等；相关对口的企业应该积极为台湾团队提供帮助，并共同促进项目推进；社区居委会或村委会应该全面统筹安排和推进相关事务；民间组织也应该积极推动人才引进计划的持续实施，实现"以台引台"。通过多元主体间的合作，促进乡村振兴和社区建设的可持续性，实现经济、社会和环境的协调发展，以提高乡村发展项目的有效性和社会效益，同时也有助于加强政策层面的支持和鼓舞。

3. 扩大交流协商，推动海峡两岸间标准共通

一是加强标准沟通与协调。海峡两岸共通的技术标准与导则是海峡两岸融合发展的重要组成部分，是促进两岸乡村融合互通的桥梁纽带和技术支撑。研究和推进两岸乡建乡创标准共通等工作，是积极贯彻落实习近平总书记"两岸要应通尽通，提升行业标准共通"重要指示，也是开展和深化两岸乡建乡创合作发展的桥梁和纽带，是推动海峡两岸（闽台）乡村融合发展的重要举措。双方应深入解读并准确把握各自的政策意图和要求，加强标准沟通和协调，确保标准的一致性和连贯性。

二是深化标准制定与修订。合作开展两岸村居环境标准共通研究和试点工作的目标，旨在通过对农村人居环境的治理提升等工作，瞄准两岸融合发展和国家乡村振兴战略实施实践的新情况新问题，致力于解决发展实施过程中存在的关键问题与主要瓶颈，突出"共通"合作和标准规范创新，促进海峡两岸（闽台）乡建乡创项目的开展；通过加强相关力量与资源统筹，深入调查、潜心问题钻研，可充分发挥闽台历史文化渊源等"五缘优势"和海峡两岸融合发展"先行先试"等机遇,积极开展合作研究、实践交流与初步实践经验总结,在两岸乡村融合发展领域做好试验示范,打造两岸标准共通新模式、新途径、新内容,在加快两岸乡村融合发展上"走出新路"。

4.加强项目设计,提高乡村运营与管理水平

一是福建省青年建筑师协会方面,在对接后续运营团队时,要将项目作为主体,考虑不同专业方向和服务地域,发掘团队的优势,从而提升项目的可持续发展性。在实践中,要倡导采取综合性策略,注重项目的前期规划和中期评估,以及后期管理和优化,以确保项目长期稳定运营和不断增强社会影响力。尤其是要加强宣传推广,提高服务管理水平。

二是台湾团队方面,一要明确乡镇政府和村委会的职责,疏导村民,普及项目内容和优点,使村民能够更好地理解项目的潜力和价值。二要增强村民参与意识和能力,努力提升村民参与两岸乡建乡创项目的积极性和配合度。三要充分挖掘社区所具备的独特产业、文化和生态资源,借助立体式发展方式,推动区域经济由单一型向复合型转变。此外,陪伴式服务是现阶段大陆地区乡建乡创的有效可行路径,如鼓励规划师等技术人才驻地持续跟踪服务,循序渐进地陪伴式造物育人等。陪护式的指导服务,具有人文关怀精神,能够最大限度地打造符合当地乡村特色和需求的文化景观,保障文化传承,使乡村富有文化底蕴,有利于产业振兴,为乡村发展注入新的活力。

5.提高融入意识,增强融合发展动力及效果

一是努力提高合作发展与团队意识,并积极主动推进该工作,对于促进两岸乡建乡创融合发展具有重要的意义。福建省积极贯彻落实文件精神,这些政策的有效实施对于促进台湾青年在福建地区的创业和就业具有极为重要的作用。二是加强政策的解读与宣传。相关部门应当通过多种途径,如开展相关讲座、推广微信公众号等方式,宣传并落实相关政策措施,向来闽发展的台湾团队提供政策咨询、项目对接、协助办理相关申报材料等一系列服务。这种做法将有效增强两岸交流与合作发展的意识与主动性,推动两岸乡建乡创融合的深入发展。

B.8
社会组织助力福建省乡村振兴报告

郭玉辉　林琴*

摘　要： 乡村振兴战略是我党在新时期的重要战略构想，是一项长期的历史性任务。社会组织作为乡村治理的重要主体，是乡村振兴的重要推动力量。本报告以福建省社会组织为案例，从中选取福建省乡村振兴促进会、福建省原道生态环境研究院以及福建省见义勇为基金会，分析其在助力乡村振兴过程中的具体成效和所遇困境，展示福建省社会组织如何打破壁垒、化解难题，实现多元社会力量"握指成拳"，增强广大群众的获得感、幸福感、安全感，为我国社会组织可持续发展的实现提供可资借鉴。

关键词： 社会组织　乡村振兴　社会力量

一　引言

参与脱贫攻坚是社会组织的重要使命，也是推动社会组织发展的必由之路。2018 年，福建省成立脱贫攻坚领导小组并举办社会组织参与脱贫攻坚座谈会，不断汲取参与脱贫攻坚的实践经验，并推进全省社会组织与 400 个贫困村对接。2019 年底，福建省民政厅、省扶贫办联合启动"阳光 1+1 牵手计划"行动，动员千家社会组织与老区村开展结对帮扶和深度合作。2020 年不仅是决胜全面建成小康社会的一年，也是"十三五"规划的收官

---

* 郭玉辉，福建农林大学公共管理与法学院副教授，博士，硕士研究生导师，主要研究领域为社会组织、社会救助等；林琴，福建农林大学公共管理与法学院 2022 级硕士研究生，主要研究领域为公共人力资源与社会保障。

之年，2020 年福建省在社会组织的投入资金超 5 亿元，注重创新平台并通过项目化运作集聚帮扶资源要素，从而形成"有钱出钱、有力出力，或者出个主意"的良好局面。2021 年 10 月 22 日，为更好地贯彻落实乡村振兴战略，福建省结合本土实际制定并出台《福建省乡村振兴促进条例》，指出要加强基层群团组织建设，充分发挥农村社会组织团结群众、联系群众等方面的作用。2023 年，首届"阳光 1+1·奋进新征程"福建省社会组织助力乡村振兴公益创投大赛成功举办，截至 2023 年 11 月，福建省已有 1630 家社会组织与 1576 个老区村成功结对，生成帮扶项目 5000 余个，激发了社会组织助力乡村振兴的积极性。

二 社会组织助力乡村振兴具体实践

近年来，福建省坚持以开展"千村试点、万村推进"工作为抓手，扎实推进美丽乡村建设。2017 年 10 月 18 日，习近平总书记在党的十九大报告中提出乡村振兴战略，报告中指出乡村振兴战略五大振兴具体包含乡村产业振兴、乡村人才振兴、乡村文化振兴、乡村生态振兴、乡村组织振兴。实施乡村振兴战略，是全面建设社会主义现代化国家的重大历史任务，是新时代"三农"工作的总抓手。社会组织助力乡村振兴紧紧围绕乡村振兴的五大振兴展开实施项目。就 2023 年举办的第一届"阳光 1+1·奋进新征程"福建省社会组织助力乡村振兴公益创投大赛而言，其涉及产业振兴、环保生态、科技助农、民生保障、社会治理、卫生健康、文化体育、乡村建设等领域，可见助力乡村振兴所覆盖的范围之广（见表 1）。

表 1 2023 创投大赛参赛分类

单位：%

类别	产业振兴	环保生态	科技助农	民生保障	社会治理	卫生健康	文化体育	乡村建设	其他
占比	25.62	2.46	7.88	9.36	7.88	6.90	15.76	11.33	12.81

（一）社会组织助力产业振兴

习近平总书记强调"要把产业振兴作为乡村振兴的重中之重"①，产业的发展，对乡村振兴起着决定性作用。产业振兴作为乡村振兴的龙头，福建省各社会组织也陆续开展各类项目进行产业帮扶，在第一届福建省社会组织助力乡村振兴公益创投大赛中共有 186 个符合要求的项目参赛，而这些项目中与产业振兴相关的就有 52 个，由此可见产业振兴的重要性以及福建省对其的重视程度。

与产业振兴相关的 52 个项目中，社会组织充分发挥各地区特色资源优势，助力乡村产业发展。屏南县乡村振兴促进会发展了小梨洋村兰花种植基地和北墘村红曲黄酒产业；福建省青年闽商联合会通过集聚商会资源，打造农文旅"线上+线下"振兴新模式；仙游县初心青少年社工服务中心通过黄妈枇杷膏传统工艺传承项目，实现农村经济的振兴和品牌升级，推动乡村振兴战略的落地和当地经济的可持续发展，帮助"黄妈枇杷膏"走出家门。不仅如此，还有更多社会组织实施的项目正在一步步落地，社会组织通过打造"一村一 IP"实现乡村产业振兴，也为我国更好地实现产业振兴奠定了坚实的基础。

（二）社会组织助力人才振兴

推动乡村全面振兴，关键在人。为此，福建省社会组织在助学以及解决乡村发展人才缺失方面也发挥了重大作用。福建省慈善服务协会通过开展"八闽助学·助力乡村振兴"这一项目，助力农村教育发展和乡村教育振兴；福建省海西原生态发展基金会携手福建省智中商务策划研究院开展"未来乡村发展人才赋能计划"，充分发挥双方人才聚合、资源平台的优势，服务并着力解决乡村发展人才缺失、认知不足、资源匮乏的现状，推动资源

---

① 《总书记的两会时间：关于乡村振兴，总书记这样说》，《今日中国》2023 年 3 月 8 日，http：//www. chinatoday. com. cn/zw2018/rdzt/2023lh/lhjj/202303/t20230308_ 800324640. html。

有效整合，填补乡村振兴领头人才缺口，与地方政府形成互补，起到良好示范作用，有效助力乡村振兴事业；平和县爱心助学志愿者协会通过向社会公开征集需要帮助的留守儿童，经爱心志愿者入户与留守儿童面对面交流，深入调查乡村留守儿童家庭情况，并长期跟踪留守儿童成长，为广大农村地区留守儿童健康成长带来实质性的帮助。

（三）社会组织助力文化振兴

文化振兴作为乡村振兴中重要的一环，在共建共治共享的社会治理格局中，社会力量参与乡村文化振兴，既具有呼应社会治理重心向基层下移的作用，又能在路径、资源和内容上提供新的乡村文化工作手法。松溪县京剧文化交流研究会把自觉传承中华优秀文化视为自己的历史责任，坚持京剧文化送戏下乡，将京剧国粹艺术传承下去，认真贯彻党的"二为"方向，自觉为农村基层服务，并不断提升自我。不仅如此，松溪县京剧文化交流研究会还联合老年人体育协会举办乡镇腰鼓展演，共同为服务社会、提高公共文化服务能力做贡献。永春金峰白鹤拳研究院不仅通过召集乡村传统武术及民俗文化汇演的模式扎根永春各个乡村，开展全民健身活动，而且承接各种研学活动以及汇演活动，为传承乡村传统文化服务。这些项目的实施都在一定程度上带动了乡村文化振兴。

（四）社会组织助力生态振兴

习近平总书记强调："让良好生态成为乡村振兴支撑点。"[1] 绿水青山就是金山银山，实施乡村振兴战略，良好生态是必不可少的财富和优势。福建省海洋生态文明促进会作为首家省级促进海洋保护与生态文明建设的公益组织，为推动乡村振兴绿色发展，于2019年启动"生态环保助力乡村振兴"项目，与连江县小沧畲族乡人民政府及福建农林大学海洋学院签订技术合作协议，共同展开合作进行科研，通过与乡村共建合作社增加当地村财和村民

---

[1] 马新萍：《让良好生态成为乡村振兴的支撑点》，《中国环境报》2019年9月3日，第2版。

收入。福州市守望助困服务中心于 2018 年开始在福州的山林、海边等公共区域开展以"净滩"为主要内容的环境保护宣传教育活动，为改善土壤酸化问题，提升土壤 pH，开展"守望土壤——酸化土壤改良应对气候变化"项目，通过开展宣传教育活动，邀请土壤专家等进行科普教育、实际示范、问题讲解，解决农民在种植过程中遇到的实际问题。除了上述所述的典型案例，福建省社会组织还通过向大众普及生态环保知识，如开展"生态乡镇村""环境友好型农业"等宣传活动，并以乡村居民喜闻乐见的文娱形式加以呈现，在长期潜移默化的工作中提升乡村群众的生态文明素养，筑牢乡村生态文明建设的文化基础。

（五）社会组织助力组织振兴

习近平总书记指出："要推动乡村组织振兴，打造千千万万个坚强的农村基层党组织，培养千千万万名优秀的农村基层党组织书记，深化村民自治实践，发展农民合作经济组织，建立健全党委领导、政府负责、社会协同、公众参与、法治保障的现代乡村社会治理体制，确保乡村社会充满活力、安定有序。"[①] 福建省仙游县济困爱心公益协会是由各界的爱心企业家、爱心人士、大学生志愿者等成员自发成立，通过募捐资助、走访慰问等形式，对社会困难群体进行切实帮扶。2014 年 12 月，卢秀毅自发成立厦门市集美区卢妈妈爱心队，团队成员由从事社会公益、爱心事业的各界爱心人士组成，通过对居家五保户老人、三无老人以及偏远村居、敬老院老人进行持续性的入户走访和生活照料等服务，整合社会多方资源为老人解决生活上的困难……这些自发成立且由民政局合法登记注册的社会组织通过整合社会各界的力量，积极发挥党建引领作用，为社会和谐发展做出贡献。

三 社会组织助力乡村振兴的成效

社会组织作为一种外部力量，主要有三种形式：一是外源型（外生型）

---

① 中共中央党史和文献研究院编《习近平关于"三农"工作论述摘编》，中央文献出版社，2019。

社会组织，其主体是政府和企业，农民在这种模式中往往缺乏积极性、主动性和创造性，是被动的接受者；二是内源型（内生型）社会组织，其经济体主要动力源来自内源要素，是推动经济自我演化的一种内生逻辑的发展方式，该模式认为乡村发展应该立足于乡村自身优势和内部资源，通过自身的努力来解决问题；三是由前两种形式共同衍生而来的新内源型社会组织，该社会组织认为应当鼓励当地居民和地区公共机构共同参与到乡村建设过程中，通过"自下而上"的方式制定乡村发展战略。[①] 这三种形式中，我国存在较多的社会组织是新内源型社会组织以及外源型社会组织。我国《社会组织名称管理办法》规定，合法登记注册的社会组织可分为社会团体、民办非企业单位（社会服务机构）、基金会三类。这三类也成为社会普遍认可的三种分类，在实际运作过程中也按此进行划分。通过上文对社会组织助力乡村振兴主要方式的阐述，本报告将选取部分典型案例进一步分析。

（一）社会团体：福建省乡村振兴促进会

1. 组织概况

福建省乡村振兴促进会于 1993 年成立，其前身是福建省扶贫开发协会，拥有 19 个省直厅局作为指导单位，全省有 8 个设区市和 44 个县（市、区）相应成立乡村振兴促进会。福建省乡村振兴促进会以习近平新时代中国特色社会主义思想为指导，广泛动员社会力量、汇聚社会资源，有效地助推全省巩固拓展脱贫攻坚成果与全面实施乡村振兴战略。

2. 组织近年工作成效

为助推全省高质量打赢脱贫攻坚战，福建省乡村振兴促进会通过开展"1138"提升工程，农民收入明显提高、贫困户稳定脱贫、特色产业加快发展、美丽乡村建设成效凸显；2021 年在深入调查全省乡村后，确定不同类型的 30 个重点挂钩村、20 个产业联系点，打造"3020 创建工程"，有力推

[①] 朱娅、李明：《乡村振兴的新内源性发展模式探析》，《中共福建省委党校学报》2019 年第6 期，第 124～130 页。

动全省乡村振兴。此外，为贯彻落实党的二十大、中央和福建省委 2024 年一号文件关于全面推进乡村振兴的重大决策部署和工作要求，2024 年 3 月，福建省乡村振兴促进会与福建农林大学联合开展乡村振兴课题研究和菌草技术研究示范推广工作，为推进福建省乡村振兴和农业农村现代化做出新的贡献。

（二）社会服务机构：福建省原道生态环境研究院

1. 组织概况

福建省原道生态环境研究院于 2014 年在福建省民政厅登记注册，研究院依托福州大学、福建师范大学等科研机构和福建省外大学校友会联合会等社团组织发挥桥梁纽带作用，致力于乡村振兴及生态环境相关的技术转移、技术转化和技术服务工作。

2. 组织近年工作成效

近年来，为改变需求和供给对接不足这一现状，福建省原道生态环境研究院与闽侯县洋里乡茶苑村通过"阳光 1+1"牵手行动，尝试打通农业科研成果与农业生产之间的通道，并逐步探索社会组织服务乡村振兴的服务模式，打造一个"党建引领、人才驱动、科技赋能、共同富裕"的农业技术服务和成果转化模式，带动县域农民共同致富。通过近 2 年的探索，2022 年实现数字化种植养殖面积突破 700 多亩，带动了周边村庄 5 个种植养殖合作社 62 户农户，并将高品质农产品在美团优选、多多买菜、朴朴电商等平台销售。农业科技转化与数字化生产示范项目不仅得到了闽侯县、洋里乡两级政府相关领导的支持及肯定，还多次被省市县各大媒体报道。

（三）基金会：福建省见义勇为基金会

1. 组织概况

福建省见义勇为基金会于 1994 年 9 月成立，坚持以"有为创有位""有位促有为"为动力，守正创新，踔厉奋发，更新思想观念，扩大服务外延，各项工作取得了可喜的成就。先后两次被中宣部、中央综治委、公安部、中华见义勇为基金会联合授予"全国见义勇为工作先进单位"荣誉称号，于2015年被评为5A级社会组织。

2.组织近年工作成效

为全面贯彻落实习近平总书记关于加强见义勇为工作的重要指示精神，福建省见义勇为基金会结合工作实际，通过开展见义勇为人员走访慰问活动，及时宣传见义勇为典型事迹，营造见义勇为浓厚的社会氛围。从2000年开始，福建省见义勇为基金会坚持每年开展走访摸排工作。为庆祝党的百年华诞，福建省见义勇为基金会于2021年举办慰问全省见义勇为英模党员活动，为全省226名见义勇为英模党员代表发放慰问金45.2万元。截至2023年，福建省见义勇为基金会用社会募集的资金在福建省各地市共慰问了见义勇为人员11315人次，发放春节慰问及困难补助金2462.8万元。通过20多年持续不间断地走访慰问，福建省见义勇为基金会在八闽大地蔚然成风，促进了平安福建和社会主义核心价值观建设，在福建省人民政府组织的首届"慈善奖"评选活动中，荣获"优秀慈善组织奖"。

四　福建省社会组织助力乡村振兴的主要困境及促进建议

（一）主要困境

作为政府、市场之外的社会力量，社会组织在参与乡村振兴战略的过程中既具有弥补性优势，也面临现实性困难。

1.社会组织在乡村的重要性认识程度不够

近年来，公众对社会组织的认知度和参与热情有所提升，但对社会组织的认知仍然有限。"在开展活动的过程中我们发现一些受助者并不是很信任我们，一开始帮助他们时认为我们是抱有目的性的。"N社会组织工作人员回忆。首先，受传统观念的影响，政府部门认为社会组织不包含在政府部门体系内，因此在交流过程中对其培养力度明显不足；其次，农村社会组织对自身的重要性认识不足，认为自身是政府职能的延伸，缺乏长远性发展的考虑①；最后，村民对社会组织的认可度和信任度不高，对社会组织的地位、作用了解甚微，认为"起不了什么作用，不具有权威性，说了也不算"，甚至有些村民根本不知道社会组织的存在，对社会组织的重要性认识严重不足。

2. 资源配置不足

数字经济背景下，社会组织助力乡村振兴的门槛也在逐渐抬高，资源配置的重要性日益增强。然而，根据J组织负责人的谈话，"现在年轻人几乎都出去工作了，虽然大多数人觉得在外打工的工资不高，但在老家待着没啥前途，加上社会组织本身是非营利性组织，有时候可能会存在要自己倒贴一些钱的情况"。社会组织助力乡村振兴的资源配置不足主要体现在以下三方面。一是专业人才匮乏。市场经济条件下，社会组织的吸引力并不突出，多数情况下依赖参与者的公益觉醒和崇高的道德水准。然而农村人口老龄化和青壮年外出务工使得本土可利用人才资源受限，使社会组织无法有效开展对人才队伍的专业化培训，从而影响其参与乡村振兴专业能力和素养的提升。二是缺乏建设资金。资金问题是社会力量参与乡村振兴的关键要素，社会组织的主要收入来自公众捐赠、企业捐赠和政府购买服务，其中来自企业捐赠的占比最高，对企业和政府依赖严重。三是数字资源赋能不足，农村地区的数字设施落后无法真正达到社会组织助力的效果。"有些工作需要用到一些设备的时候会发现没有，要用的话还需要动用经费，智能设备的价格并不低，有时候可能还需要自筹才能达到效果。"（N组织工作人员）

3. 在地化困境

社会组织作为一种在地型服务组织，立足于所开展服务的地区，不断满足该地区的群众需求，解决群众及地区发展需求，促进所服务地区经济、文化、社会等的不断发展，在地性是社会组织开展活动的必然要求。"我们在开展活动前，需要招募对象都会和村干部沟通，希望他们能帮我们招募到合

---

① 钱程：《乡村振兴背景下社会组织参与乡村治理困境及对策研究》，《村委主任》2023年第2期，第31~33页。

适的服务对象，因为刚来的时候对这里的村民还不是很熟，但这种招募过于临时性，因此我们也会在活动前去社区转一圈，看到合适的服务对象便鼓励他们加入。"（Y社会组织工作人员）内生型社会组织由于是自发形成，与当地村民的联系较为紧密，但自发形成的组织容易出现无人愿意领头的局面，致使组织发展停滞不前；外生型的社会组织有足够的资金支持为当地提供多元服务，但实际参与过程中却由于不能与当地村民建立直接联系而无法提供在地服务，其参与的效果也欠佳。

4. 自主创新意识不强

管理学之父彼得·德鲁克指出"不进行创新是现有组织衰弱的最大原因"。社会的不断发展给社会组织带来了新的挑战。只有不断创新、不断拓宽市场和服务领域、不断获得更多的资源，才能保持组织的活力和持续发展。然而，一方面，许多社会组织内部组织建设不规范，管理制度不健全，自身缺乏参与乡村振兴的目标意识和创新意识，自主创新能力无法适应乡村振兴的现实需求。"我们的主管部门是民政部门，但是在实际开展服务项目过程中各种不合理的量化指标使得我们工作人员要花费大量时间做材料，有时候为了完成量化指标要做很多没有意义的事情。"（J组织工作人员）另一方面，社会组织在深入农村治理方面局限于一些公共服务基础领域，在一些生态环境保护、文化保护等服务领域极少涉足，且在参与乡村公共事务治理过程中，容易受到农村基层的要求与意向的限制，降低了其对农村社会治理探析的可能性。

（二）促进建议

1. 转变思想观念，正确认识社会组织的重要作用

加强社会组织发展的重要一环就是提升对社会组织重要性的认识。一是政府应和其他治理主体一样，解放思想观念，建立多元主体共治思想，增强社会组织参与乡村社会治理的地位。政府在具体治理实践中不过度干预，对社会组织赋予一定权力，但在一定程度上提供相应的辅助服务。同时，积极宣传有关社会组织的相关政策，引导农民群众了解和认识社会组织。例如可

以在福建省各大媒体网站（微信公众号、抖音等）定期宣传福建省社会组织的典型案例以及受众群体如何求助社会组织的渠道。二是社会组织要找准自身定位。处理好自身长远发展与其他治理主体协调关系问题，并且通过加强对社会组织的服务成果宣传，让农民了解社会组织的积极作用，相信社会组织的力量，获得农民群众的支持。三是转变农民群众思想观念，让农民逐渐适应社会转型，尊重并重视社会组织，提高自身对社会组织的认知，明确社会组织是乡村振兴战略实施和乡村公共服务体系构建中重要的一环，是农民群众可信任、可融入的组织。

2.丰富社会组织助力乡村振兴的资源配置

丰富的资源要素是促进社会组织参与乡村治理的重要保障，因此要不断丰富社会组织的资源配置。首先是人才资源。要注重专业人才的吸纳。通过多种形式，采用优惠待遇，吸引本地人才参与其中，加大专业人才、学者教授和社会精英的引入力度，最大限度地发挥其主动性和创造性；积极吸纳优秀毕业大学生，为社会组织参与乡村治理提供新鲜血液；加强现有专/兼职人员培训教育，提高思想、业务和服务素质，全方位优化自身组织人力资源架构，完善内部考核与激励机制。例如，可以利用寒暑假招募大学生志愿者，让他们参与其中感受社会组织存在的意义以及助人的快乐。其次是资金资源。社会组织在参与乡村治理的过程中，要开源节流。一方面，积极寻求政府的资源支持，如专项资金、购买服务、减免税收、财政补贴、提供活动场所和服务设施等；要加强与企业合作，利用企业捐赠、资金补助、物质帮助等各种形式，获取资源资金支持；另一方面，社会组织要强化资源整合能力，提高资金的使用能力，在使用最少资源的前提下提供优质的服务。最后是技术资源。一是社会组织要善用现代技术手段，变传统的人传人宣传筹资为利用网络技术的现代手段，提升筹资能力。二是借助网络使信息公开透明，增强社会组织公信力。三是对自身进行信息化管理，推动自身内部建设，完善内部关系，打造现代化的社会组织结构。

3.完善社会组织在地化机制

近年，社会组织在我国获得了较为广阔的发展空间，政府也为社会组织提供了良好的政策制度环境，为社会组织参与乡村治理、乡村振兴提供了良好契机。① 为让社会组织更加高效地参与到乡村振兴中，需要树立正确的参与观念。一方面，通过实地调研、公开讨论存在的问题及解决方案，更好地了解民众需求，了解社会组织需求，提供针对性服务；另一方面，建立完善的在地机制，通过在农村地区建立工作小组等方式提供可持续性的在地化服务，促进组织与组织间的合作、组织与村民间的互助，调动村民参与乡村振兴的积极性。福建省的社会组织较多分布在较为发达的城市，因此在助力其他地市乡村振兴时需要先了解该地市的实际情况，立足实际下乡调研制订工作计划。

4. 勇于创新，拓展助力乡村振兴的广度和深度

社会组织助力乡村振兴既需要多角度融合、多学科思考，把握整体与部分关系，还要考虑结构与行动的互动关系，协同基层政府、村"两委"、村民、乡贤以及村庄外部力量等多元主体共同参与乡村治理。社会组织涉足的行业领域发展不均衡，特别是政治和生态领域涉足较少。社会组织需要大胆创新，扩大乡村振兴的服务范畴，完善服务种类。首先，坚持创新是第一动力，要勇于承担社会矛盾的调解工作和法律宣传工作等，深入贯彻党的二十大精神，弘扬伟大建党精神和革命传统，辅助政府保障所在地域的社会稳定。其次，联合其他社会组织，科学设计相关项目，借助网络平台宣传推广，利用社会人士的爱心筑牢福建省的乡村振兴屏障，造福社会。最后，注重乡村产业、人才、生态、文化、组织等全领域的振兴，实现乡村的整体进步，而不是只发展某一个方面。

---

① 徐盈艳、黎熙元：《浮动控制与分层嵌入——服务外包下的政社关系调整机制分析》，《社会学研究》2018 年第 2 期，第 115~139、244~245 页。

B.9
大食物观视域下福建耕地利用转型报告

宋羽 林晨宇*

摘 要： 顺应城乡居民食物消费与膳食结构的变化，促进耕地利用转型是大食物观的现实需求。2000~2022 年，植物性食物在福建省居民膳食结构体系中始终占据较大比重，动物性食物的比例呈增长趋势，居民膳食结构趋于均衡化，城乡膳食差异逐步减小。居民人均膳食耕地足迹和总膳食耕地足迹均呈现上升趋势，动物性食物耕地足迹增长显著，耕地自给率下降。受城乡人口变动影响，城镇的总膳食耕地足迹增加，农村减少。耕地饲料粮需求大幅上涨，蔬菜供应充足，植物油缺口较大，瓜果和食糖自给率下降。福建省耕地利用转型应聚焦于构建耕地资源安全和食物供给安全双重保障体系，实施耕地刚性管制与弹性调控协同管控模式，加快耕地质量提升与空间格局优化，充分发掘和利用各类自然资源的食物供给潜力。

关键词： 大食物观 膳食耕地足迹 耕地利用转型 膳食结构

一 引言

随着经济社会的发展，居民生活水平的提高以及消费习惯的转变，居民膳食结构逐渐由"粮菜型"向"粮菜果肉奶"多元型和健康型食物需求转变，而油料、大豆、糖类等非主粮类农产品自给率呈现逐年下降趋势，动物性食物对外依存度不断提升，难以适应居民食物消费与膳食结构的变化。近

---

* 宋羽，福建农林大学公共管理与法学院副教授，博士，主要研究领域为农村土地经济与利用；林晨宇，福建农林大学公共管理与法学院土地资源管理专业本科生。

年来，食物安全逐步替代粮食安全，成为保障国家安全的必然选择。[①] "食物安全"这一概念诞生于 1974 年世界粮食大会，国内的大食物观缘起于 1990 年习近平在福建宁德地区工作时的"大粮食观"论述。2015 年中央农村工作会议首次提出"树立大食物观念"，2016 年大食物观被确立为国家层面的发展理念，此后频繁被提及于国家的重要会议和政策文件中。2023 年中央一号文件再次强调"树立大食物观，加快构建粮经饲统筹、农林牧渔结合、植物动物微生物并举的多元化食物供给体系，分领域制定实施方案"。

耕地是维护食物安全的关键资源，它不仅直接负责产出如粮食、蔬菜、果品、植物油、食糖等的植物性食物，同时也是畜牧和水产业所需饲料供应的基础。耕地资源的可持续利用不仅面临着来自生产端耕地面积减少和质量退化的挑战，还需应对消费端居民食物需求增加及膳食结构变化的挑战。随着粮食安全的标准从确保基本口粮供应向多样化的食物供应转变，耕地利用转型成为重要的科学问题和现实需要，也是落实大食物观的重要基础。2023 年福建省耕地保护和粮食安全工作会议强调，"加强'菜篮子工程'建设，构建多元化食物供给体系"，"把耕地保护和粮食安全作为实施乡村振兴战略的首要任务"。基于上述政策背景，本研究利用福建省宏观统计数据，在分析城乡居民食物消费与膳食结构变迁的基础上，揭示其膳食耕地足迹的演变特征，并依据耕地食物供给的现状测算耕地主要食物自给率与供需缺口，以期为新时期福建省耕地利用转型提供决策参考。

二 福建省城乡居民食物消费与膳食结构变迁

福建省城乡居民食物消费分为植物性食物消费和动物性食物消费。植物性食物涵盖了粮食、蔬菜、瓜果、植物油和食糖等五种类型，动物性食物则包括猪肉、牛羊肉、禽肉、水产品、蛋类和奶类等六种类型。城镇与农村居

---

① 宋敏、张安录：《大食物观视阈下的耕地利用转型：现实挑战、理论逻辑与实现路径》，《中国土地科学》2023 年第 8 期。

民收入水平、饮食习惯不同，食物消费量与膳食结构均存在差异，从需求端出发，分析居民主要食物消费量和膳食结构变迁的特征和趋势，是揭示居民膳食耕地足迹演变的基础。

（一）城乡居民食物消费变迁

1. 城镇居民动物性食物消费量增幅较明显

2000~2022 年，城镇居民人均植物性食物消费总量变化较小，植物性食物消费从 249.0kg 减少至 234.9kg，减少了 5.7%。其中，粮食、蔬菜、植物油和食糖的消费量分别减少了 3.2%、11.4%、4.7% 和 57.3%，而瓜果消费量增加了 4.2%（见图 1）。

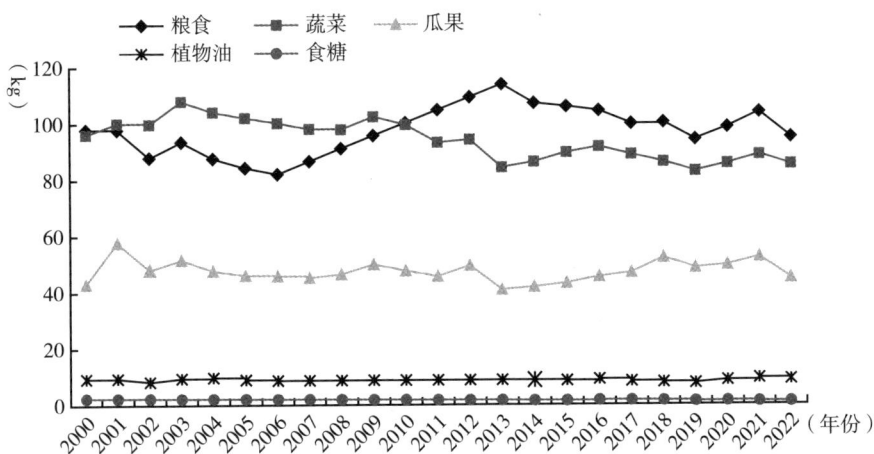

图 1 2000~2022 年福建省城镇居民人均植物性食物消费量变化

城镇居民人均动物性食物消费总量从 67.2kg 增加至 95.1kg，增加了 41.5%，增长率也表现出波动，2021 年的增长率最高，达到 11.2%。其中，猪肉、牛羊肉、禽肉、水产品、奶类和蛋类的消费量分别增加了 53.6%、93.2%、81.7%、53.4%、0.2% 和 15.3%（见图 2）。整体来看，尽管存在年度波动，城镇居民动物性食物的消费增幅较明显，居民食物消费量的变化与地区经济发展水平、居民收入水平、食物价格以及健康和饮食意识的变化有关。

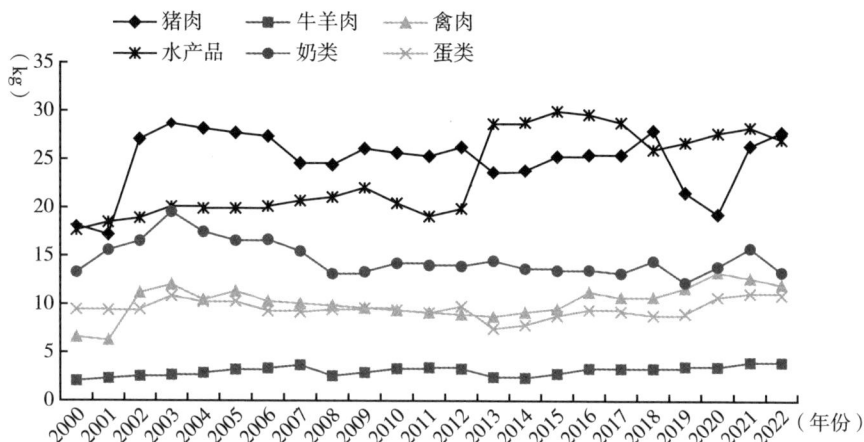

图2　2000~2022年福建省城镇居民人均动物性食物消费量变化

2. 农村居民食物消费显著转向高营养价值的动物性食物

2000~2022年，农村居民人均植物性食物消费总量波动，但总体呈下降趋势，减少了24.8%，相较于城镇居民的消费变化更为显著。其中，粮食、蔬菜和食糖的消费量分别减少了36.7%、24.9%和8.9%，瓜果和植物油消费量显著增加，涨幅达116.0%和204.9%（见图3）。

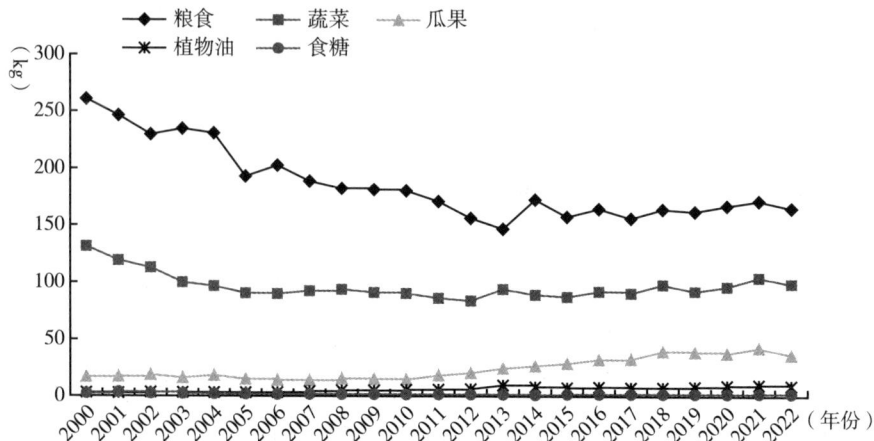

图3　2000~2022年福建省农村居民人均植物性食物消费量变化

2000~2022年，农村居民人均动物性食物消费量总体增长，总量增加了123.9%。其中，猪肉、牛羊肉、禽肉、水产品、奶类和蛋类的消费量分别增加了84.0%、530.3%、144.1%、92.0%、1396.4%和156.7%（见图4）。农村居民的食物消费模式在过去二十多年间经历了显著的变化，反映了农村居民饮食习惯的逐渐转变，以及对更高营养价值食物的追求。食物消费的变化还与农村地区经济发展、居民收入增长、食品安全意识提高以及生活方式的变化等因素相关。

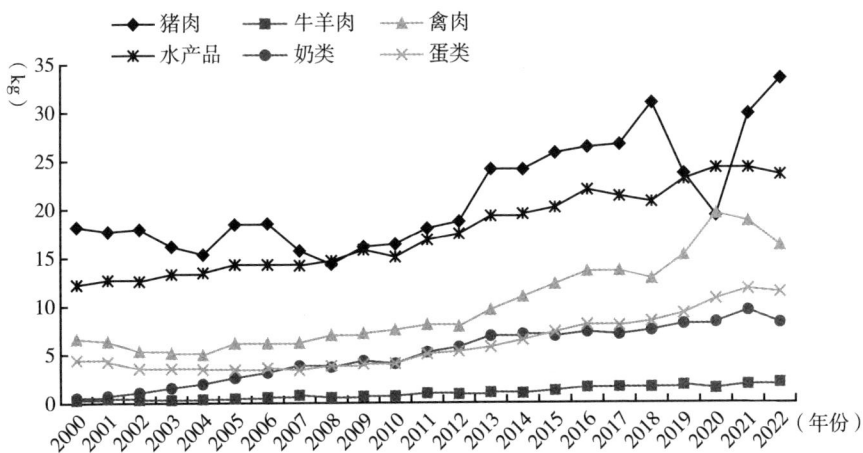

图4　2000~2022年福建省农村居民人均动物性食物消费量变化

（二）城乡居民膳食结构变迁

1. 城乡膳食结构差异逐步缩小

2000~2022年，城镇居民膳食体系中，植物性食物比例由78.7%下降至71.2%，动物性食物比例由21.3%上升至28.8%（见图5a），农村居民植物性食物比例由90.7%下降至76.7%，动物性食物比例由9.3%上升至23.3%（见图5b）。从城乡比较来看，各类食物消费所占比例的总体变化方向一致，城镇居民的动物性食物消费占比总体高于农村居民。另外，城乡居民膳食结构的差异在逐步减小，农村居民动物性食物消费比例持续提高，膳食结构趋于均衡化。2022年，城镇与农村居民肉类食物消费结构已相当接近，猪肉占比分别为8.4%

和8.2%，禽肉占比分别为3.65%和3.99%。城乡居民膳食结构差异缩小主要是源于城乡收入差异的减小，以及农村居民对营养和健康的认知逐步提高。

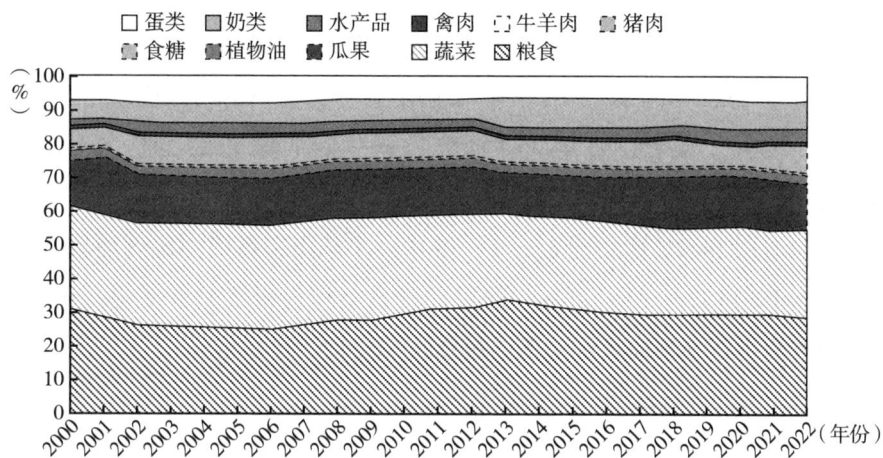

a. 城镇居民人均膳食结构变迁

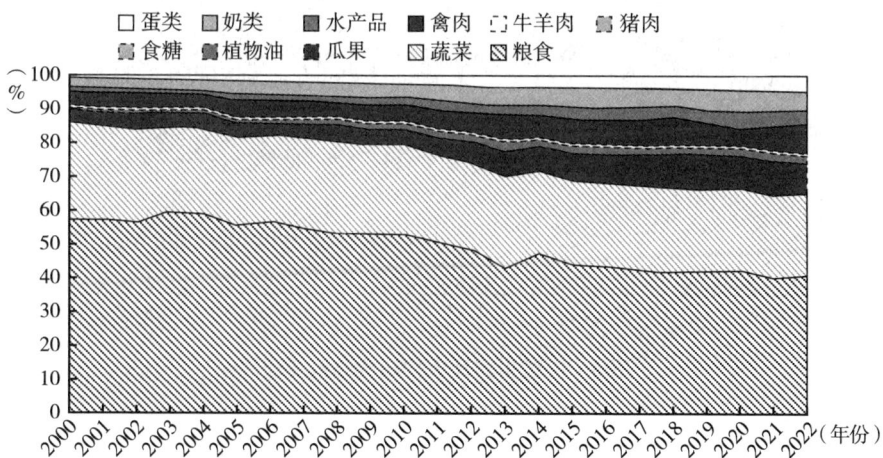

b. 农村居民人均膳食结构变迁

图5 福建省城乡居民人均膳食变迁

2. 居民膳食结构趋于均衡化

总体来看，福建省居民的膳食结构体系中，植物性食物始终占据较大比重（超过70%），动物性食物的所占比例呈增长趋势，居民膳食结构趋于均衡化（见图6）。截至2022年，各类食物占比排名依次为粮食（35.3%）、蔬菜（25.0%）、瓜果（11.0%）、猪肉（8.3%）、水产品（6.9%）、禽肉（3.8%）、蛋类（3.0%）、奶类（2.9%）、植物油（2.5%）、牛羊肉（0.8%）、食糖（0.5%）。2000~2022年，居民植物性食物的比例从2000年的85.8%逐渐降低至2022年的74.2%，反映了居民膳食结构中植物性食物相对重要性下降。其中，粮食、蔬菜和食糖的比例分别下降了27.5%、19.2%和33.1%，瓜果和植物油的占比增加了35.5%和46.7%。而居民动物性食物的比例相应地从14.2%增加到25.8%，其中，牛羊肉和禽肉的比例增幅最大，达到166.1%和123.6%。可见，居民的膳食结构发生了显著变化，从以植物性食物为主逐渐转向更加均衡的植物性与动物性食物结合。

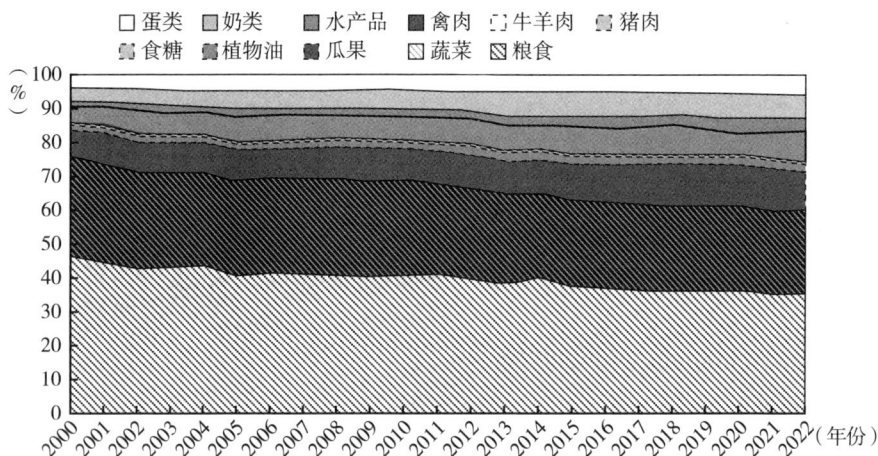

图6　福建省居民人均膳食结构变迁

三　福建省城乡膳食耕地足迹演变

采用 Kastner 和 Nonhebel[1] 的研究方法计算膳食耕地足迹，用以反映各

---

① Kastner T., Nonhebel S., Changes in Land Requirements for Food in the Philippines: A Historical Analysis. *Land Use Policy*, 2010, 27（3）: 853-863.

类食物在生产过程中需求的耕地面积，其计算公式如下：

$$L_{Pi} = \frac{x_i}{E_i \times F_i} \times \frac{1}{c} \tag{1}$$

$$L_{Ai} = \frac{x_i}{E_i \times F_i} \times \frac{H_i}{c} \tag{2}$$

$$L_T = L_i \times Pop \tag{3}$$

式（1）～（3）中，L_{Pi} 为人均第 i 类植物性食物所需耕地面积（m^2）；L_{Ai} 为人均第 i 类动物性食物所需耕地面积（m^2）；x_i 为人均第 i 类食物消费量（kg）；E_i 为第 i 类食物转化为对应等效农作物的转化率（%），粮食、蔬菜、瓜果、植物油、食糖和动物性食物对应等效农作物分别为粮食作物、蔬菜和水果、油料作物、糖料作物和用于饲料的粮食作物，原始农作物转化为相应食品的转化率为粮食作物75%、蔬菜80%、水果90%、油料作物30%、糖料作物15%[①]；F_i 为第 i 类食物对应等效农作物单位面积农作物产量（kg）；c 为复种指数（%）[②]；H_i 为耗粮系数（kg/kg），动物性食品的耗粮系数为猪肉3.3kg/kg、牛羊肉2.6kg/kg、禽肉2.1kg/kg、水产品2.3kg/kg、蛋类2.5kg/kg、奶类2.3kg/kg[③]；Pop 为人口数量（万人）[④]；L_i 为第 i 类植物性或动物性食物人均所需耕地面积（m^2）；L_T 第 i 类食物总耕地足迹（m^2）。

（一）居民人均膳食耕地足迹先升后降城乡同步

2000～2022年，福建省城乡居民的人均膳食耕地足迹均呈现出先升后降、总体上升的趋势（见图7）。城镇居民人均膳食耕地足迹由2000年的

[①] Zhu Y. Y. , Wang Z. W. , Zhu X. H. , New Reflections on Food Security and Land Use Strategies Based on the Evolution of Chinese Dietary Patterns. *Land Use Policy*, 2023, 126（3）: 106520.

[②] 复种指数为农作物总播种面积与耕地面积的比率。耕地面积数据来源于《福建统计年鉴》和自然资源部国土调查成果共享应用服务平台（https://gtdc.mnr.gov.cn/Share#/）。

[③] 动物性食品的耗粮系数来源于《全国农产品成本收益资料汇编2002—2021》。

[④] 食物消费量、农作物播种面积、单位面积农作物产量、城乡居民人口等数据来源于《福建统计年鉴》（2001～2023年），部分年份缺失值根据内插法进行估算。

464.0m² 增加到 2022 年的 487.8m²，农村居民人均膳食耕地足迹由 2000 年的 540.8m² 增加到 2022 年的 577.5m²。前期城镇居民的整体人均膳食耕地足迹增速大于农村居民（城镇增加 80.2%，农村增加 61.8%），2016 年达到峰值，城镇居民人均膳食耕地足迹 835.9m²，农村居民人均膳食耕地足迹为 875.1m²。城乡居民人均膳食耕地足迹的增加主要受膳食结构变化的影响，居民人均动物性食物耕地足迹增加的幅度大于其植物性食物足迹减少的幅度。而后期农村居民的整体人均膳食耕地足迹降速小于城镇居民（城镇减少 41.6%，农村减少 34.0%），城乡居民人均膳食耕地足迹的减少主要受农业生产力发展①、食物等效农作物单产水平和复种指数提高的影响，其中，2017 年出现断层式减少，主要因第三次全国土地调查的耕地认定标准调整而导致耕地面积减少。

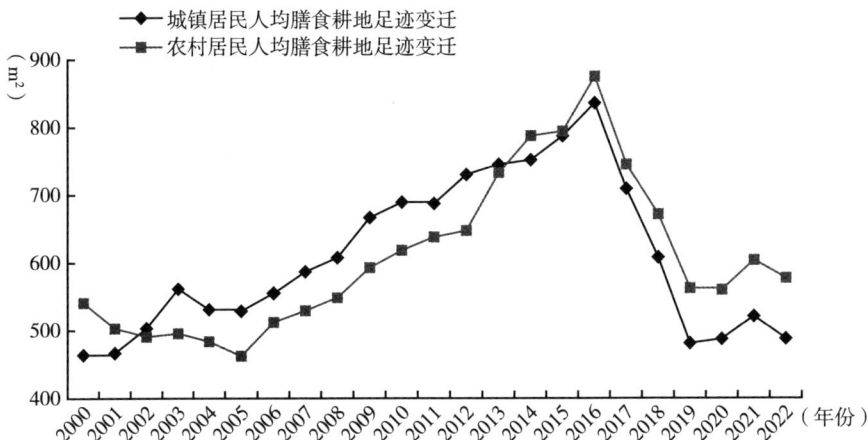

图 7　2000~2022 年福建省城乡居民人均膳食耕地足迹变迁

（二）动物性食物耕地足迹增加显著，农村增幅高于城镇

从人均膳食耕地足迹的结构来看，城镇与农村居民人均植物性食物耕地

---

① 余慧容、杜鹏飞：《城乡居民膳食结构变迁对耕地资源的影响——基于 1981—2019 年中国城乡居民食物消费数据》，《中国土地科学》2022 年第 8 期。

足迹均呈现下降趋势（见图8）。2000～2022年，城镇居民人均植物性食物耕地足迹由253.6m² 下降到199.8m²，降幅为21.2%，降幅排名依次为瓜果（62.1%）、食糖（45.2%）、蔬菜（40.8%）、植物油（15.0%）和粮食（7.0%）。农村居民人均植物性食物耕地足迹由401.3m² 下降到285.5m²，降幅为28.9%，其中蔬菜、粮食和瓜果分别下降了49.8%、39.2%和21.4%，植物油涨幅显著，增加了171.8%，食糖增加了16.9%。城镇与农村居民人均动物性食物耕地足迹增加显著，农村增幅高于城镇。2000～2022年，城镇居民人均动物性食物耕地足迹由210.5m² 增加到287.9m²，增幅为36.8%，其中牛羊肉、禽肉和猪肉的增幅较大，分别为85.6%、64.5%和47.5%。农村居民人均动物性食物耕地足迹由139.5m² 增加到292.0m²，增幅为109.3%，其中奶类、牛羊肉、蛋类、禽类增加了13.4倍、5.1倍、1.5倍和1.3倍。与富裕饮食模式相关的动物性食物耕地足迹的增长，预示着未来居民食物消费耕地需求将面临巨大压力。[1]

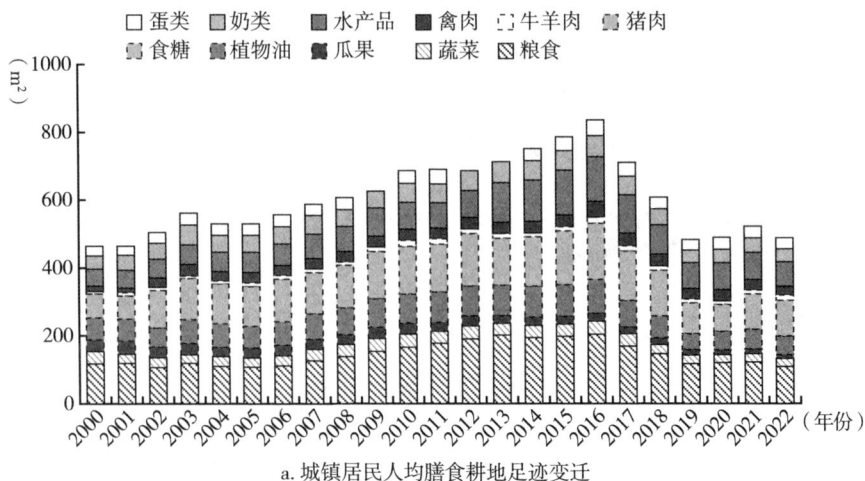

a.城镇居民人均膳食耕地足迹变迁

---

[1] 刘春霞、王芳：《基于居民食物消费模式的中国耕地需求动态变化分析》，《中国生态农业学报》2018年第8期。

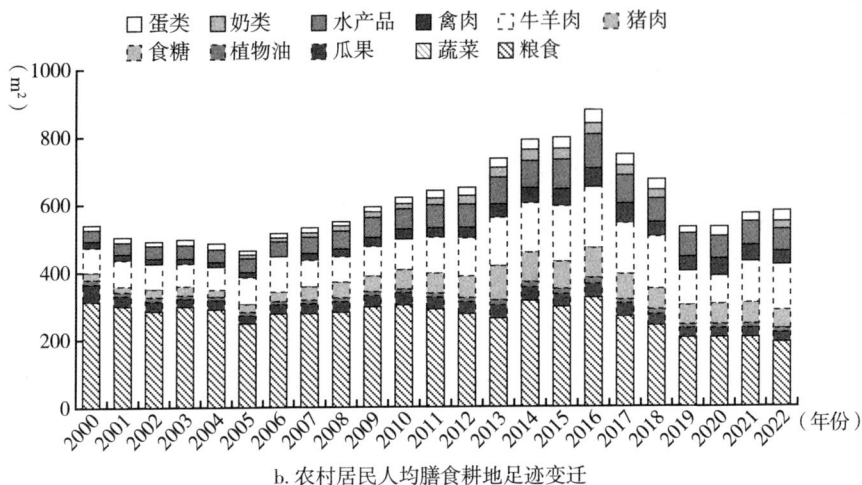

b. 农村居民人均膳食耕地足迹变迁

图8　2000~2022年城乡居民人均膳食耕地足迹结构

（三）居民总膳食耕地足迹波动上升，城镇与农村变化趋势相反

2000~2022年，福建省居民的总膳食耕地足迹呈现波动上升的趋势，由2000年的173.4亿 m² 增加到2022年的215.5亿 m²，增幅24.3%（见图9），表明居民膳食结构升级对耕地的需求进一步加大。其中，城镇居民

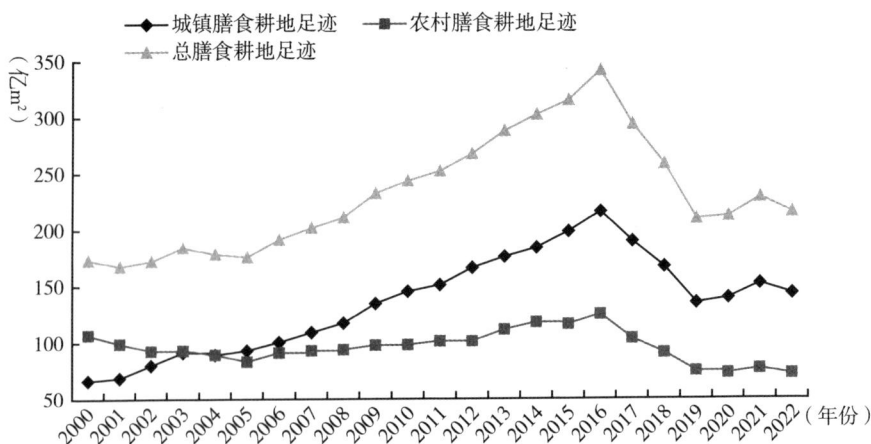

图9　2000~2022年城乡膳食总耕地足迹

膳食总耕地足迹由 2000 年的 66.5 亿 m² 增加到 2022 年的 143.3 亿 m²，增幅 115.5%。相反，农村居民的总膳食耕地足迹则从 107.0 亿 m² 减少到 72.3 亿 m²，减少了 32.5%。

膳食耕地足迹的变迁是城乡居民人均动物性食物膳食消费量与结构比重大幅度增加的结果，同时还与城乡人口变动密切相关（见图 10），随着中国

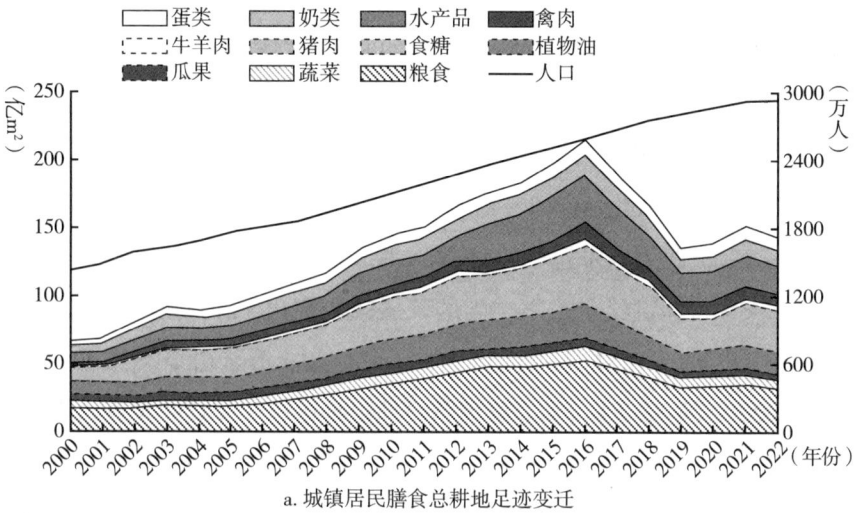

a. 城镇居民膳食总耕地足迹变迁

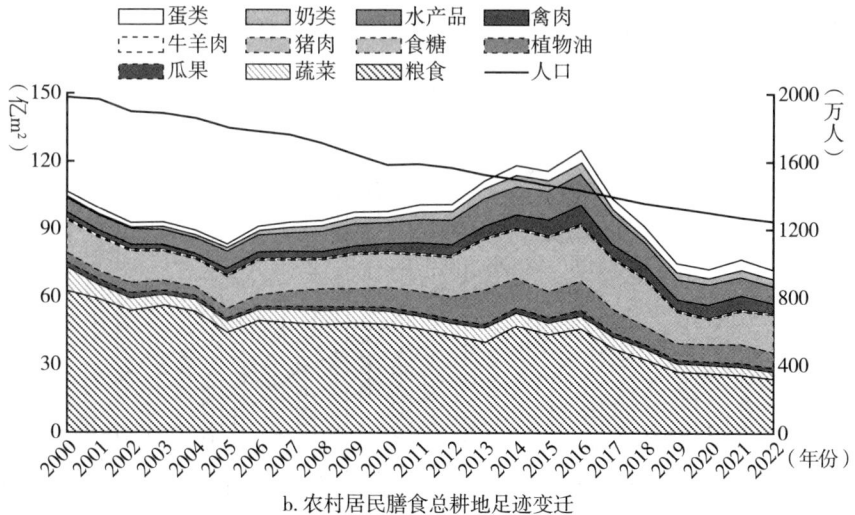

b. 农村居民膳食总耕地足迹变迁

图 10　2000~2022 年福建省城乡居民膳食总耕地足迹变迁

城镇化进程的加速，城市居民数量迅速增加而农村居民数量整体下降。福建省城镇人口从 2000 年的 1432 万人增加至 2022 年的 2937 万人，增长了 105.1%，而农村人口由 1978 万人减少至 1251 万人，减少了 36.8%。

（四）耕地自给率总体呈现下降趋势

2000~2022 年，福建省耕地自给率先下降后小幅上升，总体呈现下降趋势（见图 11）。2000~2008 年，人口增长和食物消费增加导致总膳食耕地足迹增长，城市化加速和耕地"非农化"利用也导致耕地面积减少，耕地自给率由 68.5% 下降至 61.1%，耕地资源缺口逐步显现。2008~2016 年，随着经济的发展，城市化加速以及城乡居民膳食结构升级，人均膳食耕地足迹增加，对耕地资源的需求也随之增加，耕地自给率持续下降，由 61.1% 下降至 39.2%，耕地供给与需求之间的矛盾较为突出。2017 年后，耕地面积减少，膳食耕地足迹小幅下调，耕地自给率波动上升，由 2017 年的 41.0% 上升至 2022 年的 42.7%，主要原因是耕地保护措施和有效的农业政策支持，促使耕地的产出效率和生产能力提高。总体来看，随着时间的推移，福建省耕地资源乃至食物供给仍然面临较大的挑战，耕地自给率的减少意味着对外部食物来源的依赖增加，从而增加了食物安全的潜在风险。

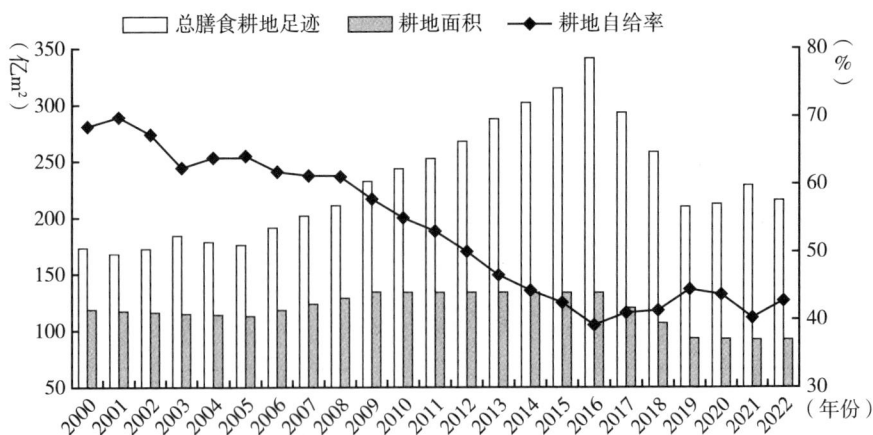

图 11 2000~2022 年福建省耕地自给率变化

190

四　福建省耕地利用与食物供给特征

联合国粮农组织指出，食物自给率是衡量食物安全的重要指标之一，是指一个国家或地区通过本国（地区）生产满足其食物需求的程度，通过生产的食物占总消费的百分比进行测算。[①] 提高地区食物自给率可以有效应对外部突发事件的冲击，是保障区域粮食安全的重要手段。

（一）耕地"非粮化"种植率呈现上升趋势

2000~2022 年，福建省耕地粮食作物播种面积持续下降，耕地"非粮化"种植率总体呈现上升趋势。粮食作物播种面积由 2000 年的 182.85 万公顷减少至 2022 年的 83.76 万公顷，降幅达 54.2%；而非粮食作物播种面积由 96.48 万公顷减少至 90.03 万公顷，下降 6.7%，耕地"非粮化"种植率由 34.5% 上升至 51.8%（见图 12）。福建省作为全国粮食主销省份，粮食生产的外部依赖度较高，需进一步落实耕地保护和粮食生产的激励机制，稳定并逐步恢复粮食产能，提高粮食在内的食物可持续供给能力和抵御风险能力。

（二）饲料粮需求大幅上涨，耕地粮食自给率低

2000~2022 年，福建省耕地粮食自给率持续下降，由 63.2% 下降至 30.1%（见图 13）。原因有两个方面：一方面，耕地面积减少，以及耕地"非粮化"种植趋势下粮食产量大幅减少，由 845.7 万吨减少至 508.7 万吨，减少了 39.8%；另一方面，虽然居民膳食结构中粮食的占比持续下降，居民口粮需求量总体呈现下降趋势，由 874.5 万吨减少到 646.6 万吨，减少了 26.1%，但是随着居民膳食结构中动物性食物比例的大幅提高，饲料粮需求

[①] 辛翔飞、王济民：《我国粮食自给水平目标设定：研究综述与政策启示》，《自然资源学报》2019 年第 11 期。

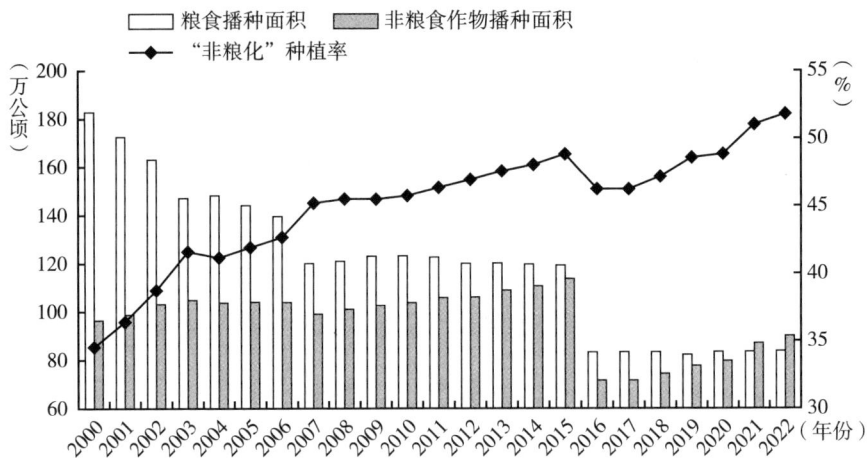

图12 2000~2022年福建省耕地"非粮化"种植率变化

上涨显著，由2000年的476.8万吨增加至2022年的1041.2万吨，涨幅达118.4%。可见，粮食产量下降、口粮需求的相对稳定、饲料粮需求的大幅增长共同导致了粮食自给率的下降，因而提高粮食生产效率、增加粮食产量，特别是优化粮食生产结构，是满足城乡居民多样化食物需求与确保粮食安全的重要手段。

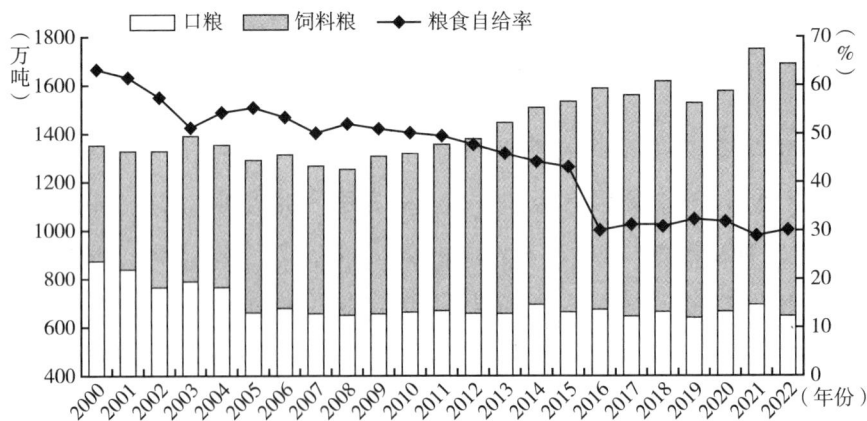

图13 2000~2022年福建省耕地粮食自给率变化

（三）耕地"食物化"利用以蔬菜为主，产量呈现增长趋势

耕地"食物化"利用以蔬菜为主，蔬菜产量先升后降，总体呈现增长势头，而油料、瓜果和食糖的产量均出现下降，食糖降幅最大。蔬菜产量由2000年的1099.96万吨增加至2022年的1599.77万吨，增幅45.4%。油料作物由25.79万吨下降至23.61万吨，降幅8.4%。瓜果和食糖（甘蔗）产量也出现明显下降，分别减少了25.5%和65.1%（见图14）。耕地"食物化"利用在一定程度上反映了农业结构的调整和市场需求的变化，需要顺应居民膳食需求变迁趋势，通过科学引导蔬菜、瓜果、油料和糖类等农作物

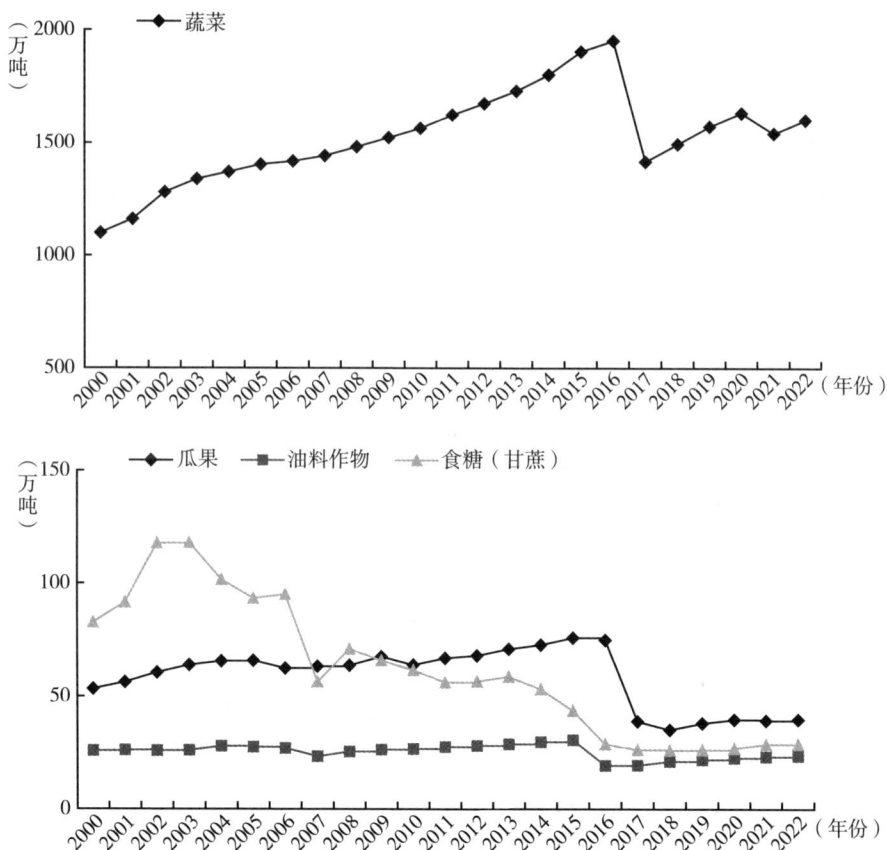

图14 2000~2022年福建省耕地食物自给率变化

的种植，在兼顾口粮安全的前提下，满足居民多样化的食物需求并拓宽农民收入渠道。

（四）耕地各类食物自给率差异显著，植物油缺口较大

2000~2022 年，福建省耕地各类食物自给率波动变化存在显著差异。蔬菜总量供应充足，产量与本地需求量的比值由 2000 年的 2.2 上升至 2022 年的 3.4，在满足本地居民食物需求的情况下还有充足的产量销往外省。瓜果需求量上涨了 86.7%，而产量减少了 25.5%，自给率较低，且下降幅度大，由 50.6% 下降至 20.2%。植物油需求量随着人口增长和消费水平提高，需求量增长速度（94.7%）远超产量的变化速度（减少 8.4%），自给率由39.7% 下降至 18.7%，存在较大的缺口。食糖需求量减少了 30%，但是产量下滑明显（减少 65%），自给率波动较大，由 147% 下降至 73%（见图 15）。耕地不同食物供给能力的差异反映了农业生产的复杂性和多样性，因而农业部门在保障口粮安全的前提下，应合理调整食物、经济作物和饲料作物的种植比例，以市场需求为导向，深化农业供给侧改革，以应对不断变化的市场需求和食物安全挑战。

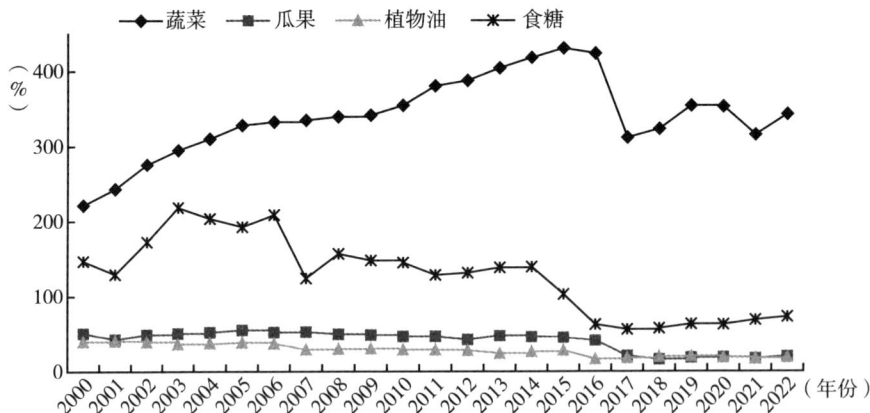

图 15　2000~2022 年福建省耕地主要食物自给率变化

五　大食物观视域下福建省耕地利用转型对策

大食物观突破了传统的以粮食安全为核心的观念，兼顾食物供给和消费端平衡，强调在保障主粮消费和数量安全的基础上，全方位、多途径开发食物资源，包括植物性、动物性以及微生物等多种食物来源，通过构建多元化的食物供给体系来满足人们多样化的食物需求。大食物观不仅关注食物的数量安全，也重视食物的质量、营养以及生态安全，旨在实现食物的充足性、多样性、均衡性、稳定性和可持续性。

大食物观是新发展阶段耕地利用转型的重要引领，是促进耕地资源可持续利用，服务于国家食物安全战略的关键举措。针对福建省居民食物消费结构的变化，特别是对高营养价值的动物性食物的需求增长，耕地利用转型应立足耕地食物供给现状特征，着力构建耕地资源安全与食物供给安全双重保障体系，实施耕地刚性管制和弹性调控协同管控模式，加快耕地质量提升与空间格局优化，同时多方位拓展食物来源，充分发掘和利用各类自然资源的食物供给潜力。

（一）构建耕地资源安全与食物供给安全双重保障体系

首先，实施"藏粮于地、藏粮于技"战略。严格落实高标准农田建设规划，积极采取田块平整、合并与集中连片经营等农田工程措施，推动中低产田改造和农业生态综合治理[①]，提升耕地质量和生产效率，强化永久基本农田重点用于粮食特别是口粮生产。

其次，优化耕地空间分布，合理引导人口-资源-食物协调的农业生产布局。充分考虑水土资源的特性、资源环境承载能力和区域适宜性的差异，合理划分粮食生产区、重要农产品生产保护区以及特色农产品生产功能区等管理区域，稳定粮食产能，发展高效利用耕地和多样化食物生产模式，实现

---

① 宋羽、刘伟平、谢臻：《高标准农田建设政策对种植结构影响的模型评估》，《农业工程学报》2023 年第 17 期。

耕地利用方式与功能升级，优化农业生产结构和区域布局，兼顾粮食安全，提高福建省食物供给的多样性和可持续性。

最后，大力发展现代设施高效农业。建设并利用好以设施农业为代表的"新型耕地"①，合理引导粮食、油、糖、蔬菜、瓜果等农产品以及饲料粮生产，通过设置合理的轮作模式来保障粮食生产和提高本地农产品自给率②，提倡复合种养、有机循环等多元化耕种模式，实现耕地"地尽其用"。

（二）实施耕地刚性管制和弹性调控协同管控模式

对于关键的粮食生产区域，应实行严格的刚性管制措施，保证这些区域的耕地主要用于稳定的粮食生产，维护粮食供给安全；对于非关键粮食生产区域，可采取弹性调控策略，鼓励和支持发展特色农业和高附加值作物。在实施耕地刚性与弹性利用分区系统管制时，还需设计一套基于管控强度差异的耕地发展权补偿模式，以平衡粮食生产的稳定性与农业多样化发展的需求。

一方面，对于处于刚性管制区域的耕地，尤其是那些专门用于粮食作物种植的耕作主体，通过提高粮食作物的最低收购价、给予直接的财政补贴或增加对粮食生产关键投入（如肥料、种子）的补贴等经济手段，强化耕地利用主体的激励措施，通过确权登记、流转登记等产权手段，借助耕地种植监测、卫片执法等监管手段，落实耕地刚性管制措施。

另一方面，明确"弹性调控"的目标和对象范畴，在弹性调控区内的耕地，在不破坏耕作层和粮食供给的前提下，对接食物消费市场需求与地区产业优势，以一定的优先序引导耕地合理"食物化"利用，鼓励和引导耕作主体种植高附加值作物，提供技术支持和市场推广帮助，以及适当的财政激励，以促进耕地食物供给的多样化和保障农民收入。

（三）加快耕地质量提升与空间格局优化

首先，对福建省各县级行政区域的耕地供需进行合理预测和科学规划。

---

① 柯新利：《关于耕地保护与利用的新思考》，《中国土地》2023年第9期。
② 吴宇哲、许智钰：《大食物观下的耕地保护策略探析》，《中国土地》2023年第1期。

基于居民食物消费和膳食结构变迁特征，进行年度规划的动态调整，定期监测和评估耕地利用情况，优化耕地"占补"和"进出"的双平衡政策，明确耕地恢复的优先序，将永久基本农田范围内"非粮化"耕地和违规占用耕地的地块优先恢复为耕地，实现耕地"保质保量"。

其次，基于耕地适宜性评价开展国土空间整治。明确适宜转为耕地的后备资源，确保耕地被占用后能够及时补入足额的优质耕地。遵循"宜林则林、宜草则草、宜湿则湿、宜荒则荒、宜沙则沙"的原则，将稳定性较差的耕地转换为更适宜的农用地或用于农业设施建设，合理优化各种食物生产空间布局。[1]

最后，推动耕地利用绿色转型。通过鼓励轮作、少耕、有机农业和综合病虫害管理等可持续耕作技术，减少环境危害，提升农产品的质量和生态效益。建立综合考虑耕作方式转变的差别化激励补偿机制，鼓励农户和农业企业在耕地利用过程中兼顾生态安全、生产发展、总量保障和质量提升。

（四）充分发掘和利用各类自然资源的食物供给潜力

福建省应充分发掘和利用其丰富的山地、森林和海洋资源，从单一的耕地资源食物供给体系向整个自然资源转变，多方位拓展食物来源，发展与之相适应的特色农业产业。例如，在适宜的山区发展茶叶、食用菌、果树等高附加值作物，在沿海区域大力发展水产养殖业，如海带、牡蛎、大黄鱼，优化渔业养殖结构，加快推进深远海设施养殖发展，打造"蓝色粮仓"，在森林地区发展木本粮油产业、干鲜果品、笋竹和林下畜禽养殖，探索林果、林药、林菌等多种森林复合经营模式等，这不仅能够提升农产品的市场竞争力和农民的收入水平，对于平衡动、植物性食物供应，降低居民对动物性食物、植物油等食物消费的对外依赖性也具有重要意义。

---

[1] 边天夏、王梦成、黄贤金等：《大食物观视角下耕地"非粮化"治理逻辑与策略》，《规划师》2023 年第 11 期。

B.10
福建省集体林权制度改革报告

洪燕真*

摘 要： 福建省是集体林权制度改革策源地和先行区，20多年来，福建省积极稳妥推进集体林权制度改革，相关改革也取得了显著成效，有效激发了集体林的经营活力，特别是在加快放活林地经营权、促进林业适度规模经营、完善社会化服务体系等重要领域和关键环节，取得了重大突破，形成了众多可复制可推广的经验做法，但是林木所有权权能仍需健全、林业可持续经营能力仍需加强、生态产品价值转化路径仍需完善，亟须以《深化集体林权制度改革方案》的出台为契机，从健全现代林业产权制度、强化林业可持续经营机制、畅通生态产品价值实现机制、完善林业现代化治理体系等层面推动改革走入深水区，进一步促进林业高质量发展。

关键词： 集体林权制度 林业现代化 福建省

一 引言

集体林权制度改革是习近平总书记谋划、部署、推动的一场农村重大改革，触及1亿多农户的林地产权问题。2002年6月，时任福建省省长的习近平到武平调研集体林权制度改革情况，对武平集体林权制度改革给予充分肯定，并强调指出"林改的方向是对的，关键是要脚踏实地向前推进，

---

* 洪燕真，管理学博士，福建农林大学经济与管理学院农林经济管理系教授、主任，博士研究生导师，主要研究领域为林业经济理论与政策。

让老百姓真正受益"①。作为集体林权制度改革的策源地和前沿阵地，福建的集体林权制度改革由来已久。早在 1999 年，为进一步解放和发展生产力，推进林业由计划经济向市场经济转变，福建省龙岩市委、市政府出台《关于深化林业经济体制改革的决定》。2002 年 8 月，福建省林业厅在武平县召开集体林权制度改革研讨会，总结武平集体林权制度改革试点经验。2002 年底，福建省委、省政府出台了《福建省加快人工用材林发展的若干规定》，提出实行林权制度改革。2003 年，在总结武平县集体林权制度改革经验的基础上，福建省人民政府出台《关于推进集体林权制度改革的意见》。2006 年，福建省委、省政府出台《关于深化集体林权制度改革的意见》。2009 年 11 月福建省第十一届人民代表大会常务委员会第十二次会议审议通过了《福建省林权登记条例》。2013 年 8 月，福建省人民政府出台了《关于进一步深化集体林权制度改革的若干意见》，福建省进入全面深化集体林权制度改革阶段。2016 年 6 月，福建省政府办公厅又出台了《关于持续深化集体林权制度改革六条措施的通知》。

总体而言，福建的集体林权制度改革大致可分为四个阶段。主体改革基本于 2006 年完成，该阶段通过分山到户，实现了"山定权、树定根、人定心"，开全国集体林权制度改革之先河。2006～2009 年为配套改革阶段，该阶段主要是推进配套改革，还权于民、还利于民，初步实现了"山有其主、主有其权、权有其责、责有其利"的目标。2009～2013 年的巩固提升阶段则主要是对明确产权主体改革工作进行总结回顾与排查整改，并针对性地进行补缺补漏，进一步巩固和拓展集体林权制度改革成果，实现了"资源增长、林农增收、生态良好、社会和谐"的目标。从 2013 年起至今则是全面深化阶段，这一阶段的集体林权制度改革，主要是对集体林经营体制机制的健全与完善，进一步放活集体林经营权，让广大林农从经营林业中得到实实在在的收益，真正实现"社会得绿、林农得利"。2023

---

① 2002 年，时任福建省省长的习近平在龙岩市武平县调研时强调指出，"林改的方向是对的，关键是要脚踏实地向前推进，让老百姓真正受益"。

年 9 月 17 日，《深化集体林权制度改革方案》（以下简称《方案》）由中共中央办公厅、国务院办公厅联合下发，这一改革再次被赋予了新的时代内涵。《方案》不仅是党的二十大以来，党中央、国务院在集体林权制度改革领域发布的首个重要文件，更为新时代、新征程下的改革绘制了宏伟蓝图，提供了明确的行动纲领。2024 年 2 月 25 日，中共福建省委、福建省人民政府印发《福建省建设全国深化集体林权制度改革先行区实施方案》，明确提出目标任务：加快建设权属清晰、责权利统一、保护严格、流转有序、监管有效的集体林权制度，持续推进现代林业强省建设，着力打造全国深化林改先行区。20 年多来，福建省委、省政府始终牢记习近平总书记的嘱托，持续深化改革、推进发展，为全国林改探路子、出经验、做示范，丰富和完善了农村土地经营制度，解放和发展了农村生产力，有力促进了乡村振兴和生态文明建设。

二 福建省深化集体林权制度改革实践

近年来，福建省在总结过往集体林权制度改革经验教训的基础上，认真落实党中央、国务院以及福建省委、省政府关于生态文明建设和深化集体林权制度改革的决策部署，以南平市、三明市和龙岩市 3 个国家级和 15 个省级林业改革发展综合试点为抓手，持续深化集体林权制度改革，并于 2023 年在全省遴选并推广第一批 14 个林业改革发展典型案例。上述试点经验得到党中央及国务院的充分肯定和吸收，2023 年 9 月中共中央办公厅、国务院办公厅印发的《深化集体林权制度改革方案》明确支持福建省创建全国深化集体林权制度改革先行区。概括来讲，近年来福建省主要在以下几个方面先行先试，持续推进集体林权制度改革。

（一）加快放活林地经营权

福建省鼓励流转林地经营权，推广林权资产折资量化的林票运行机制。并通过微信公众号进行宣传。特别是总结推广南平"森林生态银行"、三明

"林票"、漳州"地票"等经验做法，森林生态银行合作面积已达 12.39 万亩，三明新制发林票 7.28 亿元，漳州推行"两票"2966 亩、803 万股。①2023 年 9 月 8 日，围绕"推动建立生态产品价值实现机制"专题远程协商议政，全国政协主席王沪宁在与三明将乐常口村视频连线时，深入了解林票、碳票等深化林改工作。2023 年福建省新增林权流转 246.7 万亩，占年度任务的 123.4%，并指导沙县农村产权交易中心与上海农村产权交易所合作，全年累计完成林业类产品成交 1692 宗，成交总金额为 9.83 亿元。②

1. 南平市"生态银行"探索

南平市创建"生态银行"是加快推进集体林权制度改革"三权分置"落地见效的一大探索。为加快推动生态优势有效转化为经济优势，南平市于 2017 年正式提出并启动了"生态银行"建设项目。2018 年，顺昌县创新性开展"森林生态银行"试点。"森林生态银行"并不是真正意义上的银行，而是借鉴商业银行分散化输入和集中式输出的模式，建立自然资源管理、开发、运营平台，对碎片化的生态资源进行集中收储和规模化的整合优化，转换成连片优质高效的资源包，并委托运营商进行经营，实现生态保护前提下的资源、资产、资本三级转换，推动绿水青山转化为金山银山。

以南平市顺昌县为例，一是搭建资源向资产、资本、资金转化的平台。"森林生态银行"通过建立森林资源资产运营管理平台，将碎片化的森林资源进行集约化整合，由专业团队进行运营增值，让林农获得长期持续稳定的收益，从而将资源转变成资产、资本和资金，使生态产品有了价值实现的基础和渠道。截至 2023 年 12 月，顺昌县"森林生态银行"已导入林地面积 10.35 万亩，其中赎买商品林 5.7 万亩、合作租赁 4.65 万亩；办理林权抵押融资担保贷款 3.56 亿元，惠及林农 1558 户。二是提高资源价值和生态产品供给能力。通过科学管护和规模化、专业化经营，森林资源质量、资产价

① 福建省林业局改革发展处：《2023 年工作总结及 2024 年工作思路》，2024 年 1 月，福建省政协农业和农村委员会转。

② 福建省林业局改革发展处：《2023 年工作总结及 2024 年工作思路》，2024 年 1 月，福建省政协农业和农村委员会转。

值和森林生态系统承载能力不断提高，林木蓄积量比碎片化、粗放经营平均增加 30%~50%，特别是杉木林主伐时的亩均蓄积量达到了 $16~19m^3$，是全国平均水平的 3 倍；森林生态系统的涵养水源、净化空气等生态服务功能不断提升。通过"森林生态银行"的集约经营，部分林区每亩林地的产值增加 2000 元以上，单产价值是普通山林的 4 倍以上。三是创新多主体、市场化的生态产品价值实现机制。通过对接市场、资本和产业，先后启动了华润医药综合体、板式家具进出口产业园等项目，推动生态产业化；积极对接国际需求，将 30.31 万亩林地、2.19 万亩毛竹纳入 FSC 国际森林认证范围，为规模加工企业产品出口欧美市场提供支持，实现了森林生态"颜值"、林业发展"素质"、林农生活"品质"共同提升。

2.三明市"林票制度"探索

2019 年 10 月，三明市在全国率先开展以"合作经营、量化权益、市场交易、保底分红"为主要内容的林票制度改革试点，制定出台了《三明市林票管理办法》和《三明林票基本操作流程》，有效解决了林业难融资、林权难流转、资源难变现、林分质量难提高、各方难共赢等问题。

通过引导国有单位采取现有林出让经营、委托经营和采伐迹地合资造林、林地入股等模式，与林农、村集体开展合作经营，把合作经营林地林木资产折资量化，以林票形式发放给林农，通过交易流转、抵押贷款、制发单位兜底回购等方式，使林农获得更多收益，也让林权流转更顺畅、融资更灵活、资源变现更便利。三明市累计制发林票 7.28 亿元，惠及林农 7.82 万人，带动试点村每年村财增收 5 万元以上。2023 年，三明市以沪明对口合作为契机，借助上海专家团队力量，创设林业生物资产票据（林票 2.0），建立林票公开登记系统，积极推动保险和信托机构认购，开创了社会资本直接投资林业的新路径。首批开发林业生物资产票据面积 4928 亩、金额 2104万元，并在第十八届林博会上发布。①

---

① 福建省林业局改革发展处：《2023 年工作总结及 2024 年工作思路》，2024 年 1 月，福建省政协农业和农村委员会转。

3.漳州市"地票制度"探索

漳州市依托其地区林木轮伐周期短、社会投资热情高的独特优势,积极稳妥地推进集体林权制度创新。针对传统林权制度中所有权、承包权、经营权"三权"分置不清、权益不均、变现不易等问题,2022年漳州市在全国率先探索并推行林业"地票"改革试点。此举不仅明确了各方权益,而且充分激发了市场活力,走出了一条"集体得财、林农得益、经营得利、社会得绿"的共赢之路。

在持续放活集体林地经营权的基础上,漳州市将改革重心进一步向巩固集体林地所有权和承包权转移。为此,漳州市出台了《林业地票、林票管理办法(试行)》,旨在引导集体林地所有权人和承包权人通过"地票"兑现权益,而林木所有权人和经营权人则通过"林票"兑现权益。这一创新举措不仅确保了"林是林,地是地,林地是林地,林木是林木",还强化了村集体作为林地所有权人的主体功能,实现了"三权"的清晰分置。

截至2022年底,漳州市已在两个村铺开了首批改革样地,涉及面积4633亩,其中实施试点744亩。为确保改革的顺利进行,漳州市发放了地票58.9万股、林票253.7万股。这一举措不仅确保了林权人的合法权益,还为社会资本进入林业领域开辟了新途径。[①]

漳州市始终坚持"有产者有权、有权者有益"的原则,将"三权"落实到"票"上,并逐步落实到"利"上。依托省属国有林场的资金和技术优势,漳州市针对不同经营项目的立地条件和森林结构,科学编制森林经营计划,实行集约化规模经营。此举不仅支持了村集体通过林业地票参与项目分红,还确保了所有权人和承包权人能共享林地(林木)的增值收益,有效防范了林地大流转后的林农利益大流失风险。漳州市还积极探索政府主导、社会参与、市场运作、可持续的生态产品价值实现路径。通过组织林业、人行、银保监和金融监管等部门协同加强林地"两票"的审核、发放

---

① 福建省林业局改革发展处:《2023年工作总结及2024年工作思路》,2024年1月,福建省政协农业和农村委员会转。

和交易监管，确保了林地资源的合理利用和增值。此外，漳州市还自主搭建了林业票证管理平台和林业交易平台，对地票林票进行全流程一体化管理。这一举措不仅简化了贷款流程，还降低了融资成本，为社会资本进入林业领域提供了便利。

漳州市的集体林权制度改革实践，不仅破解了传统林权制度中的难题，还探索出了一条符合地方实际的绿色发展之路。这一实践不仅为其他地区提供了可借鉴的经验，也为全国集体林权制度改革提供了宝贵的实践案例。

（二）促进林业适度规模经营

福建省致力于推动新型林业经营主体的标准化建设，不仅积极培育新型林业经营主体，而且支持多元化的林业经营主体通过多种形式进行联合经营，以优化林业资源配置，促进林业适度规模经营。一是在前期充分调研的基础上，2023年，福建省在全省范围内完成了164家新型林业经营主体的标准化建设，有效带动了342家新增经营主体，这一数字已超出年度目标的171%。这一显著成绩不仅体现了福建省在新型林业经营主体培育方面的努力，也彰显了其在促进林业适度规模经营方面的积极成果。二是福建省还积极与省农信社对接，在建瓯市率先开展了新型林业经营主体的建档及信用评级工作。这一创新举措旨在提升经营主体的信用意识，优化林业金融服务，为林业可持续发展注入新的活力。三是福建省还通过举办林改培训班，发布新型林业经营主体的相关信息，为各方提供了一个交流合作的平台。这些举措共同推动了福建省新型林业经营主体的发展，为林业现代化进程注入了新的动力。

近年来，面对第一轮集体林权制度改革带来的红利逐渐消退，以及农村劳动力大量外流的双重挑战，福建省采取了一系列创新措施来推动林业的持续发展。一方面，福建省建立了国有林场的差异化绩效激励机制，鼓励国有林场和林业龙头企业等专业机构与村集体和林农展开深度合作。这种合作以股份合作、托管经营等多种形式出现，将分散的"小山"整合成连片的"大山"，通过专业化的经营管理提升效益，实现多方共赢。这不仅防止了林农简单地将山林一卖了之，也确保了山林资源的可持续利用。从 2021 年到 2023 年，随着合作模式的深入和成熟，村集体和林农的合作意愿不断增强。通过与投资集团合作成立公司，福建省加速了林业资源的整合进程，进一步巩固了林场、企业、村集体和林农之间的利益关系。以三明市为例，作为国家级林业改革试点，该市新增场村合作、村企合作面积达 10.6 万亩。另一方面，福建省还致力于培育一批规模大、效益好、能力强的新型林业经营主体，以扩大其在林业领域的覆盖面，推动林地经营向更加专业化和规模化的方向发展。以省级林业改革试点永安市和尤溪县为例，截至 2023 年，永安市新增了 357 家新型林业经营主体，经营面积达 130.99 万亩，其中还包括 10 家"公司+基地+农户"合作模式的经营主体。同时，2 家合作社申报参评"2023 年省级新型林业经营主体标准化建设单位"，并完成了项目的建设和验收工作。[①] 尤溪县也取得了显著进展，截至 2023 年已发展新型林业经营主体 545 家[②]，其中包括国家级示范社 2 家，省级示范社（场）18家，市级示范社（场）32 家，以及省级标准化建设单位 37 家。[③] 这些新型林业经营主体的崛起和发展，不仅提升了林地的产出率和经济效益，而且对周边林农产生了积极的示范和带动作用。通过它们的辐射效应，福建省的林业产业正朝着更加高效、可持续的方向发展。

（三）完善社会化服务体系

福建省致力于扶持和发展多种林业专业服务组织，这些组织涵盖了资源培育、森林管护、林木采伐、病虫害防治以及调查设计等多个方面。通过增强这些组织的专业化服务能力，福建省有效促进了小农户与现代林业发展的有机结合。

---

① 永安市林业局：《永安市林业改革发展综合试点工作总结》，2023 年 10 月，福建省政协农业和农村委员会转。

② 尤溪县林业局：《尤溪县林业改革发展综合试点工作总结》，2023 年 10 月，福建省政协农业和农村委员会转。

③ 尤溪县林业局：《林改再升级森活新尤溪——尤溪县深化集体林权制度改革工作情况汇报》，2024 年 1 月，福建省政协农业和农村委员会转。

2023 年，福建省成功争取到省财政安排的林业贷款贴息资金 1625 万元。同年，新增的"闽林通"系列贷款累计达到 24.16 亿元，累计总额达到 149.66 亿元。这一举措使得受益农户数量显著增加，新增受益农户 1.02 万户，累计受益农户达到 11.27 万户。在森林保险方面，福建省继续推广森林综合保险承保机构的市场化竞争机制，并提高了每亩保费，由原来的 1.5 元提高到 1.8 元，以更好地保障林农的利益。① 为了推进林木采伐管理制度的改革，福建省林业局与资源管理处联合下发了相关通知，扩大了林木采伐改革试点的范围，并全面推行了林木采伐告知承诺制。此外，福建省还积极推动落实中林集团与省政府签订的合作框架协议，以加快国家储备林的建设步伐。为了规范林业有害生物防治服务组织的行为，福建省还印发了相关服务质量评价实施办法，并对全省 181 家这样的组织进行了服务质量评价。在林业科技推广方面，福建省也加大了力度，配合举办了全省农村（林业）实用技术的远程培训 12 期，培训林农约 108 万人次。同时，为了维护林地承包经营关系的稳定，福建省还积极深入基层，化解林地承包经营纠纷。2023 年，全省共调处了 77 件林地承包经营纠纷，涉及面积 4842.3 亩。②

从反馈情况来看，福建省通过不断完善社会化服务体系，各地林改带来的"溢价效应"明显，以武平县为例，该县积极构建社会化服务体系，采用"四统一分"模式——统一菌棒生产、统一栽培技术、统一收购、统一销售和分户管理，大力发展灵芝种植产业。2023 年，武平县新增林下种植紫灵芝面积达到 6800 亩，使得总面积扩充至 3.5 万亩。为进一步延长灵芝产业的价值链，该县还积极培育了 4 家紫灵芝精深加工企业，开发出灵芝茶、灵芝粉、灵芝酒、灵芝孢子粉胶囊等一系列高附加值产品。这一系列举措使得灵芝全产业链产值高达 2.5 亿元，不仅促进了当地经济的快速增长，

---

① 福建省林业局改革发展处：《2023 年工作总结及 2024 年工作思路》，2024 年 1 月，福建省政协农业和农村委员会转。
② 福建省林业局改革发展处：《2023 年工作总结及 2024 年工作思路》，2024 年 1 月，福建省政协农业和农村委员会转。

也为林农带来了更高的收益。武平县的这一成功实践充分展示了完善社会化服务体系对于推动地方特色产业发展、促进乡村振兴和增加农民收入的重要作用。[1]

三 福建省深化集体林权制度改革存在的问题与对策建议

（一）存在的问题

1.林木所有权权能仍需健全

林木所有权是林地经营权的基础，如果林木所有权权能存在不健全的问题，可能会导致林地经营权的行使受到限制或影响。例如，林木采伐管理制度不完善，可能会限制林地的开发利用，进而影响到林地经营权的流转和收益。因此，虽然福建省内林木采伐管理机制的创新已逐步展开，并且"放管服"改革在林木采伐领域也逐渐落地生根，但在采伐限额五年总控、林木采伐承诺制等方面仍存在不足，亟待全面审视与优化。一是林木采伐限额的五年总控实施细则需进一步细化。五年限额总控意味着在五年内设定一个总的采伐量上限，然而，如何将这一限额合理分配到每一年，以及是否应根据每年的实际情况进行动态调整，目前尚未明确。这种模糊性可能导致基层工作人员在执行时感到困惑，甚至可能引发操作上的混乱。随着市场条件、气候变化和林业资源状况的不断变化，每年的采伐需求也可能随之波动。因此，为确保林业经济的活力和可持续发展，应根据实际情况对采伐限额进行动态调整。二是林木采伐承诺制的设计与监管面临挑战。福建省实施承诺制旨在简化审批流程，提高采伐效率。然而，在实际操作中，仍存在一些问题。例如，采伐告知承诺审批的全面实行，对林权所有者申请采伐人工商品林蓄积不超过 $30m^3$ 的，取消了伐区设计、伐前查验等程序。但在实际经营

---

① 中共武平县委、武平县人民政府：《深化林改当标杆 绿色发展做示范》，2023 年 2 月，福建省政协农业和农村委员会转。

中，立地条件好的一类地平均每亩的蓄积量就超过 $20m^3$，这使得大部分林农认为采伐承诺制设计的蓄积量过低，无法满足实际用材需求。此外，由于取消了伐区设计、伐前查验等程序，监管变得尤为重要。然而，目前监管力度仍有待加强，以防止林农违规采伐、超标采伐等问题的发生。三是人工公益林的更新条件需进一步明确。尽管《福建省生态公益林条例》等法规为公益林的更新工作提供了指导，但在实际操作中，关于具体的更新标准、更新时机和更新方式等方面仍缺乏明确规定。这种模糊性可能导致各地在执行公益林更新工作时存在差异，甚至可能引发利益冲突和资源浪费。因此，为确保公益林更新工作的科学性和有效性，应针对不同保护等级制定细化的更新条件，并根据生态保护意识的提高和技术的进步，及时更新和完善相关标准。

2. 林业可持续经营能力仍需加强

从理论层面而言，通过培育新型林业经营主体可以通过流转林地，推动林业规模化经营，从而解决集体林权制度改革的林地破碎化问题。然而，单纯依赖林地流转来解决规模问题，实际上是一个充满约束且进展缓慢的过程，这种现象的成因可以归结为以下几点。一是林地具有独特的禀赋效应和社会保障作用。农户所持有的林地，是基于其农村集体成员身份而被赋予的，这种身份性特征使得林地成为一种人格化的财产，不同于普通的商品。农户对林地具有强烈的生存依赖性和情感联系，因此，林地流转市场不仅仅是一个简单的要素流动市场，更是一个充满身份认同和情感纽带的复杂市场。林地的这种特殊属性，使得通过林地流转来扩大经营规模变得困难重重，从而限制了林业的规模化发展。二是林业本身的自然规律也对规模化经营提出了挑战。森林资源培育具有长周期性，需要持续投入大量的经营资金；同时，林业的经营场所多位于山地，管理难度大；此外，森林资源培育过程中还需应对病虫害防治、森林火灾防范以及林区基础设施建设等多重问题，这使得林业经营风险较高。这些高要求与农户的资本和林地经营水平之间存在一定的冲突，进一步阻碍了规模化经营的发展。三是林业生产效率受林地规模等多种因素影响。规模化经营可以提高土地、资本、劳动力等生产要素的配置效率。然而，如果单纯扩大林地经营规模，而忽略了资本、技术、劳动力以及企业家才能等相关要素的匹配问题，那么林地规模扩张所带来的好处可能会被抵消。四是林地流转的交易成本往往较高。为了将相邻地块集中起来进行规模化经营，经营者需要与众多的小土地所有者进行谈判，这不仅增加了交易成本，还可能引发林地所有者的机会主义行为。同时，对于那些希望通过投资来补充资本的租入方而言，长期的合约变得尤为重要。然而，如果无法达成长期合约，那么投资就会受到阻碍。林地细碎化的现状使得要想实现长期的林地大规模经营，就必须与大量农户达成长期的流转协议，这无疑增加了交易谈判成本和执行成本，使得林权交易的实现困难重重。

3. 生态产品价值转化路径仍需完善

虽然福建省多地已开展生态产品价值（GEP）核算，但在森林生态产品价值的转化方面仍显不足，主要体现在以下两个方面。一是林业碳汇机制尚待完善。目前，林业碳汇市场的发展受到市场机制不成熟、缺乏统一标准和规范、信息不对称等多重因素的制约。这些因素导致林业碳汇的价格不能真实反映其价值，进而抑制了市场的活力和潜力。此外，林业碳汇项目在开发过程中，责任主体不明确、碳汇核证资质审查不严格以及缺乏与政府政策法规的有效对接等问题，也增加了项目的开发难度和成本，使得市场主体对林业碳汇的信心和参与度受到影响。例如，永安市已开发的林业碳票交易面临困难，其现有的 10 万吨碳减排量无法转化为实际的经济价值，这进一步加大了推进林业碳汇改革的难度。[1] 沙县区的农村产权交易中心有限公司虽然以林业碳票为主打产品，但目前尚未实现交易。[2] 二是森林康养产业的差异化业态开发和市场开拓方面仍有待提升。目前，森林旅游和森林康养的发展模式仍处于探索阶段，缺乏具备市场开拓和维护市场秩序的专业销售人才和产业复合型人才。以沙县区为例，其森林康养产业作为综合

---

[1] 永安市林业局：《永安市林业改革发展综合试点工作总结》，2023 年 10 月，福建省政协农业和农村委员会转。

[2] 沙县区林业局：《林业改革发展综合试点工作总结》，2023 年 10 月，福建省政协农业和农村委员会转。

性服务业，涉及林业、养老、健康、中医药等多个领域，具有投资周期长、回报见效慢的特点。因此，社会资本对进入该领域的意愿较低，投资主体相对单一，融资难、成本高和投资周期长等问题限制了其森林康养产业的快速发展。[①]

（二）对策建议

1. 健全现代林业产权制度

福建省的新一轮集体林权制度改革按照所有权要"明"、承包权要"稳"、经营权要"活"、收益权要"保"的要求，以"定权分利"为重点主动调整好生产关系，使之适应新时代生产力发展的要求。一是要强化林业经营权的政策落实。各级自然资源主管部门要严格按照不动产登记发证的有关规定，依法办理林权登记手续。加快制定林权类不动产登记管理操作规范，简化登记办证程序，完善不动产登记信息管理系统，加快林地经营权凭证发放。积极探索融合国土"三调"数据、森林资源管理"一张图"年度更新数据、林权登记数据，做到"三图合一"，最终建立信息共享机制，提高林业管理和服务效率，维护农户长期稳定的林地承包经营权，避免林权纠纷的发生。二是要提升林权流转的规范程度。强化数字赋能林权交易，依托沙县产权交易中心建设线上线下、多级联网的林权交易服务体系，引导林权、大宗林业产品、林票和林业碳汇等产品高效、有序、集中流转。同时，加强林权流转交易的规范性，确保农户的知情权、参与权、表决权和监督权，签订规范的流转合同，明确林权流转的期限、方式、权利、义务等内容。鼓励农户通过平台进行交易，完善林权流转评估机制。三是要深化林木采伐制度改革。遵循新《中华人民共和国森林法》提出的"生长量要大于消耗量"的限额采伐总原则，优化采伐技术规程管理，调整采伐审批制度。积极探索开展

---

① 沙县区林业局：《林业改革发展综合试点工作总结》，2023年10月，福建省政协农业和农村委员会转。

人工商品林林权所有者自主确定采伐类型和主伐年龄试点，让林业经营者拥有更多自主权，在三明市、南平市、龙岩市林业改革综合试点的基础上，扩大集体林木采伐管理制度改革试点范围。支持规模经营主体单独编制采伐限额，允许试点地区自行确定人工商品林采伐类型和主伐年龄。开展重点生态区位商品集体林权制度改革提升工作，允许杉木、马尾松、桉树等人工林按照一般商品林政策进行采伐改造，采伐后则积极引导经营者按时营造乡土阔叶树种或混交林。

2. 强化林业可持续经营机制

林业的可持续经营能有效推进森林资源增量、结构增优、生态增效、景观增色、作用增强，逐渐成为福建省建设人与自然和谐共生现代化的新发力点。一是要完善分类经营制度。一方面要放活商品林的经营权，通过林权流转，积极推行租赁承包、股份合作经营等多种形式，把分散出来的山林集中起来统一规划、集中开发、分户经营，以新型经营主体为单位，组织编制并实施森林经营方案，稳定经营者的利益预期，吸引社会各界力量投资林业。另一方面要规范公益林的经营。以绿色生态产品为导向，允许和鼓励利用林间空地和良好的生态环境开展立体复合经营，提高林业综合效益。二是要推进林地规模化经营。加快推进集体林地"三权分置"改革，鼓励和引导林权所有者采取转包、出租、合作、入股等方式流转林地经营权和林木所有权，引导社会资本投资林业，促使林权流入方与林农建立紧密的利益联结机制，推动适度规模经营。同时，继续开展新型林业经营主体标准化建设，积极培育和建设新型林业经营主体。每年从省级林业专项资金中提取一定数额的资金扶持培育家庭林场、股份林场、林业专业合作社等新型林业经营主体。三是要合理利用资源，提高农户经营积极性。首先，要加大林业补贴力度，扩大补贴覆盖面，通过财政贴息、政策性信贷、保险等金融手段，解决林业经营过程中的资金投入不足及发展风险问题，推动林业经营规模化、集约化、生态可持续化。其次，科学规划森林康养、森林旅游等新兴生态产业发展。依托福建省丰富的森林资源，以市、县所在地及周边区域为发展重点，挖掘特色森林资源、地方人文资源景观与民族特色，大力推进生态旅游发展，增加农户经营林业收入。最后，大力推进林下经济发展，支持农户发展林药、林菌、林蜂、林蛙、林下产品采集加工等林下经济，实现不砍树也致富，加快建立林下经济产品直采直供机制，畅通林下经济产品销售渠道，拓宽农户经营林业的增收渠道。

3.畅通生态产品价值实现机制

为进一步深化政策协同，加强资金支持，应进一步完善生态产品价值实现机制。一是完善林业生态产品调查监测机制。丰富自然资源资产使用权类型，合理界定出让、转让、出租、抵押、入股等权责归属。探索实施农村集体经营性建设用地入市制度，逐步建立集体经营性建设用地市场交易规则。建立完善全省生态产品目录清单及自然资源资产调查、评价和核算制度，完善市县级自然资源资产平衡表制度。二是完善林业生态产品价值评估机制。加快将生态产品价值核算基础数据纳入国民经济核算体系。考虑不同类型生态产品商品属性，建立反映生态产品保护和开发成本的价值核算方法。加快生态产品价值核算规范化，鼓励以生态产品实物量为重点，结合市场交易、经济补偿等手段，探索不同类型生态产品经济价值核算方法。推进生态产品价值核算结果在政府决策、规划编制、绩效考核评价等方面的应用。三是完善林业生态产品经营开发机制。推进生态产品供需精准对接，依托"中国海峡项目成果交易会"等渠道，举办福建生态产品推介活动，加强线上线下资源、渠道深度融合，促进生态产品供给与需求、资源与资本有效链接。四是完善林业生态产品价值补偿机制。根据省、市、县（区）财力情况稳步提高生态公益林补偿、天然林补助标准，突出价值化补偿。加大对重点生态功能区、生态保护红线区域等生态功能重要地区的转移支付力度，继续推进综合性生态补偿试点工作。建立健全跨区域、跨流域司法协作机制，推进环境资源案件跨区划管辖制度改革。五是完善林业生态产品市场交易机制，继续实施森林固碳储碳工程，依法开展碳票制发、交易、质押等业务。深化产权交易改革，开展林票、林业碳票、林业要素招投标产品交易。逐步发展林产品期货市场，开发符合现实经济活动需要的林产品期货品种，如碳中和债、林业碳汇指数等。同时，应因地制宜分批、分期、分层次建立林业期货市场。

4. 完善林业现代化治理体系

随着生态文明体制改革的深入推进和林业全球化的深入发展，以及林业参与主体的多元化和利益诉求的多样化，福建省应按照推进生态文明制度建设的总体要求，把推进林业治理体系和治理能力现代化作为全面深化林业改革的总目标，使之适应生态林业民生林业发展的需要。一是要提高林业信息化水平。加强林业科技研究和投入，提升林业科技成果转化、应用水平，实现林业智能化发展。推进实施智慧林业"123"工程，应用移动互联网、云计算、大数据、物联网、人工智能和无人机等信息化技术装备，加快建设供需融合、用管贯通、人机匹配、绩效挂钩的无人机全覆盖监测体系，着力建设一个林业大数据中心，构建电脑端和移动端两大服务平台，完善资源监管、业务应用、政务服务三大体系，全面提升福建省林业管理信息化水平。二是要创新林业金融服务体系。首先，开发与林业经营相适应的金融产品。为林农、林业企业提供1年期以内短期流动资金贷款和1~3年中期流动资金贷款支持。根据不同林木生产周期，设计推出3~10年的林权抵押贷款等与林木生产周期相匹配的中长期贷款品种。加强与林权收储担保机构合作，大力推广期限10年以上的林权按揭贷款。其次，加快拓宽融资渠道。大力推广武平县金融区块链服务平台建设做法，搭建林业金融线上服务平台。鼓励使用开发性政策性银行贷款投入林业生态建设，促进林业贷款增量拓面。最后，创新金融产品体系。开发更多普惠林业金融、低利率信贷等产品。继续推广"闽林通"系列普惠林业金融产品。三是要完善林业社会化服务体系。支持林业经营性服务组织开展专业性生产服务和市场信息服务，扩大社会化服务的覆盖面。加快培育林业服务中介机构，支持创建林业综合服务队伍，提供造林、防火、防虫等综合服务。鼓励各地采取政府购买、定向委托、奖励补助、招标投标等方式，引导专业服务组织为林业生产经营提供低成本、便利化、全方位的服务，丰富社会化服务种类和范围，提升林业社会化服务水平。四是要健全林业政策服务体系。加大对林区道路建设、管理、维护的资金支持力度，支持林区生产作业道路建设。加大林业智能化技术与装备的研发、引进与推广力度，提高林业生产效率。加强重点林区基层林业站专业管理服务队伍建设，强化服务管理。进一步实施森林综合保险，创新推广林业特色险种，提升森林保险覆盖面，提高森林经营者抗风险能力。

B.11
福建省茶文化、茶产业、茶科技统筹发展报告

纪金雄　陈志丹*

摘　要：　福建省是"茶文化、茶产业和茶科技"统筹理论的孕育地和发源地，全面贯彻落实"三茶"统筹发展理念，对于推进福建省茶产业高质量发展具有重要意义。2021年以来，福建省紧紧围绕统筹做好"茶文化、茶产业、茶科技"这篇大文章推动茶产业高质量发展，取得了显著成效，但在茶文化传承、茶产业升级和茶科技创新方面仍然面临一系列挑战，特别是在三者之间的协调和发展关系方面。为此，需要构建茶文化传承与现代化融合的桥梁、推动茶产业结构的优化与创新升级、加强茶科技研发与产业需求的衔接、建立健全统筹协调机制、强化政策支持和激励机制，以实现茶文化、茶产业、茶科技三者之间的有效统筹和协同发展。

关键词：　茶文化　茶产业　茶科技　福建

一　引言

2021年3月22~25日，习近平总书记在福建考察时来到武夷山星村镇燕子窠生态茶园，了解当地茶产业发展情况时强调，"要统筹做好茶文化、茶产业、茶科技这篇大文章"，"三茶"统筹发展为茶产业的进一步发展指

---

* 纪金雄，福建农林大学安溪茶学院副教授，博士，主要研究领域为农户及组织管理、茶农生计与行为；陈志丹，福建农林大学安溪茶学院副教授，博士，主要研究领域为茶树遗传育种、茶叶品质分析。

明了行动路线，成为"十四五"期间福建省茶产业高质量发展的方向指引。为贯彻习近平总书记来闽考察重要讲话精神，福建省出台《农业农村厅关于统筹做好"茶文化、茶产业、茶科技"这篇大文章推动茶产业高质量发展的若干意见》（闽农规〔2021〕7号），提出要"以弘扬茶文化为引领，以做强茶产业为目标，以提升茶科技为支撑，以数字化为突破口，加强产地管理，保障产品质量，补齐产业短板，促进三产融合，提升品牌效应，构建茶文化、茶产业、茶科技统筹发展、相互促进、共同提升的闽茶发展新格局"，为推动福建省"三茶"统筹发展、茶产业转型升级提供了政策支持。"三茶"统筹是一个综合性的发展战略，将茶文化、茶产业、茶科技视为一个整体，旨在通过综合协调和资源整合，推进茶文化传承、茶产业升级和茶科技创新等多个方面的融合与协同发展，实现茶叶领域的全面进步和可持续发展。因此，"三茶"统筹发展理念是新时期推进福建省茶产业高质量发展的总战略，要通盘筹划茶文化、茶产业、茶科技工作，把弘扬优秀传统茶文化、推动茶产业发展、加强茶科技创新有机结合起来，实现文化引领、产业驱动和技术支撑的全面发展。[①]

二　福建省茶产业发展

（一）福建省茶叶种植生产概况

茶产业是福建省的特色优势产业，福建省产茶历史悠久，种质资源丰富，名茶荟萃，产制乌龙茶（青茶）、绿茶、红茶、白茶四大茶类及再加工类的花茶，除绿茶外，均为福建省首创。福建全省涉茶县市区达76个，牵动44个山区、老区的经济发展，影响300多万人口的生活，全省茶叶主产县农村居民人均可支配收入中，茶叶收入占比达40%以上，茶产业已成为广大茶区农民增收的重要渠道，是名副其实的民生产业和乡村振兴的主导产业。福建省是全

---

① 余文权：《学思践悟"三茶"统筹　着力打造"四个高地"》，《海峡通讯》2024年第6期。

国产茶大省，茶产业十年来取得了快速高质量发展，现有茶园面积虽然不是全国最大，但干毛茶产量、茶叶平均单产量、茶树良种推广率、全产业链产值、出口额增速等多项指标均居全国第一。2022 年，福建省茶园面积 24.10 万公顷，占全国茶园总面积的 7.10%，茶叶产量 52.08 万吨，占全国茶叶总产量的 15.58%（见表1）；此外，茶叶平均产量 9.34 公斤，茶树良种覆盖率达 96%，茶叶全产业链产值超 1500 亿元，茶叶出口额 5.31 亿美元。①

表1 2015~2022 年福建省茶叶种植生产情况

年份	茶园种植面积（万公顷）			茶叶产量（万吨）		
	全国	福建省	比例（%）	全国	福建省	比例（%）
2015	264.08	20.77	7.86	227.66	35.63	15.65
2016	272.28	20.44	7.51	231.33	37.29	16.12
2017	284.87	20.71	7.27	246.04	39.49	16.05
2018	298.58	21.09	7.06	261.04	41.83	16.02
2019	310.48	21.98	7.08	277.72	43.99	15.84
2020	321.67	22.39	6.96	293.18	46.14	15.74
2021	326.41	23.21	7.11	316.40	48.79	15.42
2022	339.27	24.10	7.10	334.21	52.08	15.58

注：数据来自国家统计局官网、福建省 2016~2023 年统计年鉴。

2015~2022 年，福建省茶园种植面积从 2015 年的 20.77 万公顷增加到 2022 年的 24.10 万公顷，年平均增长 2.1%；茶叶产量从 2015 年的 35.63 万吨增至 2022 年的 52.08 万吨，年平均增长 5.6%（见表1）。但从整体来看，福建省茶园种植面积和茶叶产量占全国的比例均呈现下降趋势。从各地市来看，宁德市、泉州市和南平市的茶园种植面积和茶叶产量排在第一梯队，基本排在前三位；三明市、漳州市、龙岩市和福州市的茶园种植面积和茶叶产量排在第二梯队；而莆田市和厦门市的茶园种植面积和茶叶产量都比较低，排在第三梯队（见图1、图2）。总体而言，福建省茶产业总体稳步发展，产业基础规模不断扩大，大多数地市茶园种植面积、茶叶产量增加。

---

① 张辉：《我省茶叶全产业链产值超 1500 亿元》，《福建日报》2023 年 11 月 12 日。

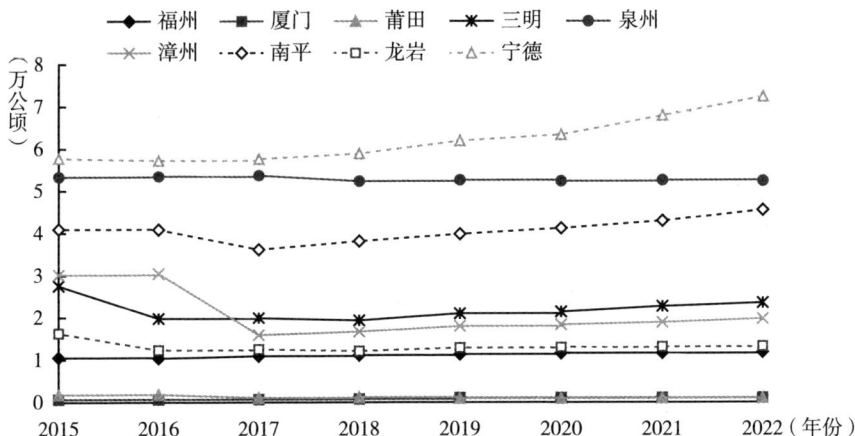

图 1　2015～2022 年福建省各地市茶园种植面积情况

注：数据来自福建省各地市 2016～2023 年统计年鉴。

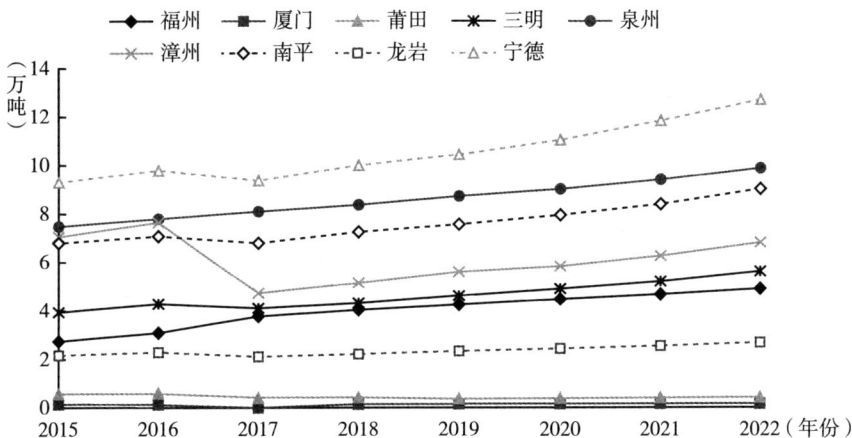

图 2　2015～2022 年福建省各地市茶叶产量情况

注：数据来自福建省各地市 2016～2023 年统计年鉴。

为彰显县域茶业发展成果，促进县域茶业品牌建设，推动县域茶业经济高质量发展，中国茶叶流通协会开展了 2023 年度产茶县域系列调查，结果显示，安溪县、福鼎市入选"2023 年度三茶统筹融合发展县域"，柘荣县、松溪县入选"2023 年度茶业投资价值新锐县域"，政和县、福安市入选

"2023年度茶业高质量发展县域"，武夷山市入选"2023年度茶业乡村振兴发展县域"。① 该系列调查结果展现了各产茶县市践行"三茶"统筹发展的优秀成果与突出实践，促进了茶产业高质量发展，茶产业正逐步成为推动福建省乡村振兴的支柱产业。

（二）福建省茶叶企业发展概况

多年来，福建致力于打造以茶叶为主导的5个优势特色产业集群，形成40个农业产业强镇和200个产业强村的发展格局，提升茶业龙头企业带动能力，茶叶综合能力位于全国前列。② 截至2023年底，福建现有茶叶类农业产业化国家重点龙头企业15家③、省级重点龙头企业267家，约占省级以上龙头企业总数的20.6%④。近年来，福建省紧紧围绕品牌茶业发展目标，实施以区域公共品牌为基础、企业自主品牌为主体的茶叶品牌战略，积极培育扶持企业品牌，通过现场推介、媒体传播、线下体验等多种形式，打造出一批具有全国知名度的区域公用品牌和企业品牌。就茶叶区域公共品牌而言，拥有安溪铁观音、武夷岩茶、武夷正山小种、福鼎白茶、福州茉莉花茶、天山绿茶、福安坦洋工夫红茶、永春佛手、政和白茶、政和工夫红茶、寿宁高山茶、松溪绿茶、大田美人茶、柘荣高山白茶等多个名茶品牌。知名茶企品牌数量也高居全国首位，如天福、八马、华祥苑、日春、武夷星、品品香、绿雪芽、正山、春伦、闽榕、海堤、蝴蝶、山国饮艺等，均跻身中国茶企品牌"第一军团"。截至2022年底，福建省有34个茶叶品牌获中国驰名商标，"安溪铁观音""武夷岩茶"被评为中国茶叶十大区域公用品牌，

① 中国茶叶流通协会：《中国茶叶流通协会2023年度产茶县域系列调查结果发布》，https：//www.ctma.com.cn/xiehuidongtai/76511.html。

② 冯廷佺：《"茶文化、茶产业、茶科技"融合助"三农"，推动乡村振兴产业高质量发展》，《福建茶叶》2024年第3期。

③ 根据农业农村部等部门公布的七批农业产业化国家重点龙头企业名单进行统计。

④ 《福建省农业农村厅关于公布2023年监测合格的农业产业化省级重点龙头企业名单的通知》（闽农产函〔2023〕429号），福建省农业农村厅，2023年8月，https：//nynct.fujian.gov.cn/xxgk/tzgg/tw/202309/t20230901_6248089.htm。

"福鼎白茶"被评为中国茶叶优秀区域公用品牌，八马铁观音、武夷星、品品香、华祥苑、曦瓜大红袍等17个龙头茶企品牌入选"福建省名牌农产品"。茶叶品牌打造成果丰硕，大大提高了福建茶叶的知名度和美誉度。

三　福建省茶文化发展

（一）茶文化源远流长，文化品位较高

福建产茶、制茶历史悠久，茶文化源远流长，在我国茶叶发展史上具有重要的历史地位和文化价值。作为茶文化的发祥地，千年的文化积淀下来的茶说茶典、茶俗茶礼、茶歌茶舞、茶诗茶画、茶艺茶事，以及遗留下来的茶文化、茶文物遗迹遗存等，如关于铁观音来源的"魏说""王说"以及典故、擂茶、新娘茶、采茶戏、祭茶斗茶茶俗、客家和畲族等少数民族茶俗茶艺、武夷山茶农特有的喊山与开山仪式、"晋商万里茶路起点"的下梅古村、御茶园遗址、水帘洞古代制茶作坊、武夷茶事摩崖石刻、宋兵部尚书庞公吃茶处等，这些都构成了独特的福建区域人文特征，为打造茶文化旅游品牌奠定了深厚的茶文化底蕴。另外，福州茉莉花茶传统窨制工艺、安溪铁观音制茶技艺先后入选国家级非物质文化遗产名录，福州茉莉花与茶文化系统、安溪铁观音茶文化系统也先后入选中国重要农业文化遗产、全球重要农业文化遗产，这为打造世界级茶文化旅游品牌提供了重要的支撑，同时也彰显了茶文化对提升福建文化软实力的作用。"泉州：宋元中国的世界海洋商贸中心"成功列入《世界遗产名录》，这次申遗成功，海上丝绸之路这一文化遗产将再度提升福建茶叶在国际上的影响力，为福建乃至中国茶文化传播带来重大发展机遇。

（二）茶文化与旅游融合发展初见成效

近年来，福建省各大茶区以"借茶文化办旅游，以旅游助茶业发展"的思路，相继推出了一系列具有茶乡特色的景区景点或旅游项目，如印象大红袍山水实景演出、武夷山茶旅小镇、铁观音发源地遗址、安溪中国茶都；

春伦茉莉花茶文创园、武夷香江茗苑茶文化观光园、安溪铁观音、六妙白茶等17家茶叶省级观光工厂；天福茶博物馆、铁观音文化园、武夷岩茶博物馆、中华武夷山茶博园等以茶为主题的博物馆；海峡两岸茶博会、安溪铁观音开茶节、厦门国际茶文化节、武夷山（大红袍）茶文化节、太姥山白茶文化节、无我茶会以及福建各地由斗茶习俗演变而来的茶王赛等茶事节庆会展旅游。安溪县以推进"福建安溪铁观音茶文化系统"申报全球重要农业文化遗产为抓手，挖掘茶文化特色，建设茶文化载体，启动建设发源地铁观音文化园及"铁观音小镇"，建设提升溪禾山铁观音文化园、世界茶艺茶道文化交流中心等一批茶业"地标"工程，招商建设"宋元中国海丝演艺城邦"主题文旅综合体。福建省已形成了以安溪茶文化旅游和武夷山大红袍专线游为代表的茶文化主题旅游线路，其中安溪茶文化旅游已被确定为中国三大茶文化旅游黄金线和福建茶乡特色旅游专线。在各级政府相关产业政策的支持和引导下，初步形成了闽东白茶文化旅游区、闽西客家茶文化旅游区、闽南铁观音茶文化旅游区、闽北岩茶文化旅游区、闽中茉莉花茶文化旅游区，已经具备一定规模，产生了较好的经济效益和社会效益，吸引了省内外大量的游客，福建省茶文化与旅游融合发展已初见成效。

（三）茶庄园已成为茶文化与旅游融合发展的新模式

福建省以绿色发展为导向，以提升品质、打响品牌为重点，着力创新体制机制，提出了品牌化、个性化、高端化、体验化等茶庄园发展建设思路，推动茶产业向第二、第三产业延伸融合发展。已在闽南、闽东、闽北等茶产区扶持建设了以"生产、加工、营销、品牌、文化、旅游"为一体的茶庄园60余个，如华祥苑茶庄园、八马铁观音茶庄园、安溪云岭茶庄园、福鼎品品香白茶庄园、武夷山香江茗苑等，其中华祥苑茶庄园生态之旅被评为全国茶旅游精品路线，安溪云岭茶庄园被授予"清新福建气候福地"首批避暑清凉福地称号。茶庄园经济正逐步成为茶产业转型升级的新引擎，成为茶文旅结合、茶业三产融合的新模式，成为福建省茶文化旅游新业态。

（四）福建茶文化海外传播影响力渐显

福建茶文化是海上丝绸之路的重要文化符号。近年来，福建全面融入"一带一路"建设，着力推进"海丝"核心区建设，打造"一带一路"茶香通道。在国内外深入开展"清新福建·多彩闽茶""闽茶海丝行""闽茶中国行"等系列主题茶文化宣传推介活动，多次到海外参加国际茶展、举办专场推介等，突出展示了福建茶叶历史悠久、茶类丰富、茶品多样、生态优良、质量安全的良好形象，宣传推介了茶产业与茶文化，并累计在共建"一带一路"国家和地区设立了12个"闽茶文化推广中心"，促进了茶文化对外交流，提高了福建茶文化海外影响力。另外，福建名茶还多次亮相"茶叙外交"，大大提高了"多彩闽茶"的知名度和美誉度。随着"一带一路"建设的不断深入推进，"一带一路"为传播和弘扬茶文化提供了很好的机会和平台，拓展了茶文化旅游客源市场，为福建省打造世界级茶文化旅游目的地开拓了广阔的国际市场。

四　福建省茶科技发展

（一）茶树种质资源创新利用

茶叶企业开展茶树种质相关科学研究，主要集中于对茶树种质资源的收集保存以及对优良茶树品种的种质推广应用等环节。武夷星茶业有限公司与福建农林大学于2008年开始，在武夷山合作共建茶树种质资源圃，已建成60余亩的茶树种质资源圃，收集保存茶树种质资源逾3000份，其中包含2000余份校企合作自主选育茶树新种质，充分体现了企业在茶树种质资源研究方面的重视和工作成效，双方通过紧密的校企合作于2019年和2022年，分别共同完成了1份（白牡丹）、3份（金福星1号、金福星2号、天福星1号）共计4份茶树新品种的国家茶树品种登记。此外，六妙茶业股份有限公司、福建华羽村茶业有限公司也分别与福建农林大学合作共建茶树种质资源圃，开展茶树优异种质资源的收集保存和选育创新研究工作。同时，泉州裕园茶业有限公司也与福建农林大学合作共建茶树种质资源圃,主要开展乌龙茶优异茶树种质资源的收集保存以及新品系的选育研究工作。八马茶业有限公司也建有茶树种质资源圃,收集保存80余份茶树种质资源。

(二)茶树栽培技术应用发展情况

近年来,福建省茶企在茶树栽培领域的主要发展为对现代化栽培管理设备和生态栽培技术的应用、在茶园病虫害防控上对绿色防控技术的应用,以及茶园数字化的应用等。部分茶叶企业通过配套使用喷灌、滴灌、微喷灌等水肥一体化设备设施,茶园水分管理系统工作效率显著提高。通过灌溉设备设施的定时灌溉及远程控制,能实现一人管理,并使一个基地年均节水节肥40%以上,年均亩产提高30%以上,从而实现节水、节肥、省工、省药、增效的目的。

企业应用绿色防控与生态栽培技术以茶园杂草处理、生物防治、物理防治为主要方向,在闽北、闽东、闽南茶叶主产区,均大范围地推广应用了"化肥农药减施增效"的"两减"生态栽培技术,增产、增质、增效的效果显著。在茶园虫害防治上,通过安装太阳能声光电干扰系统、太阳能杀虫灯、黏虫色板等进行害虫诱控和干扰防治,同时茶园大量采用生物农药和植保无人机进行统防统治,农药使用量减少了30%。在茶园施肥上,多数茶企采用种植绿肥、深施有机肥加配方施肥的技术模式,在茶园里套种大豆、紫云英、油菜等绿肥植物,既能防止水土流失,压青后又培肥了地力,提高了土壤保墒保肥的能力,同时,在茶园中推广施用茶叶专用肥、高氮低磷中钾的有机肥等肥料,不仅能减少投入,还能有效保护和改良土壤,这些措施大大减少了化肥用量,使茶叶的品质得到了质的提升。在茶园节能减排上,福建农林大学安溪茶学院与安溪县科技局共同成立"茶产业碳中和研究院",聚焦茶产业碳中和领域的技术、产品、模式、政策等展开研究,促进减碳技术成果转化和推广应用,为茶叶企业提供绿色转型的解决方案,为茶产业碳中和行动和可持续发展提供科技支撑,目前,该研究院正与福建年年香茶业公司进行合作,开展前期碳中和试验研究与技术创新工作。

（三）茶园智能化数字化发展

茶园数字化技术应用是近年的发展趋势，有利于显著提高茶园管理的效率和科学性。基于数字化技术的应用，"智慧茶园"建设兴起，如福建农垦茶业有限公司通过"农业+金融+科技"多方赋能新模式，共建福建农地资源可持续利用示范项目——福建农垦子项目1300亩生态智慧茶园及产品质量安全监测可追溯示范项目，建设内容包括福安天空地一体化数字茶园数据采集系统，茶园水肥一体化设施、茶园绿色防控系统，茶叶大数据运营服务中心、区块链茶叶追溯、茶农金融服务、茶叶品牌打造等。八马茶业依托省级现代农业智慧园项目，推动茶园种植自动化、智能化管理，建设了包括茶叶可视化管理系统、131省级智慧园统一管理平台对接与数据报送、茶山病虫智能监测系统、智能害虫防治设备、区域气象数据及预报预警、物联网数据监管应用等六大板块的5G智慧茶园；福建智云动能智慧科技有限公司与南平市21家茶企合作，基于自主研发的物联网通用云控制器、茶数字云工厂、茶产业互联网公共服务平台等，在企业和基地中安装物联网通用云控制器数字茶山监测系统30套，可覆盖2500多亩生态茶园；制茶设备数字化改造升级160台（套），安装数字云工厂平台8套和茶产业服务平台2套。武夷山市"国家三茶统筹综合标准化示范区"项目扎实推进标准化建设、标准化管理、标准化培训，优化茶产业链生产管理流程和控制要求，打造种植、加工、销售、文旅全过程标准综合体，形成可复制、可推广的"三茶"统筹标准化示范模式，被国家标准化管理委员会确定为第十一批国家农业标准化示范区项目。安溪县开展茶园管理人工智能试验工作，与华为公司、合肥工业大学、中电科机器人公司等科研团队试点开展茶园人工智能管理，测试茶园地形识别能力和机器续航能力；同时，以发射"安溪铁观音1号""安溪铁观音2号"卫星为契机，融合安溪"数字茶业"云平台、安溪铁观音数字地标监管平台、县域农资监管与物流追踪平台、茶叶气候品质认证、省级农业智慧园建设等一批数字茶业项目，提高应用水平。

（四）茶叶深加工科技创新

在茶叶加工业的发展上，福建茶叶企业依托本省生产乌龙茶、红茶、白茶、绿茶、花茶的多茶类优势，在主要茶类的加工工艺技术提升、加工装备研发等方面取得了较好的成效。在福建省乌龙茶、红茶、白茶的加工中，多家企业已配套使用连续化、自动化的加工装备，应用连续化加工技术开展茶叶生产，提高了茶叶生产效率。福建省也积极支持龙头企业进行技术改造升级，以现代茶业项目为抓手推动产业升级，投入中央财政资金2亿元、省级财政资金1.5亿元，实施茶叶初制厂清洁化改造项目1000个，扶持300家龙头企业引进先进加工设备，有力促进了福建省茶叶从传统产业向现代加工业转变。

在乌龙茶加工上，做青是乌龙茶加工技术研究的重点，一些规模以上茶企积极应用数字化技术改造和新建茶叶加工生产线，实现了智能化监测做青时的温度、湿度和青叶减重率，初步实现自动化、智能化做青。在红茶加工技术上，福建省茶企积极探索利用新品种生产加工品质风格独特的红茶产品，如花香红茶等，同时，在加工技术方面，补光萎凋、动态发酵等一系列工夫红茶加工新技术也开发成功并得到应用，初步实现了高品质工夫红茶或特色工夫红茶的定向化加工。在白茶加工上，白茶的萎凋是各企业研究关注的重点，设施萎凋技术研究不断深入，实现了对白茶萎凋环境温度、相对湿度、光质光强等的精准调控，从而有效提升了白茶的品质。

五 福建省"三茶"统筹发展存在的问题与对策建议

（一）福建省"三茶"统筹发展存在的问题

福建省作为中国茶文化、茶产业和茶科技的重要发展区域，在统筹发展"三茶"方面具有独特的地位和作用，取得了显著成效。然而，"三茶"统筹涉及但不限于茶文化链、茶产业链、茶科技链，具有综合性和实践性，其核心要义在于"统筹"。① 面对国内外激烈的市场竞争和日益提高的消费者需求,福建省在茶文化、茶产业、茶科技的统筹发展方面仍存在一些突出问题,特别是在三者之间的协同与统筹关系方面。

1. 茶文化传承与产业发展的脱节

虽然福建拥有丰富的茶文化资源和历史,但在实践中,茶文化挖掘传承不够全面、宣传推广不够有力、创造创新不够深入,茶文化的引领力仍然不足②,茶文化的传承和创新与茶产业的现代化发展之间存在一定的脱节,对如何将这些文化价值转化为产业发展的动力不够重视。这导致了茶文化的商业潜力未能被充分挖掘,从而制约了茶产业的品牌建设和市场拓展。

2. 茶产业结构单一与创新能力不足

福建省的茶产业结构仍然以传统的种植、加工为主,高附加值的深加工产品和创新产品相对较少。这种单一的产业结构不仅限制了产业的可持续发展,也制约了茶文化的创新传播。缺乏创新的产业模式和产品无法满足市场多元化的需求,也影响了茶文化的现代化传播和国际化推广。

3. 茶科技创新与产业需求脱节

虽然福建省在茶叶种植技术和加工技术方面取得了一定的进步,但这些科技成果与产业实际需求之间存在一定的脱节。科研机构的研究方向和产业界的需求不完全对应,导致许多科研成果难以转化为实际的产业优势,这限制了茶产业升级和茶文化创新的空间。此外,茶科技的研发和应用往往缺乏对茶文化的深度理解,导致科技创新在茶文化传播和推广方面的应用不够广泛,制约了茶文化创新形式的开发。

4. 统筹协调机制不健全

福建省在茶文化、茶产业和茶科技三者之间缺乏有效的统筹协调机制,即缺乏一个有效的平台或机制来促进跨领域的沟通与合作,各方往往在自己的领域内孤立发展,使得资源整合不足,无法形成合力。这种分散的发展模

---

① 苏峰:《"三茶"统筹理论引领福建茶产业高质量发展》,《发展研究》2023 年第 1 期。
② "三茶"统筹发展调研组:《坚持"三茶"统筹推动福建省茶产业高质量发展》,《人民政坛》2023 年第 10 期。

式不利于形成统一的发展战略，影响了茶文化的深度挖掘、茶产业的综合竞争力和茶科技的创新能力，从而造成茶文化的创新活力、茶产业的市场竞争力以及茶科技的研发成果很难得到充分整合和应用。

5. 资源配置不均衡

在茶文化的保护和传承、茶产业的发展以及茶科技创新方面，资源配置存在不均衡的问题。一方面，茶文化教育和传承活动经常面临资金和资源不足的挑战，难以有效吸引年轻一代参与。另一方面，茶产业和茶科技创新领域的投资相对集中在少数效益明显或技术前沿项目上，而忽视了对基础研究、人才培养和长期创新能力建设的投入。这种不均衡的资源配置，加大了茶文化、茶产业和茶科技之间协同发展的难度。

（二）福建省"三茶"统筹发展的对策建议

1. 构建茶文化传承与现代化融合的桥梁

一是茶文化引领产业发展，进一步挖掘和传承茶文化资源，将文化优势转化为产业发展的内生动力。同时，通过产业的发展反哺文化的传承和创新，形成良性互动。二是利用现代科技手段传承和创新茶文化，如数字化技术在茶文化传播中的应用，运用信息技术、互联网、大数据等科技手段，促进茶文化的数字化传播，可以拓宽茶文化的传播渠道和受众面，提升茶文化的现代化、国际化水平。科技进步还为茶文化的创新提供了新途径。例如，通过科技手段开发出新的茶饮产品或茶文化体验方式等新型茶文化产品和服务，可以吸引更多年轻人参与到茶文化中来，提升茶产业链的附加值。

2. 推动茶产业结构的优化与创新升级

一是进一步加强茶产业技术研究和开发，加快科技成果在茶产业中的应用，推动产业向高端化、智能化、绿色化发展，提升茶产业的生产效率和产品品质。二是促进茶产业链整合与升级，鼓励茶叶深加工和创新产品开发，提高茶叶产品的附加值。通过政策扶持和资金支持，引导企业开展茶饮料、茶健康产品等新产品的研发与市场推广活动。三是加强品牌建设和国际化，支持和培育具有国际竞争力的茶叶品牌，加强国际市场开拓能力，通过品牌故事和文化内涵的传播，提升福建茶叶的国际形象和市场占有率。

3. 加强茶科技研发与产业需求的衔接

一是建立产学研用合作机制，构建更紧密的产学研用合作体系，促进科研机构和茶产业之间的信息交流和技术需求对接，确保科研项目的方向与产业需求相匹配，加快科技成果的转化应用。二是提升科技创新能力，加大对茶叶科技研发的投入力度，特别是在品种改良、病虫害防治、茶叶生产、加工、品质控制等领域的新技术、新方法的创新。同时，鼓励采用现代信息技术、智能化技术和生物技术，提高茶叶生产加工的效率和茶叶品质，同时降低生产成本，提高茶产业的整体竞争力。

4. 建立健全统筹协调机制

一是成立多方协作机构，涵盖茶文化传承者、茶产业企业、科研机构、行业协会和政府相关部门，建立一个跨领域的多元主体协同合作平台，形成一个促进茶文化传承、茶产业升级和茶科技创新的协同发展机制，旨在统筹规划和协调推动茶文化、茶产业和茶科技的发展，促进信息交流、资源共享和合作研究。通过这样的平台，可以有效整合各方面的力量，共同解决茶文化传承、茶产业发展和茶科技创新中遇到的问题。二是制定综合发展战略，依托协作机构，制定和实施茶文化传承、茶产业升级和茶科技创新相结合的综合发展战略，确保三者协调发展，相互促进。

5. 强化政策支持和激励机制

福建省应制定更加有力的政策，为茶文化的保护、传承和创新提供支持，同时对茶产业的可持续发展和茶科技创新研发与应用给予税收优惠、资金扶持等激励。通过这些政策措施，鼓励更多企业和个人投入茶文化的传承和创新、茶产业的高质量发展以及茶科技的研究和应用中。

上述综合措施旨在进一步推动茶文化的传承与创新，加快茶产业的转型升级，以及促进茶科技的创新与应用，实现茶文化、茶产业和茶科技三者之间的有效统筹和协同发展，福建省可以更好地发挥其在茶文化、茶产业和茶科技方面的综合优势，从而推动福建省乃至全国茶产业的整体竞争力提升和高质量发展，为茶文化的全球传播和茶产业的可持续发展做出更大的贡献。

B.12
福建省农业文化遗产保护利用报告

屈　峰　付卓悦*

摘　要： 　福建省拥有丰富的农业文化遗产，如茉莉花茶文化系统、铁观音茶文化系统、尤溪联合梯田文化系统等，具有悠久的历史和独特的价值，应全面梳理福建省的农业文化遗产，并对其进行保护与开发利用。在调查研究中发现，目前福建省的农业文化遗产保护与传承仍面临着一些问题，如对保护和传承的主体认识不清晰，保护与传承的机制不健全等。因此，有必要进行全面综合的农业文化遗产普查工作，建立详细的农业文化遗产名录，并健全保护与传承的机制，以实现农业文化遗产的活态传承。

关键词： 　农业文化遗产　茶文化　梯田文化　福建

一　引言

2024年中央一号文件提出："鼓励各地因地制宜大力发展特色产业，支持打造乡土特色品牌。"① 在乡村振兴战略背景下，围绕农村三次产业融合发展目标，通过对农业文化遗产综合保护与合理利用，探索农业文化遗产保

＊　屈峰，管理学博士，福建农林大学经济与管理学院副教授，主要研究领域为文化产业管理、企业文化与竞争力、农业文化遗产；付卓悦，福建农林大学乡村振兴学院硕士研究生，主要研究领域为涉农产业经济与管理。

① 《中共中央　国务院关于学习运用"千村示范、万村整治"工程经验有力有效推进乡村全面振兴的意见》，中华人民共和国和中央人民政府网，2024年2月3日，https：//www.gov.cn/zhengce/202402/content_ 6929934. htm。

护与开发路径，使农业文化遗产在乡村文化传承、农业产业生态化转型、农业品牌培育、休闲农业发展等方面发挥应有价值，对于增加清新福建内涵，推进福建省生态农业、品牌农业发展，助推海上丝绸之路核心区文化建设与软实力的提升，具有重要的现实意义。

中国重要农业文化遗产是指人类在与其所处环境的长期协同发展中，创造并传承至今的独特的农业生产系统，这些系统具有丰富的农业生物多样性、传统知识与技术体系，以及独特的生态与文化景观等，对我国农业文化传承、农业可持续发展和农业功能拓展具有重要的科学价值和实践意义。

农业文化遗产主要呈现以下特征。活态性，指这些系统历史悠久，至今仍然具有较强的生产与生态功能，是农民生计保障和乡村和谐发展的重要基础。适应性，指这些系统随着自然条件变化、社会经济发展与技术进步，为了满足人类不断增长的生存与发展需要，在系统稳定基础上因地、因时地进行结构与功能的调整，充分体现出人与自然和谐发展的生存智慧。复合性，指这些系统不仅包括一般意义上的传统农业知识和技术，还包括那些历史悠久、结构合理的传统农业景观，以及独特的农业生物资源与丰富的生物多样性。战略性，指这些系统对于应对经济全球化和全球气候变化，保护生物多样性、生态安全、粮食安全，解决贫困等重大问题以及促进农业可持续发展和农村生态文明建设具有重要的战略意义。多功能性，指这些系统或兼具食品保障、原料供给、就业增收、生态保护、观光休闲、文化传承、科学研究等多种功能。濒危性，指政策与技术原因和社会经济发展的阶段性使这些系统的变化具有不可逆性，会产生农业生物多样性减少、传统农业技术知识丧失以及农业生态环境退化等方面的风险。

近年来，福建省积极响应党中央坚持在发掘中保护、在利用中传承的号召，加大对农业文化遗产的保护和利用力度。经调查，截至2023年底，福建省拥有全球重要农业文化遗产3项（福建福州茉莉花与茶文化系统、福建尤溪联合梯田文化系统、福建安溪铁观音茶文化系统），占全国1/6，与浙江省并列全国第一。另外，福建省还有7处中国重要农业文化遗产。

二 福建省农业文化遗产总体情况

农业文化遗产的遴选有一个综合标准，根据这一标准，具有历史背景和当代相关性的农业系统的整体价值被视为人类遗产。重要的文化遗产应具备以下几个条件：一是历史传承至今仍具有较强的生产功能，为当地农业生产、居民收入和社会福祉提供保障；二是蕴含资源利用、农业生产或水土保持等方面的传统知识和技术，具有多种生态功能与景观价值；三是体现人与自然和谐发展的理念，蕴含劳动人民智慧，具有较高的文化传承价值；四是面临自然灾害、气候变化、生物入侵等自然因素和城镇化、农业新技术、外来文化等人文因素的负面影响，存在着消亡风险。[①]

福建省具有悠久完整的农业文化系统，农业文化源远流长、内容丰富，包含农业、林业、海洋渔业、遗址村落、民俗信仰等类型。农业类文化遗产包括稻作文化、山区种植、丘陵种植、特产物种等资源；林业文化遗产包括竹木、花卉、森林公园、旅游景区、古木古树、林业物种等资源类型；海洋渔业文化资源包含渔业加工、养殖、捕捞、渔业食品等类型。福建省地理位置特殊，遗址村落类文化遗产保存丰富，文化内涵厚重，包括南岛语族史前文化遗址、三坊七巷历史街区、漳州古城、汀州古城、和平古镇等。民俗信仰类文化遗产对世界具有重要影响，包括妈祖信仰、临水夫人信仰等。

福建省农业文化遗产具有完整、丰富、系统、文化价值高等显著特色，在我国农业文化遗产中占据重要地位（见表1）。尤溪联合梯田、茉莉花茶制作工艺等已经成为全球重要农业文化遗产。福建省具有代表性的茶类、物种类、技术类等农业文化遗产脉络清晰、系统完整，文化价值高，潜在的经济价值显著。而且，福建省鼓励各地因地制宜大力发展特色农业产业，支持

[①] 《重要农业文化遗产管理办法》，中华人民共和国中央人民政府网，2015 年 8 月 28 日，https：//www.gov.cn/gongbao/content/2016/content_ 5038095.htm。

打造乡土特色品牌。除了具备上述普遍特征，福建省农业文化遗产每个系统都具有自身的特殊性。

表1　福建省中国重要农业文化遗产项目

项目名称	项目类别	保护对象/区域
茉莉花茶文化系统	全球重要农业文化遗产	茉莉花基地(湿地)—茶园(山地)的循环有机生态农业系统;福州茉莉花茶传统窨制工艺
安溪铁观音茶文化系统	全球重要农业文化遗产	乌龙茶制作技术和茶树"短穗扦插"繁殖技术;茶树的生态种植管理模式;茶文化传承模式
尤溪联合梯田文化系统	全球重要农业文化遗产	南方山地稻作梯田系统
长乐番薯种植与文化系统	中国重要农业文化遗产	果薯套种、薯蔬间作和轮作种植体系
福鼎白茶文化系统	中国重要农业文化遗产	福鼎白茶的制茶方式;福鼎白茶文化系统在栽培上呈现立体群落结构
武夷岩茶文化系统	中国重要农业文化遗产	茶俗、茶礼、茶艺文化和茶制作技艺,以及极具地方特色的茶种植管理知识和技术体系;梯田茶园景观
松溪竹蔗栽培系统	中国重要农业文化遗产	在近海山区常遇台风暴雨、松溪两岸的砂质土壤易造成水土流失不利农作的条件下创造发明的一种独特的河流砂地的土地利用方式及形成的种蔗制糖产业系统。遗产地保护范围涵盖松源街道、郑墩镇、茶平乡、河东乡和旧县乡

1. 茉莉花茶文化系统

福州茉莉花种植与茶文化系统是古人利用环境、适应环境发展农业的典范，是农业的活化石。该系统是古人充分利用自然资源，在江边沙洲种植茉莉花，在海拔600~1000米的高山上发展茶叶生产，逐渐形成适应当地生态条件的茉莉花基地（湿地）—茶园（山地）的循环有机生态农业系统，既保持了生态系统的生物多样性，又提高了单位面积的生产效益。茉莉花茶是中国独一无二的茶叶品种，由于历史上福州人严格保密，窨制工艺在数百年间均未传到其他国家，目前世界上只有中国能窨制茉莉花茶。[①]

2. 安溪铁观音茶文化系统

福建安溪铁观音茶文化系统中，茶园生态系统是由植物、动物和微生物群落以及非生物环境共同构成的动态综合体。茶园生态系统除提供物质产品外，在生物多样性保护、水源涵养、气候调节、养分循环和水土保持等方面起着重要的作用，使得安溪茶园系统的生态环境得以维持和稳定。"安溪铁观音茶文化系统"具有显著的全球重要性，主要体现在首创了乌龙茶制作技术和茶树"短穗扦插"繁殖技术，丰富了世界茶叶种类和茶树繁殖技术；发现了铁观音茶树品种，至今仍保留有铁观音母树，丰富了世界茶树基因库；茶树的生态种植管理模式，对全球山区生态农业建设具有示范作用；茶文化传承模式为重要农业文化遗产保护与传承提供了借鉴。[②]

3. 尤溪联合梯田文化系统

（1）尤溪联合梯田是南方山区稻作系统的代表

拥有1300多年历史的尤溪联合梯田是中国东南部面积最大、唯一由东南沿海汉民族创造的梯田农耕系统。梯田最高海拔近900米，最低110米，垂直落差达700多米，这为不同品种水稻种植与保育提供了气候条件。同时，由于尤溪联合梯田处在地形相对封闭的地区，受现代科技的影响较平原地区小，至今仍然保留有72个地方水稻品种，其他作物123种。

（2）尤溪联合梯田是重要的生物资源宝库

现存野生植物672种，其中国家一级保护植物2种（红豆杉和金毛狗脊），二级保护植物7种（包括银杏、香樟、福建柏等）。现有野生动物166种，其中国家一级保护动物5种，包括云豹、黑麂、蟒蛇等；国家二级保护动物12种，包括穿山甲、虎纹蛙、褐翅鸦鹃等。自然资源十分丰富。

---

① 福州市人民政府：《中国重要农业文化遗产福州茉莉花种植与茶文化系统保护传承2021年度工作报告》，福建省政协农业和农村委员会转。
② 《安溪铁观音茶文化系统正式列入全球重要农业文化遗产》，安溪县人民政府，2022年5月，http://www.fjax.gov.cn/zwgk/xwzx/axyw/202205/t20220524_2730173.htm#。

（3）尤溪联合梯田是一个立体的生产系统

梯田倚山开垦，山顶部为水源林和竹林，向下为村庄、梯田，再往下为河流，村庄散落在梯田中间，形成自上而下的"水源林—竹林—村庄—梯田—梯田村庄复合—河流"的优美空间格局。千百年来，劳动人民通过利用作物不同品系、不同作物类别，以及不同农业生物间的生物学特性与资源利用方式差异，构建了和谐共生的生态农业模式。比如水稻多品系间作、稻-鱼（田螺、泥鳅、螃蟹）共生、稻-鸭共育、稻-豆间作等技术，不仅减少了病虫害、保证了水稻稳产、提高了农产品品质，还达到肥田、固氮、护埂等作用，保障梯田持续生产。

（4）尤溪联合梯田是东南沿海汉民族文化的缩影

南宋著名教育家、理学家朱熹诞生于尤溪城南，其理学思想，特别是他的农学思想对尤溪联合梯田的农耕文化影响深远。[①]

4.长乐番薯种植与文化系统

番薯（学名甘薯）是我国的重要粮食作物，也是福建省种植的第二大粮食作物，为促进我国农业发展，特别是在保障粮食安全方面，做出了重要贡献。一是积淀深厚，影响深远。长乐番薯至今已有四百多年历史，番薯的引进不仅解决了当年福建的饥荒问题，现在更是北方旱地、南方山区、沿海地区重点依赖的粮食作物，已成为我国仅次于稻谷、麦子、玉米和马铃薯的第五大粮食作物。闽人曾建设报功祠、先薯亭，撰写《金薯传习录》纪念先人推广种植番薯功绩，长乐番薯文化广为传颂。二是系统完善，持续性强。番薯耐干旱、喜沙壤，对气候变化和自然灾害影响的恢复能力强，长乐番薯丰富的果薯套种、薯蔬间作和轮作种植体系，改善了当地的生态环境，弥补了山地沙地不适合水稻种植的缺陷，保障了地区粮食安全。三是基础良好，传承有序。近年来，长乐区积极培育"长乐番薯"品牌，着力推广"长乐番薯"文化，建设番薯全产业体系，长乐番薯已成为福建三大甘薯产业之一。

[①] 《关于报送2021年度中国重要农业文化遗产尤溪联合梯田保护与发展工作情况报告的函》，尤溪县人民政府，2022年5月，福建省政协农业和农村发展委员会转。

5. 福鼎白茶文化系统

福鼎白茶文化系统保留原有的传统文化内涵，引进大数据平台溯源系统，全市茶园及周边不使用除草剂与化学农药，恢复原来的茶园管理模式，即生态茶园管理方式。与此同时，文化系统正发挥着活态农业遗产的魅力，带动广大农民增收致富奔小康，也引领着中国白茶产业的发展。福鼎白茶文化系统在栽培的自然的空间上呈现立体群落结构，使白茶生态系统在物质循环与能量流动中达到了一种动态平衡，保持了相对稳定，实现了肥力的自我维持，并为丰富的生物多样性提供了生存空间。在栽培上，白茶与番薯、芦柑、桂花树、木槿树等作物套种，提高了白茶的香气，也为茶树提供了遮阴场所，同时减少了病虫害，使白茶的生长自然健康。福鼎白茶传承的传统而古老的制茶方式，是我国古代最早的茶叶制作方式，至今已经有几千年的历史。白茶加工不炒不揉，既不破坏酶的活性，又不促进氧化作用，保持了品种的特性。①

6. 武夷岩茶文化系统

武夷山是中国茶文化艺术之乡，武夷岩茶的种植和制茶历史已有1200多年，武夷岩茶制作技艺被列为国家首批非物质文化遗产。一是形成了极具特色的茶文化体系，武夷山是"万里茶道"起点，儒、释、道三教文化与茶文化融合一体，形成了地方独特而丰富的茶俗、茶礼、茶艺文化和制茶技艺，是中国茶文化史的缩影，又因茶树主要种植在山间，形成了极具地方特色的茶种植管理知识和技术体系。二是发挥了良好的生态保护作用，武夷山茶园主要分布在山坡和岩缝，为保护生态环境，当地一直坚持绿色生态茶园建设，有效维护了优越的生态环境质量。三是发挥了重要的民生保障作用，茶产业是武夷山地方经济的重要支柱和人民收入的重要来源，总种植面积约14.8万亩，2021年茶叶产值22.85亿元，实现茶产业产值120.08亿元，涉茶人员12万人，占总人口的46.2%。四是形成了独有的景观特征，因耕地

---

① 《关于报送中国重要农业文化遗产保护传承年度报告的函》，福鼎市人民政府，2022年5月，福建省政协农业和农村委员会转。

稀缺，武夷山形成了类型丰富多样的茶园景观，其中以倚山傍岩垒砌石壁、挑土填充方式筑成的梯田茶园景观最具有代表性。

7.松溪竹蔗栽培系统

福建松溪竹蔗栽培系统形成了独特的土地利用系统与农业生态景观，具有典型的历史、经济、生态及文化特征。其一，福建松溪竹蔗栽培系统种植的百年甘蔗品种是目前世界上寿命最长的甘蔗品种。其根系发达，对防止松溪沿岩沙洲台地的水土流失、保护松溪与闽江水域生态环境发挥了重要作用。其二，制糖历史悠久。据记载，该系统至少在秦朝就已熟练掌握了利用野生竹蔗资源制作蔗糖并与牛乳混合制成石蜜的技术；在唐宋时期该系统已能通过捣蒸方法制造出红糖、水糖、冰糖等不同糖类品种。[①]

三　福建省农业文化遗产保护利用情况

根据中国重要农业文化遗产评定标准，福建省农业文化遗产呈现出整体性的特色。

整体性特色包括历史性、系统性、可持续性、濒危性等基本特征。历史性方面，福建省农业文化遗产都具备原产地和相关技术的创造的特征，其种植系统的主要物种和技术在福建省有过重大改进，且在福建省至少有 300 年历史，大多数历史都超过 500 年。系统性方面，指该种植系统的直接产品及其对于当地居民的食物安全、生计安全、原料供给、居民福祉方面有一定的保障能力，通常都是具有独具特色和显著地理特征的产品。具体而言，在生态系统服务层面，该种植系统在遗传资源与生物多样性保护、水土保持、水源涵养、小气候调节与适应、病虫草害控制、养分循环等方面具有突出的价值。在知识与技术体系层面，该系统在生物资源利用、种植、养殖、水土管理、景观保持、产品加工、病虫草害防治、规避自然灾害等方面掌握了一定

---

① 《关于报送中国重要农业文化遗产福建松溪竹蔗栽培系统保护传承工作年度报告的函》，松溪县人民政府，2022 年 5 月，福建省政协农业和农村委员会转。

知识与技术，并对生态农业和循环农业发展以及科学研究具有重要价值。在景观与美学层面，能体现人与自然和谐演进的生存智慧，具有美轮美奂的视觉冲击力的景观生态特征，在发展休闲农业和乡村旅游方面有较高价值。在精神与文化层面，该系统拥有文化多样性，在社会组织、精神、宗教信仰、哲学、生活和艺术等方面发挥重要作用，在文化传承与和谐社会建设方面具有较高价值。可持续性方面，指该系统通过自身调节机制所表现出的对气候变化和自然灾害影响的恢复能力。同时，该系统通过其多功能特性表现出的在食物、就业、增收等方面满足人们日益增长的需求的能力。濒危性方面，指该系统过去 50 年来的变化情况与未来趋势，包括物种丰富程度、传统技术使用程度、景观稳定性以及文化表现形式的丰富程度处于下降趋势。该系统维持健康的主要因素，如气候变化、自然灾害、生物入侵等自然因素和城市化、工业化、农业新技术、外来文化等人文因素，受到多种因素的负面影响。

华夏族群作为最早创造农耕文化的群体，农耕文化灿烂悠久，几乎承载着民族俯仰观察的全部智慧。在实地调研中，深感农业文化的丰富性和遗产保护的重要性。在中西文化交流碰撞日益激烈的时代背景下，从民族文化史回顾，农业文化遗产也包含了文化自信与文化安全的独特价值。文化自信，即族群认为自身文化具有毋庸置疑的合理性，能够说明群体卓越的创造力，体现了群体不可置疑的智慧。

福建连城作为客家县，有农业特产莲子、地瓜干等，农业物种连城白鸭，农业聚落培田古民居等丰富的农业文化资源。培田古民居历经几百年，经过近年来大力修缮维护，目前形制完整，较好地保留了原有建筑特征和规范。客家群体耕读传家、隆礼重道的精神内涵，体现了华夏礼仪之邦的价值精髓。白茶基地位于层峦叠嶂的高山上，茶园沿山势展开，层层叠叠。白茶作为独特的茶叶品类，生产加工方式注重天然性，茶叶滋味清香悠长，是群体利用自然生态智慧的生动体现。站在茶园中，能深刻体会到群体智慧的力量。通过对种茶采茶制茶过程的了解，获得了祖先流传至今的智慧。如果失去了对白茶文化的传承，那么体现祖先智慧的一系列经验都会失去，我们只能听别人的故事，学习别人的技术，走别人的路。农业文化作为群体文化的杰出创造，有利于我们发现农业文化固有价值，重拾农业文化自信，是华夏文化自信和文化安全的重要组成部分。守护农业文化遗产，发现农业文化资源价值，就是守护和发现群体文化的未来。在乡村振兴背景下，农业文化遗产既能够提供文化自信，还能够提供经济价值，地位尤为重要。作为海上丝绸之路核心区，福建需要展示自身独特的文化价值。不断合理挖掘农业文化遗产价值，与全人类分享农业文化遗产中所蕴含的先人的智慧结晶，在合理的保护性开发中，活态传承农业文化遗产。以产业链的形式连接同一地区的农业文化资源，使其成为一个产业集群，展示福建文化的独特魅力。

截至目前，福建现有的农业文化遗产都有相应的保护机构、保护制度、保护法规，形成了"全链条""大格局"保护架构。

福州市政府极其重视对于茉莉花茶文化系统的保护，先后编制颁布《农业文化遗产保护与发展规划　福州茉莉花种植与茶文化系统》（2013年—2022年）、《福州茉莉花与茶文化系统动态保护纲要》（2014年—2020年）、《福州茉莉花与茶文化系统保护与发展专项规划》（2021年—2025年）等文件。同时为了保护茉莉花种质资源，福州市建设了"全球茉莉花种质资源保护与创新基地"，对茉莉花基地实行分级保护，前后批复两批茉莉花种质分级保护基地，并在核心保护区树立保护标志和全球重要农业文化遗产标牌。截至2021年7月，福州市已建立9个监测点，实现了福州茉莉花与茶文化系统全球重要农业文化遗产监测的常态化。[①]

尤溪县人民政府通过不断挖掘本土文化和梯田民俗文化，实施农耕文化提升工程，不断提升梯田经济效益，吸引劳动力回流，让遗产地焕发新的生机，从而实现良性循环，让农业文化遗产得到继承与发展。具体措施包括实施梯田维护提升工程、生态保护提升工程、基础设施提升工程、旅游开发提升工程和农耕文化提升工程等。经过多年发展，遗产地保护机制不断创新，

---

① 《让福州茉莉花茶香飘世界——福州市大力保护传承这项"全球重要农业文化遗产"》，福州市人民政府，2021年7月14日，https：//www.fuzhou.gov.cn/zgfzzt/qfwtdgzlfzcy/fzxx/2021 07/t20210714_ 4139875.htm。

梯田基础设施不断提升，旅游开发步入快车道，绿色生态农业初具规模，各项事业取得长足进步。

四 福建省农业文化遗产保护利用面临的困境及促进建议

（一）福建省农业文化遗产保护利用面临的困境

1. 认识问题不清晰

（1）对农业文化遗产保护与传承的主体认识不清晰

农业文化遗产是大农业概念，包含了农、林、牧、副、渔等丰富的产业形态。调研中发现，当前对农业文化遗产的理解多局限在狭义农业文化范畴，缺乏清晰的大农业文化遗产保护与传承的理念。《重要农业文化遗产管理办法》指出，农业文化遗产是"我国人民在与所处环境长期协同发展中世代传承并具有丰富的农业生物多样性、完善的传统知识与技术体系、独特的生态与文化景观的农业生产系统"。[①] 因此，传统品种、农业遗址、传统农具、古农书、传统民俗、传统农耕技术以及传统村落等，均属于农业文化遗产保护与传承对象。根据资料统计，北京市、江苏省、浙江省、吉林省等已经完成或初步完成区域内农业文化遗产普查工作，为推进农业文化遗产分类保护与开发奠定了坚实的基础。农业文化遗产概念理解模糊，以福建省为例，福建省农业部门虽初步开展了农业产业文化遗产普查工作，但其他部门并未开展相应普查工作。因此，有必要进行全面综合的农业文化遗产普查工作，建立详细的农业文化遗产名录，为农业文化遗产保护与多层次开发奠定基础。

（2）对农业文化遗产可持续开发重要性认识不清晰

《重要农业文化遗产管理办法》指出，农业文化遗产历史传承至今，仍

---

① 《重要农业文化遗产管理办法》，中华人民共和国中央人民政府网，2015 年 8 月 28 日，https：//www.gov.cn/gongbao/content/2016/content_ 5038095.htm。

具有较强的生产功能，为当地农业生产、居民收入和社会福祉提供保障。全球重要农业文化遗产重要的内涵之一是可以满足当地社会经济与文化发展的需要，有利于促进区域可持续发展。就以上内涵而言，农业文化遗产不仅需要保护与传承，还需要有利于促进区域经济可持续发展，有利于提高居民收入和社会福祉。因此，农业文化遗产作为活态特殊的文化遗产，合理利用，在保护与传承中利用，是其固有内涵特征，与其他文化遗产具有显著区别。受制于对农业文化遗产特性理解不足，部分政府部门认为农业文化遗产保护意味着高投入、低产出，对农业文化遗产保护的动力不足。对于企业而言，也面临类似困惑。以福建省为例，大部分农业文化遗产保护与传承没有形成体系化、系统化、全面化模式，难以形成三次产业融合的发展态势。碎片化、自发化、盲目化开发造成农业文化遗产价值无法最大化，极大影响了农业文化遗产价值的体现和社会保护的积极性。

2. 规制问题

农业文化遗产保护机制主要包括法律法规体系、保护协调机制、长效资金投入机制等。当前与农业文化遗产相关的法律法规主要有《中华人民共和国野生动物保护法》《中华人民共和国非物质文化遗产法》《中华人民共和国文物保护法》《国家级森林公园管理办法》《重要农业文化遗产保护办法》等，多是单一性的保护文件，缺乏系统性、整体性的农业文化遗产保护法规，涉及农业文化遗产保护的内容有限。《重要农业文化遗产保护办法》规定了重要农业文化遗产保护的机构、保护范围，但缺乏明确的保护措施，尤其缺乏保护经费、部门责任等措施制定的依据，难以达到农业文化遗产活态保护、系统传承的目的。农业文化遗产作为具有明确保护主体、保护范围、保护与发展计划的对象，其管理权却分散在不同部门，缺乏有效的协调推进机制。调研中发现，几乎所有县市都认为无法协调不同部门的保护问题。农业农村部规定农业文化遗产保护责任主体是农业行政管理部门，实际操作中农业文化遗产保护工作涉及部门范围广，农业行政管理部门难以协调其他部门，导致农业文化遗产保护对象偏重狭义农业范畴，其他类型农业文化遗产缺乏有效的保护。

3. 资金问题

可持续性保护经费投入不足，难以形成系统性长效性资金投入机制。调研中，责任部门认为保护资金不足严重影响保护效果，难以形成系统性保护，加剧不同部门之间保护与发展的不平衡，最终不利于农业文化遗产的协同保护与发展。农业文化遗产种类多，保护与传承涉及利益群体庞大。在调研中，农业文化遗产保护与传承相关部门均表示希望政府承担保护义务，加强投入，提升保护积极性，发挥政府的主导作用。

4. 人才问题

调研中发现，福建省总体缺乏农业文化遗产保护与利用的专业人才，与高校的课题合作也比较少，在某种程度上导致后期保护、申报与开发方面的技术问题。面对体量巨大、内涵丰富的农业文化遗产，需要专业人才进行规划、设计。当前，省内高校进行农业文化遗产研究的团队少，研究成果不够前沿。

5. 开发问题

省内大部分农业文化遗产开发处于自由放任状态，没有实现体系化、系统化、全面化开发，难以形成三次产业融合的发展态势。碎片化、自发化开发造成农业文化遗产价值无法最大化，极大影响了农业文化遗产价值的体现和社会保护的积极性。比如，连城白鸭作为著名的药用品种，养殖历史悠久，虽已列入国家级畜禽品种资源保护名录、获评国家地理标志保护产品，但调研时发现，该重要的农业文化遗产几乎处在第一产业阶段，制约了文化影响力的提升，不利于其经济效益和社会效益的提升。

（二）促进福建省农业文化遗产保护利用的对策建议

农业文化遗产具有丰富的文化内涵和独特的文化价值，承载着悠久的文化传统和民族文化意识，是民族记忆和民族文化的重要来源。开发农业文化遗产资源，对于提升福建省文化软实力，增强文化吸引力具有重要价值。随着福建省经济实力的不断增强，农业文化遗产保护的力度会不断加大，农业文化遗产的价值会随着经济的发展而增加，进而提升福建省农业文化旅游开发的潜力。

1. 强化政府主导性，系统挖掘、整理和保护农业文化遗产

农业文化遗产挖掘与保护作为公共福利的一部分，政府部门应作为主导力量，投入相当的资源，进行农业文化遗产的挖掘保护工作。当前迫切需要进一步强化挖掘保护意识，通过政府力量推动部门联动，建构以政府为主导力量的责任保护机制，建立包含农业、林业、海洋渔业、水利、文化、旅游等部门参与行动的统一管理协调机构，提高管理效率。

开展农业文化遗产的普查工作，特别是要对"濒危"的农业文化遗产进行抢救性保护。政府部门与高校、智库、博物馆、社区、企业等多方联动，用多种手段恢复传统生产过程、生产工艺等，以图件、可视化数据库等多样化的方式呈现，提高其可理解性和科普性，为农业文化遗产的发掘整理、动态保护和合理利用提供科学支持。

2. 建立卓有成效的农业文化遗产保护机制

健全管理机构，尽快出台"福建省农业文化遗产管理办法"，设立"农业文化遗产保护专项基金"，卓有成效推进各项保护活动开展。一是农业、林业、海洋渔业、水利、文化、旅游等部门要加强协作，建立统一管理协调机构。二是通过设立"农业文化遗产宣传保护日"等多样形式，利用"互联网+"等多种手段，结合农业旅游开发，将宣传资料云端化，全面推动全民对农业文化遗产的保护意识。三是借鉴国家自然保护区、风景名胜区、文物保护单位、传统村落等经验，会同发改、财政等部门，建立"农业文化遗产保护专项基金"。四是厘清政府和市场责任，通过系统保护形成农业文化遗产精品，以精品吸引企业投资开发，形成良性市场发展模式。

实施重点推动计划，积极鼓励具有代表性、典型性的农业文化遗产申报世界重要农业文化遗产，使农业文化遗产走向世界。借鉴国际农业文化遗产保护经验，推动以茶叶、民俗、传统美食、传统工艺等为代表的福建省农业文化遗产进行国际交流，产生国际影响力，通过文化影响力带动农业文化遗产潜在经济价值的开发，解决农业文化遗产的发展问题。

3. 合理分配旅游化利益

农业文化遗产需要发展和收益，通过旅游化途径，使农业文化遗产拥有者获得收益，从而获得传承的动力。

农业文化通过创意化开发，创造民众所需的旅游商品。农业文化遗产形态多样，内涵丰富，经过创意化开发，放大文化优势，增加农业收益，传播文化价值。

市场化发展，通过授权企业使用农业文化遗产标识，参与农业文化遗产项目开发，激励企业建立农业文化遗产创意研发机构，扩大农业文化遗产影响力和吸引力，满足农业文化遗产推进社区可持续发展的要求。健全鼓励市场化发展的机制，通过产权资本化，扩大农业文化遗产保护与开发的主体和效率，授权企业使用农业文化遗产标识，参与农业文化遗产项目开发，激励企业建立农业文化遗产创意研发机构，扩大农业文化遗产影响力和吸引力，满足农业文化遗产推进社区可持续发展的要求。

4. 将农业文化遗产纳入福建省大文化品牌建构战略

实施重点推动计划，积极鼓励具有代表性的农业文化遗产申报世界重要农业文化遗产，使福建省农业文化遗产走向世界。

健全农业文化遗产知识产权的保护与利用制度，通过农业文化遗产知识产权的保护与开发，扶持若干具有实力和强烈开发意愿的企业，引导其成长为具有竞争力的企业集团，将农业文化遗产纳入福建省大文化品牌战略中。

将农业文化遗产发掘保护与美丽乡村建设、休闲农业、乡村旅游发展、精准扶贫和福建省文化品牌崛起战略等有机结合，丰富"清新福建"发展内涵，推进海上丝绸之路核心区文化建设与软实力的提升，最终推动三次产业融合，提升省域整体文化竞争力。

通过设计农业文化遗产旅游开发包，降低农业文化遗产设计开发成本，提升开发效率，为不同地区的农业文化遗产提供模块化设计方案，展示农业文化精髓，彰显农业文化遗产价值。以区域农业文化遗产和其他旅游资源为基础，结合旅游开发总体规划，在特定区域集中、有机展示农业文化资源，打造包含种植、养殖、加工、科普、体验、旅游等全方位内涵、富有特色、可复制的开发模式。在区位较好的地域，通过挖掘当地特色的遗址、物种、聚落、技术、工具、特产、民俗等资源，突出农业文化在衣食住行中的价值，有机整合，充实旅游包的内容。通过旅游包设计，发挥农业文化遗产的科学价值、艺术价值、历史价值、景观价值、技术价值，刺激游客参观、体验、购买，培育消费需求，达到三次产业融合的目的。

调研中发现，企业对农业文化遗产开发表现出强烈兴趣，愿意投入资金进行农业文化遗产开发。农业文化遗产内容丰富，涉及范围较广，企业前期投入成本大。在农业文化遗产开发基础较好的区域，积极扶持具有实力和强烈开发意愿的企业，并重点培育，引导其成长为具有竞争力的企业集团，融合农业文化遗产保护研究、开发研究与可持续发展研究等职能，为农业文化遗产的旅游开发提供强力激励。

B.13
福建省农业科技特派员制度服务
乡村振兴报告

王正环　蔡蔚萍　吴　锐*

摘　要： 科技特派员制度是习近平总书记在福建省工作期间指示推进调研，并由南平市政府牵头落实的一项农村工作机制创新。该制度后在全国农村推广，为助力我国打赢脱贫攻坚战、实现乡村振兴发展提供坚实的科技基础。值此学习习近平总书记在福建考察时对科技特派员制度做出的重要指示之时，本报告通过对科技特派员制度发展的不同阶段进行回顾，梳理科技特派员制度的运行机制。同时，结合福建省农村发展的实际案例，总结科技特派员制度赋能福建乡村振兴的成效，探索科技特派员制度发展过程中的成功经验，并为制度的创新发展提出了切实可行的意见。这对当前福建省的科技特派员制度和农业科技推广服务体系的丰富和完善具有重要的现实意义。

关键词： 科技特派员　乡村振兴　农业科技推广　福建

一　科技特派员制度发展回顾

科技特派员制度是习近平总书记在福建省工作期间指示推进并由南平市政府牵头落实的一项农村工作机制创新。该制度发源于南平市，起步于福建

* 王正环，河南邓州人，福建开放大学教授，主要研究领域为农业经济政策；蔡蔚萍，湖南湘西人，福建师范大学文化旅游与公共管理学院讲师，主要研究领域为教育社会学、基层社会治理；吴锐，安徽蚌埠人，福建师范大学2023级公共管理专业硕士研究生，主要研究领域为社会保障。

省，推广在全国，促进了千千万万的农民增收致富，为加快农业高科技成果转移转化、推进农业供给侧结构化改造、助力打赢脱贫攻坚战和乡村振兴发展做出了巨大贡献，已经成为区域经济社会发展的"助推器"、农村科技进步的"压舱石"、促进生态建设的"新动力"、党群干群关系的"连心桥"，更加夯实了中国共产党的执政基石。

（一）探索启动阶段（1998~2003年）

20世纪90年代中后期，我国农业生产和农村发展已经进入新的阶段，作为闽北农业大市，南平的粗放型农业经济同我国各地其他农村地区一样，遇到了一系列新情况、新问题、新矛盾：农村经济一直以粮食生产为主，高附加值的经济作物栽培比重较低，已经无法赶上农业市场经济发展的要求；农产品销路不畅，市场价格也一直低位运行，农村经济成长速度较慢；很多农民期盼着最新的农业科学技术成果可以运用于农村生产之中，从而帮助他们早日踏上脱贫致富之路，但当前农村科技推广力度远达不到农民的期望；乡村集体经济基础薄弱，农村基层人才队伍的综合素质不高。关于上述问题，时任中共福建省委副书记、福建省省长的习近平同志在深入调研的基础上，指导并推进"高位嫁接、重心下移、夯实农村工作基础"的发展思路，推动了科技特派员下乡服务"三农"的制度，促进南平市率先实施"三农"工作创新机制。在此思想的指导下，南平市决定选派首批225名科技人员，深入215个村开展科技服务工作，此举成为中国科技特派员制度的发端。

2002年，习近平对农村科技特派员工作进行了专题调研，后又在《求是》杂志发表《努力创新农村工作机制——福建省南平市向农村选派干部的调查与思考》，指出这一做法是"市场经济条件下创新农村工作机制的有益探索，值得认真总结"。之后，有关部门总结科技特派员实践经验，在宁夏、陕西、甘肃、青海、新疆等西北五省区开展试点工作。就这样，科技特派员制度一步步从地方实践上升为国家层面的制度安排。

自2002年开展科技特派员试点工作以来，各地方在实践中创造了各具特色的科技特派员创业与服务模式，在全国形成了充满生机的良好格局。截至 2009 年，已有 7.2 万余名科技特派员长期活跃在农村基层、农业一线，围绕当地产业和科技需要，与农民建立"风险共担、利益共享"的利益共同体，开展科技创业和技术服务活动，有力推动了农业科技成果转化和应用，形成了科技人员深入农村开展创业和服务活动的有效机制，为增加农民收入、发展农村经济做出了重要贡献。

（二）深化提升阶段（2003~2016年）

2009 年科技部、人力资源社会保障部、农业部、教育部、中宣部、国家林业局、共青团中央、中国银监会联合印发《关于深入开展科技特派员农村科技创业行动的意见》（国科发农〔2009〕242 号），该意见指出，为全面贯彻党的十七大和十七届三中全会精神，深入贯彻落实科学发展观，适应国内国际形势的新变化，实现农村改革发展的战略目标，充分发挥科技在发展现代农业、建设社会主义新农村、推进城乡经济社会一体化发展中的重要作用，我国决心深入开展科技特派员农村科技创业行动。

2019 年 10 月 21 日，全国科技特派员制度推行 20 周年总结会议在京举行，会上宣读了习近平总书记的重要指示。习近平总书记指出："科技特派员制度推行 20 年来，坚持人才下沉、科技下乡、服务'三农'，队伍不断壮大，成为党的'三农'政策的宣传队、农业科技的传播者、科技创新创业的领头羊、乡村脱贫致富的带头人，使广大农民有了更多获得感、幸福感。"习近平总书记强调："创新是乡村全面振兴的重要支撑。要坚持把科技特派员制度作为科技创新人才服务和乡村振兴的重要工作进一步抓实抓好。广大科技特派员要秉持初心，在科技助力脱贫攻坚和乡村振兴中不断做出新的更大的贡献。"中共中央政治局委员、国务院副总理刘鹤指出，习近平总书记的重要指示是新时代深入推进科技特派员制度的根本遵循和行动指南。20 年来，科技特派员制度坚持以服务"三农"为出发点和落脚点、以科技人才为主体、以科技成果为纽带，在推动乡村振兴发展、助力打赢脱贫攻坚战中取得明显成就。新时代深入实施科技特派员制度，要紧紧围绕创新驱动发展、乡村振兴和脱贫攻坚，进一步完善制度体系和政策环境，进一步发展壮大科技特派员队伍，把创新的动能扩散到田间地头。

（三）创新发展阶段（2016年至今）

科技特派员制度源于福建，发展于全国，为全国农业农村发展提供了创新方案，为全国打赢脱贫攻坚战夯实了科技基础。同时作为科技特派员制度的发源省份，福建省近年来也在不断完善和深入推进新时代科技特派员制度。为深入学习贯彻习近平总书记关于科技特派员工作的重要指示精神，落实全国科技特派员制度推行20周年总结会议的部署要求，促进福建省科技特派员工作不断深化、拓展、提升，继续走在全国前列，在推动乡村振兴发展、助力打赢脱贫攻坚战、坚持高质量发展落实赶超中发挥更大的作用，2019年12月17日中共福建省委办公厅、福建省人民政府办公厅提出《关于新时代坚持和深化科技特派员制度的意见》（闽委办发〔2019〕62号）。

2021年3月，习近平总书记在福建南平考察时，再次对科技特派员制度做出了指示：要求总结科技特派员制度经验，继续加以完善、巩固、坚持，深入推进科技特派员制度，让广大科技特派员把"论文"写在田野大地上。福建省为了继续深化农村科技特派员制度，进一步擦亮新时代科技特派员的"金字招牌"，各市积极出台相关政策，并做出了诸如成立全国首个骨干科技特派员培训基地、开展科技特派员金融对接会、引入先进技术助力企业突破技术瓶颈、拓宽援助领域赋能产业升级等实践。在各市的共同努力下，科技特派员制度在福建省重新焕发活力，为促进福建省区域经济社会协调发展、在脱贫攻坚和乡村振兴中取得显著成效提供了重要的制度保障。

如今，科技特派员制度已经在全国普遍实行，截至2023年底，福建省共选认了2217名科技特派员，其中包括794个团队科技特派员和28个法人科技特派员，他们在当地科技特派员运行机制和实践模式方面总结出了许多创新性的理论和经验，这使得科技特派员制度在农村科技创新创业、农村科技推广服务、助力农业农村现代化、实施乡村振兴战略方面发挥着越来越重要的作用。

二 科技特派员制度的运行机制

（一）科技特派员制度参与主体

科技特派员制度的参与主体主要包括以下四个部分：科技服务提供者、科技服务接受者、政府主管部门和其他相关组织。根据福建省各市近年来颁布的相关制度来看，在科技特派员制度发展的二十多年来，该制度的各参与主体均发生了一定的变化。科技服务提供者由最初的自然人科技特派员扩展到团队科技特派员、法人科技特派员及其他相关单位，包括相关领域的高等院校、科研院所，甚至部分地区不再局限于地域，选择跨界别、跨区域选拔人才；科技服务接受者，由传统的普通农户、农业企业拓展到家庭农场、农民合作社、农业公司、工业企业、服务业企业等；科技特派员的主管部门主要包括各级省、市、县党委政府，科技主管部门，农业农村部门等，主要由各级科技主管部门负责；其他相关组织包括农村基层组织，如村党支部、村民委员会、村民小组以及农村社区公众等。

依据马斯洛的需求层次理论及理性人假设，对科技特派员制度各参与主体进行深层次的需求分析并进行总结。

1. 科技服务提供者的需求

自然人科技特派员参与该制度的目的主要包括：增加经济收入、提升个人声誉、创造学术成果、个人自我实现等。团队科技特派员参与该制度的主要目的包括：增加团队成员经济收入、共同创造学术研究成果、获取团队声誉、团队价值的实现等。法人科技特派员参与该制度的主要目的包括：获取经济效益、市场声誉、社会声誉等。

不难看出，无论是哪一种成分的科技服务提供者，其目的都相同，即完成科技特派员管理部门所分配的任务，并尽可能地在完成任务的过程中取得优异的成绩，为个人、团队或企业赢得声誉和口碑，展示本单位的能力和社会担当，获得科技特派员管理部门的认可，为本单位赢得更多的政府支持和课题项目。

2.科技服务接受者

作为科技服务接受者的普通农户、农业企业、家庭农场、农民合作社、农业公司、工业企业、服务业企业等，其首要目的是希望借由科技特派员制度获得实用的先进科技，以破解发展过程中所面临的技术难题，提高自身经济效益。相较于农业个体而言，企业还希望借助科技驱动高质量发展，提升自身市场竞争力，获得更多的社会认可，提升企业整体经济效益。

3.政府主管部门

各级省、市、县党委政府，科技部门，农业农村部门是科技特派员工作的主管部门，尤其是各级科技主管部门，更是承担着对下属科技特派员工作的主要管理责任。作为主管部门，其更希望自己主管的科技特派员工作能够取得良好的实际效果，并且在科技特派员制度的实践和运行方面取得一定的创新和发展，从而获得上级部门的表彰和个人的提拔。

4.其他相关组织

无论是农村基层组织还是农村社区公众，他们都希望科技特派员制度能够为所在村的产业带来较大发展，帮助村民获得新的财富，提升村民生活质量，助力本村实现高质量发展、乡村振兴和农业农村现代化。

基于上述总结，根据利益相关者理论可以得出，虽然科技特派员制度的参与者众多，且各自的利益和目标大相径庭，但他们始终围绕着"农村科技推广服务和农业科技创新创业"这一目标，组成了一个利益共同体，各方利益的实现都紧紧围绕着这一目标。因此，科技特派员制度的运行机制和实践模式应始终秉持着利益共同体的理念，坚持"风险共担，利益共享"的原则，平衡好各参与主体的利益。

（二）科技特派员制度的工作内容

当前，科技特派员工作的主要内容包括：助力乡村振兴，推动当地特色产业发展，为当地发展绿色经济和生态修复治理工作提供技术支持，为当地实现乡村治理体系和治理能力现代化提供技术支撑；推动产业转型，特别是传统工业技术改造和转型升级，强化产学研用结合，促进科技成果转化，用先进技术破解企业发展难题；推动第三产业发展，促进文旅经济与科技结合，带动一批大学毕业生和农民工就业，开展科技创业和服务，创造一批新的就业载体，以创业带动就业；开展先进、成熟、适用技术的推广与示范工作，巩固拓展脱贫攻坚成果。

虽然以上工作内容同"农村科技推广服务和农村科技创新创业"这一主题存在一定出入，但总体上与该目标存在关联。科技特派员制度并非涉及单一部门，其所带来的影响也不局限于单一领域。新时代科技特派员工作应当结合现状不断融入新的时代内容，如建设科技特派员示范点，打造现代农业产业集群，推动三次产业和城乡产业融合发展等。可以说，科技特派员制度已不再局限于将先进科技带进农村，其产生的辐射作用正全方位推动农村发展，为实现乡村振兴贡献出属于自身的独特力量。

（三）科技特派员制度的资金来源

结合《福建省科技特派员专项资金管理办法》，科技特派员专项资金是指由省级财政筹集设立的支持科技特派员工作的专项资金，资金规模约为每年1亿元，由省发改委、省科技厅、省财政厅、省农业农村厅每年各安排约2500万元。该项资金主要用于经选认的省级科技特派员的工作经费、牵头承担的项目、参与建设的省级星创天地后补项目，科技特派员服务云平台建设、运营和维护，以及与新时代坚持和深化科技特派员制度相关的工作。该资金管理遵循"集中财力、分类支持，竞争择优、合理配置、专款专用"的原则，引导和支持科技特派员投入脱贫攻坚、乡村产业振兴"千万"行动等中央和省委、省政府的重点工作部署。

可以说，科技特派员专项资金为该制度的运行和发展提供了有力的物质保障，通过对个人或团队科技特派员给予资金支持的方式，鼓励有识之士加入科技特派员制度之中。同时，由省财政厅、省科技厅牵头管理，市、县财政和科技部门协同审核分发的方式，保障了科技特派员专项资金的充分使用和实时监控。

（四）科技特派员制度的选任制度

结合福建省各市已出台的相关制度工作实施条例，目前科技特派员制度已经形成了一套相对可行有效的选任办法。事实上，科技特派员选任的最大难度在于上级部门难以直接了解当地在发展过程中存在的具体困境，对基层需求难以详尽了解，同时乡镇、村、组和农村市场主体等服务对象不能主动参与，供需双方难以精确了解彼此需求，对接不精确，科技推广服务难以"对号入座"，乡村创新创业的活力难以被激发。

而现阶段科技特派员的选任，主要根据双向选择、按需选认、精准对接的要求，拓宽选任渠道，优化了科技特派员的队伍结构。科技特派员的选拔不仅深入挖掘熟悉本地情况的本土专家，而且面向高等院校、科研院所等扩大了选任范围，实现创业和技术服务领域覆盖三次产业，促进三次产业深度融合。此外，各市县鼓励、支持科技特派员围绕全产业链发展需求，根据当地实际，组建跨专业、跨领域、跨区域的全方位创业和技术服务团队。同时，以莆田市为例，该地积极推行法人科技特派员服务模式，以技术成果为纽带，强化产业对接，打造科技特派员与院地合作、校地合作融合通道，充分发挥省农科院莆田分院、秀屿区乡村振兴研究院、涵江区乡村生态振兴研究院等法人科技特派员示范带动作用，围绕全产业链发展需求，推动、促进创业和技术服务向研发、生产、加工、检测流通、销售等全产业链条延伸覆盖。

三　科技特派员制度赋能福建乡村振兴的成效

（一）扎根农村，绽放青春光华

科技特派员制度在福建省推动了一批青年科技人才深入农村，他们用科学知识和技术为乡村振兴注入活力。这些特派员深耕农业前线，将研究成果直接转化为提升农业生产力的实用技术，帮助农民解决实际问题。他们不仅提高了农作物产量和品质，推动了农业产业升级，还激发了农民对科技创新的热情，成为连接科技与乡村发展的重要桥梁，为乡村振兴培养了宝贵的人才资源，也在乡村振兴的过程中充分实现自身价值。

苏海兰是一名"80后"科技特派员。2014年，她来到南平市光泽县寨里镇，开展科技帮扶，带领农民种植稀缺药材七叶一枝花。数年过去了，如今，在苏海兰和她的团队的努力下，这朵"濒危之花"从几近灭绝到形成新产业，带动了一方发展。是什么促使苏海兰把她美好的年华献给这方土地？除了作为共产党员的使命担当，福建省委、省政府不断创新制度优势、加大对科技特派员的激励和扶持力度，也是一个极其重要的因素。苏海兰说："在科技特派员制度的激励下，如今，光是我们福建省农科院，每年就有400多人到广大农村担任科技特派员，成为乡村脱贫致富的带头人。"

农业农村的发展离不开技术的支持，科技特派员在其中则扮演着桥梁的作用，一头连着科技创新，一头连着生产实践。许多农村地区也紧紧依托科技特派员这一优势资源，大力实施关键技术攻坚，以此来巩固脱贫攻坚成果，促进乡村振兴。目前，福建全省已建设食用菌、竹加工、白羽半番鸭等国家和省级科技特派员创业产业链13条，国家级星创天地40多家，企业、创业基地和经济合作组织等750多家。这种种成就的背后，是越来越多的"苏海兰"们积极投身乡村振兴事业，将自己的科研成果写在田间地头，将自己最好的青春年华绽放在福建农村的土地上。

（二）科技加持，推动产业崛起

依托科技特派员制度，特派员们将前沿科技知识和技术引入农村，引入产业，帮助农民解决生产中的技术难题，提高了农作物的产量和品质，带动整个产业全面崛起。他们促进了新品种、新技术的推广应用，加快了农业产业结构的优化升级。通过科技创新，不仅增强了农业的竞争力，也为农民带来了更多的经济收益，推动了乡村经济的全面发展，实现了产业的持续崛起。

自 2019 年起，延平区、光泽县、明溪县等地开展科技特派员集团服务试点工作，推动科技特派员服务向区域优势特色产业全产业链环节延伸拓展。数字研究所牵头在光泽县实施"互联网+生态食品产业链关键技术开发应用"重大科技项目，建设光泽生态食品产业链信息服务平台，实现水稻、畜牧、水产、蔬果、茶叶、中药材、物流等七大产业服务全程信息化，为光泽县建设中国生态食品城、打造"数字光泽"打下坚实的基础。2021 年，在与光泽县长期合作的基础上，福建省农业科学院与光泽县签署共建全国农业科技现代化先行县合作协议，围绕光泽县肉鸡、水稻、茶叶、中药材等产业发展要求，委托数字所、水稻所、畜牧所等 10 个法人科技特派员，全面落实先行县"八个一"重点任务。近年来，依托地方农业科学研究所，福建省农业科学院与地方政府共建"基层农科院"协同创新机制，已在南平市、莆田市、宁德市、龙岩市、漳州市等 5 个地级市，分别建成福建省农业科学院区域分院。其中，南平分院围绕水稻、茶叶、食用菌、蔬菜、水果等南平区域特色产业，先后选派 24 支团队科技特派、100 余名科技特派员到闽北开展农业科技服务，示范推广农业科技项目 112 项，累计创造经济效益 5 亿多元。

（三）跨省协作，共建产业桥梁

科技特派员制度不仅为省内农业农村发展带来先进科学技术，同时通过跨省合作，促进了区域间的技术交流与合作。特派员们携手其他省份的科研机构和专家，共同研发适应地方特色的农业技术，推广高效的种植和养殖模式。这种合作不仅加速了科技成果的转化应用，还促进了福建及合作省份的农业产业升级和经济发展，实现了资源共享、优势互补，为地方乡村振兴和农业现代化贡献了重要力量，为其他地区带来科技福祉，实现互利共赢。

近年来，随着退耕还林、退耕还草等生态建设步伐加快，宁夏回族自治区固原市的生态环境迎来蜕变，该地提出实施一棵树、一株苗、一棵草、一枝花的"四个一"草林产业试验示范工程。但是对于实验品种的选择和所面临的技术难题，当地政府着实犯了难。为破解技术难题，当地政府采取院地合作方式，对接福建省农业科学院、福建农林大学等科研院所，聘请专家团队，在规划设计、引进品种、栽培管理等方面对当地工作展开指导。在专家的指导下，当地通过示范带动的方式，开展适应性品种筛选，优质高效配套栽培技术研发，加快机械化、信息化、自动化进程，尝试探索农旅融合等现代农业发展新方向。

长期从事花卉育种与栽培技术研究的吴建设，带着自主选育的"闽葵"系列向日葵品种，进驻刘姥姥农庄示范点。吴建设通过提供花色丰富、抗逆性强、景观效果好的向日葵品种，在当地开展连片百亩示范种植，并对当地村民进行连续跟踪辅导，帮助村民解决种植难题，打造花海景观。此外，为延长产业链，为农民争取更多的增收点，他还主张当地发展鲜切花产业，并引入更适宜作为鲜切花原料的观赏向日葵"闽葵4号"。

如今，一到盛夏，美丽的向日葵花海便能吸引大批游客前往，极大地促进了当地旅游业的发展。同时鲜切花产业也通过花店批量配送和景区现场销售的方式，为村民带来近10万元收入，切实提高了当地村民的经济收入。

四 完善科技特派员制度的思考

（一）提高认识，深入学习基本精神

福建省科技特派员制度是中共中央、国务院相关政策的具体化，为了深入贯彻落实该项政策，首先应当提高认识，深入学习领会中共中央、国务院和中共福建省委、福建省人民政府相关政策所蕴含的基本精神。

科技特派员的实践产生于福建省南平市，当时的政策目标是满足科技兴农致富要求，加强村关键队伍建设，解决农产品难卖的问题，并尝试探索一套适合农村经济发展要求的农村工作新机制，其首要目标是科技兴农致富。然而随着时间的变迁，政策的环境发生了相应的变化，我国打赢了脱贫攻坚战，帮助农民摆脱了绝对贫困，现阶段科技特派员的主要目标转变为"培育新型农业经营和服务主体，健全农业社会化科技服务体系，推动现代农业全产业链增值和品牌化发展，促进农村三次产业深度融合，为补齐农业农村短板、巩固脱贫攻坚成果、助力乡村振兴战略做出贡献。"

此时，科技特派员需要紧跟时代步伐，深入学习领悟新时代科技特派员制度的基本精神，提升思想觉悟，使其内化于心，外化于行，在学习中感悟基本精神的内涵，在工作中展现共同富裕的基本精神，切实帮助当地村民改善经济状况。

（二）专业互补，鼓励团队加入

20 年前，科技特派员制度是为了解决村民致富问题，单个科技特派员可以满足目标的需求。如今，科技特派员身负重任，为实现乡村振兴这一目标，需要不同领域和专业的人才进行分工协作与配合，单个科技特派员难以有效实现目标。

与此同时，现阶段我国农业正逐步从传统农业转向现代化农业，需要技术、经营、管理、销售、宣传等多方面人才，诚然，可以通过拓展单一科技特派员任用渠道的方式来满足当地发展需求，但是众多缺乏统一协作、结构松散的单一科技特派员群体难以发挥其各自的优势，无法有效实现政策目标。

因此，团队科技特派员的作用在当下被无限放大，政府也应当鼓励团队科技特派员的加入，加大团队科技特派员的比重，尤其是针对福建省部分现代化农业特征较为明显的地区，更应发挥团队科技特派员的优势，推动当地农业农村现代化深度发展，破解农业现代化进程的技术难题，为当地产业发展提供更为全面的技术指导。

（三）放大效应，构建长效机制

正所谓"授人以鱼不如授人以渔"，现代农业发展至今，仅凭借科技特派员的短期定量"输血"，只能解一时之急，只有将技术深植于农民之中，才能化解永久之困。因此，政府可以引进现代技术，构建交流平台，组建线上科技特派员专家小组，定期开展培训讲座，帮助村民解决发展过程中存在的困境。只有通过培训教会一批当地的村民，让他们成为"专家"，由"专家"再带出一批可以通过自己双手实现发家致富的"能人"，并由这些"能人"继续帮扶传带，激发村民的内生动力，致富的种子才真正从科技特派员的手中传递到村民手中，才能切实防止返贫。

（四）发挥合力，制定配套政策

《国务院办公厅关于深入推进科技特派员制度的若干意见》（国办发〔2016〕32号）提出，科技特派员应当同农民建立"风险共担、利益共享的共同体"。利益作为科技特派员的合理合法诉求，理应受到政策的保护，此外，科技特派员制度涉及众多主体，为了协调各方利益，应当完善相关配套政策，保障各方利益都能得到合理的满足。但在现阶段福建省各市、县出台的相关工作指导文件中，对于科技特派员利益保护的内容语焉不详，更是缺少针对服务提供者和服务接受者的调节机制。因此应当以"风险共担，利益共享"为基本原则，建立"利益共同体"的工作协调机制，处理好科技特派员和村民、企业之间的利益关系，确保创新创业活动能够正常有序开展，消除科技特派员的后顾之忧。

B.14
福建省农村宅基地"三权分置"
改革报告[*]

余丽燕　郭铭濠　陈姝颖　聂闯[**]

摘　要： 福建省的宅基地改革步伐稳健，积累了具有重要现实意义的试点改革经验，对提高宅基地管理工作效率具有重要意义。本报告分析了福建省农村宅基地产权改革的主要做法和成效，并且重点分析了福建省第二批改革试点沙县区、建瓯市和晋江市的成功经验，总结出加强基层组织领导、以人为本、植根本地特色等经验，三地试点成效显著，不仅土地利用效率提高、创新了农村金融抵押贷款模式，还改善了生态环境和乡风文明。但试点并未在全省广泛铺开，还需进一步提高资源盘活利用效率；因地制宜，灵活施策；疏堵结合，稳妥推进；积极创新探索新路径。以此推进福建省其他地区的宅基地制度改革。

关键词： 宅基地　产权改革　福建省

一　引言

宅基地制度改革在中国乡村发展中起到关键作用，是保障农民安居乐

---

* 基金项目：国家自然科学基金项目（72003032）和教育部人文社科青年基金项目（20YJCZH217）。

** 余丽燕，福建农林大学经济与管理学院副教授，博士，主要研究领域为农民合作社、农村金融、集体产权、农村公共产品、企业财务管理等；郭铭濠，福建农林大学经济与管理学院金融硕士研究生，主要研究领域为农村金融；陈姝颖，福建农林大学经济与管理学院金融硕士研究生，主要研究领域为农村金融；聂闯，福建农林大学经济与管理学院金融硕士研究生，主要研究领域为农村金融。

业、农村稳定和谐的重要工具。国家高度重视并持续解决宅基地管理及利用中的矛盾和问题。2024年中央一号文件强调"稳慎推进农村宅基地制度改革",以保障农民居住权益、遏制违规乱建、盘活闲置资源,并加强规范管理和优化权利配置。① 我国农村宅基地制度历经70多年演变,遵循"一户一宅"原则,归集体所有且无偿长期使用,但随着城乡一体化发展,原有制度出现诸多不适应之处,具体表现为:大量农村劳动力转移至非农产业就业后,其在农村的宅基地难以实现有效退出流转,导致大面积宅基地闲置且利用效率低下。在一些地区,由于土地资源日益紧缺,新增农户申请宅基地需求强烈,供需矛盾日益激化。此外,长期管理机制的不健全使得"一户多宅"、非法占地和违章建筑现象频发,违法用地问题普遍存在。再者,宅基地权能界定不清以及合法财产价值未能充分显现,导致地下交易禁而不止。因此,改革和完善农村宅基地制度已成为当前亟待完成的任务。②

为深化农业农村改革,加快推进农村产权流转交易市场建设,福建省于2015年2月首先推动晋江市农村宅基地制度改革。从此之后,福建省持续深化农村宅基地制度改革工作,陆续推动沙县区、建瓯市稳慎开展农村宅基地制度改革,以期破解宅基地治理的难题。作为全国首批农村宅基地制度改革先行示范区,福建省晋江市在夯实宅基地改革基石与激活闲置集体建设用地方面取得了显著的进展。晋江市创新建立了以村为单位的"一个中心、若干网格"宅基地改革推进机制,并将宅基地改革与其他农村重要改革如集体产权制度、自然资源确权登记和农民财产权抵押贷款等深度融合,形成了一套高效的集成化管理模式。为中国宅基地管理贡献了"晋江经验"。福建省建瓯市与沙县区在宅基地制度改革中实施了"房长制"管理、制定了

---

① 《中共中央 国务院关于学习运用"千村示范、万村整治"工程经验有力有效推进乡村全面振兴的意见》,中华人民共和国农业农村部,2024年2月4日,https://www.moa.gov.cn/ztzl/2024yhwj/2024nzyyhwj/202402/t20240204_ 6447020.htm。

② 《深化农村宅基地制度改革》,中华人民共和国农业农村部,2023年2月24日,https://www.moa.gov.cn/ztzl/2023yhwj/wjjd_ 29327/202302/t20230224_ 6421529.htm。

有偿使用标准，并进行了"宅改贷"的创新尝试，取得了一定的成果。近年来，建瓯先后完成农村土地承包经营权确权登记颁证、228个村集体产权制度股份制改革等工作，改革基础比较扎实。在农村宅基地方面，一户多宅、超面积建设、村庄建设外延扩张、老旧房屋闲置、占用耕地建房等历史遗留问题较为突出，作为改革试点具有典型性。试点以来，在省以及南平市的指导和支持下，建瓯市对照7个方面20项改革任务，坚持稳慎推进和创新突破并举，出台制定20项制度性文件，构筑宅基地制度改革的"四梁八柱"。沙县区着力改革宅基地管理制度，强化成片化、集约化管理模式。在宅基地有偿使用的实践探索中，鼓励村民以流转、自由经营、租赁、股权合作等多种形式激活宅基地资源，并引进第三方企业参与。沙县区创新性地构建了"村集体+闲置宅基地+闲置农房+公司"的合作模式，旨在高效利用农村空置宅基地和房屋，实现村集体与农民双方面的经济增收，这一做法成为盘活农村资产、推动乡村振兴的"沙县经验"。福建省农村宅基地制度改革步伐稳健，积累了具有现实意义的试点经验，对于推进宅基地改革具有重要意义。[①]

二　福建省农村宅基地制度改革实践

（一）加强组织领导，重视基层治理

始终坚持党对"宅改"工作的领导核心作用，积极引导基层干部群众全面认知、深度参与并强有力地支持宅基地改革，从而汇聚起推进改革的中坚力量。首要举措在于构建高效有力的顶层规划：如建瓯市政府在实践中成立由市委书记担任组长、市长任第一副组长的市、乡、村三级试点领导小组，下设"一办六组"，建立起从市级至镇（村）级的领

---

① 孟盼盼、宋妮迪、范胜龙：《农村宅基地改革的问题与成效——基于福建省沙县区、建瓯市试点地区的考察》，《自然资源情报》2023年第3期，第36～42页；黄宇鑫、叶姝萍、程荷珺、丁嘉仪、方杭桢：《宅基地"三权分置"的实践困境与对策：以福建省晋江市为例》，《山西农经》2024年第1期，第88～91页。

导挂点联系和工作队包干负责制度。市委、市政府主要领导身体力行，多次亲临一线调研指导宅改工作，集中研究解决宅改工作中的关键议题及经费保障等问题，将宅改任务纳入全市"三争"考核体系，为各乡镇明确年度工作任务书以及完成时间表，确保改革责任层层压实。在深入实施宅基地制度改革的过程中，充分重视并发挥基层治理的核心力量。福建省强调基层政府在宅基地改革方面的责任，将宅基地管理切实纳入乡镇人民政府及街道办事处的职能范畴，并依法授予其必要的权限，使得基层行政单位能够在法律授权下对宅基地相关事务进行高效、有力的管理和规范。与全国其他试点相似，福建省各地政府根据试点的特色，制定符合当地实际情况的改革策略，注重发挥村级组织的关键作用。福建省建瓯市政府成立县、乡、村三级领导机构，以明确宅基地认定标准，基层治理体系的建设有效提升了农村土地资源的精细化管理水平。晋江市政府也出台了《晋江市农村集体经济组织管理暂行规定》，该规定明确了村集体在开展村庄规划中的关键地位，突出了村集体在管理宅基地利用及农房建设方面的监督者角色。①

（二）坚持以智聚力和秉持以人为本，建立科学合理的推进机制

始终坚持贯彻以人民为中心的发展思想，将群众自愿与政府引导相结合，充分尊重并切实保障农民意愿，提升农民对改革成果的获得感。在宅基地改革的实践中，福建省建瓯市政府坚持自下而上、先立后破的改革路径，建立起一套科学合理的推进机制。具体表现为集结了由法律专家团队、第三方技术顾问团队以及高校研究智囊团等组成的"专业智库"，共同参与改革流程设计、制度创新，合力解决宅改实践中的复杂难题。不仅如此，针对宅基地分配这一关乎农民切身利益的重大事项，以及宅基地资格权认定等核心问题，特别强调开展广泛的集体民主协商，确保每一位村民都有表达意见的

---

① 齐培松、涂晓扬、蔡天文：《福建晋江宅基地三权分置试点取得阶段性成效》，《中国自然资源报》2018 年 8 月 27 日，第 1 版。

机会和参与决策的权利。乡贤积极介入提供智慧支持，全体村民参与决策，村民的意见得到充分重视、共同认可，使得认定结果既精准可行又深入人心，从而有力推动了宅基地制度改革的成功落地和长效运行。[③]在此基础上，着力理顺管理体系，明确各项规章制度，规范宅基地管理工作流程，以稳健而持久的步伐推动改革不断深化拓展。

（三）数字赋能，改革过程中运用数字技术

福建省在改革进程中，创新运用 5G 技术，将宅基地的各项关键信息，包括面积计算、具体方位、权属状况以及房屋详情等详尽地整合进调查软件系统中，以此实现对人、土地及房屋资源的全方位信息化管理。建瓯市约投资 450 万元率先在全国构建房地一体化的大数据仓库，有力促进了跨部门、跨层级的数据协同效应，成功联通并共享了涵盖农业、自然资源等多个领域的涉农数据资源，从而全面汇集了国土空间规划、村庄发展规划、全国国土调查成果、农村集体产权制度改革等各类相关信息，为宅基地改革工作绘制了一幅翔实精确的"数字蓝图"，并对数据进行深度关联与智能应用，革新性地对接开发了"智慧云平台"手机应用程序，打造了一款便于实地操作的数据采集工具。借助这一平台，全面启动了实地考察与摸底调查工作，同时采用了卫星遥感、高精度地理信息系统等尖端地理信息技术手段，专项展开了针对宅基地信息的精细勘查。截至 2023 年底，建瓯市政府通过"智慧云平台"已完成 11.02 万户 43.51 万人的成员基础数据确认工作，精准调查录入 11.2 万宗农村宅基地信息。该系统将城乡规划方案、现状分析数据、权籍资料以及基础地理信息等各种要素导入云端平台，打造出覆盖全市的房地一体综合"数据库"，实现了从原先信息孤岛式的低效管理模式向如今高效协作、一网通办的一体化管理体系的转变，在宅基地改革领域真正做到了管理服务效能的全面提升。[①]

---

① 《建瓯：打造农村宅基地制度改革"山区样板"》，东南网，2022 年 9 月 26 日，https：//np. fjsen. com/2022-09/26/content_ 31141411. htm。

（四）根植本地特色与多产业结合，形成了多种新型发展模式

在宅基地制度改革的推进过程中，福建省充分挖掘区域文化特色与自然资源优势，以试点村为改革先锋，树立了宅基地高效利用的新标杆。整合区域内土地、生态、人文等多元资源优势，大力完善旅游接待和服务设施，致力于构建集绿色、环保、休闲于一体的生态宜居乡村新风貌。农村闲置宅基地，在改革举措的激活下，其潜在价值得到深度挖掘与充分利用。这一变革中，宅基地与现代旅游业、金融业的跨界融合日益紧密，形成了多种新型发展模式。比如，沙县区政府借助宅基地制度改革，巧妙地将古建筑保护、红色旅游资源开发与闲置农房改造相结合，大力发展休闲民宿产业，不仅保护了历史文化遗产，还成功带动了山地休闲旅游市场的繁荣，真正赋予空闲宅基地经济效能，更是鼓励"沙县小吃"的发展，截至 2023 年 3 月，沙县小吃年营业额超 500 亿元，助力乡村产业振兴。同时，当地金融机构积极响应政策导向，创新推出"福宅贷"等金融产品，有力支撑了宅基地盘活和乡村振兴项目的实施。建瓯市政府则通过对宅基地的合理规划和有效利用，精心打造了诸如"丹枫白露""九仙画苑"等一系列富有地方文化底蕴的文旅品牌项目，吸引了大量游客，促进了乡村旅游经济的蓬勃发展。新建设的 8 个果蔬冷链库房，不仅提高了农产品附加值，保障了农民收益，还壮大了村集体经济实力，实现了村民与集体收入双增长，生动诠释了宅基地制度改革在推动乡村振兴方面的积极作用。

三　福建省农村宅基地制度改革成效与经验

（一）主要成效

1. 农村土地利用效率得到提高，土地资源配置更加合理

以"三权分置"为核心的农村宅基地制度改革将宅基地的所有权、资格权以及使用权合理分离并明确界定，进而提高了宅基地资源的使用效率。在该改革实践下，试点地区积极遵循改革战略的价值指向，深度挖掘宅基

的经营性功能。多个试点地区将闲置或低效使用的宅基地转变为承载多种经济活动的载体,发展了休闲旅游、餐饮服务等诸多业态,在使农民权益得到保障的同时,实现了宅基地使用形态的多元化变革和经济效益的大幅提升。① 随着改革的推进,土地使用效率明显优化。通过统一规范管理宅基地,企业能够更加便捷地进行集中租赁,避免了以往分散混乱的局面,不仅简化了用地手续,还极大提升了资源配置效率。这样一来,乡村土地资源得到了更为精准高效的配置和运用,为企业入驻及产业发展提供了便利条件。宅基地改革的成功实施也在各地结出了硕果,例如福建沙县区在这方面就树立了典型示范,截至2023年3月,全区12个村庄凭借对闲置农房的有效盘活,成功转型为乡村旅游热点地区,每村平均增收3万余元,有力地促进了当地经济发展,提高了村民生活水平,也为全国其他地区推行类似改革举措提供了宝贵的实践经验。② 总之,宅基地"三权分置"改革既拓宽了农村发展路径,也带动了乡村经济结构的转型升级,助推了乡村振兴战略的整体布局与长远规划,展现出一幅繁荣共享的美好乡村景象。

2. 赋予宅基地抵押贷款功能,进一步深化农村金融改革创新

宅基地改革过程中,福建省通过对原有宅基地资源进行合理调配,有效解决了长期存在的宅基地分布不均衡问题,贯彻了"一户一宅"的国家政策导向,为农村家庭提供了稳定的生活基础。建瓯市对自愿退出宅基地的农民给予最高每户3万元购房补贴,更是创新性地赋予宅基地抵押贷款功能,成功激活了乡村闲置土地资源,拓宽了农户的融资渠道,有利于深化农村金融改革创新。在福建省晋江市,农民按照"一户一宅"原则和宅基地使用面积每户最高不超过150平方米的限额标准,申请使用宅基地,保障集体成员获取宅基地的资格权,实现了农民户有所居。据统计,改革3年来帮助3.1万户群众解决了住房需求。在宅基地抵押贷款方面也做出积极探索,截

---

① 刘双良:《宅基地"三权分置"助力乡村振兴的作用方向与机制完善——基于三个改革试点典型实践的对比分析》,《中州学刊》2024年第1期,第54~62页。

② 《建瓯:打造农村宅基地制度改革"山区样板"》,东南网,2022年9月26日,https://np.fjsen.com/2022-09/26/content_31141411.htm。

至 2023 年 8 月，全市已办理宅基地和农房抵押业务 2501 宗，发放贷款 17.2 亿元。[①] 建瓯市也积极推进政银合作关系的拓展，创新性地推出了多种契合农村实际情况的"乡村振兴宅改贷"金融产品，截至 2023 年 9 月，已成功与 1070 户农户签订贷款协议，并实现累计信贷投放 8223 万元。[②]

3. 宅基地用途增多，乡村生态环境得到改善

在试点地区改革实践下，很多宅基地成功向经营性用途转变，实现了资源的有效激活与优化配置，推进了农村经济的多元化进程。建瓯市系统性地推进了科学合理的村庄规划编制工作，并强力执行了一系列旧村改造及土地整治工程，拆除了大量违规建筑。与此同时，对于腾退释放的土地资源进行了高效利用，将其投入创建省市级"绿盈乡村"项目以及省级乡村振兴带的建设中。这不仅显著提升了土地使用的集约化和效率，而且在很大程度上改善了乡村生态环境，优化了公共设施服务配套体系，从而有力推动了生产、生活与生态三要素在乡村环境中的协调统一与和谐发展。

4. 农民合法使用土地意识增强，形成了和谐共治的乡风文明新气象

福建省在改革过程中，注重发挥村民事务理事会等基层自治组织的核心效能，有力地解决了长期困扰乡村发展多年的问题——宅基地纷争矛盾，使昔日的问题点逐渐转变为和谐发展的着力点。村民们传统的"宅基地即祖业根脉"的观念正在发生积极转变，不仅提升了对自身宅基地的有效管理和运用水平，而且集体土地观念和依法依规使用土地的意识也同步得到了显著提升，从而在实践中进一步塑造了遵纪守法、和谐共治的乡风文明新气象。

（二）试点经验

为了深入分析福建省宅基地制度改革的经验做法，本报告重点剖析沙县区和建瓯市的成功经验，这些经验为福建省其他地区甚至国内其他省份都提

[①] 齐培松、涂晓扬、蔡天文：《福建晋江宅基地三权分置试点取得阶段性成效》，《中国自然资源报》2018 年 8 月 27 日，第 1 版。

[②] 《我市探索党建引领推进农村宅基地制度改革试点成效初显》，建瓯新闻网，2021 年 6 月 15 日，http://www.jrjonews.com/2021-06/15/content_1120206.htm。

供了借鉴和参考。

1. 沙县经验

沙县区是全国闻名的"沙县小吃"之乡，沙县人在外通过"沙县小吃"发家致富，但同时也造成了沙县地区"人走地荒"的状况。为了打破这个困境，沙县作为全国深化农村改革试验区，先行先试，在实践中，始终坚持农村土地集体所有，坚持家庭经营的基础性作用，坚持稳定承包关系，实现"三权分置"，有力盘活闲置土地。

（1）发放"地票"，实现宅基地有偿退出

沙县在尊重、听取民意的基础上出台了完整详细的宅基地退出条例，愿意退出宅基地的农户提出申请后，由镇、村两级政府协同对宅基地进行实地调查，就宅基地土地是否能够再利用以及农户是否在其他地方购房建产进行核实，由政府部门对农户是否能够申请进行认定。然后，由政府向退出闲置宅基地的农户发放"地票"，农户凭借"地票"在申请使用宅基地时享有优先分配权和区位选择权。截止到2023年3月，沙县已经发放"地票"36户2813.6平方米，同时探索集体经营性建设用地入市制度，推动971平方米的农村集体建设用地入市交易，实现了三明地区集体经营性建设用地入市"零突破"。沙县区农村宅基地制度改革案例得到农业农村部的通报表扬。

（2）发放"房票"，推动宅基地自由流转

"房票"是闲置房屋使用权的转让合同。在确保宅基地集体所有权和农户资格权的情况下，由农村的制度服务中心对闲置房屋进行价值评估，根据闲置房屋位置、性质等情况确认票面价值，最后由开发经营主体与房屋所有权人共同签字盖章后制发"房票"。为了减少发放"房票"可能存在的风险，本次改革构建了以县为主导的三级农村产权交易体系，颁布规范相关流程、手续的政策条例，加大政府的监管力度，降低交易风险。沙县区农村产权交易平台对夏茂镇进行授权，由此成立了福建省首个乡镇农村产权服务中心，加速当地资源交易，促进要素交换和城乡融合发展。

（3）发展文旅经济，盘活闲置宅基地

政府引导企业通过入股或者租赁的方式，将农户的闲置宅基地整合开发，同时创新多种开发模式，一方面带动民俗、休闲等旅游产业的发展，另一方面加强对古建筑和红色遗址的保护。对于企业来说，原先的经营需要分别与每个农户进行协商，成本大难度高；现在将闲置的房屋土地集中后，可以统一进行租赁整合，节省了企业的时间和成本，提高了经营效率。[①]

2. 建瓯经验

建瓯市是福建省面积最大，也是闽北地区人口最多的县级市，乡村人口约占总人口的七成。境内土壤肥沃，降水充足，物产丰富，非常适合粮食作物的生长，近两年的粮食面积和产量都位居全省各县（市、区）首位，有着"竹海粮仓"的美誉。在被确认为试点地区以来，建瓯市更是围绕多个方面明确了 20 项改革任务，有针对性地制定了一系列以宅基地改革为基础的改革措施，有效利用农村的土地资源，促进乡村振兴，打造农业大市土地"三权分置"改革的样板。

（1）汲取民意，尊重人民群众地位

建瓯市在改革过程中充分尊重民意：引导乡贤、商会与建瓯各乡镇对接谋划宅改项目，建立村民微信群，将宅改事项与村镇文明创建活动评选联系起来，充分发挥广大群众的主观能动性；组建村民理事会 454 个，理事会成员达 3454 人，赋予理事会 13 项权力，并列出职责清单，完善登门摸底、讨论决议、审核批准、张榜公示等整套改革工作程序；发动基层组织力量，依托志愿者、党群工作者、妇女巾帼队等新时代文明实践力量，开展协调改革、组织议事、建设房屋、矛盾协调等工作事务；建立镇级农村宅基地建房审批管理交流群，更新发布当前农村宅基地改革和管理的新动向新要求，及时回应咨询诉求，为群众排忧解惑。

（2）强化治理，落实各级政府参与

坚持"一盘棋"思想，加强镇、村联动，按照上级党委、政府的工作要求，迅速组建宅改工作领导小组，成立宅改理事会，明确落实责任分工。

---

① 《沙县经验被省级推介》，三明市沙县区人民政府网，2023 年 3 月 17 日，https：//www.fjsx.gov.cn/zwgk/jjsx/jrqc/202303/t20230317_1887972.htm。

建瓯市组织 233 个市级机关党组织与 233 个村（社区）党组织结对，在全市范围内选派 24 名熟悉基层并在农村有着丰富工作经验的业务骨干作为宅改指导员，并选派 115 名党群工作者到试点村开展调查摸底和村庄规划等工作，组建调配、指导、技术、突击和作战"五员"队伍，共 2500 余人的宅改队伍驻村攻坚。宅改队伍先后多次召开农村宅基地制度改革试点工作动员部署会、工作推进会、村民代表大会等，通过各种会议收集宅改存在的问题，并确保宅改问题得到及时处理。

（3）着力赋能，盘活多元沉睡资产

建瓯市持续深化政府与银行合作，探索金融支撑宅改的路径，创设符合建瓯农村实际的"宅改贷"产品，目前已完成签约 1070 户、实现信贷投放 8023 万元。"宅改贷"资金主要用于农村集体经济组织、各类企业、个人参与宅基地盘活利用、整理等各类项目，并根据用款主体不同灵活设置优惠利率，加快推动"资源变资产、资产变资金"进程。同时建立宅改信用制度，一方面出台了《建瓯市乡村人口进城购房优惠实施办法》，对自愿退出宅基地的农民实行最高每户 3 万元购房优惠补贴；另一方面推行具有可继承、交易、变现、抵押等权能的"宅改票"，由村集体信用背书，对闲置土地资源实行建档留底。在拥有了大量闲置土地之后，积极探索闲置宅基地综合利用模式，建瓯市积极引入了旅游工商、文创资本和生态农业等多种业态，打造"枫丹白露""千竹园"等多个文旅康养品牌，新建果蔬市场与冷链库房，实现了集体与农户双赢。

建瓯市在探索多种综合利用模式后，帮助农民获得土地的增值收益，激活农村的闲置土地资源，有效保护了耕地，实现农村资源从"闲置浪费、粗放利用"向"要素集聚、综合利用"转变。[①]

3. 晋江经验

晋江市是福建的工业大市（县级市），GDP 在福建县市排行中常年居首

---

① 《建瓯：打造农村宅基地制度改革"山区样板"》，东南网，2022 年 9 月 26 日，https：//np. fjsen. com/2022-09/26/content_31141411. htm。

位,在全国百强县市排行中也位于前列。早些年,晋江的民营经济通过利用闲置的农房和土地作为原始资本起步,但是随着经济的飞快发展,紧张的城镇建设用地和粗犷使用的农村宅基地的矛盾越来越尖锐。因此,晋江近些年积极采取措施探索农村宅基地"三权分置"改革,盘活闲置资源,释放宅基地资产新活力。

(1)金融支持,助力宅基地抵押盘活

晋江农商银行出台了农房抵押贷款管理办法,构建机制激励农户抵押贷款:一是扩大农房抵押评估范围,将宅基地价值包含进抵押物内,提升农户贷款额度;二是抵押的宅基地不再由第三方进行评估,而是直接由借贷双方协商,以晋江东山村为例,可节省数千元的评估成本;三是从单独抵押变成批量授信,实现了抵押显化的规模效应,创新了宅基地权益实现方式。晋江农商银行与东山村村委会进行的授信签约也成为全国"银村共建"农房抵押第一案例。

(2)聚焦提升,改造旧村实现宜居

过去十年间,晋江大埔村先后获评全国"美丽乡村"创建试点乡村、全国乡村治理示范村等六项国家级荣誉,大埔村民的生活发生了翻天覆地的变化。但是在这之前,大埔村存在一户多宅、村貌脏乱、居住分散等现象,宅基地使用效率不高,并且受地区传统观念的影响,大埔村民旧村改造意愿不强。在这种情况下,大埔村一方面强化党组织的引领作用,党员成为村里旧村改造和环境保护的执行者和拥护者,强调了宅基地所有权,减少宅基地利用过程中的内部困难;另一方面为明确宅基地产权关系,对违法修建和超占宅基地的面积部分实行补缴费用和补办手续的方法,并发放确权证明,宅基地违建现象相应减少。在旧村改造的过程中,大埔村共盘活126亩集体建设用地,主要用于村里的公共建设,并先后投入上千万元建设公园、广场和幼儿园等基础设施,大埔村的旧村改造取得显著成效。

(3)特色保护,资源禀赋推动入市

晋江围头村是有着一千两百多年历史的战地文化渔村,与金门岛隔海相望,是"八·二三"炮战的所在地之一,有着众多海外华侨,被誉为"海峡第一村"。

由于拥有发展旅游产业的先天优势，围头村积极探索农村集体经营性建设用地入市的方法，以村集体作为主体来入市，以土地经营权来招商，不仅简化了报备审批流程，还为村集体每年带来上百万元的收入，每年来围头村旅游的游客络绎不绝。围头村被农业农村部推介为2021年全国乡村特色产业亿元村，并被列入福建省乡村治理试点示范名单。

四　福建省农村宅基地制度改革展望

福建省在农村宅基地制度改革方面的经验揭示了强化基层治理体系、充分汲取民意、运用数字技术及根植本地特色等方面的显著成效。这些经验为福建省其他地区甚至国内其他省份都提供了借鉴和参考。

一是要提高资源盘活利用效率。建瓯市作为山区农业县（市、区）的一个代表，其宅基地主要承载着农民居住保障的功能，这部分土地在市场交易层面的价值尚未得到充分开发。当前，虽然有大量返乡人员、乡贤资源以及潜在的外来资本投资机会，但在引导这些力量投入适合本地乡村特点的重大产业项目方面尚不充足。同时，该地区农村集体经营性建设用地规模虽已达到约6800亩，但存在布局分散、利用效率低下和闲置浪费的问题。为此，亟须构建一套科学严谨的宅基地资源评估机制，旨在促进此类资源的集约整合与高效运用。还需进一步实施宅基地确权政策，明确农民宅基地权益，同时对闲置、废弃的宅基地采取村委会或村集体经济组织依法收回的方式，重新整合资源，避免宅基地长期空置造成的浪费。加强村庄规划编制工作，确保宅基地的合理布局和高效利用，有效解决宅基地无序扩张、乱占滥用等问题。

二是要因地制宜，灵活施策。管前村作为沙县区率先参与该改革的试点之一，依据其独特的乡村实情，因地制宜地编制了一系列契合自身特点的宅基地试点改革方案。自此，管前村的华丽转身悄然开始。借助宅基地制度改革试点的政策东风，管前村正式启动了乡村环境美化与整治工作。为此，该村成立了由村"两委"干部、党员代表以及村民代表组成的督导小组，他们逐一走访入户，引导村民拆除占用公共区域且有碍村落美观的违章建筑，总计整治面积达到 901 平方米。对于未侵占公共区域但超出规定面积的住房，村干部逐户进行了精确测量并登记入册，采用收取有偿使用费的方式进行精细化管理。其中，30% 的费用留存至村集体，70% 则用于村民分红。此举措每年可为村集体带来 6641.68 元的额外收入。随着改革的深入进行，村"两委"对土地使用情况有了系统了解，为进一步的改革工作打好了基础，村民的土地财产权也得到了保障。管前村利用宅基地制度改革，不仅改善了村容村貌，还给乡村振兴注入了新的力量，利用有偿退出机制，将闲置土地充分开发利用，为管前村的改革成果添上浓墨重彩的一笔。

三是要疏堵结合，稳妥推进。借鉴永安等地做法，既要规范宅基地审批，严格控制新增建设用地，又要疏导农民合理的建房需求，通过完善相关政策体系，稳步推动宅基地改革向纵深发展。既要加快宅基地改革基础性工作，又要稳妥推进改革工作以避免产生新的治理难题。以确保农民基本居住权益为基石，以增强农民更全面的财产权益为导向，紧跟乡村振兴和城乡融合发展步伐，保持历史耐心，坚持积极创新、先立后破、审慎稳健推进的原则，两手抓改革与管理，大力弥补宅基地基础工作短板，完善宅基地长效管理机制，探索实施宅基地"三权分置"的有效方式，扎实做好确权工作，稳步赋予并激活相关权益，致力于构建一个依法获取、节约使用、权属清晰、权能完备、流转有序、管理规范的农村宅基地制度体系。

四是要积极创新探索新路径。科技和创新在现代社会中扮演着至关重要的角色，建瓯市在宅改过程中积极创新，持续深化政银合作，强化宅基地基础数据运用，探索金融助力宅改新路径。创设多样符合农村实际的"乡村振兴宅改贷"产品，宅改试点村最高可授信 2000 万元、个人可授信 20 万元，同时大力推广"掌上办理"业务，当天即可完成授信审批，真正做到不误农时，受到群众欢迎认可。已完成签约 1105 户、实现信贷投放 8223 万元，"宅改贷"资金用于农村集体经济组织、各类企业、个人参与宅基地盘活利用、整理等各类项目，加快推动"资源变资产、资产变资金"进程。

尽管这些试点地区已经取得了一定的成效与实践经验，但鉴于整个福建省地域广阔且各地情况各异，当前的试点范围仍相对有限。截至2023年底，福建省在农村宅基地制度改革方面的探索尚未全面铺开，主要集中在沙县、建瓯和晋江，以局部试点的方式谨慎前行。宅基地改革这项系统工程需要更为广泛的实践验证与深度探索，以便更好地应对不同区域间经济条件、社会结构以及自然资源分布等复杂因素带来的挑战。未来，亟须扩大试点覆盖面，将成功案例逐步推广到更多的县域乡村，通过多样化的改革实践来优化和完善政策设计，确保宅基地"三权分置"等各项改革措施能够在更大范围内得到科学合理、因地制宜的应用，并最终实现全省农村宅基地资源的高效利用、农民权益得到有效保障。

访谈篇

B.15

温铁军访谈录：
以"两山"思想激活福建乡村
生态资源价值

张俊娜　王全明 整理*

编者按： 　温铁军，博士，教授，博士研究生导师，国务院政府特殊津贴专家。福建农林大学乡村振兴学院院长、暨南大学乡村振兴研究院学术委员会主任、海口经济学院特聘教授，国家粮食安全专家委员、国家发改委新型城镇化专家委员、民政部全国基层政权和社区建设专家委员，北京市、重庆市、福建省等专家顾问，以及中国邮政储蓄银行独立董事。主要研究领域：发展中国家比较研究、乡村治理、农村金融、生态资源价值实现。主要代表作：《八次危机：中国的真实经验（1949—2009）》《"三农"问题与制度变迁》《解构现代化》《从农业 1.0 到农业 4.0：生态转型与农业可持续》《我们的生态化：二十年转型辑录》《全球化与国家竞争：新兴七国比较研

---

* 张俊娜，福建农林大学乡村振兴学院副教授，主要研究领域为农村区域发展；王全明，福建农林大学福建农村发展智库助理主任，主要研究领域为乡村发展与建设。

究》。2024 年 1 月，温铁军教授接受本书编委会访谈指出，福建要立足"八山一水半分田"的生态本底，深入贯彻"两山"思想，构建大农业与大食物体系，核算包括菌类、林果、蔬菜、水产、畜禽等大食物体系的能量，探索从"粮食安全"到"大食物安全"全面转型，把福建粮食自给率低的旧认识转变为大食物自给率高的新认识。在将"两山"思想和大食物体系相结合的基础上，福建更有条件成为大农业强省。具体访谈摘录如下。

一　乡村振兴的历史背景与战略意义

编委会：国家对农业的支持方式发生着阶段性的变化，您可以为大家分析乡村振兴战略提出的历史条件与现实背景吗？

温铁军：西方农村发展理论中，农业曾被认为是落后的，主要功能就是为工业化提供积累，同时向城市提供食物；社会舆论也曾认为农民愚昧无知；流动打工者甚至被某些地方认为是"低端人口"；有些学者认为农村随着城市化率提高而必然消亡。诚然，资本收益导向的市场经济条件下，农村"三要素"净流出导致农村衰败，是大多数发展中国家的教训。推而广之，世界上没有任何经济领域能够在生产力"三要素"净流出的状态下不衰败。

无论是新中国成立以来，还是改革开放以来，我们都在走不同于西方国家的一条具有中国特色的社会主义道路。2003 年以来，国家领导人多次强调"三农"工作为全局工作的"重中之重"。中央对工农关系、城乡关系做出战略性调整。2004 年召开的十六届四中全会，中央领导人提出中国总体上已经从"农业支持工业、为工业提供积累"的工业化起步阶段，进入"工业反哺农业，城市支持农村"，实现工业与农业、城市与农村协调发展的工业化更高阶段。党的十六届五中全会提出建设"社会主义新农村"。

这些战略调整应对的现实问题是，三十多年工业从农业提取剩余导致的农村长期发展不足问题；经济高增长所累积的环境恶化、社会治理失序问题。这些发展负外部性问题，不可能从先行工业化国家中找到现实答案。这也是包括中国在内的所有人口过亿的发展中国家追赶西方国家主导的现代化进程中所面临的普遍性难题。中国实现现代化的经验过程，对世界上其他发展中国家而言，具有普遍意义。

近年来，一些发达国家经济社会发展长期陷入低迷，失去活力，产业空心化、人口老龄化、收入差距不可逆转地扩大化，社会内部撕裂甚至走向对立；与之相对应地，新兴市场国家和发展中国家整体性崛起。新兴市场国家和发展中国家占全球经济总量的比重已接近40%，对世界经济增长的贡献率已经达到80%，成为全球经济增长的主要动力。同时，也应看到一些发达国家不愿意丧失国际体系主导权和控制权，频频修改国际经贸规则以保护自身利益，通过金融权力和科技权力遏制发展中国家。全球治理面临严峻挑战，全球性危机此起彼伏。

面对全球化解体这个最大不确定性及其派生的经济危机迭起与制度环境混乱，中国遭遇的问题是少的，解决问题的手段是多的，政策空间是大的。2015年，党中央判断生产过剩已经积累了较大风险，曾果断做出了"三去一降一补"的"工业供给侧改革"决策。当时的"去杠杆"措施，为今天要求增加货币供给、扩大财政发债投资的"金融供给侧改革"留出了空间。随之，金融机构服务实体经济、防范市场风险的能力也显著提升。面对经济下行压力，中国没有大水漫灌，而是保持战略定力，精准施策，为可持续发展留下政策空间。可见，2015年以来相继提出"工业""农业""金融"三大供给侧改革，表明中国积极面对系统性风险，及时启动化解从生产过剩到金融过剩的多元措施，为可持续发展做出贡献。

新一轮科技革命和产业革命引起全球大变局，高科技创新创业带动金融流动性向美国集中；但同时也恶化了世界上传统实体经济的制度环境，使之从西方大量外流到发展中国家，产业资本的国际力量对比随之发生深刻调整。接着，新冠疫情加剧了供应链断裂及全球化解体的大变局，世界进入动荡变革期是大变局的基本特征。中央做出了"百年未有之大变局"的战略研判，提出在统筹国内国际两个大局中办好中国事情。从国内来看，中国拥有14亿人口、4亿中等收入群体的超大市场，随着人均GDP突破1万美元，潜在的经济活力和发展余地、空间还非常大。

国内则要把乡村振兴作为应对全球危机挑战的压舱石，重构以国内大循环为主体的新战略的核心，在于区域性、在地性经济能成为乡村振兴和城乡融合的新动能，在生态文明战略转型中形成空间生态资源价值实现的可操作路径。通过乡村振兴推动并实现实体经济的持续增长，解决"产业资本过剩"的问题。练好内功，实现经济结构调整，扩大内需，大力实施"乡村振兴战略"是化解"产业资本过剩"难题、应对困局的基本国策。

从过往应对危机的经验中来看，生态化的乡村社会客观上发挥了"劳动力蓄水池"作用，遂使国家得以借助"三农"这个载体多次实现经济危机"软着陆"，也使得乡土中国支撑的国家现代化进程几乎不间断地延续了60多年。可以断定，乡村振兴能够保障中国有效地化解世界体系新变化中的经济社会危机。

二　福建省践行乡村振兴之路

编委会：自实施乡村振兴战略以来，各省市都在积极响应并根据当地情况相继出台相关政策，基于福建独特的地理位置与现实条件，推进乡村振兴有何特殊性与注意点？

温铁军：有"东南山国"之称的福建，境内山地丘陵面积约占全省土地总面积的80%，仅东南沿海一侧有少数平原分布，这"一分田"很大部分还被近年来城市化发展所占用，因此被我改称为"八山一水半分田"。历史上依靠传统农业，民生多艰，贫困属于常态，遂有大量人口流落海外。近代工业化成为主流以来，福建虽然临海却没条件辐射内地，主因还是受困于"闽道更比蜀道难"的地理环境。既然交通是福建经济发展的瓶颈，那我们福建乡村振兴的着力点在哪？不可能立足在"半分田"，而应该立足在"八山一水"的资源本底，使山水资源变为"潜力板"，推进空间生态资源价值化实现。

目前看来，乡村发展似乎面临"资源无处引，资本不敢用"的进退维谷之境。对于大部分集体经济薄弱的乡村而言，普遍缺乏产业支撑和产业资本，且在"人、钱、地"仍处于规模净流出的趋势下，农村更是无资源可开发。而在国家财政紧缩的现状下，即使通过招商引资，倘若无相应的机制约束，工商资本也极易成为侵蚀国家目标和农民利益的"洪水猛兽"。

从过去经验来看，发展的本质就是资源资本化的过程。实际上，乡村并不缺乏资源，尤其是依附于自然生态和农民生产生活的空间资源，其自身蕴藏着巨大的自然增值和社会增值。若能通过资源资本化这一有效途径，将处于沉睡状态的资源唤醒，并转化为能够带来收益的资本，就能够为推动农业农村优先发展提供坚实有力的支撑。

从宏观经济来看，因为在宏观经济下行期以及工农产品总量过剩的格局下，第一产业和第二产业的收益都比较低，而空间资源的"三产化"开发却由于和多样化、特质化的地理、生态、景观等自然资源，以及历史、社会、民俗等人文资源相结合，天然就是供给侧的差异化。这是符合供给侧结构性改革要求的。

不仅如此，空间资源开发亦是对政府长期投资在农村形成沉没成本的激活。对于国家长期大规模投资所形成的数以千万亿计的设施性资产，如果把它和生态文明发展战略的重大调整结合，将会带动山水田林湖草、带动大量新的生产力要素进入经济运行过程中，会创造巨大的经济财富和增长空间。

三　生态文明理念之于福建：大食物体系

编委会：回顾中华文明几千年历史以及我国改革发展的背景，生态文明理念中有着怎样的历史文化基因？生态文明理念会给福建的乡村发展带来什么样的机遇与指导作用？

温铁军：2023年4月，习近平总书记在广东考察时回忆道："我在福建工作时，在山区干过，也在沿海干过。当时我就提出大食物观，肉、蛋、禽、奶、鱼、果、菌、茶……这些都是粮食啊。这么一算，福建虽然是'八山一水一分田'，但食物来源就多了。"福建的乡村振兴面临一个重要机遇，福建要充分挖掘大农业观与大食物观的理论内涵和现实价值。比如屏南县把习近平总书记大食物观作为指导思想，建立了"大食物馆"，计算出全县的大农业总产量及蕴含的食物能量，发现其产量和蕴含能量远超于本地消耗需求量，且粮食外的食物蕴含能量也超于本地消耗需求量，"粮食安全"保障良好。这说明以"大农业观与大食物观"为指导，落实福建"生态省"及"生态农业强省"建设是有可能实现的。

此外，还需要强化的是新型县域经济，着力点在于中央"把产业留在县域"的要求。新时代，立体空间生态资源成为生态经济的"新生产力要素"，具有内在结构性粘连和"人与自然和谐共生"的整体性。因此，需要与之相适应的"新生产关系"，构建新的产业组织类型。要按照"山水田林湖草沙是一个生命共同体"的理念，根据生态要素的产权边界与村域地缘边界重合的特点，结合产业融合项目的投资需求，通过"三变改革重构新型集体经济"的深改推行，以股权融合来组建跨村、跨乡联合体来进行资源集中收储开发，带动县域经济的空间统一规划、产业整体布局。

四　乡村振兴人才之问：不拘一格降人才

编委会：如何看待林正碌这样的主理人？该村未来会如何发展？

温铁军：过去讲城乡统筹，实际上是以城统乡，但现在城乡融合的实质是城乡平等的融合。今天中国的创新空间非常大。我一直认为，基层干部、群众才是乡村振兴的主体，政府只需在政策上加以引导，群众的创新意识就会被点燃。说回到林正碌，不像我本来就是985高校的院长，他没有高级职称，肯定不符合官方的引进人才标准。但我认为，他恰恰就是适合乡村振兴的人才，知道乡村振兴需要的是什么，也知道怎么做。林正碌当年被误判"五音不全"，他推己及人，想到人们的艺术天赋很可能被这种技术规范的

"定性"耽误。受此启发，他用接地气的艺术教育带动村民"做自己的曲""唱自己的歌"，激活了人们的创造力。乡村文创具有广阔发展空间。互联网时代，信息技术弥补了乡村在物流、技术、营销等方面的短板，原来主要在城市里发展的文创产业，今天在乡村也一样能够展开。而且与城市相比，乡村在地文化更为丰富独特，这正是创意的源泉。林正碌在龙潭、四坪的乡村改造是综合性创新的成功典范，而屏南县不拘一格地使用林正碌不也是人才标准的创新吗？

编委会：如何看待驻村第一书记这个职务？

温铁军：要带领村民致富，村里得有个"领头雁"。但是，令人遗憾的是，全国仍然有不少的地方村党组织软弱涣散，面对村里经济社会文化发展问题一筹莫展，村民亟须一个有能力的"带头人"。中央向党组织软弱涣散村和贫困村选派第一书记，说明中央认识到了农村治理问题的严重性和普遍性，并且决心解决。

举福建农林大学毕业生的一个例子，他叫丁龙印，是中国海峡人才市场的干部，2017年12月下派到龙岩市长汀县严婆田村开展三年驻村帮扶工作。严婆田村自然资源相对匮乏，村民增收路窄。为了增加村民收入，近年来，严婆田村主打"芋头牌"，丁龙印带领村"两委"干部帮助村内芋头种植合作社流转土地200亩，为芋头合作社扩大规模和统一种植提供支持。同时，鼓励贫困户到芋头种植基地参与激励性扶贫项目，认种槟榔芋，每年增收2000元以上。同时丁龙印也深入挖掘传统文化，在他的努力下，严婆田村先后与莆田学院管理学院学生第四党支部、省播音主持协会党支部达成共建，形成了"农村党支部+高校党支部+行业协会党支部"跨行业、跨区域共建格局，2020年2月，在丁龙印的推动和努力下，严婆田村被评选为"福建省第三批省级传统村落"。在严婆村近几年的发展过程中，担任第一书记的丁龙印无疑发挥了不可忽视的作用。

选派第一书记一般要求必须在基层工作1~3年。表面看来没有明显问题，但是经过深究就会发现，越是村党组织"软弱涣散"和容易返贫的村，越需要选派第一书记，这个前提条件就已经表明，该村要治理起来较为棘手，不多花一些时间是无法将问题连根拔起的。如果工作刚有些起色，村里的经济才有了点眉目，第一书记三年任期一满，就调走了，那接下来村里的发展该怎样继续呢？先前的发展思路和政策如何延续？这个问题确实值得商榷。

B.16

林文雄访谈录：
推动福建省农业生态化转型

王全明　张艺融 整理*

编者按： 林文雄，福建莆田人，农学博士。福建农林大学原副校长，现为福建农林大学生态学科二级教授、博士研究生导师、国家百千万人才工程人选、国务院政府特殊津贴专家、福建省首批特 A 类人才，主要从事农业生态与区域可持续发展、生态农业与乡村振兴等教学与科研工作，近十年获得教育部科技进步二等奖 1 项，省级科技进步奖一等奖 4 项、二等奖 2 项，省级教学成果特等奖 2 项、一等奖 2 项、二等奖 1 项，在国内外发表论著 300 篇部，其中 SCI 收录论文 200 多篇。先后被评为福建省农技协"最美科技工作者"、中国科协"2023 年度科技志愿服务先进典型"。2024 年 1 月，林文雄教授在接受本书编委会访谈指出，福建具有"八山一水一分田"的特点，要根据区域特色，把习近平总书记提出的"绿水青山就是金山银山"的文章做足。具体访谈摘录如下。

一　福建省乡村产业发展

编委会： 您是如何评价福建省乡村产业发展的？

林文雄： 产业振兴是乡村振兴的核心。福建省在产业发展方面采取了一系列措施，一是通过培育新型农业经营主体，发挥家庭农场、农民专业合作

---

* 王全明，福建农林大学福建农村发展智库助理主任，主要研究领域为乡村发展与建设；张艺融，福建农林大学公共管理与法学院公共管理专业硕士研究生，主要研究领域为乡村治理。

社、农业龙头企业等的辐射带动作用，采用"企业+基地+农民""合作社+基地+农民"等模式，因地制宜发展了一批特色乡村产业，如以武夷山大红袍和安溪铁观音为代表的生态茶产业，黑木耳、银耳、竹荪、香菇、杏鲍菇、双孢蘑菇等食用菌产业，鲍鱼、生蚝等海洋产业，以及平和琯溪蜜柚、度尾文旦柚、永春芦柑、福安巨峰葡萄、福安穆阳水蜜桃、云霄枇杷等特色水果产业。二是在培育特色产业的基础上积极推进农业与旅游、文化等产业的深度融合，涌现出休闲采摘、生态旅游、民宿体验、健康疗养等新兴产业，为乡村经济发展注入了新的活力。三是打通农产品出村进城"最后一公里"，采用社区农家店、农产品专营超市、电商平台等新型销售模式，加强农村产业与城市产业的互动，有效促进农民增收致富。

最后，我认为福建兼具丰富的山地和海洋资源，具有发展"山海经济"的独特优势。在发展乡村产业过程中，要充分挖掘利用山海资源，探索建立利益相关方跨区域合作的共赢机制，统筹谋划沿海沿江城市和内陆山区的产业分工协作，形成错位发展、优势互补的产业布局。比如，沿海地区重点发展海洋渔业、港航物流等，山区重点发展生态农业、林下中药材种植等。

编委会：未来应如何进一步推进福建省乡村产业转型发展？

林文雄：优化整体产业链，构建绿色安全、优质高效的乡村产业体系，发展节约资源和保护环境的乡村产业，引领乡村振兴。福建省拥有丰富的农业资源和多样的地理环境，应立足本地特色，充分发掘本地的生态资源，开发农业多种功能，通过重点发展具有区域优势的特色农业、推进农村三次产业融合发展等方式，打造"一县一业、一乡一品、一村一色"发展格局，激活农村发展经济增长点，拓宽农民增收渠道。同时，要建立健全相关生态产品技术体系，通过推广先进的农业技术和管理模式，提高农业生产效率，提升产品品质与科技含量，促进农业现代化。为更好地推进福建省乡村产业转型发展，我认为要抓好以下"三个层级"。一是抓好第一层级，强化县域统筹。要在县域内统筹考虑城乡产业发展，合理规划乡村产业布局，形成县城、中心镇（乡）、中心村层级分工明显、功能有机衔接的格局。二是抓好第二层级，推进镇域产业集聚。镇村这一级更多以劳动密集型为主，以农产品产业链延长为主。引导特色小镇立足产业基础，加快要素聚集和业态创新，辐射和带动周边地区产业发展。三是抓好第三层级，促进镇村联动发展。要引导农业企业与农民合作社、农户联合建设原料基地、加工车间等，实现加工在镇、基地在村、增收在户。

二　福建省乡村建设与治理

编委会：您认为福建省乡村建设的总体水平如何？

林文雄：近年来，福建省加大投入力度，推进农村基础设施建设和完善农村公共服务体系；加强农村道路、水利、电力、通信等基础设施建设，提升农村公共服务水平；实施农村人居环境整治行动，推进农村住房改造和乡村风貌提升，打造美丽宜居的农村环境，改善农村生产生活条件；注重农村生态环境保护，加强农业面源污染治理和农村垃圾处理，推动农村绿色发展，乡村面貌焕然一新，美丽乡村建设成效显著。但是在乡村建设过程中，沿海城市化地区和内陆山区的乡村建设存在较大差距，青壮年劳动力外流严重，高素质农技人员短缺，村落空心化、劳动力老龄化、要素非农化问题突出，农村经济逐渐显现不均衡发展、短期化增长、虚假性繁荣等特征。特色优势产业培育还需要更多政策扶持和要素投入；传统民俗文化面临传承危机，乡土文化传承保护有待加强。乡村建设是一个复杂的系统工程，需要进行科学谋划、顶层设计，探索三美（美丽乡村建设、美誉村级集体经济、美好村民生活）统筹和四生（生产、生态、生活、生意）融合的发展路径，打造产业振兴、人才振兴、组织振兴、生态振兴、文化振兴协同发展的示范样板，全面推进农业农村现代化建设。总之，乡村建设还有很长的路要走，振兴乡村是安全的发展方式，同时也是巩固脱贫攻坚最好的方式，所以，不论是观念上还是行动上，未来的工作都要积极转向乡村振兴。

编委会：福建省应如何加强乡风文明建设？

林文雄： 加强乡风文明建设有利于促进农村居民物质文明与精神文明协调发展。福建省拥有丰富的乡村文化和历史遗产，应加强对优秀传统文化的保护和传承。通过开展文化活动、建设文化设施、培育文化人才等方式，深入挖掘民俗文化、传统技艺、乡土人文等方面的内涵，并赋予新的时代内涵，使其焕发新的生机活力，促进乡村文化的繁荣发展。要做好乡村历史文化名村、名镇、名城的保护利用工作，保护好具有代表性的乡村民居、古建筑、古树名木等人文景观。重视非物质文化遗产保护，大力弘扬好乡村传统节庆活动、民间娱乐活动，让优秀的乡村文化礼仪、民俗重现生机；培养一批乡土文化能人，打造一支文化水平高、服务能力强的乡村文化工作队伍，加强文化理论与实践的结合；充分运用新媒体等现代传播方式，加大对优秀乡村文化的宣传力度，使更多群众能了解、认同和接受优秀的传统文化内涵，同时倡导文明新风尚，引导农民树立正确的价值观和道德观。因地制宜新建或升级改造乡村文化活动中心、农家书屋等基础设施，为乡村群众提供丰富的文化活动空间，促进人的全面发展，提高乡村社会文明程度。

编委会：您是如何评价近年福建省乡村治理成效的？

林文雄： 福建省注重加强基层组织建设，发挥党员的先锋模范作用，完善村民自治制度，提高基层党组织的凝聚力和战斗力。通过建立健全乡村治理体系，推动乡村自治、法治和德治相结合，实现乡村治理体系和治理能力现代化。推进法治建设和平安乡村建设，加强农村社会治安综合治理，维护农村社会稳定；鼓励农民参与乡村事务管理，提高农民的自治能力和社会责任感；注重发挥乡贤的作用，引导乡贤参与乡村治理和公益事业，推动乡村社会协同发展。值得一提的是福建省在乡村振兴中采取的一些创新措施。例如，通过网络化管理，实现对乡村资源的有效整合和利用。通过建立资源库、人才库等平台，为乡村发展提供有力支持。这些创新措施不仅提高了乡村治理水平，也为乡村振兴注入了新的活力。

三 福建省乡村振兴力量

编委会：请您谈谈福建省社会各界对乡村振兴的总体认识。

林文雄：近年来，乡村振兴战略在福建省取得了显著的成效。这不仅得益于国家政策的支持，也与各级政府、科研院所和社会各界的广泛参与密不可分，特别是在思想意识方面，乡村振兴已经逐渐成为社会各界的共识。省、市、县、乡各级政府对乡村建设工作高度重视，将其作为头等大事来抓，出台多项扶持政策，为乡村振兴提供了坚强领导和制度保障；企业参与程度也有了一定提高，一些农业龙头企业高度认同乡村振兴战略，积极参与产业扶贫、人才培养、农业园区建设等工作，掀起了"万企兴万村"的活动热潮。福建高校和科研机构社会服务意识日益增强，积极为乡村振兴战略提供了理论支撑和人才智力支持，推动产学研深度融合，助推乡村现代化。农村居民作为乡村振兴战略的直接受益群体，通过农民专业合作社、家庭农场等组织形式，分享到了乡村产业发展的红利，对实施乡村振兴战略从被动旁观转变为积极参与，一些有文化懂技术善经营的新农人更是成了新型农业经营主体的中坚力量。主流媒体高度关注和大力宣传乡村振兴政策，报道先进典型，在引导社会各界重视乡村建设的过程中发挥了积极作用。总的来说，各界对乡村振兴的重视程度已经全面提升，人们不再仅仅关注经济发展，而是更加注重生态保护、文化传承和组织建设等方面，努力实现乡村的全面振兴。

编委会：请您谈谈人才培养对实施乡村振兴战略的意义。

林文雄：人才是实施乡村振兴战略的最根本保障。当前众多学术型人才进军农业，业界称之为"跨界抢劫"，也叫"乡村运动"。现代农业发展已不再是单纯的劳动密集型产业，而是需要大量高素质复合型人才，包括农业科技人才、经营管理人才等。高学历人才进入农业领域，促进农业科技创新，加快农业产业化进程，培育智慧农业、乡村旅游等新型业态，为农业注入新的活力和动能。此外，随着农业现代化进程不断加快，生产、加工、流通、服务等环节越加专业化，需要专门的人才配置，跨界人才的加入，可以完善农业各环节的人才结构。因此，福建省要重视人才培养，通过引进和培养高素质人才，形成人才集聚效应，为乡村振兴提供强有力的人才支撑。2014年中央一号文件首次明确提出了"推行科技特派员制度"。作为科技特派员制度的策源地，福建省通过充分发挥科研院校人才优势，搭建科技特派员工作站、科技小院等多元化服务平台，引导科技人员直接深入基层解决乡村各种疑难杂症。涉农院校在科学研究上应更注重学科特色，避免浪费资源。比如，福建农林大学的生态学团队立足农业生态学科或林业生态学科特色，在研究和实践中注重实际情况，深入基层，挖掘问题并寻找解决方案，结合学科特色和实际情况，将研究成果转化为实际生产力，更好地推进科学研究和社会发展。

四 福建省农业生态化转型

编委会：为什么说农业生态化转型是农业助力乡村振兴的必由之路？

林文雄：良好的生态环境是农村发展的最大优势。在气候变化与"双碳"背景下，农村经济发展必须与生态环境保护相协调，农业生态化转型是农业助力乡村振兴的必由之路，也是当务之急的国家战略。众所周知，在工业化农业模式的冲击下，原本粗放经营的传统农业生产方式被迫转向过度依赖化学合成肥料和农药的不可持续发展道路，导致耕地地力下降、生态环境破坏等问题。面临如此严峻的挑战，传统农业必须反思并全面推进绿色生态转型。从需求端来看，通过农业生态化转型发展循环农业，提高农产品质量安全，符合城乡居民对天然绿色高质量农产品的需求。从供给端来看，立足乡村特色资源优势，因地制宜发展生态农业，通过生态农产品有机认证溢价，延长农业产业链，农民可获得较高附加值，有利于增加农民收入，促进乡村特色产业发展壮大。此外，生态农业通过对农业废弃物进行资源化再利用，实现了农业生产高效集约化，对生态环境保护、推进乡村生态振兴具有重要意义。过去，一些地方只注重经济发展，忽视了生态保护，导致生态环境恶化。近几年，福建省非常重视生态问题，加强生态保护和修复工作，努力实现经济发展与生态保护的良性循环。福建生态资源得天独厚，更应注重生态环境保护，推广绿色生产方式，促进农业的生态化转型，守护好绿水青山美丽家园。

编委会：福建省应如何创新农业发展方式？

林文雄：要实现农业的"生态化"转型，转变经济增长方式，加快结构调整，以农业生态技术为支撑，构建农业生态产业链网，促进产业结构升级，具体从以下几方面着手。一是人才振兴，科技助力，加大生态农业人才培养力度，发挥高校生态学科优势，依托科技小院、科技特派员制度，探索建立"学科-专业-人才-平台（基地）"四位一体的产学研用深度融合平台，培养实用型、复合型人才。加强新农人培训，普及生态农业专业知识，培育在地化生态农业应用型人才。二是科学赋能，助推乡村主导产业发展，加大生态农业科技投入力度，支持高校、科研院所等机构开展生态农业前沿技术研发；建立生态农业科技示范基地，推广绿色增产增效新技术。同时发展农业物联网，利用大数据等信息化手段提升绿色生产效率。三是走产业生态化与生态产业化协同发展之路。一方面要立足福建省自然资源禀赋和实际环境状况，推动生态资源的产业化发展。建立专业化社会服务体系，通过托管、代耕、购买服务等办法实现土地的适当流转，发展适度规模的农业经营。利用农业生态系统生物多样性特点，构建环境友好型和资源节约型的技术体系，大力发展有机农业、循环农业、设施农业等生态农业模式。同时建设有机农产品加工园区，推动农产品标准化规模化集约化生产，构建生态农产品绿色供应链体系。另一方面要以生态农业为基础，依托丰富文化资源和绿色生态资源，培育生态观光农业、生态养生农业等新兴业态，打造农业文化体验旅游品牌，推动农文旅融合发展，使农业发展达到经济效益、生态效益、社会效益相统一的目的。总的来说，唯有更好地实现农业多功能化和生态资本的再深化，才能让农业更好地结合各地实际，焕发出最大的生机与活力。

编委会：您是如何看待福建农业数字化趋势的？

林文雄：数字化是推动福建农业转型升级、实现农业现代化的重要手段。未来物联网、大数据、人工智能等数字化技术必将在农业领域大范围运用和渗透，如将人工智能、机器视觉等技术融入农业机械，通过遥感监测、自动化设施控制进行智能决策和精准实施，实现自动化播种、施肥、田间管理等，大幅提升农业生产效率；建设农业气象、病虫害预警监测系统，可提前预判农业风险，增强农业生产的稳定性和可持续性。借助大数据和云计算技术，可以更好地统筹规划农业资源，提高农业资源利用效率，还可以实现作物生长状况实时监测，推进农产品全程质量溯源体系建设，提高农产品质量安全水平，有利于树立良好的农产品品牌形象。通过大数据分析消费者需求，也能更好优化产品结构。在拓展农业增值空间方面，数字化有助于促进农业向现代服务业延伸，培育发展数字农业电商、农业大数据服务、智慧农业旅游等农业新业态，能够吸引更多科技人才、青年人才从事现代农业事业。因此，福建作为中国数字经济的发源地，农业数字化更应该尽早提上日程，并充分发挥地域优势，融合应用当前蓬勃发展的数字经济，走出一条优势产业特色化、优质化、数字化发展的生态化转型新路子，才能更好地助力乡村振兴。

B.17

王胜熙访谈录：
打造宜居生态美丽的福建乡村

王全明　张艺融　整理*

编者按：　王胜熙，福建福安人，高级工程师。福建省乡村振兴研究会常务副会长，福建省住房和城乡建设厅原一级巡视员。2024年1月，王胜熙会长接受本书编委会访谈指出，福建省应深入学习借鉴浙江"千万工程"经验，推动村镇建设高质量发展，全力打造宜居生态美丽的福建乡村。具体访谈摘录如下。

一　保护福建传统古村落

编委会：请您谈谈近年来福建省是如何推进传统古村落保护的?

王胜熙：这几年，福建省开展古村落保护这项工作做得比较好，走在全国的前列，在做好保护措施的同时还活化利用文创、旅游等方式使古村落发挥了重要的载体传播作用。近年来，福建省十分重视传统古村落的保护工作，通过多种途径开展传统古村落的保护工作。一是保护利用政策体系不断完善。2021年福建省人大通过了《福建省传统风貌建筑保护条例》，属于全国首创。二是资源底数得到进一步挖掘。长期以来福建省高度重视历史文化保护工作，持续推进普查认定，深入挖掘文化遗产资源。三是要素保障不断强化。通过搭建信息平台、租养平台，由村集体向村民收储传统建筑，供全社会认租认

---

* 王全明，福建农林大学福建农村发展智库助理主任，主要研究领域为乡村发展与建设；张艺融，福建农林大学公共管理与法学院公共管理专业硕士研究生，主要研究领域为乡村治理。

养。四是开展试点示范探索。在普查认定的基础上，积极推进传统建筑修缮的试点示范工作。五是发动社会力量参与。强化宣传引导，让全社会和公众的力量积极参与到保护发展中来。六是加强监督检查。组织开展《福建省传统风貌建筑保护条例》实施情况监督检查、为民办实事评估检查等。

二　打造福建宜居乡村

编委会：请您介绍一下近年福建省乡村基础设施建设提升情况。

王胜熙：福建省在乡村振兴战略的推动下，大部分村庄的基础设施得到了显著的提升。这不仅体现在村庄的整体面貌上，更在交通、供水、通信和医疗等关键领域取得了长足的进展。一是交通方面，福建省致力于打通乡村发展的"最后一公里"。通过加大投入力度，完善乡村公路网络，使大部分村庄实现了硬化路面的通达。这不仅方便了村民的日常出行，也为农产品的运输和销售提供了便利。此外，公共交通服务也逐步向乡村延伸，村民可以更加便捷地前往城市或其他村庄。二是供水方面，福建省重视农村饮水安全工程的建设。通过新建和改造水源工程、输配水管网等，确保村民能够喝上安全、卫生的饮用水。同时，还加强了水质监测和管理，确保供水质量稳定可靠。三是通信方面，福建省积极推进农村信息化建设。通过建设农村宽带网络、移动通信基站等，实现了乡村通信网络的全覆盖。这使得村民可以更加方便地获取信息、开展电子商务、进行远程教育和医疗等活动，进一步缩小了城乡数字鸿沟。四是医疗方面，福建省加强了乡村医疗卫生服务体系建设。通过建设标准化村卫生室、配备合格的医疗设备和药品，提高了乡村医疗卫生服务水平。同时，还加强了乡村医生队伍的建设和培训，提升了他们的医疗服务能力。这使得村民在家门口就能享受到基本的医疗服务，有效缓解了看病难、看病贵的问题。

编委会：请您谈谈近年来福建省是如何推进村落房屋整理的？

王胜熙：福建省在村落房屋整理方面确实有了明显的变化，这一变化并非一蹴而就，而是在政府持续地引导和推动下逐步实现的。过去，一些农村地区存在房屋乱搭乱建、裸房较多等问题。然而，随着政府引导和农民自觉性的提高，这些问题得到了有效解决。政府出台了一系列政策措施，鼓励农民进行房屋改造和立面整治，提高房屋的安全性和美观性。同时，还加强了对房屋建设的监督和管理，防止了乱搭乱建现象的发生。这些措施使得福建省的农村房屋面貌得到了明显的改善，村庄整体形象得到了提升。政府在这一过程中发挥的作用主要体现在以下方面。一是政府制定了一系列相关政策，为村落房屋整理提供了明确的指导和方向。这些政策不仅明确了整理的目标和原则，还规定了具体的实施步骤和措施，使得整个整理过程有章可循、有序进行。同时，政府还加大了对村落房屋整理的投入力度，提供了必要的资金支持和物质保障，确保了整理工作的顺利进行。二是政府在推动村落房屋整理方面发挥了组织和协调的作用。政府通过成立专门的领导小组或工作机构，负责统筹协调各方力量和资源，确保整理工作的顺利进行。同时，政府还积极与相关部门和单位沟通协调，形成了工作合力，共同推动村落房屋整理工作的深入开展。三是政府还注重引导和激发村民的自觉性和积极性。政府通过宣传教育、示范引导等方式，提高了村民对村落房屋整理的认识和重视程度，使他们更加积极地参与到整理工作中来。同时，政府还鼓励和支持村民自主开展房屋整理工作，通过自主投入、自主管理等方式，实现房屋的规范化、美观化。四是政府在监督和管理方面也发挥了重要作用。政府通过建立健全的监督机制和管理制度，对村落房屋整理工作进行全程跟踪和监督，确保整理工作的质量和效果。同时，政府还及时处理和解决整理过程中出现的问题和矛盾，保障了整理工作的顺利进行。

编委会：请您谈谈近年来福建省是如何推进污水处理和垃圾治理工作的？

王胜熙：近几年，福建省在人居环境治理方面取得了明显成效，尤其是在污水处理和垃圾治理方面都有了显著的改善和提升，归功于政府长期以来的持续努力和民众的高度配合。这些成效并非一蹴而就，而是经过了多年扎实的工作和不断的创新实践逐渐积累起来的。过去，由于历史原因和地理条件等因素的限制，一些农村地区存在环境卫生不达标问题。然而，近年来，福建省政府高度重视农村环境整治工作，投入大量资金和人力物力，推动农村垃圾治理、污水处理等基础设施建设。同时，政府还加强了对农村环境卫生的监督和管理，提高了农民的环保意识。这些措施使得福建省的农村环境得到了明显的改善，村庄面貌焕然一新。

在污水处理方面，福建省采取的措施为：一是政府加大了对污水处理设施的投入力度，新建和改造了一大批污水处理厂，提高了污水处理能力；二是注重污水收集管网的建设，确保污水能够得到有效收集和处理，避免污水直排入河、入海；三是推广了先进的污水处理技术，如生物处理、膜处理等，提高了污水处理效率和质量。这些措施的实施，使得福建省的污水处理率大幅提升，水环境质量得到了显著改善。

在垃圾治理方面，福建省采取的措施为：一是政府加强了垃圾分类的宣传和教育，提高了民众的垃圾分类意识；二是建立了完善的垃圾分类收运体系，实现了各类垃圾的分类收集、分类运输和分类处理；三是积极推广垃圾资源化利用技术，如垃圾焚烧发电、垃圾堆肥等，将垃圾转化为有用的能源和资源，实现了垃圾的减量化和资源化。这些措施的实施，使得福建省的垃圾处理率大幅提高，垃圾污染问题得到了有效解决。

除了政府的大力投入和先进技术的推广外，福建省在污水处理和垃圾治理方面还注重与民众的互动和合作。政府通过举办各种宣传活动、开通投诉举报渠道等方式，鼓励民众积极参与污水处理和垃圾治理工作，形成了政府主导、民众参与的良好氛围。

三　建设福建美丽乡村

编委会：请问福建省是如何打造田园景观的？

王胜熙：首先，福建省在田园景观提升方面，加大了资金投入力度，用于改善农村基础设施和环境卫生条件。通过修建垃圾处理设施、污水处理系统以及道路硬化等措施，有效提升了田园的整体环境质量。同时，政府还鼓励农民采用环保材料和技术，减少农业废弃物的排放，保护田园生态环境。其次，福建省注重田园景观的规划与设计。在保留乡村原始风貌的基础上，结合当地文化和特色，进行科学合理的规划，通过种植特色花卉、果树等植物，打造具有地方特色的田园风光。同时，政府还积极引导农民参与田园景观建设，增强他们的环保意识和责任感。此外，福建省还加强了对田园景观的维护与管理。通过建立健全的管理制度，明确责任主体和职责范围，确保田园景观的整洁与美观。政府还定期组织人员对田园进行巡查和整治，及时发现和处理环境问题，保持田园的良好状态。

编委会：请问福建省是如何推进美丽庭院创建的？

王胜熙： 为了全面推进乡村振兴战略和农业农村现代化战略部署，建设生态宜居乡村，福建省聚焦"提高效率、提升效能、提增效益"，以"美丽庭院"为重要抓手，通过强化组织、广泛宣传、多方参与和提质增效等举措，推动美丽庭院的创建工作走深走实。在打造"精品""特色""人文""生态"等美丽庭院的过程中，注重资源的整合和创新，通过创建"美丽庭院"和发展休闲农业、文化体验、研学教育等模式，推动农村三次产业融合发展；注重培育庭院经济，引导妇女发展特色养殖产业和开办创业项目，促进农村女性就业创业。

四 乡村建设的福建经验

编委会：福建省在推进乡村建设过程中形成了哪些创新经验？

王胜熙： 福建省把水土保持作为推进乡村振兴的重要举措在乡村振兴过程中取得了显著成效。结合美丽乡村建设，从生态景观改造、打造"自然型"河道、建设生态农家等方面综合发力，让群众的获得感更加充实。以生态环境保护为主要抓手，通过治理项目"小切口"撬动"大民生"，瞄准群众房前屋后的环境问题，统筹谋划、一体推进农村生活污水治理、小流域水环境综合整治等项目。持续推动政策支持重心、项目布局重心向重点地区倾斜，不断提升人居环境质量，让人民群众看到变化、得到实惠、感到满意。具体来说，福建省在乡村振兴方面有以下独特之处和值得借鉴的经验。一是注重因地制宜，结合当地实际情况制定科学合理的规划。在改善农村基础设施和环境卫生条件的同时，注重保护乡村文化和特色资源，打造具有地方特色的美丽乡村。这种因地制宜的思路不仅符合当地的实际情况，也体现了对乡村发展的尊重和保护。二是重视发挥农民的主体作用。通过政策引导、资金补助等方式，鼓励农民积极参与乡村振兴事业。同时，加强农民培训和教育，提高他们的技能和素质，使他们更好地适应乡村振兴的需要。这种以农民为中心的发展理念，激发了农民的积极性和创造力，为乡村振兴注入了强大的动力。三是注重发挥农民的主体作用。政府通过政策扶持、资金补助等方式，鼓励农民积极参与乡村振兴事业。同时，还加强了对农民的培训和教育，提高了他们的技能和素质，使他们更好地适应乡村振兴的需要。这些措施不仅增强了农民的获得感和幸福感，也为乡村振兴注入了强大的动力。四是注重创新实践。例如，在人居环境改善方面，推广先进的治理理念和技术手段；在产业发展方面，培育新型农业经营主体和乡村旅游品牌等。这些创新实践不仅拓宽了乡村振兴的实现路径，也为其他省份提供了有益的借鉴和参考。

总的来说，福建省在乡村振兴过程中的整体表现令人印象深刻。其因地制宜的规划、发挥农民主体的作用以及创新实践等方面的经验都值得其他省份借鉴和学习。未来，福建省将继续加大力度推进乡村振兴工作，为农民创造更加美好的生活环境和广阔的发展空间。

B.18
曾玉荣访谈录：
打造台农台商登陆的第一家园

王全明　张艺融 整理*

编者按： 曾玉荣，福建莆田人，管理学博士。福建省农业科学院农业经济与科技信息研究所原所长，农业经济学科首席专家，三级研究员，福建省农业研究中心副主任、《福建农业学报》副主编、《台湾农业探索》主编、台湾大学访问学者、福建农林大学兼职教授、福建省农经学会副会长、省科技情报学会副监事长。长期从事台湾农业经济、两岸农业合作政策问题研究。先后主持科学技术部、农业农村部软科学课题 6 项，省级以上课题 50 多项，先后荣获农牧渔业部科技进步三等奖、国务院农村发展研究中心科技进步三等奖、福建省政府科技进步三等奖、福建省社会科学优秀成果一等奖和三等奖等多项成果，出版《台湾休闲农业理念·布局·实践》等多部著作，在公开刊物上发表相关研究论文 180 多篇。2024 年 1 月，曾玉荣研究员接受本书编委会访谈指出，福建应充分发挥对台优势和先行示范作用，深化闽台农业农村领域交流合作，加快建设两岸融合发展示范区，打造台农台商登陆的第一家园。具体访谈摘录如下。

---

* 王全明，福建农林大学福建农村发展智库助理主任，主要研究领域为乡村发展与建设；张艺融，福建农林大学公共管理与法学院公共管理专业硕士研究生，主要研究领域为乡村治理。

一　闽台农业合作

编委会： 近年，福建省采取多项举措积极推进闽台农业合作，总体情况怎样？

曾玉荣： 自乡村振兴战略实施以来，闽台合作在多个领域取得了显著成就，具体表现在如下几个方面。一是台资农业企业投资总量稳步增长。台资农业投资几乎遍及全省各县区，并形成区域特色。目前，福建农业利用台资的数量和规模位居大陆各省市第一。以"种养业+"逐渐向链接农产品加工、休闲农业的产业链经营拓展，形成闽台农业产业合作的重要示范。二是重视台湾农业"五新"先进技术的引进、应用。不少在闽台资农业企业在生产中注重聘用台湾技术员，同时还注重与本地专业技术人员交流合作，提高了产业技术含量，推动了闽台乡村产业合作。三是福建支持闽台乡村建设合作，2010 年 9 月福建省借助第六届海峡旅游博览会平台，首次举办闽台乡镇乡村旅游对接洽谈活动，闽台 20 个乡镇代表参加洽谈。台湾新北市坪林区、宜兰县礁溪乡、南投县国姓乡、台东县成功镇等 10 个乡镇和福建闽侯县南屿镇、厦门市同安区汀溪镇、南安市蓬华镇、平潭苏澳镇等 10 个乡镇开展了对接洽谈，并共同签署了《推进闽台乡村旅游发展合作宣言》。2014 年 6 月，福建召开第六届海峡论坛两岸特色乡镇农业产业对接交流会，有 53 对闽台乡镇签订了对接项目，项目涵盖果蔬加工、茶叶、花卉、大米、中草药、食用菌、金线莲等。此后，福建又陆续出台多项政策，鼓励台湾地区投资者以及建筑师、文创团队等来闽参与乡村规划、设计、建设，按规定享受相应政策，在旧城镇旧村庄改造、乡村建设规划和农村人居环境整治等方面促进了两岸乡村建设的理念融合。四是闽台农业产业融合发展稳步推进，融合方式趋向多样化。福建通过制定地方政策，如《福建省人民政府关于促进闽台农业融合发展若干措施的通知》等，政策涵盖土地使用、基础设施建设、金融服务、技术支持、品牌建设、人才保障等方面，闽台产业融合政策体系逐步健全，政策效果逐渐呈现，融合方式趋向多样化。

编委会：您认为闽台农业合作的前景如何？

曾玉荣： 未来，闽台合作将继续深化，共同探索乡村振兴的新模式和路径。福建先后获得国家批准设立漳州、福州两个海峡两岸农业合作试验区，以及漳浦、漳平（永福）、仙游、惠安、福清、清流等6个国家级台湾农民创业园，建设了一批省级台湾农民创业园或创业基地，在引进台资投资总额、台湾农业技术以及台湾农业品种和管理理念等方面，走在全国前列。但在产业融合和乡村振兴其他领域方面合作较少，未来仍需加强合作、深化合作。总体上讲，以往的闽台合作尤其是乡村特色产业、乡村振兴合作，更多的是依托政府的直接引导和支持开展，今后政府应通过外部环境政策来影响和鼓励，而非直接插手市场合作。比如，国家应给予政策支持，在福建设立闽台农业合作与乡村振兴先行先试区。一方面，要深化闽台农业合作，提升国家级台湾农民创业园建设水平，新设一批省级闽台农业产业融合园，打造台湾同胞来闽就业创业的第一家园、幸福家园，促进两岸融合发展，共同推进乡村产业振兴。另一方面，要突破单一的一产思维，借鉴台湾产业融合经验，结合当地农村文化，深化闽台"农业+"旅游、康养、文化、教育、休闲等新型业态的合作，促进闽台乡村产业发展深度融合。此外，在乡村建设合作上，要提升从台湾引进的建筑师、文创团队的质量水平、专业素养，更好地融入福建乡村建设实际，因地制宜，促进两岸乡村建设理念有机融合。

编委会：在新的形势下，应如何进一步深化闽台农业合作，促进两岸乡村融合发展？

曾玉荣： 要进一步深化闽台农业合作，要从政策引导、要素合作、产业融合、人才培养等方面，促进两岸乡村融合发展，实现互利共赢。一是加强政策支持。政府应当出台更多鼓励和支持闽台农业合作的政策措施，比如财税扶持政策，对于符合条件的台资农业企业给予所得税的奖励和补助。鼓励和支持台资企业参与福建各类型现代农业园区的建设和发展，通过示范带动作用，推动当地农业现代化进程。二是深化农村产业融合发展。推动两岸农村产业融合发展，加强乡村旅游、休闲农业、特色农产品加工等领域的合作，促进农村经济多元化发展。当前，特别要强调推进农村土地流转，为台资农业企业提供更多的发展机会，同时确保当地农民能够从中受益，实现双赢。三是促进农业技术交流与合作。鼓励两岸农业科研机构、企业和专家在农业技术、种植、养殖等方面进行深入交流与合作，共同推动农业科技创新，提高农业生产效率和产品质量。四是扩大市场准入。为台资农业企业提供更多的市场准入机会，包括电子商务平台、农产品交易市场等，拓宽销售渠道。进一步降低两岸农产品贸易壁垒，简化通关手续，扩大两岸农产品贸易规模，实现优势互补，共同发展。五是推动农业产业链整合。鼓励两岸农业企业加强合作，整合农业产业链，实现资源共享、优势互补，提高整体竞争力。支持两岸在农业品牌创建上的合作，提高农产品的市场竞争力和知名度。六是加强人才培训与交流。通过举办研讨会、培训班等形式，加强两岸农业人才培训与交流，提升农业人才的专业技能和创新能力，培养一批具有国际视野的农业人才。

二　闽台乡建乡创合作

编委会：您如何评价闽台乡建乡创合作？

曾玉荣：近年来，福建积极制定相关政策鼓励台湾青年建筑师和文创团队来闽助力乡村振兴。引进台湾建筑师团队和乡建乡创人才，参与省内许多乡村的村庄规划、设计、建设，甚至参与农产品的创意营销。闽台乡建乡创合作在整合两地的资源和优势，推动福建乡村的经济发展、文化保护和社会进步方面取得良好进展。以下是对闽台乡建乡创合作的几点评价。一是促进了闽台农村文化交流与融合。闽台两地有着共同的文化根源和传统，近年来，福建推出了一系列政策加强闽台乡建乡创合作，可以加深两地在理解与传承文化方面的交流，利用两岸同根同源的文化优势，开展文化保护、传承、融合与创新。比如，福建首创的"两岸建筑师联合驻村计划"，为台湾青年提供广阔舞台和创业就业的成长空间，也为乡村振兴注入新的活力。二是加强经验分享与借鉴。台湾在乡村建设与发展方面积累了丰富的经验，特别是在社区营造、乡村旅游、农业多元化等方面。福建可以从中学习借鉴，并结合自身实际情况进行创新实践。比如，台湾文创团队进驻的平潭北港村，持续探索以"民宿运营+台创基地"为导向的乡村产业振兴之路，已成为集民宿、文创、餐饮于一体的文旅融合示范村。三是促进经济合作与互补。通过合作，两地可以实现资源和产业的互补，如台湾的技术和管理经验与福建的土地和劳动力资源相结合，有助于提升乡村产业的整体竞争力。比如，厦门市海沧区青礁村，吸引两岸青年联合成立合作社，修葺古厝为书院，开发体验旅游项目，建成绿色文化创意产业基地、生态文化村，游人络绎不绝。四是推进乡村振兴战略的实施。这种合作有助于推动乡村振兴战略的深入实施，通过整合两岸的资源和智力，促进乡村经济的多元化发展，改善农民生活水平，提升乡村整体面貌。比如，台湾青年建筑师自2014年起率团队与村民共同开发建设的三明市泰宁县"耕读李家"景区，把默默无闻的际溪村打造成了乡村旅游重点村。五是增强两岸关系。闽台乡建乡创合作是一种积极的区域合作模式，有利于推动两岸乡村的共同发展，实现互利共赢。乡建乡创合作不仅有助于两地的经济社会发展，也有助于增进两岸人民的相互了解和情感联系，对于促进两岸和平发展具有积极意义。尽管合作前景广阔，但也面临一些挑战，如政策协调、市场准入、法律法规差异等问题，需要双方共同努力，逐步解决这些问题，以促进合作的顺利进行。

编委会：未来应如何进一步深化闽台乡建乡创合作？

曾玉荣：未来进一步深化闽台乡建乡创合作，要重视推动两岸乡村共同发展，实现互利共赢，并增进两岸人民的相互了解和情感联系，促进两岸关系的和平发展，可以从以下几个方面着手。一是加强政策沟通与协调。建立更加完善的政策沟通机制，包括合作平台、联席会议制度等，确保两岸在乡村建设方面的政策能够有效对接，为合作提供政策支持和持续性、有效性。二是促进经验与技术交流。定期举办两岸乡村建设论坛、研讨会等活动，分享两地在乡村建设和发展方面的成功经验和先进技术，互相学习借鉴。三是推动项目合作与实施。鼓励和支持两岸在具体乡村建设项目上的合作，比如乡村旅游开发、特色农产品加工、生态农业等项目。四是强化人才培训与交流。通过设立奖学金、实习基地等方式，促进两岸乡村建设人才的培训和交流，提升人才的专业能力和创新水平。五是拓展资金支持渠道。探索建立两岸乡村建设合作的投融资平台，吸引社会资本参与乡村建设，为合作项目提供资金支持。六是推动产业融合发展。鼓励两岸乡村产业融合发展，如结合台湾的技术和管理经验与福建的资源优势，共同开发新的产业链。

编委会：请您简要介绍台湾农村再生计划。

曾玉荣：台湾农村再生计划是台湾地区实施的一项重要政策，旨在改善农村地区的经济、社会、文化和生态环境，提升农村居民的生活质量，促进农村的可持续发展。台湾实施的农村再生计划和大陆的乡村振兴战略性质有点类近。但是其做法有些不同，台湾采取自下而上的方式，注重产业发展、农民增收等问题，由村庄自行提出计划，通过培训和指导，让村民共同思考家乡发展，每个乡村实施的再生计划内容都需要村民共同认同。确定方案后，政府会派专人实施再生计划，并评估资金分配方案。台湾的农村再生计划在马英九时代就开始推行，涉及产业发展、农民增收、生产生活环境改善和生态保护等多个方面。一是社区治理与能力建设。强化农村社区自治，提升农民的组织能力和自我管理能力，促进社区内部的和谐与发展。通过社区参与的方式，改善农村基础设施，如道路、排水系统、公共空间等，提升农村居住环境质量。二是农业产业升级。推动传统农业向现代农业转型，发展特色农业、有机农业、休闲农业等新型农业业态，提高农业的附加值。比如，乡村旅游开发，结合农村的自然风光和文化特色，发展乡村旅游，吸引游客，带动当地经济发展。三是文化传承与创新。保护和振兴农村传统文化，同时鼓励文化创新和文化交流，提升农村的文化软实力。四是生态保护与可持续发展。推行生态保护措施，如植树造林、水土保持、生态农业等，实现农村生态环境的可持续利用。

编委会：请您谈谈台湾农村再生计划对福建的启示。

曾玉荣：一是政策支持与激励。政府应提供必要的政策支持和资金激励，引导和促进乡村振兴各项计划的实施。同时，要通过奖罚激励，促进政策资金的有效使用。鼓励政府与私营部门合作，共同投资乡村振兴项目，发挥各自优势，提高项目效率。二是进一步强调农村人才和社区参与的重要性。加强农村人才的培养和引进，提升农民的专业技能和创新能力，为乡村振兴提供人力支持。在具体推进中，还要强调社区居民在乡村振兴过程中的主体地位，鼓励居民参与决策和管理，增强项目的实施效果和可持续性。三是多元发展的路径。福建乡村产业振兴可以借鉴台湾的经验，发展多元化的农业经营模式，如结合当地特色的休闲农业和有机农业，提升农业产值，特别要注重农村文化与生态的结合，在推动农村经济发展的同时，注重生态保护和文化传承，打造具有地方特色的农村品牌。四是可持续发展理念。将可持续发展理念贯穿于乡村振兴的全过程，确保农村发展的长期性和稳定性。在推动福建农村发展的过程中，更好地实现经济、社会、文化和生态的全面进步。

三　两岸融合发展

编委会：您是怎样理解中央"支持福建探索海峡两岸融合发展新路"的，特别是在农业农村发展领域？

曾玉荣：2019年5月29日，福建出台了《关于探索海峡两岸融合发展新路的实施意见》。鼓励和支持福建省在促进两岸经济、社会、文化等方面的交流合作中，发挥其独特的地理和人文优势，探索实现两岸融合发展的新途径、新模式和新机制。福建先行先试，大胆实践，必将在加强两岸关系，闽台农业全面对接、两岸乡村深度融合，促进共同繁荣发展上取得显著成效。在农业农村发展领域，这样的探索可能包括以下几个方面。一是农业投资与技术合作。通过先行先试，大胆实践，进一步发挥以台引台的历史优势，进一步吸引台湾农业企业和资本到福建投资，共同开发农业项目，推动农业现代化。同时通过政策引导，鼓励闽台两地在农业科技、种养技术、农产品加工等方面进行交流与合作，共享农业发展的经验和成果。二是农产品贸易合作。发挥两地互补性农产品的贸易合作、外销农产品的要素合作，促进两岸农产品的贸易往来，提高农产品的市场竞争力，为农民增收创造条件。三是乡村文化及旅游合作。利用两岸各自的乡村旅游资源，特别是开发乡村景观资源和传统文化资源，开展旅游合作，打造特色旅游产品，并通过文化活动、节庆等形式，增进两岸农村居民的相互了解和文化认同，促进福建农村文旅经济发展。四是生态保护与可持续发展。共同关注两岸农业发展中的生态环境保护问题，推广绿色农业和可持续发展理念。

编委会：对福建省"建设两岸融合发展示范区"，您有什么建议？

曾玉荣：福建省因其独特的地理位置，与台湾地区隔海相望，具有深化两岸融合发展的独特优势。建设两岸融合发展示范区是一个多方面的综合工程，以下是一些建议。一是创新政策体系。制定一系列有利于两岸融合的政策措施，如简化两岸人员往来手续、提供税收优惠、支持台资企业在福建发展等。建立健全涉台法律法规体系，保障台湾同胞在大陆的合法权益，为两岸融合发展提供稳定的法治环境。二是加强基础设施建设。进一步完善交通、通信、能源等基础设施，促进两岸之间的物理连接和信息流通。例如，增加直航航线、提升港口设施、优化网络连接等。三是文化交流与教育合作。举办两岸文化交流活动，增进相互了解和认同。同时，鼓励两岸教育合作，如学术交流、联合研究项目、学生互访等。鼓励和支持两岸民间组织、社会机构和个人开展各种形式的交流合作，促进民间交往，增强两岸民众的亲情和认同感。四是推动经贸合作。建立更多的两岸经贸合作平台，如产业园区、跨境电商平台等，为两岸企业提供便利的合作环境，促进资源共享和市场互通。五是推进安全领域合作。保持和加强两岸高层对话和政治沟通，加强两岸在食品安全、产品质量、灾害预防等领域的合作，为两岸融合发展创造良好的政治氛围。

B.19
陈秋华访谈录：
推进新时代福建省乡村文旅
高质量发展

杨国永　王全明 整理*

编者按： 　陈秋华，福建漳平人。福建农林大学经济与管理学院教授，博士研究生导师。入选福建省高等学校新世纪优秀人才支持计划。主要研究领域：生态旅游、乡村旅游及涉农企业管理。主持国家社会科学基金项目1项，教育部人文社科项目1项，省社科基地重大项目、国家部委委托课题、省厅局委托课题等30余项。在《旅游学刊》、《林业经济》、《福建论坛》（人文社会科学版）、*Journal of Cleaner Production* 等国内外权威刊物发表学术论文50余篇（第一作者或通讯作者），出版著作10部，获国家旅游局优秀旅游学术成果奖1项，文化和旅游部二十佳调研报告奖1项，获省领导肯定性批示成果3项、决策采纳7项。2024年1月，陈秋华教授接受本书编委会访谈指出，福建省应扎实推进新时代福建省乡村文旅高质量发展。具体访谈摘录如下。

一　福建省乡村文旅发展意义和基本态势

编委会： 请您谈谈乡村文旅发展对福建乡村振兴的重要意义。

陈秋华： 乡村文旅工作事关大局。乡村文旅对实施乡村振兴战略具有不

---

* 杨国永，福建农林大学福建农村发展智库主任，主要研究领域为乡村建设与治理；王全明，福建农林大学福建农村发展智库助理主任，主要研究领域为乡村发展与建设。

可替代的重要作用，通过发展乡村文旅，可以激发农民创业创新的热情，带动乡村产业发展、增加就业机会、提高农民的生活水平、保护和传承乡村传统文化。同时，其对促进福建文旅经济高质量发展，打造世界知名旅游目的地也具有重要作用。

编委会：近年，福建省乡村文旅发展呈现什么样的态势？

陈秋华：福建省乡村文旅发展基本态势主要呈现如下特征。一是产业渐成大势。福建省乡村文旅产业规模不断扩大，呈现多元化的发展趋势以及独具特色的发展模式。各地积极推动乡村文旅产业转型升级，加快培育文化创意、休闲度假、健康养生等新型业态，结合当地的资源特色和文化底蕴，推出了具有福建本土特色的旅游产品，如红色文化旅游、客家文化旅游、海丝文化旅游、茶文化旅游等。总体上看，乡村文旅产业发展势头良好。二是推进措施大增。多年来，福建文旅、住建、农业、海洋渔业等部门出台相关政策，并不断优化服务，规范监管，为推进乡村文旅产业发展提供了有效政策保障。三是亮点成效大显。福建各地深入挖掘乡村自然和文化旅游资源，文旅产品日益丰富多彩，"产业＋文旅"融合发展不断深化，乡村文旅品牌效应明显提升，整体市场规模持续扩大。

编委会：您怎么看待福建省乡村文旅的发展前景？

陈秋华：总体而言，福建省乡村文旅发展前景大好。乡村振兴战略实施与文旅经济推进为福建省乡村文旅高质量发展提供巨大空间。福建拥有丰富的自然资源和独特的历史文化底蕴，旅游资源禀赋优良，乡村文旅具备良好的发展基础。同时，随着社会经济发展和生活水平提高，旅游已成为人们的生活方式，旅游市场需求不断扩大是大趋势。还应关注乡村振兴战略实施大背景下，农村各项事业进一步发展，农村生态、农业生产和农民生活也必将进一步改善，这将为乡村文旅高质量发展创造更为良好的条件。

二 福建省乡村文旅发展的认识误区

编委会：当前福建省乡村文旅发展存在哪些认识上的误区？

陈秋华：当前对福建省乡村文旅发展存在认识误区。一是资源等于产品。资源是生产旅游产品的基础，但并不等同于产品。将乡村文旅发展有关的资源转化为有价值的旅游产品和服务，进一步提供给游客。资源和产品之间的转化需要依赖创新和管理，经过专业的设计、管理和营销，以符合市场需求和游客体验。只有通过创新和管理，才能让资源变成有价值的产品，因此，需要促进特色资源向特色产品的转化。二是环境等于产品。环境是旅游产品的依托，但并不等同于旅游产品，优良环境只是为乡村文旅产品开发创造了有利条件。三是要素等于产品。要素是旅游产品的构成与组合，但并不等同于产品，是构成乡村文旅的各个组成部分，包括自然资源、人文景观、历史遗迹、民俗文化等。产品是对要素进行提炼、整合、创造后的产物，两者不能等同。各要素的组合优化过程是产业链的进一步延伸，是旅游产品价值增值的具体体现。乡村文旅发展应该充分利用各要素的特点创造富有市场吸引力的产品。

三 促进福建省乡村文旅高质量发展的对策建议

编委会：应如何促进乡村文旅经济在福建"三产融合"中发挥更大作用？

陈秋华：乡村文旅高质量发展过程中，应加快构建融合发展机制，始终坚持"三产"和"三生"，即在产业层面融入第一、二、三产业，在乡村层面融入生产、生活、生态。一是以特色资源增强竞争力，充分利用当地特色资源，开发乡村文旅产业核心内容。将在地元素融入乡村旅游地的食、住、行、游、购、娱等要素中去，让旅游者全方位感受到乡村的独特文化，增加旅游者对在地文化价值的理解和共情，产生独特的体验感。二是以加工流通延伸产业链，发挥二产接一连三的联结作用，将当地的乡村特色农产品进行加工，制成具有地方特色的食品、饮料、调味品等，并进一步通过文创活动，打造手工艺品、纪念品、文化衍生品等，以满足游客需求，形成区域别具特色的乡村文旅体验。同时通过乡村文旅驱动，也有利于构建线上或线下农产品销售渠道，将加工后的农产品推广至更广泛的市场，提高产品的知名度。这种"产业+文旅"双向互动模式，产业是基础，文旅是引领，从而促进融合发展机制的形成。

编委会：您认为应该在哪些政策领域发力，以更好地促进福建省乡村文旅经济发展？

陈秋华：应该形成政策合力。一是需要整合旅游、发改、交通、财政、住建、环保、农业、林业等相关部门，通过构建跨部门协调与合作机制，加强信息共享，统筹资源配置、项目推进以及监管和服务保障，确保乡村文旅发展项目的顺利推进，为乡村文旅高质量发展提供有力保障。二是在政策制定、规划编制、基础设施建设、宣传推广、农村环境综合整治、农村风貌改造、乡村旅游培训、财税优惠、用地需求保障、产业扶持、金融支持以及公共服务等方面，形成乡村文旅发展政策的最大合力。同时对政策实施加以严格监督，确保相关政策落实到位。

四 推动福建省乡村文旅高质量发展的具体措施

编委会：文旅产业与创意产业高度交叉，应如何以创新思路驱动福建省乡村文旅发展？

陈秋华：当前福建省乡村文旅发展重点在于进一步丰富高品质旅游供给、保护传统文化与乡村环境、总体提升乡村文旅目的地知名度和美誉度。思路决定出路，创新发展思路至关重要，应重点关注以下几个方面。一是保持乡村化，这是乡村文旅的本质特征。应从两方面入手：一方面是要重视物质景观意象的乡村化，可称之为看得见的乡村化；另一方面是文化景观意象的乡村化，可称之为体会得到的乡村化。就是必须做到看得见山，望得见水，记得住乡愁。在具体实践中既要保持乡村良好的生态环境，又要凸显乡村在地文化元素，在保护和传承好乡村传统文化的基础上，做好活化利用。二是注重创意化，这是乡村文旅的核心要素。在优化整合乡村自然和文化资源的基础上，进行乡村文旅主题创新和产品创意。也应注重将传统要素与现代创意相结合，使景观、建筑、基础设施等兼具文化内涵、审美价值和旅游功能，并融入食、住、行、游、娱等旅游要素之中，使之更具旅游吸引力。创意化发展将使乡村文旅精彩无限、魅力无限、潜力无限。三是尊重本土化，这是乡村文旅的内在要求。具体从以下两方面着手，一方面是产业链本土化。通过吃、住、行、游、购、娱等旅游要素的本地供给，推动乡村文旅融合更具本地特色，这也是避免各地产品同质化、雷同化，走向特色化、差异化、多元化的必由之路，这也正是乡村文旅不同于其他旅游业态的特别之处。另一方面是社区参与化。必须最大限度地让当地老百姓参与到乡村文旅发展中来，因为最具本土化的元素就在他们身上，乡村文化展示也离不开他们，乡村文旅融合落脚点就在于"人"。四是推动景村一体化，这是乡村文旅的最佳选择。以村带点、景村一体化发展模式有利于推动整村开发，形成合力，使乡村文旅开发与乡村振兴工作有机融合起来，既有利于乡村文化保护与传承，也有利于乡村文旅经济发展。五是倡导低碳化，这是乡村文旅的时代选择。当前，乡村文旅建设、运营、消费过程中，存在一定程度的高碳化趋势，而低碳、绿色、环保是乡村文旅发展的必然选择，减少碳排放，注重对乡村资源和环境的保护，提升乡村文旅经营者和旅游者降碳、减排意识，助力生态文明建设。

编委会："酒香也怕巷子深"，福建省乡村文旅经济可以采取哪些营销策略？

陈秋华：要善于运用创新型思维，充分利用视频营销、微信营销、微博营销等新媒体手段，推进乡村文旅创新营销。一是视觉推广，视觉推广是营销活动中非常重要的一环，可以通过LOGO、展示、指示、导视、广告画面等形式展示福建乡村独特的自然、人文旅游资源，吸引更多游客的目光；二是文化推广，福建有着深厚的文化底蕴，红色文化、闽都文化、闽南文化、客家文化、茶文化等精彩纷呈，极具吸引力，文化推广工作不可或缺，讲好福建故事，让海内外游客了解当地的历史和文化背景，提高游客对于闽文化的认同感，为乡村文旅发展创造良好人文氛围；三是节事推广，深入挖掘乡村本土文化，举办旅游节、美食节、文化节等特色节事主题活动，打造独特文化IP，吸引更多游客来参与和体验；四是赛事推广，乡村文旅发展过程中，可以通过"体育+文旅"模式，整合相关要素，通过赛事推广福建乡村自然风光和人文资源，提高当地乡村的知名度，国内已有不少成功案例可以借鉴，如村BA等；五是媒体推广，可以通过线上线下媒体、现场宣传等渠道，向更广泛的受众进行及时有效推广，同时，利用社交媒体等新媒体平台，发挥传播效应，提高信息传播速度、扩大信息传播范围，提高福建省乡村文旅的曝光度和美誉度。

编委会：文旅产业振兴离不开优秀人才，对于福建省乡村文旅而言，应该如何解决人才瓶颈？

陈秋华：乡村旅游高质量发展主要瓶颈在于人才缺失，各地普遍缺乏乡村文旅建设人才、管理人才、文创人才、运营人才等，人才下不去、留不住现象很普遍。当前应高度重视人才培育工作，为乡村旅游高质量发展提供必要的人才支撑。一是加大力度培育本土文化传承人。本土文化传承人是讲好福建故事的最佳"导游"，要为传承人提供必要展示平台，同时制定相应政策，为传承人发展提供保障。二是鼓励企业家、艺术家、社会贤达、华侨归侨等新乡贤参与乡村文旅发展。发挥新乡贤的道德感召力与乡土情怀的独特引领作用，引导群众积极为乡村文旅产业工作贡献力量，提高村民参与乡村文旅的积极性和主动性。三是建立与完善专项人才服务乡村文旅保障机制。要多渠道、多形式吸纳和培养人才，建设梯度人才队伍。对外部人才要结合人才政策，有序引导文旅人才合理流向乡村。通过奖励、补贴等形式向乡村倾斜，并完善人才引进、培养与保护机制，让人才下得去、留得住、干得好。

B.20
黄跃东访谈录：
打造福建版宜居宜业和美乡村

杨国永　王全明 整理*

编者按：　黄跃东，男，福建惠安人。福建农林大学安溪茶学院（数字经济学院）教授、硕士研究生导师，福建省乡村休闲发展协会会长，福建农村发展研究中心（现为福建省农业农村工作研究中心）原主任、三级研究员，曾任《福建农村》《福建农业》杂志主编。主要研究领域：农村经济与农村发展。主持承担和参与完成了 5 项国家级课题项目、20 多项省科技重点项目以及省社科规划重点项目，获省部级奖 7 项。发表论文 70 多篇，合作编著著作 6 部。2024 年 1 月，黄跃东研究员接受本书编委会访谈指出，福建省应立足全省自然禀赋和人文底蕴，充分发挥区域综合优势，实事求是、久久为功，走出具有福建特色的农村建设品质提升之路，打造福建版宜居宜业和美乡村。具体访谈摘录如下。

一　福建省农村建设品质提升行动背景

编委会：2021 年以来，福建省委、省政府创新性开展"农村建设品质提升行动"，请您介绍一下"行动"背景。

黄跃东：提升农村建设品质，是进一步实施城乡融合发展，强化农村基础设施建设，优化公共服务布局，建设宜居宜业和美乡村的基本目标，是全

---

* 杨国永，福建农林大学福建农村发展智库主任，主要研究领域为乡村建设与治理；王全明，福建农林大学福建农村发展智库助理主任，主要研究领域为乡村发展与建设。

面推进乡村振兴战略的重要举措。习近平总书记在福建工作期间，始终高度重视农村全面发展，指出："整治村容村貌、建设社会主义新农村，是农村经济社会发展水平的综合标志，也是彻底改变农村落后面貌的重要途径，也是农村小康建设成果的直接体现。" 2021 年，习近平总书记来闽考察时要求福建要"在创造高品质生活上实现更大突破"，为福建省加快推进乡村全面振兴，提升农村建设品质指明了方向。

2021 年以来，福建省委、省政府以习近平新时代中国特色社会主义思想为指导，深入贯彻落实党的二十大精神，认真践行"两山"理念，学习推广浙江"千万工程"经验，在全省实施农村建设品质提升行动。把实施乡村建设行动作为补上农村现代化短板的重要抓手，在巩固拓展脱贫攻坚成果的基础上，加强普惠性、基础性、兜底性的民生建设。根据省委、省政府工作要求，出台了《福建省推进乡村建设行动实施方案》《福建省农村人居环境整治提升行动实施方案》《2023 年全省城乡建设品质提升实施方案》三大方案，提出了"2023 年福建省农村建设品质提升重点任务清单"。提出用三年的时间，全方位推动乡村建设高质量发展，农村面貌发生明显变化，农村"颜值"与内涵双提升，让人民群众获得实实在在的幸福感、获得感、安全感。把扎实推进农村人居环境整治提升作为实施乡村振兴战略的重点任务，村庄环境基本实现干净整洁有序，农民群众环境卫生观念发生可喜变化，生活质量普遍提高，为乡村全面振兴提供了有力支撑。

二　福建省农村建设品质提升行动具体做法

编委会：2021~2023 年，福建省是如何开展农村建设品质提升行动的？

黄跃东： 三年来，根据福建省委、省政府的部署，农业农村、自然资源、生态环境、住建、交通、水利等各个部门，按照"任务项目化、项目清单化、清单具体化"原则，各地高位谋划、统筹推进，实施"农村建设品质提升行动"，全面提升乡村环境品质、提升乡村文化内涵、提升乡村治理能力。提升乡村环境品质，就是加强基础设施建设，改善农村道路、供水、供电、通信等条件，实现农村垃圾分类和资源化利用，绿化美化村庄，保护传统村落和乡村风貌，让乡村环境焕然一新，为乡村的可持续发展提供坚实的物质基础，让乡村变得更加整洁、美丽、宜居；提升乡村文化内涵，就是通过挖掘乡村文化的独特魅力，传承和弘扬乡村优秀传统文化，建设乡村图书馆、文化站等公共设施，为村民提供丰富多彩的文化生活载体，培养乡村文化传承和发展的中坚力量，为乡村的精神文明建设提供有力支撑；提升乡村治理能力，通过加强基层党组织建设，推进村民自治，加强法治建设，提高村民的法律意识和法治观念，推进乡村信息化平台建设，让乡村治理更加科学、高效、民主，为乡村的和谐稳定提供有力保障。"提升行动"的重点任务主要包括：推进实用性村庄规划编制工作，整治农村人居环境，治理农村生活污水、生活垃圾，强化农房风貌管控，逐步消除农房"高大裸空"现象，实施名镇名村和传统村落保护和整治提升计划，推动历史建筑、传统风貌建筑、传统建筑上线省"传统建筑海峡租养平台"。

三 福建省农村建设品质提升行动取得的成效

编委会：三年来，福建省农村建设品质提升行动取得什么样的成效？

黄跃东：经过三年努力，把生态宜居作为内在要求，全面提升乡村建设品质，乡村面貌发生了深刻的变化，进一步瞄准"农村基本具备现代生活条件"的目标。2023 年，全省农村建设品质提升 5 类工程、21 项重点任务、35 个具体项目，已完成投资超 360 亿元。在农村基础设施提升方面，建设农村公路 2463 公里，完成投资 72.9 亿元；开工建设 79 个规模化水厂，铺设供水管网 8688 公里，省农村自来水普及率超过 89.5%，形成城乡供水融合发展格局；完成 304.6 公里农村安全生态水系建设，治理水土流失面积174.7 万亩，改造 291 条农网 10 千伏线路。在农村人居环境整治方面，新改建农村卫生厕所 7042 户，531 个农村生活污水治理项目开工建设，完成1413 公里乡镇污水配套管网建设，在 72 个乡镇实施全镇域落实垃圾分类工作，184 个村庄整村推进农村人居环境整治提升行动，年内完成投资 8074.3

万元。据统计，三年来，全省编制村庄规划8556个，累计整治既有裸房近60万栋；完成新改建农村公路7147.9公里，启动规模化水厂建设254处；农村人居环境提质升级。累计新建改造农村户厕3.6万户，完成1029个村庄生活污水治理设施建设，实现全省乡镇生活垃圾转运系统全覆盖；累计治理农村电力杆线安全隐患3021处，完成2910余公里农村通信线路和4885.8公里农村广播电视线路治理工作；开工建设93个农产品产地冷藏保鲜设施、29个乡镇商贸中心、28个省级乡镇惠农综合服务中心；创建38个集镇环境整治样板、9个闽台乡建乡创合作样板，分别投资7.6亿元和1.7亿元，在19个县（市、区）完成崇尚集约建房样板建设；完成77个农产品产地冷藏保鲜设施建设，1431个农村幸福院达到三星级及以上标准，建设11804户美丽乡村庭院、5747处美丽乡村微景观、1416个美丽乡村小公园、376片美丽田园、208个美丽乡村休闲旅游点。①

编委会：农村厕所革命是建设宜居宜业和美乡村的重要内容，福建省在这方面做了哪些工作？

黄跃东：福建省制定印发《进一步推进"厕所革命"行动计划》等文件，构建了农村厕所革命责任链条，明确任务清单，层层压实责任，强化组织领导、日常调度、资金保障和专项推进。重点抓一批农村家庭卫生厕所新改建，因地制宜改造升级一批老旧公厕，支持有实际需求的自然村新建改造农村公厕。把农村改厕与生活污水治理有机衔接起来，推进厕所粪污分散处理、集中处理与纳入污水管网统一处理，鼓励联户、联村、村镇一体处理，农村厕所革命成效显著提升。2021～2023年，福建省共下达农村"厕所革命"整村推进财政奖补资金3362万元，奖励支持169个村推进改厕工作；累计新建改造农村户厕1.74万户，农村无害化卫生厕所普及率达99.35%；一半以上的县（市、区）实现农村公厕管护市场化。农村厕所革命通过探

---

① 福建省农村建设品质提升工作组办公室、福建农林大学：《乡村建设绿皮书：福建省农村建设品质提升报告（2021～2023）》，2024年1月。

索创新取得突出成效。据统计，截至 2023 年 4 月，全省共有 43 个县（市、区）实现农村公厕管护市场化，占比 51%。例如，漳平市遵循"坚持高位推动、坚持科学统筹、坚持建管并重、坚持美美与共"的原则，2020 年以来全市共拆除旱厕 1.4 万余个，拆除空心房面积 48.7 万平方米，新建改造无害化卫生户厕 5000 余户。

四 福建省农村建设品质提升存在的不足

编委会：相较于社会经济发展与城市建设水平，福建省农村建设领域还存在哪些不足？

黄跃东：福建省农村建设品质提升工作存在一些不足和短板，不平衡、不充分问题还比较突出。一是地区发展不平衡。项目在不同地区间的推进存在不平衡，不同农村地区间的发展存在不平衡，偏远地区的农村发展相对滞后。二是专业技术力量有待提升。市、县两级农村建设品质提升办的专业技术力量不足，乡（镇）、村专业技术力量薄弱。三是历史文化价值有待进一步挖掘。地域建筑特色系统梳理不足，专业技术人才欠缺，部分乡村历史文化遗产价值亟待发掘。四是资金来源渠道有待进一步拓宽。目前主要依靠省级以上专项资金、乡村振兴试点示范项目资金，渠道单一，资金有限；部分县（市、区）财力有限；社会资本、金融机构参与度不高。五是多元参与力度有待进一步加强。村民和社会力量的参与力度有待进一步提高，特别是参与动力有待激发，参与机制尚需进一步完善。六是市县协同机制有待进一步完善。农村建设品质提升各责任部门之间，农村建设品质提升行动与其他农村专项行动之间的协同机制，有待进一步理顺加强。

编委会：农村建设品质提升事关农村千家万户，事关农民切身利益，需要全社会积极参与，目前还存在哪些不足？

黄跃东：农村建设品质提升需要政府、企业、村民和社会组织共同参与。但总体来看，福建省农村建设品质提升行动多元参与的力度还有待进一步加强。一是村民的参与力度有待进一步加大。部分村民的主人翁意识还不强，良好的环境卫生观念习惯短时间内难以养成，参与垃圾分类、改厕、污水治理等项目的积极性不高，参与建设维护、投资投劳、参与监督的责任意识和行动自觉尚未形成，"干部干、群众看"的现象仍然存在。二是社会力量的参与力度有待进一步加大。当前，农村建设品质提升行动还是依靠政府主导并实施，社会力量如公益组织、社工机构、志愿者、乡贤、侨胞等参与度较低，建设主体单一，参与动力不足，参与机制尚未建立完善。

五 福建省农村建设品质提升建议

编委会：您对进一步提升福建省农村建设品质有什么建议？

黄跃东：福建省具有突出的自然资源优势、深厚的历史文化积淀，八闽乡村的底色十分亮丽，蕴含着非常巨大的农文旅融合发展潜力。我们应该认真贯彻落实习近平总书记关于乡村振兴的重要论述和来闽重要讲话精神，学习借鉴浙江"千万工程"的成功经验，坚持"党建引领、高位推动、系统谋划、分类指导、加大投入、共建共享、技术赋能、以文铸魂"，实事求是、久久为功，走出具有福建特色的农村建设品质提升之路。应立足当前农村的生产与生活实际，加大清洁能源建设与推广力度，充分利用光热资源优势，探索低成本建设、满足生活需求、提升居住品质和美化环境的路子，为宜居宜业和美乡村建设夯实基础。要高质量高标准抓好农房改造改善，注重发挥聚落集聚效应，以在完善功能上下功夫，整合利用现有设施和场地，完善村级综合服务站点，促进物业管理、养老康养、文化设施、文明习惯养成、核心价值观美德养成的社会化服务配套建设。

编委会："党政军民学，东西南北中，党是领导一切的"，未来应如何加强党建引领福建农村建设品质提升工作？

黄跃东：基层党组织是党在社会基层组织中的战斗堡垒，是党工作和战斗力的基础。必须坚持以党建为引领，才能高效推进工作，打赢农村建设品质提升这一场"硬仗"。一是强化村"两委"主体责任。地方党委、政府选强配齐村"两委"班子，强化村党组织书记、党员、人才三支队伍建设，着力实施村支书"头雁领航"工程，增强基层党组织战斗力，定期对村干部等人员进行培训学习，提升村级班子的整体素质，激发他们的干事创业热情。二是发挥党建引领作用。以"党建+农村环境净化整治"为抓手，持续推动基层党建与农村环境整治深度融合。增强农民保护农村环境的荣誉感。通过党委带动、支部推动、党员促动、党群互动的"党建+"工作模式，利用微信群、村广播、入户宣传等方式，广泛宣传"垃圾分类""厕所革命""美丽庭院"创建的重大意义，将农村人居环境整治纳入村规民约，激发广大群众的内生动力。三是发展壮大村集体经济，巩固农村建设品质提升经济基础。发展壮大村集体经济对改善农村建设品质具有重要意义，只有"口袋"鼓起来了，村"两委"和村民才更有意愿参与农村建设品质提升工作，整治成效才更有可持续性。村"两委"要立足实际，积极盘活农村集体资源、闲置资产，推动资源变资产、资金变股金、农民变股民，多渠道增加村财和村民收入，增强村集体经济自身"造血"功能。

案例篇

B.21
筑巢引凤：青年人才服务乡村振兴的路径探索

游美珠　胡延福*

摘　要：　乡村振兴战略的实施离不开人才支撑，在福建省各地都涌现出了一批批从事乡村振兴工作的青年人才，他们以专业技能和热情投入乡村振兴中，并取得了显著的成效。福建农林大学2017届硕士毕业生裴锦泽，在大学期间就开展"三农"服务，毕业后参与创办了福建省引凤扶贫服务中心、清华大学乡村振兴工作站闽清站、德化县乡村振兴研究院等机构，从专业选择到返乡创业，探索出了一条青年人才服务乡村振兴的新路子，为青年参与乡村振兴提供经验借鉴。

关键词：　青年人才　筑巢引凤　返乡创业　乡村振兴

---

* 游美珠，福建农林大学乡村振兴学院农村发展硕士研究生，德化县乡村振兴研究院秘书长助理；胡延福，黑龙江人，厦门大学哲学博士，现任福建农林大学乡村振兴学院农村区域发展系讲师，主要研究领域为农村发展、乡村美学。

一 背景

裴锦泽出生于福建省泉州市德化县一个以农业生产经营为主的普通家庭。从小在乡村的生活及务农经历为其专业和创业方向选择奠定了基础。作为福建农林大学农村区域发展专业的学生，他曾在在校期间组建"三农"爱心社开展助农服务，在研究生毕业后，选择了以专业技能服务乡村振兴的返乡创业之路。

从 2017 年至 2023 年，裴锦泽先后参与创办了福建省引凤扶贫服务中心、永春县生态文明研究院、闽清县"三农"服务超市、清华大学乡村振兴工作站闽清站、德化县乡村振兴研究院等多种类型的乡村振兴服务机构，实现了村庄、乡镇、县域、市级、省级的多层级乡村振兴服务，既有一线的乡村服务经验，又有创新的乡村振兴举措，能够正确把握政策导向、市场方向及乡村走向，在乡村人才培养、乡村产业发展、乡村运营管理等方面均取得了显著成效。

二 主要做法

（一）紧跟政策，瞄准发展方向

十余年来，中央一号文件均以乡村为主题，从新农村建设、美丽乡村建设、精准扶贫到乡村振兴，国家政策深刻影响着"三农"领域的从业者，2020 年是精准扶贫与乡村振兴战略实施的分水岭，从精准扶贫向乡村振兴的政策转变，为青年人才参与乡村建设事业提供了政策支撑，裴锦泽及其团队便是在这个过程中成功转型的一支青年力量。2017 年以前，作为从乡村成长起来的大学生，裴锦泽通过"服务'三农'，成长自我"的梦想设定，一步步走向成功，他利用专业技能行走在八闽大地，服务于田间地头，以扶贫助农的方式，发挥着人生价值，获得了广泛的社会认可，获评中国大学生自强之星标兵、福建农林大学优秀共产党员等荣誉称号。2017年5月，在国家放宽社会团体注册条件时，他与团队成员共同成立了福建省引风扶贫服务中心，将原本自由松散型的扶贫助农行为转化为组织化、合法化、系统化的社会行为，有了组织架构和法定权利，迎合了国家脱贫攻坚的政治要求。

（二）勇于探索，把握发展机会

在福建省引风扶贫服务中心成立初期，该中心属于慈善组织大类，而且各地政府并无乡村运营等方面的资金预算，使得机构没有稳定的业务来源和较好的盈利模式，运转十分困难，创始团队成员不堪重负纷纷离去。2017年10月，党的十九大提出了乡村振兴战略，这一战略的提出让裴锦泽及其团队敏锐地发现了市场机会，抢抓政策风口，裴锦泽以福建省引风扶贫服务中心为主体，提出了"打造县域乡村振兴一站式服务平台"的发展口号，并将试点目标瞄准了福建省定农产品主产区的福州市闽清县。通过科学的规划、合理的设计和详细的方案，裴锦泽的"引风计划——县域乡村振兴一站式服务平台"获闽清县委、县政府认可，并以"闽清县'三农'服务超市"的方式落地实施，由闽清县人民政府提供运营资金，由裴锦泽团队负责运营工作，双方联合成功打造了福建省首家集"政策咨询、技术指导、金融对接、市场营销、就业培训"于一体的乡村振兴一站式服务平台。

（三）求变创新，迎合发展需求

2018年2月，在清华大学探索设立乡村振兴工作站之际，裴锦泽主动对接，积极融入，促成了闽清县人民政府与清华大学的合作，双方在闽清县梅溪镇樟洋村共建清华大学乡村振兴工作站闽清站和清华大学大学生社会实践基地，闽清县成为全国五个首批站点之一。从省级层面的福建省引风扶贫服务中心，到县级层面的闽清县"三农"服务超市，再到村级层面的清华大学乡村振兴工作站闽清站，裴锦泽的服务体系逐级下沉，落地生根，这也为其精准把握多层次乡村振兴需求创造了条件。不同层级对乡村振兴的发展需求有所不同，在省级层面，以活动组织和政策宣导为主，在县级层面以人员合作和精准服务为主，在村级层面以良好沟通和合作共赢为主，要掌握的能力也各不相同。2022 年 9 月，在多方支持下，裴锦泽前往家乡——泉州市德化县，参与筹建了德化县乡村振兴研究院，以智库团队的方式服务家乡乡村振兴事业发展。通过"工作站+研究院"的模式探索，裴锦泽既找到了理论方向，又能够躬耕实践，在求变创新中迎合了乡村振兴的发展需求。

（四）寻求合作，打开发展局面

农村是一个广阔的舞台，乡村振兴战略的推进也是多方合力的结果。在探索乡村振兴新路径的道路上，裴锦泽从一个人发展到一群人，不断通过寻求对外合作从而打开发展的新局面。2018 年 7 月，福建省引凤扶贫服务中心在福建省引进人才服务中心的指导和支持下，共同发起了"师带徒"引凤计划，率先建立起了乡村振兴人才体系，将各类促进乡村发展的人才分为"金凤""玉凤""雏凤"，"金凤"是指高校专家、企业家、行业精英等能为乡村提供项目、资源、技术、资金的高层次人才；"玉凤"是指在乡村从事创新创业的合作社理事长、家庭农场主、农业企业经营者等一线人才；"雏凤"是指有志从事乡村振兴事业的青年人才。"师带徒"引凤计划成为解决乡村人才需求问题的重要举措。在福建省泉州市永春县，当地政府出台了《关于实施"师带徒"引凤计划助推乡村人才振兴的意见》，从人才引进、人才培养、平台建设、要素保障等方面，为"师带徒"项目"量身定制"16 条干货措施，打通人才流、项目流、资金流进入乡村的通道，进一步优化营商环境。在永春县行政服务中心设立"绿色通道"，聘任 236 名科级干部担任乡村振兴导师，聘任 10 名专家担任"师带徒"引凤项目咨询师，提供创业辅导、政策咨询、手续办理等服务。结合"党建+"邻里中心建设，设立 20 个乡村人才驿站，开展"邻里人才汇"活动，打造引进人才中转站、本土人才孵化站。联合永春农信社开展"红色金融"助推乡村振兴计划，永春县给予"师带徒"引凤项目集中授信 5 亿元，同时为各类人才、团队、企业等提供落地专属金融产品，落地项目最高可享受 1000 万元的低息贷款，个人最高可享受 20 万元的贴息贷款。在 2022 年，永春县积极承办福建省（永春）乡村振兴"师带徒"引凤项目大赛，50 个项目完成签约，总投资额达 12.25 亿元，其中 23 个项目成功落地。

（五）宣传推广，增强发展效益

随着乡村振兴战略的推进，各地纷纷涌现出亮点案例和特色工作，无论是为了增强项目影响力还是提升项目效益，宣传推广都是必不可少的方式。裴锦泽及其团队十分重视宣传推广工作，善于利用主流媒体和自媒体进行传播，人民日报《把论文写在田野大地上》、新华网《逐梦路上》、CCTV17 农业农村频道《我回农村干事业》等主流权威媒体均进行了宣传报道，"引凤计划"抖音号、"引凤计划"微信公众号等平台共有上万粉丝，在福建区域形成了较为广泛的影响。

善于制造热点并加以总结推广，这也是裴锦泽在乡村振兴中掌握的重要技能。在乡村振兴的主业上，裴锦泽兼任着多所高校的创新创业导师和多家培训机构的讲师。为福建省南平市、宁德市、福州市、泉州市等多地的青年高素质农民、乡村振兴干部等讲解乡村振兴案例及课程，辅导福州大学、福建农林大学、福建师范大学、闽江学院、厦门南洋职业学院等多所高校的学生围绕乡村振兴领域创新创业，把自身的经验探索与理论相结合，既提供了丰富翔实的案例，也对乡村振兴项目进行了有效推广。

三　重要成效

（一）引领青年成长

通过"引凤计划"的开展，让青年人才了解乡村、走进乡村、融入乡村，"引凤计划"的实施成效大致可以分为以下几个阶段：一是从 2014 年至 2016 年，以裴锦泽在校期间开展的助农服务为主，在福建省农村青年致富带头人协会、共青团福建农林大学委员会等单位的支持下，发起"寻访农村青年致富带头人"活动，累计引导 12700 多名大学生奔赴八闽大地，以农业技术服务农业企业；二是从 2016 年至 2017 年，以三明市驻村扶贫总队联合开展助力精准扶贫志愿行动为主，在中共三明市委组织部的支持下，组建 8 支队伍奔赴三明市梅列区、大田县、尤溪县、建宁县、清流县、泰宁县、宁化县、永安市进行电商扶贫、旅游扶贫、文化扶贫、产业扶贫等多种方式的扶贫探索，成效获中国扶贫协会肯定；三是从 2017 年至 2018 年，以成立福建省引凤扶贫服务中心开展"师带徒"引凤计划为主，联合福建省引进人才服务中心，在福州市闽清县，宁德市寿宁县、屏南县，漳州市平和县，泉州市永春县、德化县等地开展人才对接活动，累计完成高层次人才对接 80 多人次；四是从 2018 年至 2023 年，以成立闽清县"三农"服务超市为主，实现了从"引凤"到"筑巢"的转变，让人才返乡服务有了阵地，累计服务返乡在乡农民 3000 多人次，"引凤计划"在 2018 年荣获教育部中国"互联网+"大学生创新创业大赛"青年红色筑梦之旅"赛道金奖、团中央"创青春"全国大学生公益创业计划竞赛金奖、团中央中国青年志愿服务项目大赛金奖，成为全国青年人才服务乡村振兴的典型项目，也为更多青年投身乡村振兴提供了模式参考和经验借鉴。

（二）促进村庄发展

近年来，以裴锦泽团队为主运营方的多个村庄，如闽清县梅溪镇樟洋村、永春县桃城镇花石村、德化县龙浔镇高阳村等地都取得了长足发展，这些乡镇地理条件各异，走出了差异化的乡村振兴路子。位于福州市闽清县的樟洋村，是福建省的传统村落，距离县城约 20 分钟车程，基本以山路为主，村庄历史悠久、文化底蕴深厚、建筑特色鲜明，因清华大学乡村振兴工作站闽清站选址于此，从而增添了青春活力。樟洋村户籍人口 1600 多人，在人口外流的大趋势下，村庄仅剩 200 多名老人，农业种植以茭白、芋头、脐橙为主，在设立清华大学乡村振兴工作站闽清站后，裴锦泽瞄准了村里的古厝资源和田园风光，以实践、研学、体验等多种方式吸引人们到村里游览观光，已有福州大学土木工程学院、福建农林大学乡村振兴学院、福建师范大学经济学院、闽江学院、阳光学院、福州工商学院等十余所院校在村里设立实习、实践基地，福建农林大学公共管理与法学院公共管理专业师生于 2023 年 5 月在村里举行为期一周的专业实习活动，通过深入了解村庄治理体系、角色扮演、与村民同吃同住等方式，将樟洋村变成一个无边界课堂，在村头田边学习知识，并以"凤鸣樟洋"为主题举办乡村文艺晚会，吸引了全体村民参与，极大丰富了村里的文化生活。在樟洋村里，通过大学生的实习、实践活动，产生了丰富的创新成果，有吸引游客驻足体验的"状元泉"、有自主创作的"一榄情深"剧本杀，还有体现村庄特色的"樟洋十八景"，都是青年人才的智慧结晶。每年冬春交替之际，村庄里黄色的枯叶与绿色的青芽交相辉映，宛如在诉说着村庄中老年人与青年人之间的"青黄相接"，对于这个美丽又宁静的村庄，裴锦泽认为，这是乡村振兴与消亡之间的赛跑，如果没有青年人才的入驻，随着老人的外迁与老去，村庄可能就要走向消亡了，正是有了一批批青年的加入，让这个原本寂静的村庄更添朝气与活力，如今，村里游客络绎不绝，青年纷至沓来，村里的民宿、餐饮、农事采摘等业态也热闹了起来，村民们也多了收入的渠道和彰显价值的平台。

（三）推动产业升级

乡村振兴离不开产业支撑，福建省受地理环境影响，各地的农业产业都有自身的特色，比如闽清县的橄榄产业、永春县的花卉苗木、德化县的淮山和黄花菜等。闽清的橄榄鲜果有着酸、涩、苦、硬的先天特质，导致其食用群体非常极限，但也因为其对产地的要求高、种植范围小等特点，部分鲜食橄榄市场价值很高，在闽清县梅溪镇白河江自然村的橄榄种植大户，年鲜食橄榄销售金额能达到三五百万元，橄榄种植是一个切切实实的致富产业，以生产橄榄为主的梅溪镇，先后获评全国农业产业强镇、全国一村一品示范村镇。福建省青榄食品有限公司位于梅溪镇石湖村，原是一家小型的橄榄露加工家庭作坊，从 2018 年开始与裴锦泽团队合作，走上了技术升级与品牌建设的道路。通过对接高校大学生，双方合作打造了"一榄情深"的橄榄品牌，并有幸在 2021 年 3 月入选闽江学院应用型办学成果展展厅，受到习近平总书记的检阅。随着"一榄情深"橄榄品牌知名度的提升，福建省青榄食品有限公司的产品产量和销量均有了显著增加，在技术创新上，研发了《一种橄榄鲜果分离装置》等十余项实用新型专利，从鲜果采摘、分拣、加工等多个环节进行技术提升，降低了生产成本，提高了产品质量；在产品创新上，推出了橄榄露、橄榄露饮料、橄榄气泡水、橄榄醋、橄榄酒、橄榄茶、橄榄蜜饯等多种橄榄加工产品，迎合了市场需求；在产品销售上，进行营销创新和包装创新，在闽清县城开设"一榄情深"旗舰店，在福州三坊七巷南后街客流高峰地段开设闽清农特馆体验店，并与七叠温泉等多个景区进行合作，拓宽产品销路。作为福建省青榄食品有限公司的科技特派员，裴锦泽对该公司的陪伴式服务，获得了人民日报《把论文写在田野大地上》的专题报道。

（四）激发创新活力

乡村振兴战略的实施离不开创新创造，无论到哪个地方，裴锦泽都带领团队积极探索、主动创新。在泉州市德化县，通过德化县乡村振兴研究院的平台，裴锦泽团队把握政策导向、市场走向、热点方向，探索了许多乡村振兴的创新举措。一是建立"乡村振兴咨询师"队伍，乡村振兴战略提出时间较短，专业人才严重不足，很多县域、乡镇、村庄在开展乡村振兴工作时，缺乏思路、没有资源，导致许多乡村振兴的决策难以取得实效，针对这一痛点问题，裴锦泽建立起了"乡村振兴咨询师"队伍，邀请高校专家、行业精英、退休干部等共同为乡村振兴出谋划策，为地方的乡村振兴工作开展提供智力支撑；二是培育"未来乡创家"人才队伍，由于乡村振兴的就业机会和业态尚未形成，在城市出现人才过剩的同时也存在着乡村人才缺乏的问题，为推动城乡之间人力资源的有效调配，裴锦泽发起了"未来乡创家"培育行动，建立了人才培养的课程体系，搭建了人才学习的实践基地，联合全国乡村振兴职教联盟数字乡村专业委员会在德化县举办"福建省未来乡创家联盟成立仪式暨福建省未来乡创家产教融合师资培训班"，将以人才输出为主的高校和以人才接纳为主的乡村进行对接匹配，促进人才的流动、融合；三是推出"围炉论健"品牌活动，以疫情后期火热的"围炉煮茶"为契机，裴锦泽及其团队顺势推出了"围炉论健"品牌活动，将"闽中屋脊"戴云山丰富的中草药资源与德化县生产烤炉的产地优势相结合，让戴云山的草遇上世界瓷都的炉，迎合大健康发展需求，既提高了德化烤炉的知名度，又提升了中草药的价值；四是开展"德化666"农村资源交易推广活动，德化县位于福建中部，全县75%以上的村庄海拔均在500米以上，根据科学判断，500米至3000米为人类最适宜居住的海拔，以666米的海拔为分界线，引导社会资本进入乡村，激活村庄的古建筑资源、农田资源和山林、水系资源，实现生态产品价值；五是打造"浪漫庭院，玫瑰之约"品牌，2023年中央一号文件首次提出"庭院经济"，发展庭院经济符合村民实际情况，裴锦泽及其团队在德化县龙浔镇高阳村推出了"浪漫庭院，玫瑰之约"品牌活动，通过引导市民认养可食用玫瑰花的方式，将原本山脚溪边的闲置土地改造成为玫瑰种植的爱情地、广阔草坪的亲情地、围炉煮茶的友情地，既吸引了大量的游客前往体验，又让农民通过房前屋后的可食用玫瑰种植美化环境、增加收益；六是推动"环戴云山"绿色经济产业区域联盟建设，在生态文明时代下，以戴云山为中心的生态资源更显价值，根据习近平总书记提出的"绿水青山就是金山银山"发展理念，将戴云山周边的福州市永泰县，泉州市德化县、永春县，莆田市仙游县，三明市大田县、尤溪县联合起来，打破行政界线，构建人才环、产业环、资金环、文旅环、生态环，形成亚区域的生态合作空间，具有新时代发展意义。

四　经验启示

（一）在大时代中找准方向

"站在风口上，猪都会飞起来。"我国在飞速发展的过程中，许多行业都曾有过发展的风口期，从房地产到互联网，时代不缺发展机会，但找准发展方向是关键。在2011年高考填报志愿时，裴锦泽所选的福建农林大学农村区域发展专业还属于冷门学科，但是因为热爱和梦想，他毅然选择了农村区域发展专业，并深入学习，持之以恒，在专业领域打出了自己的标签和名号。在国家提出精准扶贫和乡村振兴战略的政策导向下，他快速捕捉热点信息和发展趋势，根据新的时代要求提出新的举措，从创办福建省引凤扶贫服务中心到建立德化县乡村振兴研究院，确保了发展方向的正确性，为快速发展奠定了基础。

（二）在小切口中找到机会

近几年来，高校毕业生人数不断增长，大多数高校毕业生选择留在城市，或考公考编，返乡下乡从事乡村振兴的青年人才属凤毛麟角，部分青年心高气傲，难以沉下心来在一个领域深入钻研。青年人才返乡下乡要在小切口中找到机会，才能更好、更快地做出成效。裴锦泽从省到县再到村，以小村庄为落脚点，让乡村振兴工作有了阵地，通过青年在乡村的显示度，快速提升了自己的知名度。乡村振兴的机会很多，可以是一个村庄，可以是一个产品，也可以是一种业态，在网络平台上，李子柒、张同学、乡愁沈丹等网络博主层出不穷，手机成为新的农具，贵州村超、福建游神、泉州簪花等现象级文旅活动纷纷上演，乡村亮点可圈可点，非遗文化大展风采，换装摄影、旅游跟拍、乡村研学等新行业新青年越来越活跃，乡村振兴所带来的业态发展，为人才下乡提供了更多的机会、更大的舞台，拥有一技之长，既让人才与乡村充分结合，也让这些小切口中的人才有了实现自我价值的空间。

（三）在新形势中找寻出路

行业会变、市场会变、时代的车轮也在变化中滚滚向前，乡村振兴的热点也在不断变化，但以"产业兴旺、生态宜居、乡风文明、治理有效、生活富裕"的发展要求不变，青年人才从事乡村振兴的本质在于以专业能力服务社会经济发展。面对新形势、新要求，青年人才需要掌握新知识、新本领、新技能，对裴锦泽而言，乡村振兴工作充满了挑战，不仅需要时刻关注政策、市场、社会的动态，还要根据具体的县情、村情制订和调整工作方案，从福州到泉州，从工作站到研究院，不同的是所处的地域和所扮演的角色，相同的是自身拥有的深厚的专业知识以及对社会需求敏锐的感知能力。这些年来，裴锦泽在探索中总结，在总结中创新，初步掌握了乡村振兴的行业门道，能够较好地应对乡村振兴中形形色色的人和事，做好乡村振兴中某一个领域的工作较为轻松，但要把乡村振兴这个事情做起来，那就要有强大的专业能力和综合素质。

B.22
永泰样板：古庄寨文化遗产保护与活化创新实践

彭重明 张培奋 黄淑贞*

摘 要： 永泰庄寨作为福建中部地区重要防御性民居建筑，其遗产保护模式近年来受到国内外学界的持续关注。为了深入探索捋清文化遗产保护与乡村振兴协同的发展脉络，新华社中国经济信息社福建中心与永泰县古村落古庄寨保护与开发领导小组办公室合作，共同就古村落和庄寨的保护与活化利用的创新实践进行实地调研与分析，探究总结永泰县在协同推进庄寨文化遗产保护与乡村振兴、高质量发展方面的经验，形成供其他地区发展可参考借鉴的"永泰样本"。

关键词： 文化遗产保护与活化 庄寨 永泰经验

一 背景

永泰县地处福建省福州市西南部，总面积2241平方公里，总人口38.5万人，辖9镇12乡255个行政村，目前永泰拥有国家级传统村落33个、省级传统村落47个，数量均居福建省首位。庄寨是永泰古村落中独具特色的

---

* 彭重明，新华社中国经济信息社福建中心记者；张培奋，永泰县政协副主席、村保办主任，中国摄影家协会会员，中华文化促进会会员，中国民族建筑研究会会员，福建省乡村振兴研究会理事，省地域建筑研究中心专家，省传统村落达人督导大使，福州大学建筑学院特聘教授，福建师范大学闽台区域研究中心兼职研究员，福建农林大风景园林与艺术学院博士研究生实践指导老师；黄淑贞，福建省永泰县古村落古庄寨保护与开发领导小组办公室综合科负责人。

历史建筑遗产。作为一种大型防御式民居，永泰庄寨历史悠久，始兴于唐朝，蓬勃于宋代，鼎盛于明清，尤其是晚清时期，庄寨几乎遍及全县各村镇，它与古村落相互依存，密不可分。历史上永泰庄寨总量超过 2000 座，现存较完好的有 152 座，其中占地面积 1000 平方米以上且建筑历史在 100 年以上的就有 98 座。

近年来，在保护古村落、民族特色村寨方面，永泰县成效显著。永泰庄寨接连获评全国重点文物保护单位、联合国教科文组织亚太地区文化遗产保护优秀奖，2022 年又列入世界建筑文物观察名录。永泰县坚持把传统村落和古庄寨保护与活化作为乡村振兴的重要引擎，坚持固态保护、活态传承、业态提升，重点实施 45 个庄寨保护提升项目，谋划 3 条传统村落特色示范带，建设国家传统村落集中连片保护利用示范县，打响庄寨文化品牌，打造古厝保护样板。

从"藏在深闺人未识"到"撩开面纱惊八闽"，永泰庄寨开始被人们重新认识并逐渐得到重视。通过政府及民间力量的共同努力，这些有着数百年乃至近千年历史的古庄寨逐渐得到修缮保护并被利用起来。永泰寨及其所承载的历史文化遗产呈现在世人面前，文化遗产保护与乡村振兴协同发展的"永泰样本"也极大地促进了本地经济社会发展。

为了更深入探索捋清文化遗产保护与乡村振兴协同的发展脉络，新华社中国经济信息社福建中心与永泰县古村落古庄寨保护与开发领导小组办公室合作组建调研组，共同就古村落和庄寨的保护与活化利用的创新实践进行实地调研与分析，深入探索文化遗产保护"永泰样本"的现实路径及未来发展。

二　主要做法

习近平总书记强调：要认真贯彻落实党中央坚持保护第一、加强管理、挖掘价值、有效利用、让文物活起来的工作要求，全面提升文物保护利用和文化遗产保护传承水平。

调研组认为，永泰县文化遗产保护之所以走在全国前列，就在于紧跟党中央步伐，牢牢掌握习近平总书记重要讲话精髓，准确把握了乡村振兴发展的规律，结合永泰乡村社会结构实际，创新建立"村保办+理事会"机制，融合城乡联动、群众主体、产业融合、绿色发展等新理念、新做法，以体制机制创新引领庄寨文化遗产保护与活化工作。"永泰样本"的内容可以概括为围绕一条主线、实施四条路径、构建六种机制的"146"模式。

一条主线是指以打造中国文化遗产保护利用的"福建展示地"和乡村振兴的"福建样本"为主线，积极推进庄寨文化遗产保护利用与乡村振兴协同发展。

比如，2018年永泰县初次尝试将庄寨推向市场，北山寨获选2019年中国文化保护成功案例。永泰县通过招商引资，引进"白云相爱"庄寨主题酒店，由政府搭台与北山寨保护理事会签约，厘清产权流转脉络，通过市场化运作，成功让原本破败不堪的北山寨重新焕发生机。企业运作下的北山寨成为文化地标，带动北山村周边农业产业、餐饮服务以及文创包装等转型，创造就业岗位30个，吸引返乡村民12户。目前北山寨已经不仅仅是一处民宿酒店，还是大学生乡村研学基地。而这些市场化运作的前提是"五个坚持"，在保护的前提下，寻求向外发展。

一是坚持保留传统建筑精华。永泰庄寨外观宏伟大气，内部结构古朴典雅、自成风格，博大精深的庄寨文化更是大放异彩。永泰县设立了历史文化名镇（村）管理中心，积极开展庄寨普查工作，编制《庄寨名录》《庄寨维修导则》《庄寨营造则例》等。在保护修缮过程中，注重保留传统建筑元素和精华，保持古村落、古庄寨的原貌古韵，并提炼传统建筑精华元素融入新建筑中，以凸显永泰庄寨特色。

二是坚持传承和弘扬传统工艺。永泰庄寨蕴含了厚重的历史文化，彰显了独特的建筑风格和文化特色。这一切离不开永泰历代工匠对传统建筑工艺的探求和传承。近年来，永泰县加速建立老工匠数据库，不定期举办工匠技能比武活动，在省级重点职业中专——永泰城乡建设职业中专学校开设古建筑专业，鼓励老工匠带领新工匠一同参与庄寨的保护修缮。这一系列举措的实施，让老工艺传承有了依存的土壤。

三是坚持重塑乡村民俗文化。衡量乡村振兴成功与否的一个重要标准，就是看年轻人是否愿意回乡创业就业，参与家乡建设。永泰县积极营造创新创业的良好环境，号召永泰籍大学毕业生、在外工作的年轻人回乡创业；重塑乡村传统信俗文化，广泛发动乡贤带头编族谱、修宗祠，解决"我是谁、我从哪里来"的问题，不断开展赶圩节、三出宴、盘诗、伬唱、板凳龙、纸狮、游神等民俗活动，吸引了众多在外乡亲尤其是年轻人回乡参加，增强了他们对家乡的认同感和归属感。

四是坚持合法流转古民居。2018年中央一号文件对实施乡村振兴战略进行了全面部署，也更多提及了土地流转及农村集体产权相关问题。在此背景下，经过多方调研后，永泰县率先出台《农村民房使用权流转指导意见（试行）》《民宿管理指导意见（试行）》等，对农村闲置房屋流转、民宿开发、乡村产业发展等起到了有力的示范指导作用。

五是坚持保护古庄寨的周边环境。在修缮过程中，永泰不仅注重保护庄寨的建筑本体，同时注重保护庄寨周边与其生产生活息息相关的环境。对于庄寨周边的现有民房，适当采用"穿衣戴帽"的方式进行整治，以使其尽量与周边风貌环境协调统一。对于庄寨周边的田野环境也采取相应的应对举措：对在耕土地，力求保持原貌，保持原有生产生活状态；对部分荒废土地则要进行复垦，恢复和延续乡村生态。

四条路径主要是指多元化、融合化、绿色化、品质化。多元化是指政府、市场、个人、社会机构等多方力量参与文化遗产的保护与利用；融合化既是城乡融合，又是产业的融合，永泰农业、林果业与旅游、民宿、茶叶加工等多业态的融合；绿色化既指村民生产生活方式的绿色，又指产业的绿色，永泰在庄寨保护与活化利用方面始终坚持植入绿色产业的原则；品质化是指永泰围绕庄寨保护与活化推进乡村振兴，始终坚持质量优先于规模、内涵优先于外在、长期价值优先于短期效益的原则。

为了进一步提高财政资金的利用效率，充分调动村民参与抢修与保护庄寨的积极性，永泰县专门出台了《永泰庄寨抢修资金的奖补办法》，设立了四项要求：一是奖补对象必须是古庄寨或文保单位、历史建筑；二是奖补对象必须是成立在民政局备案的理事会；三是必须先修后补；四是政府奖补不超过总投入的 50%。四项举措让政府财政资金充分发挥了杠杆效应，撬动了更多民间资本参与。

而如何让政策落地更具可操作性、更加规范可控，永泰县要求由庄寨理事会兼当业主和监理主持庄寨修缮工作，并坚持"四个不要"原则。一是不要设计。遵照庄寨原貌进行修缮，不再进行附加设计。二是不要招标。村民自己的祖屋让村民和当地工匠一起抢修。三是不要外请。在专家的指导下，由当地村民和工匠参与施工，不再外请其他人员。四是不要外买。修缮所需的建筑材料，由村民捐献或低价出让，以尽可能节约成本。最终，在政府财政资金投入不到 2000 万元的情况下，30 多座庄寨得到了抢救性修缮。

2022 年，永泰县全面启动全国传统村落集中连片保护利用示范县创建工作，积极深入探索"永泰样本"实现路径，通过突出生态、文化、旅游三大特色，高标准编制相关规划文本，形成嵩口、同安、梧桐三个核心片区，辐射带动全县保护利用工作。按照该思路，2023 年永泰县全面完成三个核心片区的改造提升项目。在全县范围开展"专项债+贷款奖补"工作，实现专项资金撬动 3~5 倍社会资本的效果，最终以中央 4500 万元奖补资金成功撬动各种资金 1.7 亿元。

以永泰县梧桐镇为例，该镇以椿阳村—大樟溪—春光村文旅精品旅游线路，将椿阳村传统村落资源与春光村大樟溪山水资源融合连片发展。目前，这条美丽乡村旅游线路已被列入申报联合国最佳旅游乡村候选名单。

该片区既有坂中街特色文化街区，又有农业遗产——茉莉花种植基地、庄寨等丰富资源，永泰县充分结合历史文化资源和空间，为茉莉花产业繁荣发展提供支撑，打造坂中街特色历史商业街区、春伦驿站茉莉花体验馆等，形成产销链条。同时，开展庄寨的活化利用及其周边田园景观节点的打造工程，引入房车营地等项目，打造年轻人自驾、露营新方式。将传统村落保护利用和旅游产业相结合，永泰县当年乡村旅游总收入达 56.8 亿元。

六种机制是指有为政府和活力市场相结合的文化遗产保护与乡村振兴发展协同机制；以全域资源为导向的乡村产品开发机制；以践行"两山"

理念的城乡融合发展机制；以产业融合为途径的乡村产业素质提升机制；以乡村旅游和民宿经济发展为引领的现代旅游培育机制；以"家文化"为内核的永泰传统文化培育机制。比如，永泰文化遗产保护的理事会机制就是其中之一。

2015年9月，永泰县成立古村落古庄寨保护与开发领导小组办公室（以下简称"村保办"），出台《永泰庄寨抢修资金的奖补办法》《永泰县农村民房使用权流转指导意见》等相关政策文件，并成立国内首个"古村落古庄寨复兴司法保护基地"，由县财政列支经费安排专项资金用于古村落、古庄寨保护与发展，在永泰县全县营造"共同保护庄寨"的氛围。

同时，永泰全域在村保办的指导下，相继成立了38个庄寨理事会，其成员由各自庄寨的家族成员组成。理事会负责庄寨日常管理，包括召集与协调各方族亲参与庄寨维护与修缮工作；与企业、同姓族人联络，筹集修缮资金；同时对接政府，代表庄寨申请修缮项目资金，组织举办各类活动等。调研组在爱荆庄调研时，鲍氏族人的第七代后人、爱荆庄保护与发展理事会执行会长鲍道文详细介绍了爱荆庄的保护与修缮过程。

2009年，爱荆庄的鲍氏族人举行祭祀仪式时发现屋面漏雨，于是呼吁族人共同筹集了35万元修缮资金，并发动大家捐赠木材用作修缮。后来，在浙江、安徽、河南等地召开的全国鲍氏宗亲会上，爱荆庄又得到了中国城市科学研究会首席专家鲍世行先生等各地鲍氏宗亲的支持，展开了全面的修缮工作。十多年间，爱荆庄的修缮工作从未间断，鲍氏族人陆续筹款达400万元，再加上政府下拨的183万元补助资金，爱荆庄的修缮工作取得瞩目成果。永泰文化遗产保护的理事会机制得到了福建省政府、国家文物局的高度认可。目前，还有许多庄寨理事会仍在陆续筹建中。

三　经验展示

（一）攒内力：发动群众+民间力量

永泰传统村落民俗文化丰富多样，在继承和弘扬优秀传统文化的基础上，永泰县以常态化指导举办民俗活动为契机，在传统的外衣下，植入乡村振兴内核。

一方面，直面当下乡村最广泛的问题。比如永泰县丹云乡王氏祠堂落成，当天有300多名群众参与该活动，以此为契机，永泰县村保办策划了乡村振兴誓师大会，利用广大乡亲返乡祭祖、集聚一堂的机会广泛征询乡村建设需求，现场为广大群众答疑，加深广大群众对乡村公共建设项目的了解，获取他们的在地支持。同时，在大会上，筹备成立"美德银行"，组建民间志愿者团队，常态化关心关怀留守群体，提升传统公益慈善的覆盖群体和服务内容。

再如策划庆祝丹云乡大赤岸母亲节，为当地20多名困难母亲送去关怀，发动社会力量，提供紧急救助，并与"永泰义工"协会合作，与10余名困难母亲结对子，为他们提供长期帮助支持。从关怀困难群体入手，凝聚爱心，提高政府在公共基础设施建设服务领域的公信力。

另一方面，链接社会力量参与公益活动。比如由政府搭台，以重阳敬老节活动为契机，在永泰县丹云乡、同安镇以及清凉镇等多个乡镇策划举办敬老节，为主办单位链接社会力量，丰富敬老节内涵，如医院义诊、中医药养生、慰问老兵以及表彰孝老敬亲家庭等，通过政府引导、民间接力举办、社会力量协同参与的方式，让传统的敬老活动有了更广泛的参与群体，同时也打开了社会公益力量进入乡村的窗口，填补乡村基层治理的不足。

再如，招募文创运营机构或个人入驻，既活化了原有的闲置集体资产，又让传统产业有了提质增效的渠道，如永泰县东洋乡油茶博物馆，通过修复改造废弃旧影剧院，招募来自茶油制作世家的返乡青年林家辉，将影剧院建设成集生产、加工、文创、餐饮、博物体验等于一体的油茶博物馆，吸纳就业岗位17个，实现产值3000万元，带动周边800多户农户改良油茶种植技术，提高油茶产出质量，增加农户种植收入。

（二）拓内涵：学术训练场+科研成果转化

从2016年开始，永泰县就开始重视民间历史文书的挖掘与整理，既注重保护庄寨文化遗产的建筑实体，又注重挖掘拓展精神内涵，力邀高校科研机构介入研究，以科研成果转化为导向建设高校学术训练场。

哈佛大学宋怡明教授先后多次深入永泰乡村，与郑振满教授领衔的厦门大学团队一起开展田野调查，探寻永泰民间文书，并将这些丰富的研究成果带到哈佛大学的研究生课堂，在国内多所重点高校及科研机构开设永泰文书讲座，引起学界极大关注。在宋怡明教授和郑振满两位教授的积极筹划与努力下，哈佛大学、北京大学、台湾大学、厦门大学、南开大学以及香港中文大学等国内外多所高校师生参与了永泰文书的暑期田野调查活动和学术交流活动，其中厦门大学更是利用周末、节假日等更多业余时间帮助永泰扫描整理历史文书。

目前，厦门大学已出版了第一本永泰文书研究成果《庄寨密码》。永泰文书于 2022 年被列入国家新闻出版署"十四五"出版规划。截至 2022 年底，已出版《永泰文书》50 册，于当年 12 月在福建省委、省政府举办的《八闽文库·福建民间契约文书》新书发布会暨《八闽文库》国际学术研讨会上正式面世。

海量的历史文献被保护挖掘，构建起了永泰文书信息生态学，为广大高校提供源源不断的学术研究对象和研究成果。比如，2018 年出版的《庄寨营造则例》，就是永泰县与复旦大学以导向型研究成果开展的研学合作，该书以提取永泰传统建筑精华为核心，融入现代公共建筑设计，让永泰庄寨建筑价值有宽广的表现形式，提升公共建筑在避震、防汛、防火以及隔热方面的性能。

再如永泰县与厦门大学以山林经济开发史为切入点，揭示永泰经济历史发展规律，为当代乡村振兴探寻命运共同体的"永泰样本"，探索总结为绿色经济发展的永泰经验，后续还将有 10 册永泰文书出版，为永泰庄寨申报世界遗产铺路，同时也计划让永泰文书申报世界记忆名录。

（三）借外力：引"智力+财力"

永泰庄寨文化旅游资源丰富，如何挖掘、保护和传承，是活化庄寨、实现要素互通，形成文旅产业链的重要前提。

　　一方面引入智库智力。自 2015 年开始，在文化遗产理念驱动下，永泰庄寨的价值逐渐被世人重新认知和梳理。2016 年，由中国文物学会世界遗产研究委员会、中国国土经济学会国土与文化资源委员会、永泰县人民政府共同主办的"福建永泰庄寨文化遗产保护研讨会"，拉开了系统性研究与保护永泰庄寨的序幕。同年也启动了由复旦大学国土与文化资源研究中心、中国文物学会世界遗产研究委员会承担的《永泰庄寨保护修缮导则》编制工作，为庄寨的保护修缮提供指导；由清华大学、中国文物学会世界遗产研究委员会编写的《永泰庄寨群综合研究》，为庄寨的保护和利用工作提出建议。

　　随着永泰庄寨知名度的逐步提升，一些高校和科研机构纷纷选中永泰庄寨作为研究课题或教学实践点。2018 年以来，先后有复旦大学、中央美术学院、厦门大学等多所高校和科研机构，在永泰庄寨内设立 8 个实践基地和研究基地；哈佛大学费正清研究院主任宋怡明教授和厦门大学民间历史文献研究中心主任郑振满教授相继在大洋镇昇平庄设立了工作室。通过建立"校地合作"多边平台，永泰切实将庄寨打造成集高校科研成果转化、学生教学实践以及永泰传统文化发掘与传承于一体的智库平台，为永泰乡村振兴建设和旅游发展注入生机与活力。

　　另一方面引入资本财力，招商引资打造特色村落。作为中国传统村落，位于永泰县西南部大樟溪畔的月洲村从多方面入手保护和合理利用现存民居建筑，打造出适应现代生活方式的旅游休闲综合体。一是推陈出新，在不破坏原有风貌的前提下，将月洲村宁远庄改造成中华冷兵器博物馆。游客们在此不仅可以感受中华传统文化的魅力，还可俯瞰月洲村全景，享受乡村美景。二是打造文创综合体，将月洲村尘封已久的老水电站改造成一个乡村图书馆综合体，并取名"月溪花渡"。村中石桥横亘溪上，溪畔竹林密布、李花纷飞——"月溪花渡"凭借幽雅的自然环境吸引了当地和福州周边不少游客，成为永泰乡村旅游的一张金名片，月洲村被评为福建省首批"金牌旅游村"。

（四）扩影响：峰会+文化品牌

2018 年 12 月 28～31 日，"乡村复兴论坛·永泰庄寨峰会"在永泰县白云乡竹头寨和嵩口镇月洲村宁远庄成功举办，论坛涉及民宿集群、文创、乡村治理等几大板块，31 位国内外知名专家做嘉宾演讲，来自全国 16 个省市以及美国、泰国等海外地区的 500 多名代表参会。

永泰县借助峰会吸纳了国内外最新、最前沿的乡建经验，并充分对接国内外知名民宿企业以及复旦大学、厦门大学等高端资源，吸引他们来永泰县兴办精品民宿、设立教学实践点等。同时，永泰县结合庄寨文化，还先后举办了"庄寨历史文化遗产研讨会""中日韩三国建筑师交流会""中国·永泰世界温泉小镇及养生发展论坛"等多场高端会议，为打造"永泰庄寨"品牌助力。

2023 年 9 月，永泰县政协副主席、村保办主任张培奋筹划举办了首届乡村振兴民间论坛，活动地点设在永泰县梧桐镇坵演村小坪寨，将庄寨文化遗产保护活化与乡村振兴协同，撬动更多民间力量和社会资本参与永泰乡村振兴。同年 12 月底，通过自媒体"奋陪到村"平台宣传，使得永泰县葛岭镇巫洋村桃花节、小洲村"赏梅"、方广岩以及名山寺游等火爆，旅游接待人数比去年同期增长 8 倍。通过"线上+线下"同步活动宣传，持续提高了永泰文化品牌的搜索热度。① 截至 2023 年 12 月 31 日，《人民日报》、新华社、央视、人民网、中国新闻网等权威党报党媒报道永泰专题频次达 163 次，省、市党报党媒报道也达近百次，中宣部将"嵩口模式"列为重点文化品牌进行宣传。

四　未来展望

（一）打造核心吸引力

调研组建议，要充分利用国家首批全域旅游示范区的金字招牌，按照全域旅游发展思路，通过完善永泰旅游集散中心、旅游景观廊道、庄寨乡村旅

---

① 根据永泰县古村落古庄寨保护与开发领导小组办公室调查统计。

游片区、智慧旅游系统、夜间旅游功能区等，将永泰县按照5A级旅游景区标准，打造国内领先、福建一流的标志性景区或项目，形成以5A级旅游景区为代表的乡村核心吸引物。建议设定国家级旅游度假区的建设目标，对标对表补齐短板，如重点打造爱荆庄、仁和庄两个最大建筑单体，集中连片开发榕水谣、坂中街、庆丰庄片区，将其打造为沿溪休闲度假片区；着力开发建设嵩口古镇片区，使其成为集中展示体验永泰庄寨文化的核心区。

（二）规划引领，分类保护、开发和利用

加快编制永泰庄寨发展规划，围绕永泰庄寨特点，对现有庄寨可按照旅游景点型、旅游民宿型、原住居民型、宗祠博物馆型、娱乐互动型、会展商贸型等多形态进行分类指导，针对性、系统性开发。其中省级及以上文物保护单位以观光和文物展示为主，其他的可以根据需要，在不破坏现有建筑主体结构的前提下，借助现代化技术进行改造，从而为发展民宿、剧场、茶馆等业态提供基础。

（三）先行探索"活态遗产"保护模式

从整体来看，永泰庄寨由居住人口的流失、缺乏维护所带来的建筑破败仍是不争的事实，部分庄寨中虽仍有人居活动，但居住功能已经无法与现代生活相适应。如果以"功能延续"作为"活态遗产"的界定标准，永泰庄寨并不算是一处严格意义上的"活态遗产"。但永泰庄寨仍然与乡土社会、家族传统保持着密切的联系，庄寨内属于全体族人共有、举办婚丧嫁娶仪式的厅堂仍是维系家族血脉情的重要空间。我们在调研中看到一些外围防御和居住空间几近倾废的庄寨，厅堂中仍然供奉祖先牌位，前方供桌上还放置有香炉、贡品等，旁边墙上还贴有节庆与婚宴的红纸，许多厅堂墙上有宗族捐款修缮的名单。这些"核心社区的延续""关切的延续""文化表达的延续"的"活态遗产"特征仍然存在。

因此，在面临单靠对物质财产的保护已经远远不足以扭转文化遗产衰落的命运，只有延续文化传统、延续核心社区遗产的关系，才能更有效地保护

物质遗存的现实时，永泰可以先行探索全新"活态遗产"的保护路径，即将保护关注点从"活态遗产"物质性转移到遗产的"活态性"上，如在某个区域选择某个现存庄寨遗存，利用现代技术手段和标准进行复刻重建，既保留原有建筑风貌，又满足现代功能需求，同时也不中断家族文化的传承。总体来说，"永泰样本"的精髓可以概括为"多元参与，文化引领，产业融合，城乡联动，绿色发展"。

B.23

姐妹乡伴：福建省乡村妇女参与
乡村振兴模式探索

福建省恒申慈善基金会*

摘　要：　女性在乡村中是一股重要的力量，如何让女性充分发挥其潜能和力量参与乡村振兴是当下理论和实践领域共同关注的课题。2018年，福建省恒申慈善基金会提出并践行以支持妇女自组织为载体，通过能力建设、跟进陪伴、搭建社群交流平台、提供发展基金等方式，实现乡村女性的增能发展、推动妇女参与乡村振兴。在这个模式下，女性不仅个人得到了发展，也为女性参与乡村振兴探索出了一条新的道路。

关键词：　妇女自组织　公共事务　乡村振兴

一　背景

随着中国社会的不断发展，农村地区普遍出现男性青壮年劳动力外出务工的情况，妇女、老人和儿童成为农村三大留守人群，其中妇女很自然地就成为农村中的主要人群。但既有研究表明，农村妇女的能量感和自我效能感整体较低，心理健康水平较差。许多农村妇女还意识不到自身作为独立个体的人格与尊严，甚至意识不到自己的存在。妇女们的生活圈狭小闭塞，难以

---

*　福建省恒申慈善基金会是由恒申集团于2013年捐资成立的非公募基金会，福建省5A级社会组织，中国慈善联合会会员、福建省妇联团体会员，先后荣获"先进党支部""巾帼文明岗""先进基层党组织"称号。基金会结合恒申集团企业文化，关注福建省内妇女群体、乡村学校教育、公益行业支持三个领域。

实现真正的平等。另外，在传统"男主外，女主内"的家庭性别分工下，乡村妇女被固定在家庭内部。如何让农村妇女"走出"家庭，参与乡村振兴，成为理论和实践领域共同关心的问题。

2018年中共中央、国务院发布《关于实施乡村振兴战略的意见》，指出实施乡村振兴战略，是党的十九大做出的重大决策部署，是决胜全面建成小康社会、全面建设社会主义现代化国家的重大历史任务，是新时代"三农"工作的总抓手。同时，该文件还指出实施乡村振兴要深化村民自治实践。坚持自治为基，加强农村群众性自治组织建设，健全和创新村党组织领导的充满活力的村民自治机制。同年全国妇联下发《关于开展"乡村振兴巾帼行动"的实施意见》，广泛动员组织农村妇女为乡村全面振兴贡献力量。

基于此，2018年福建省恒申慈善基金会关注到乡村妇女的发展难题，发起了"姐妹乡伴——乡村妇女自组织支持计划"，期望以支持妇女自组织为载体，通过能力建设、跟进陪伴、搭建社群交流平台、提供发展基金等方式使乡村女性实现增能发展，在这个体系之中，自组织是乡村女性发生变化的场域，项目的核心目标是助力乡村女性实现自我成长与发展。

二　主要做法

该计划通过挖掘福建省扎根乡村、有明确目标、致力于解决乡村问题的妇女带头人及自组织，为她们提供能力建设、跟进陪伴、搭建社群交流平台、发展基金等多元化多样性的支持性服务，助力乡村妇女在服务乡村的过程中展现女性力量与潜能。截至2023年，项目支持了福建省内9个地市32个区县49个乡镇51个村庄的58支妇女自组织，直接参与项目的女性近千人。

（一）专业赋能，提高自主意识

项目自成立起，已经为参与项目的妇女提供能力建设活动134场，共有4631人次参与，有效解决了妇女自我学习和提升缺少平台和机会的难点，让女性获得自我教育、自我反思、自我成长的能力并建立起自信自主意识，为后续参与村庄事务奠定了基础。

第一，集中培训，学习理论知识。每年入选的妇女自组织带头人或骨干成员都会参与项目组织不少于 2 次的线下集中培训，先后从带头人特质能力、自组织发展历程、活动策划组织、活动简讯撰写、手机摄影摄像技能、垃圾分类知识、农村老人服务指南、乡村发展政策学习、协作者技能、沟通表达能力和总结汇报等方面，从意识层面提升妇女的认识，并做知识储备。

第二，参访游学，观摩实践操作。在学习理论知识后，项目组每年会安排至少 2 次的实地参访游学，一方面是让学习者对所学的知识有更直观的理解、体会，另一方面是让学习者走进与她们情况相似的村庄去学习别人乡村振兴、社区服务、经济增收的经验和方法。目前已经带领大家先后前往福州、厦门、宁德、莆田、泉州、龙岩、南平等近 30 个村实地观摩，与当地村委、村民、妇女团队进行面对面交流。

（二）提供资金，参与乡村振兴

在项目支持下，每支妇女自组织团队每年获得 1 万~2 万元不等的活动资金，在各自的村庄开展有关长者关怀、儿童关爱、妇女提升以及环境整治等各类活动 3070 场，服务村民 84916 人次。这些活动的开展不仅解决了村内的实际需求，也让村民在对女性的传统认知上有了正向的改观。

第一，关怀长者，幸福晚年。留守老人是村里的一大主要人群，其中很多是子女不在身边的独居老人或孤寡老人，身体健康水平下降、生活照料不足和精神寂寞是他们面临的三大主要问题。长期生活在乡村的妇女在发现这些问题后，结合自身所长和内外部资源，从不同层面为留守老人提供服务，温暖他们的晚年生活。诸如龙岩培田村的培田女子团队发现村里独居的老人基本上煮一餐饭可以吃好几顿，而且没有太多的营养价值，为了解决这个问题，她们利用活动资金在村里租了厨房，聘请了专业人员办起了"老年食堂"，每日为村里有需要的老人提供午餐和晚餐（90 岁以上老人免费），并且实现了可持续运营；福州闽侯的林柄村由于距离乡镇比较远，村内老人外出不便，但他们每月有理发的需求，于是妇女团队对接到本村的理发师，每月固定时间固定地点为有需要的老人提供义务理发服务，切实地解决了老人的生活困难。

第二，关爱儿童，温暖未来。留守儿童是乡村的另一大主要人群，且多数是由祖父母辈在照料，他们的生活需求虽然得到了满足，但在情感支持方面比较缺失，在学习、行为及习惯方面会伴有一些不良的表现。在看到这些情况后，妇女团队在能力范围内开展了一些行动。比如，南平建瓯的桃源金姐妹连续两年暑假对接福州的支教团队在村里开展暑期夏令营，福州永泰的赤玉学堂带领村里的孩子们每日诵读国学经典，福州闽清的塘西西团队坚持每月为低龄儿童开展绘本阅读活动，宁德屏南的青青小草团队每日为一、二年级的孩子提供课业辅导……这些活动的开展不仅解决了祖父母辈在儿童教育方面面临的困难，也让留守儿童得到了关注，有助于其在生活和其他方面形成良好的习惯。

第三，助力妇女，实现增收。经济增收是农村妇女目前最大的需求，在一些有旅游资源、有农特产品的乡村，妇女们利用资金进行知识技能学习、农产品加工研发等，让有需要的妇女在本地实现了就业创业，实现了增收。比如，福州连江梅洋梅妍团队利用本地梅花资源和梅花旅游节，研发和销售各类梅花糕点，并成立烘焙坊；宁德寿宁西浦姐妹讲解团，结合本地的旅游资源优势，培养17名留守妇女成为讲解员，不仅缓解了本地讲解员短缺的困难，也让留守妇女多了一份收益。

第四，环境整治，美化村庄。庭院美化、垃圾分类是近几年在乡村环境治理方面的两大切入点，通过这些内容的开展，村庄的环境变得更加干净、整洁，村民的环保意识得到提高，村民们不仅打扫自家区域，也会关注公共区域的卫生。项目支持下的福州晋安前洋姐妹乡伴团队以"房前屋后打扫、打造美丽庭院"为重点，组织村民外出学习、召开村民动员会、和村民一起打扫整理、进行庭院打造的评比等。来自福州闽侯的卓玛志愿队从垃圾分类入手，组织成员学习垃圾分类知识，分组上门宣传知识，为村民发放干湿分类垃圾桶，每日上门查看分类情况并进行讲解，在村里建设堆肥池，变垃圾为肥料。

（三）搭建平台，促进同辈交流

借助互联网平台，组建线上交流社群，在提供支持的同时，让妇女输出经验，形成知识的流动和信息的交流，更重要的是扩大了妇女们的交际网络，让她们获得更多的支持与肯定。

第一，对接讲师，开设专题课程。为了让更多留守妇女学到新知识，回应她们当下的问题，项目根据调研所得，邀请国家二级讲师开设线上语音课、直播课，先后开设过"儿童教育""情绪管理""公益图书馆的运营""乡土文化课的打造""浅谈新媒体传播"等课程。

第二，定期分享，形成经验传递。项目以月或季度为单位，举行线上妇女自组织活动、团队发展经验及个人变化感受的分享交流会，如"夏令营知多少""关于创业，我们是这样做的""报考成人高考，圆我的大学梦"等。

第三，汇编活动，助力宣传推广。妇女自组织在开展完每次活动后，都会在群里分享活动信息、活动照片，项目组以月为单位对这些活动进行汇总并制作成易于转发传播的图片，方便成员们的转发和宣传。

（四）持续陪伴，践行协同成长

除了学习、实践外，项目的另一个重要经验是持续陪伴留守妇女，实现个人和村庄的双重发展。

第一，日常联系，让问题及时化解。项目人员与每一位入选的妇女以月为单位保持联系，一方面是跟进妇女组织在活动方面的实践情况，收集相关材料和数据；另一方面是及时回应她们在实践中遇到的各类问题，及时给予建议、物质或其他方面的支持。

第二，实地走访，让支持更有力量。妇女在乡村开展活动的过程并非一帆风顺，特别是初期总会有各种各样的声音出现，甚至是来自家人的反对和阻挠。项目组会每季度至少进行一次实地走访，走入妇女团队真实的生活和活动场景，观察和感受她们的需求和难点，给予她们更加贴合实际的建议；同时也让妇女感受到被关注、被认可、被支持，能够更好地坚持下去。

第三，整理案例，让改变被看见。在项目的支持下，很多妇女和村庄发生了正向的改变，为了让这些改变被看见，将妇女参与乡村振兴的经验传播出去，项目组每年都会进行妇女个人发展故事的采编撰写以及妇女自组织发展视频的拍摄，至今已经拍摄相关视频20支。

三 重要成效

第一，促进乡村妇女实现个体觉醒和独立自主的发展，为农村妇女走出家庭，实现自我发展提供了希望和机会。随之而来的是乡村妇女能量感提升、批判性思维逐渐养成、自我效能感提升、抑郁情况减少。自组织成为女性改变自我的载体，在这里，女性开始挑战自我，也有正能量包围着，可以给女性足够的包容、倾诉的空间，女性可以成为自己，而不是妈妈、老婆或儿媳。

第二，促进乡村妇女登上台面，进入乡村公共平台，打破了传统上乡村妇女参与公共事务机会少的格局，也激发了乡村妇女的公共精神。这里的公共生活既包括娱乐生活和经济发展，也包括社会服务和公共事务的治理。即乡村妇女能够从以往作为村庄当中的一个个体，通过妇女组织的方式进入村庄的公共平台，妇女的公共精神被激发。与此同时，依托乡村妇女自组织的平台，乡村妇女进入乡村的公共平台、"姐妹乡伴"的公共平台，她们不再胆小、自卑，身上的能量开始被激发。

第三，项目在乡村建构起一种新型人际关系，超越了传统乡村"差序格局"式的交往模式，自组织为乡村妇女提供了一种平等、尊重、温暖和接纳的组织化共同体。这种人际关系区别于乡村传统的熟人关系，不是依据地缘或血缘关系聚在一起，不因工具性互惠聚集到一起，而是基于共同的兴趣组合而成，大家本着一个共同的目标结为一体，在共同目标的追求下产生一种集体行动。乡村妇女以项目为载体，以达成某个共同目标为依托，建构一种新的交流方式、加载新的交流内容。在妇女自组织看来，这种新的交流方式令妇女们更愿意交流，也能够从交流当中汲取能量。

第四，项目搭建起促进乡村妇女参与乡村振兴的重要路径，为乡村发展提供了一条可借鉴的路径，探索了经济发展、社会服务和公共事务的治理等做法，并成功探索出妇女参与乡村振兴的运作模式。

四　经验启示

（一）村民自组织可以成为村庄参与的平台

村民在村庄中的公共参与模式便是在村民和村"两委"之间建立一支自组织，使得由村民组成的一支队伍站到村庄的公共平台上，发挥村民和村"两委"之间的桥梁作用。而实现的条件便是：村民有需求；村庄有一支自组织团队；村"两委"愿意将公共平台向村民开放，并支持该自组织。随之带来的效果是村庄公共服务水平的提升、村庄社会资本的提升，集体行动由难变易，村民的公民感提升。

（二）自组织要做成需要一定的条件

在村庄从无到有成立一支自组织团队，并且能够让这支队伍存活且运作下去是需要条件的。包括：一是成立自组织的机会，是否有人关注和支持；二是村"两委"对自组织的支持，包括合法性身份的赋予、资源支持和能力支持等；三是自组织的内部驱动力，即村民做这件事的动力，来源包括服务对象的认可、队伍内部的激励等带来的成就感和温暖感；四是自组织的专业能力——从村民的需求脉络出发，走进村民家中，了解需求，并及时回应需求，如此才能真正获得村民认可。

（三）妇女共同体培育是女性参与乡村振兴的路径之一

无论是以直接参与村庄公共事务为起点，还是以兴趣或利益为起点，只要能够将女性队伍培养起来，将大家的能力和公益心激活，未来就能够参与公共治理或村庄服务。

B.24

福州市：实施"百千万工程"
打造千亿鱼丸全产业链

童桂荣*

摘　要：　福州鱼丸有着"福丸"之称，是闽都文化、闽菜文化、福文化和"海上福州"的一张名片。近年来，福州市从聚焦福州鱼丸原料供应、生产加工、市场营销、品牌打造等全产业链形态，从政策创新、机制创新、模式创新等方面着手推进福州鱼丸全产业链发展。福州市通过实施"百千万工程"打造百家鱼丸企业、千家鱼丸门店，创造万个农村就业岗位，形成千亿福州鱼丸全产业链。通过不断强链延链补链，拓展福州鱼丸全产业链，推动福州鱼丸三次产业融合发展，提高农民收入水平和生活品质，促进农村经济持续、健康、稳定发展。

关键词：　福州鱼丸　全产业链　乡村振兴

一　背景

习近平总书记关于实施乡村振兴战略重要讲话等多次提到产业兴旺是乡村振兴的重点，发展乡村产业是乡村全面振兴的重要根基；推动乡村产业高质量发展，做大做强农产品加工流通业，加快农业全产业链培育发展。福州市海洋资源得天独厚，渔业产业基础雄厚，既是海洋资源大市，也是渔业经济强市，渔业生产总值长年位于全国前列，2022年海洋产业生产总值达

＊　童桂荣，福建龙岩武平人，福州市海洋与渔业局党组书记、局长、一级调研员。

3300亿元，位居全国第三。福州还是"中国鱼丸之都"，鱼糜制品的产量产值位居全国第一，2022年产量达20万吨，产值超200亿元。福州鱼丸是极具代表性的福州市特色农产品产业，顺应了当前"大众创业、万众创新"的时代特点，福州市抓住重点，通过拉动上游水产养殖、捕捞业及相关产品增值，带动中游鱼糜制造、鱼丸制品加工等加工产品价值链延伸，促进下游物流运输、技术产业研究、开拓实体门店和电商等市场需求，串联起福州鱼丸全产业链，通过产业发展，带动乡村振兴，锻造乡村特色产业发展福州样本，助力乡村产业振兴。

福州鱼丸已形成了完整的产业链，涌现出了多家上市企业和国家级龙头企业。福州鱼丸有着广泛的群众基础，门店遍布城市、乡村的大街小巷，仅福州全市就拥有1200多家福州鱼丸店和摊点，从业人员更是横跨养殖、捕捞、加工和市场销售行业，福州鱼丸产业的腾飞极大地推动了乡村的产业振兴。一是福州市从产业顶层设计入手，全产业链规划福州鱼丸产业发展。二是通过量身定制产业政策，从产业规模、品牌、文化和大众参与等方面持续深化打造"福州鱼丸"金字招牌，助推产业发展。三是坚持文化铸魂、发动广大农村力量，全方位发展福州鱼丸全产业链。

二 主要做法

（一）坚持政策引领，打出政策"组合拳"

1.高度重视，齐心协力推动工作

福州市通过主要领导牵头抓、牵头推，调动全市各有关部门齐心协力，从出台政策、成立协会、制定标准、举办展会、开设门店、加大宣传力度以及加强非遗项目的传承和保护等方面共同协作，加速推动福州鱼丸全产业链发展。

2.量身定制，出台产业扶持政策

综合福州市渔业三次产业的优势资源，全面支持福州鱼丸全产业链发

展。福州市人民政府办公厅印发《关于加快福州鱼丸产业发展六条措施》《福州鱼丸品牌高质量发展三年行动方案》，从产业技术提升、规模扩大、品牌培育、非遗制作传承保护、制定标准和开设品牌店等多个方面全面支持福州鱼丸产业发展，并专项推出"支持开设福州鱼丸品牌店"政策，把政策下沉至农村、街道，通过对现有福州鱼丸门店的提升改造和新增福州鱼丸门店的扶持优惠，进一步引导、带动农村、街道周边人口就业。

3. 系统谋划，编制全产业链规划

编制《福州鱼丸全产业链建设三年行动计划》，通过对福州鱼丸产业基础现状、发展趋势、发展环境等方面进行分析，提出福州鱼丸全产业链发展的总体思路、战略定位及愿景目标，并从供给源头拓展、品类研发创新、加工精深高值、品牌特色优选、终端消费多元、配套支撑健全等维度，对福州鱼丸产业的重点项目谋划、创新平台建设、企业主体培育、消费市场开拓、品牌塑造提升、园区统筹联动等方面提出三年行动计划的建议方案。

（二）坚持机制创新，唱好发展"重头戏"

1. 引导抱团发展，形成福州鱼丸行业合力

组织福州市 30 家一产原料供应、二产加工生产、三产销售服务的福州鱼丸相关企业成立福州市鱼丸协会，由福州鱼丸龙头企业海欣食品股份有限公司担任会长，御冠食品、百洋食品等多家国家级龙头企业担任监事长、副会长，进一步加强福州鱼丸协会的号召力、凝聚力，改变福州鱼丸多年来各个企业单打独斗的情况。连江、长乐两个福州鱼丸生产大县（区）也相继成立了县级福州鱼丸协会，与市级鱼丸协会建立良好的联动机制。

2. 依托鱼丸协会，打造"福州鱼丸+"多方联盟

市鱼丸协会与福建省农信联社福州办事处签订战略合作协议，得到 30 亿元的授信资金支持，还面向福州鱼丸意向从业者推出了"福州鱼丸小吃贷"专项授信资金 1 亿元，进一步降低了福州鱼丸小吃店的从业成本；促成福州市鱼丸协会与市远洋渔业发展促进会达成合作联盟，推动远洋渔业对福州鱼丸鱼糜原料的支持与合作；市鱼丸协会与省高速公司签订合作协议，

福州鱼丸入驻全省高速服务区，借助高速网络加快福州鱼丸门店辐射速度；从资金保障、原料供给和销售渠道等方面，推动福州鱼丸三次产业融合发展。

3. 发布团体标准，推动行业规范化发展

按照市鱼丸协会发布的《福州鱼丸》（T/FJSP 0015—2022）团体标准，福州鱼丸龙头企业研发统一标准产品，并号召广大福州鱼丸个体工商户进一步提高产品质量，拉动福州鱼丸整体品质提高。成立福州鱼丸品牌管理有限公司等系列品牌管理公司，定制带有统一LOGO标识的福州鱼丸销售配套用品，并从门店选址、装修、供货至开业等环节，提供专业的指导与扶持。目前，全国共有200余家福州鱼丸品牌门店落地，1400多家肯德基门店全面上线福州鱼丸，受到广大群众热烈欢迎。

（三）坚持文化铸魂，奏好宣传"交响曲"

1. 打造福州鱼丸"双百工程"

在全市范围内征集评选出100家福州鱼丸手工门店和100位福州鱼丸手工艺人，弘扬福州鱼丸传统文化，传承保护福州鱼丸制作技艺。在渔博会上设置福州鱼丸展区，由福州鱼丸手工艺人现场展示传统鱼丸制作技艺，并以"实物+图文"的形式展出100多种"鱼丸+"产品，推动福州鱼丸在保持传统的同时适应市场创新需求。

2. 举办福州鱼丸节庆活动

利用渔业周·渔博会、农民丰收节等重要展会、节庆平台，举办福州鱼丸节、福州鱼丸大赛等系列节庆活动，打造高端品牌形象，营造浓烈市场氛围。其中，在连江县举办的福州鱼丸文化节，结合"开渔节"和"山海音乐节"，以三节同开的创新模式，持续提升福州鱼丸市场热度。

3. 加强福州鱼丸品牌宣传

开展福州鱼丸、福州金鱼福渔品牌"神州行"活动，同步推动福州鱼丸进地铁、高速、火车站、飞机、高速服务区等重要枢纽窗口，并在各大媒体和热门App平台加大宣传力度，邀请知名演员担任福州鱼丸品牌宣传形

象大使，拍摄福州鱼丸品牌宣传片，推动文旅融合，全面提升福州鱼丸品牌知名度和影响力。

4. 开展福州鱼丸文化展示

在连江魁龙坊历史文化街区打造福州鱼丸博物馆、开设全国首家数字鱼丸餐厅，在仓山区烟台山文化街区打造福州鱼丸文化馆，打造福州鱼丸历史文化展示体验平台。丰富福州鱼丸的线下体验模式，让福州鱼丸非遗技艺走近群众，营造浓厚的"福州鱼丸"文化传承与传播氛围。

三　重要成效

经过多年深耕发展，福州市的福州鱼丸产业已从传统的小作坊手工制作向产业化、规模化生产发展，形成完整的产业链，涌现出了百洋、御冠、兆华等国家级龙头企业，海欣等上市企业。目前，全市共有鱼丸生产企业50多家，年销售额超亿元的企业8家，带动产业从业人员超10万人。随着福州鱼丸品种不断更新，品质不断提高，福州鱼丸产品已覆盖全国市场，打入国际市场，主要成效体现在以下几个方面。

（一）推动福州鱼丸产量产值全国领先

福州鱼丸产量产值领跑全国。2022年福州鱼丸销售实现产量、产值同步增长，2022年福州市鱼糜制品产量约20万吨，销售额超200亿元，位居全国第一。

（二）带动福州鱼丸三次产业融合发展

一是带动水产养殖一产发展。福州鱼丸产业的发展对生产原料供应提出了更高的需求，也同步促进水产养殖业的发展，为农村经济发展提供了新的产业方向。比如，福州鱼丸的主要生产原料鳗鲡，2022年福州市产量达6.9万吨，占全国27%。二是带动水产品加工二产发展。福州鱼丸水产加工新增固定资产投资额稳步增长。2022年全市福州鱼丸相关企业新增生产线数量达 12 条，新增生产线数量相较于 2021 年实现翻番，产业规模扩大明显。2022 年水产加工相关的设备购置更是呈现爆发式增长，由 2021 年的 9 台（套）增长至 2022 年的 50 余台（套），行业技术革新热情高涨。福州鱼丸企业属于劳动密集型企业，大多落地在农村、乡镇，企业产业化、规模化的发展，提供了大量的工作岗位，进一步提高了农民收入，改善了农民生活。三是带动水产品销售三产发展。福州鱼丸品牌价值的不断提升，带动了一大批青年创业者投入福州鱼丸的电商直播销售中，福州鱼丸电商销售势头强劲。据不完全统计，2022 年，福州市就涌现出 100 多个电商销售团队新加入福州鱼丸电商销售行业。

（三）驱动福州鱼丸知名品牌延伸价值

在打造福州鱼丸品牌的同时，注重提升品牌"含金量""出镜率"，福州鱼丸产品及品牌门店已进入肯德基、高速路、商业街区等人流量集中场所。在飞机、高铁、地铁、火车站等地全面铺设福州鱼丸广告，扩大品牌宣传辐射面，并借助一年一度的渔业周·渔博会连续举办了八届中国（福州）鱼丸节。通过不断挖掘福州鱼丸文化，下沉一线，深入农村，在连江县苔菉镇、长乐区梅花镇等乡村地区搭配开渔节、音乐节举办了多场福州鱼丸文化节、福州鱼丸美食节，加速福州鱼丸"破圈"，推动福州鱼丸乡村文旅融合。

（四）推动福州鱼丸产品文化走向世界

2022 年位于仓山区烟台山景区的福州鱼丸文化馆率先开馆，福州鱼丸博物馆的福州、上海、纽约、费城四个展馆也共同开馆。福州鱼丸企业不断推出创新产品，通过与高校合作，研发了获得国家专利的仿生肉馅食品制作工艺，突破出口壁垒，获得输欧盟进口许可、输韩许可、输美许可以及 HACCP 认证、美国 FDA 认证、欧盟 BRC 认证，在北美洲、大洋洲、非洲、东南亚以及欧盟都开辟了新市场，福州鱼丸带着乡村振兴的成果和"乡愁"走向了世界。

四　经验启示

（一）进一步优化产业结构

通过对福州鱼丸三次产业的调整，实现乡村产业协调发展，并在乡村振兴战略落实过程中不断实现合理化和高级化。做深做大产加销、农文旅的产业全链条，培育三次产业融合发展新技术新业态新模式是福州鱼丸全产业链带动乡村产业振兴发展的关键突破点。

（二）通过小产品拉动乡村振兴大产业

当前，渔业资源需求加大和供给侧结构性矛盾日益突出，探索培育以深入乡村的传统小吃——"福州鱼丸"为基础的全产业链，引导培育一批如海欣食品股份有限公司的全链经营龙头企业、构建大中小企业直至个体工商户的融通发展新格局，是一条打破传统产业发展的新路径，以新理念、新平台、新生态培育新经济，为进一步全面推动乡村产业振兴提供助力。

（三）促进乡村振兴共同富裕

本地特色产业振兴是增加农民收入、促进乡村振兴的重中之重，也是实现共同富裕的关键所在。锻造福州鱼丸全产业链的福州实践，推动了养殖、加工、电商产业发展，创造了众多就业岗位，激发了乡村人口的创业热情，促进了农村人口的增收增效，让福州市乡村人口的获得感、幸福感、安全感更加充实、更有保障、更可持续。

B.25
南平市浦城县：智慧粮食产业
创新发展模式

李代超　吴升　李蒙蒙　赵志远*

摘　要：　浦城县是中国好粮油示范县和全国商品粮基地县，为进一步提高浦城县粮食产业的生产效率和效益，浦城县布局"十县百镇千村"信息化示范、"掌上农田"等项目，按照"好种子、好原料、好储藏、好加工、好产品、好主食"的粮食产业链条，组织开展粮食产业信息化应用示范工程，助推浦城县粮食产业转型升级。主要做法包括：研发山区农业遥感精细化监测技术、构建"特区特种"好粮种植适宜性区划"一张图"、打造"掌上农田"农田建设数据资源管理系统、研发"一品一码"产品质量全过程追溯原型系统。后续还需完善粮情数据全流程监测体系、夯实大数据基础支撑、提升知识服务水平、构建粮情大数据智能分析应用场景。项目的实施为浦城县粮食产业转型升级、优质粮食产品品牌价值提升提供支撑，也为全国其他地区开展粮食产业精细化信息化应用提供路径参考。

关键词：　智慧农业　信息化应用　南平市

---

* 李代超，地图学与地理信息系统博士，福州大学数字中国研究院（福建）副研究员，博士研究生导师，主要研究领域为政务大数据挖掘与应用关键技术研究、数字化区域发展咨询等；吴升，地图制图学与地理信息工程博士，福州大学数字中国研究院（福建）教授，博士研究生导师，主要研究领域为大数据分析与可视化、数字化规划、数字政府等；李蒙蒙，地理信息科学博士，福州大学数字中国研究院（福建）副研究员，博士研究生导师，主要研究领域为遥感大数据智能处理与应用等；赵志远，地图学与地理信息系统博士，福州大学数字中国研究院（福建）副研究员，博士研究生导师，主要研究领域为人群动态观测与应用建模、区域数字化发展咨询。

一 引言

南平市浦城县因盛产粮食而闻名，素有"福建粮仓"的美誉，是中国好粮油示范县和全国商品粮基地县。粮食产业是浦城县农业发展的支柱产业，大米、薏米是浦城的特色产业，具有深厚的群众基础和产业发展空间。打造"浦城好大米"，是浦城县推进粮食产业转型升级的关键。

为进一步提高浦城县粮食产业的生产效率和效益，保障粮食产品质量安全，提升市场竞争力，浦城县先后布局一系列信息化项目，通过数字化手段完善体系、创新机制，助力浦城县粮食产业转型升级，实现乡村振兴。2019年，浦城县被列入福建省发展和改革委员会全省首批"十县百镇千村"信息化示范县名单。通过顶层设计，浦城县围绕全面实施中国好粮油行动计划和农业部水稻绿色高质高效创建计划，按照"好种子、好原料、好储藏、好加工、好产品、好主食"的粮食产业链条，组织开展粮食产业信息化应用示范，重点布局好粮种植适宜性产区区划，打造名优大米生产加工仓储一体化监测体系、"一品一码"粮食质量安全追溯平台和粮食监测大数据平台，并已完成部分平台的建设和应用。2021年，浦城县创新研发县级农田建设数据资源管理系统"掌上农田"，构建农田建设数据资源库，为粮食产业种植环节的科学管理提供了精细化的手段。

二 创新做法

（一）山区农业遥感精细化监测技术研发

浦城县地处福建省山区，种植区农田耕作破碎，种植规模小，种植结构复杂，作物种植信息获取困难。面对地块边界形状复杂、面积小、分布零散的问题，浦城县利用高分系列的高分辨率影像，基于多任务学习理念，研发了顾及地块几何形状和边界感知的多任务模型 BsiNet，在地块图像特征提取过程中，同时约束地块的形状，实现了山地耕地地块的精准提取。[①]

在此基础上，针对种植区种植结构复杂及多云多雨问题，利用 Sentinel-1A 雷达时序遥感影像，集成物候知识和基于时序数据提取的时空特征，构建物候时空－长短记忆神经网络模型 PST-LSTM（见图 1），自动挖掘农作物的时间、空间和物候方面特征，实现浦城县烟草和水稻高精度识别，其中烟草识别总体精度达到 92.77%，水稻识别总体精度达到 90.20%，实现了高分辨率、精细化、多时序农作物信息提取，为农业数字化管理提供了基础数据支撑。[②]

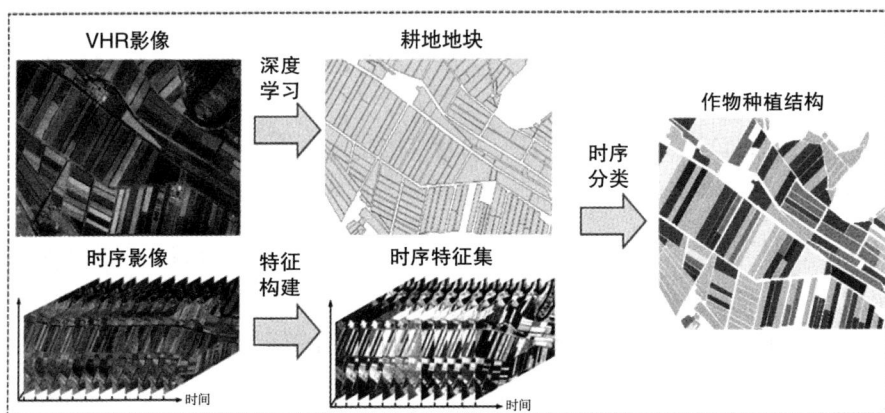

图1　高分辨率、精细化农作物信息提取技术路线

（二）"特区特种"好粮种植适宜性区划"一张图"

面向农业提质增效重大需求，围绕"不同地块适合种植何种作物"的问题，整合汇聚土壤、立地、机耕、气候、灌排等多源数据，针对浦城县优

① Li, M., Long, J., Stein, A., Wang, X., Using a Semantic Edge-aware Multi-task Neural Network to Delineate Agricultural Parcels from Remote Sensing Images. *ISPRS Journal of Photogrammetry and Remote Sensing*, 2023, 200: 24-40.

② Li, M., Bijker, W., Vegetable Classification in Indonesia Using Dynamic Time Warping of Sentinel-1A Dual Polarization SAR Time Series. *International Journal of Applied Earth Observations and Geoinformation*, 2019, 78: 268-280.

势水稻粮种，在充分考虑综合资源禀赋、生态条件、生产基础等因素的基础上，选取有代表性、能体现区域生境差异的指标，构建种植适宜性评价模型，形成种植适宜性精细化评价网格（5m×5m）数据集。将种植适宜性评价模型与系统进行集成，研发好粮种植适宜性区划"一张图"（见图2），支持面向不同的用户自适应调节评价，实现地块级多维种植环境因素的优劣评价，为不同层级、不同业务部门研判区域种植环境的优势和短板，指导农业产区规划、农作物估产、施肥决策等提供科技支撑。

农技人员可基于精细尺度地块单元录入田间土壤实验数据（经度、纬度、碱解氮、速效磷、速效钾、全氮、全钾、pH、有机质、质地等），粮食生产信息（作物种类、产量、亩产、品种、播种日期、播种密度、长势、出苗日期等），专家建议（施肥种类、用量、追肥用量及其他文字说明等）等信息，并基于地块单元进行展示分析，支撑便利化的业务推送、精细化的管理，为粮情大数据挖掘分析、粮食作物种植环节的全流程监测提供数据基础。

（三）"掌上农田"农田建设数据资源管理系统

"掌上农田"统筹各部门数据资源，建立"掌上看图、综合查询、项目选址、一键分析、汇总统计、巡护助手、实用工具、移动文库"等八大功能模块，构建农田建设统一、精准、高效的资源数据管理体系，形成"天上看、地上查、网上管"的立体管护模式，形成巡田有效、护田有痕、管田有图、考评有据的数字化示范。[①]

系统以遥感影像作为基础底图，以高标准农田建设项目为基本单元，融合自然资源部门土地利用现状、生态红线、永久基本农田、耕地质量等数据，水利部门的河道红蓝线、水质水文数据，农业农村部门的高标准农田上图入库、"两区"划定、未建高标准农田的连片耕地、未建高标准农田的水稻功能区数据，形成农田建设移动"一张图"。

---

① 《"传统粮田"变"智慧良田"——浦城"掌上农田"建设赋能高标准农田发展》，福建农村网，2021年12月25日，http://www.fjncnews.com/Mobile/ChannelMagazine Detail？id=739。

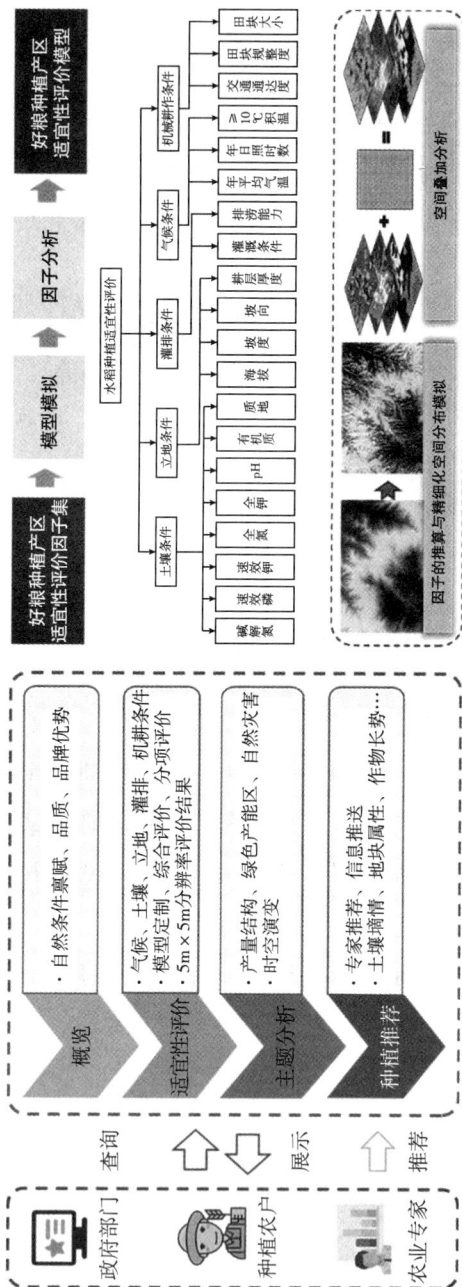

图 2 好粮种植适宜性区划 "一张图" 系统功能

在"掌上农田"系统中，用户可任意勾选、叠加遥感影像、高标准农田上图入库等农田建设相关数据，提供卫星中心影像、土地利用现状、水稻功能区、坡度分级图等专题图切换，结合全天候遥感监测、永久基本农田保护等相关工作，可形成高标准农田建设的立体监管体系，跟踪建成的高标准农田保护情况，以图形为核心，直观地展现项目的空间布局、项目位置及面积等信息，真正实现"以图管地"。

（四）"一品一码"产品质量全过程追溯原型系统

通过对接好粮种植适宜性产区"一张图"地块级种植环境数据、生产加工以及仓储监测体系数据，汇聚市场监管、农业、粮食、商务、卫计等部门相关追溯数据，构建粮食产品质量安全全链条可追溯体系，全程记录、查询各个环节的质量安全信息，研发基于地块的水稻全产业链质量追溯原型系统（见图3），重点针对农产品生产环境、投入品、农事活动、加工仓储、商品流转等信息进行监管和追溯，支撑"从田头到餐桌"的全链追溯。

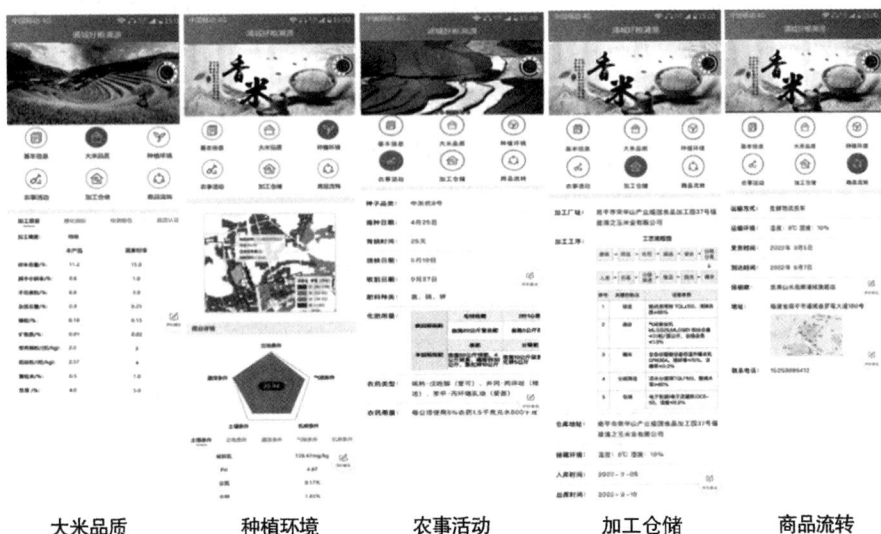

| 大米品质 | 种植环境 | 农事活动 | 加工仓储 | 商品流转 |

图3 "一品一码"产品质量全过程追溯原型系统

后续计划推动建立以"源头赋码、过程记录"为核心的食品追溯管理责任体系。围绕浦城"企业+合作社+农户"／"企业+农户"的粮食产业运作模式和绿色水稻基地创建工作，落实信息记录和追溯主体责任。农户负责田间管理记录；基地负责地块名称、农户、面积、品种、播种日期、收获日期等基地单元档案记录，提供产地准出凭证；企业负责原粮收购、储存、加工信息记录，并按地方标准为粮食产品进行赋码，追溯信息接入省级追溯管理平台；粮食流通企业负责粮食运输、销售等环节的记录，以及追溯信息的更新，完善过程记录。消费者和新闻媒体发挥社会监督作用，通过手机扫描追溯码、上网查询等方式，了解食品和食用农产品质量安全信息，对存在食品安全隐患、涉嫌侵害消费者权益等问题踊跃投诉举报、积极建言献策。

三 提升方案

目前浦城县"十县百镇千村"信息化应用示范已完成一期项目建设，通过上述创新做法的应用，为浦城县粮食产业提供了科学智能的管理手段。按照项目顶层设计，后续还需加强大数据、物联网和人工智能等现代信息技术在粮食产业的深度应用，通过完善粮情数据全流程监测体系、夯实大数据基础支撑、提升知识服务水平、构建粮情大数据智能分析应用场景，全面助力浦城县粮食产业高质量发展。

（一）完善粮食生产、加工、仓储一体化监测体系

围绕生产、加工、仓储等粮食产业链核心环节，面向农业生产者、农业科技专家、政府监管人员、粮食产品消费者等四类用户，对粮情进行全流程监测，研发专业模型，构建以智慧化生产、经营管理和监管为一体的数据和技术体系。整合现有示范田农业物联网设备，对接粮食龙头企业、物流仓储企业已有监测体系，并选取示范区进行监测网络优化拓展，研发信息采集App，应用面向作物长势、种植面积、产量、生长周期、土壤墒情等种植信息提取估算的遥感监测技术，全面汇集粮食产业全流程监测数据，提升农业

全流程信息化、数字化、智能化水平，为名优粮种提质增产、信息追溯、品牌打造保驾护航。

（二）搭建粮情大数据中心

梳理浦城县粮情相关基础数据资源体系，接入政务信息系统、互联网、遥感监测、农业上下游企业、物联网监测、科技文献等数据，汇聚农业自然资源、种质资源、仓储环境、流通环境、农产品、农户和生产经营主体等大数据，构建粮情大数据支撑平台，实现粮情信息资源的全生命周期管理，为粮食全产业链转型升级提供数据支撑。

（三）发展种植智能知识服务技术

针对粮食产业对于高质量、及时、准确、有价值知识的迫切需求，结合粮食领域专家经验、业务规则、预案案例等领域知识，打通粮食产业决策知识和全链条数据之间的关联，构建粮情知识图谱，面向政府部门、农业专家、农户、企业等提供种植、加工、销售等全流程知识和技术，实现粮情预测预警、问题诊断、知识检索、智能问答、决策方案生成、个性化推荐等知识服务，促进浦城县粮食产业信息化由信息服务向知识服务转型升级。

（四）构建粮情监测大数据平台

搭建粮情信息智能化监测管理大数据平台，对生产、流通、销售等环节的核心节点进行监控，建立覆盖全产业链分析的模型库，包括全产业链运行模型、灾害监测预警模型、产品评价模型、农产品价格分析模型、供需形势分析模型等，可视化展现全产业链的运行态势，实现以图管粮、以图指挥，为粮情管理相关部门、机构提供农业资源管理和决策支持手段。

四 主要成效

浦城县依托遥感、大数据、物联网等领先技术，通过开展粮情数据采集、汇聚、融合、模拟、分析，构建了智能、科学的粮食产业数字化管理体系，以"数据+算法"赋能粮食种植、农田监管、品质溯源、商品流通的全程精细化管理，助力粮食生产提质、增产、降本、增效，获得了业内的充分认可和广泛关注。浦城县"十县百镇千村"信息化应用示范项目入选地球观测组织（GEO）第16次全会成果展，受到CCTV重点采访和国内外专家的一致好评。农业遥感精细化监测技术研发在2023国际智慧农业大会上获得第三届"MAP杯"数智农业大赛一等奖。2021年6月，"掌上农田"获农业农村部农田建设简报推介。

（一）提升粮食产业信息化管理和服务水平

遥感技术的应用提高了山区农田数据采集的便利性。在此基础上，通过地块级农田环境多维数据、粮食加工、仓储等全流程的数据汇聚整合、精准呈现、融合分析、综合评价，为农田管理、种植规划、粮食安全保障提供高效透明、智能科学的决策工具，提升了粮食产业信息化管理和服务水平，促进了数据采集信息化、农业资源管理数字化，不断催生县域农业信息化新应用。

（二）助推粮食产业转型升级

通过信息化平台的部署，支持按照"因地制宜"的原则，逐步推进优质粮种适宜性播种计划，引导浦城大米种植方式转变，推进规模化种植，增加优质绿色稻米有效供给，提升种植质量、效益，助力加快浦城粮食产业转型升级，为创建中国好粮油示范县和水稻绿色高质高效示范县提供支持。

（三）提升优质粮食产品价值

通过粮食种植适宜性规划优化种植布局，建立粮食安全全流程追溯手段，支撑绿色兴农、质量兴农，保证了种植环境适宜、绿色、安全、高质，有效提升优质粮食产品价值，为助推浦城粮食品牌集群建设，打造"浦城大米"品牌，推进主要名优产品入选国家地理标志性产品和武夷山水公共品牌，建成现代农业示范基地提供支撑。

五 经验启示

优化区域布局，因地制宜发展特色优质粮食产业，提升产品品质，提高粮食生产效益，是全国各地区粮食产业发展共同的迫切需求，是在更高水平上保障区域粮食安全的前提。浦城县构建了一套辅助优质粮种种植科学决策的信息化技术体系，能够有效促进种植结构和区域布局更趋合理，提升优质绿色农产品比重，保障农产品质量，同时也可进一步扩展、带动多元化的农业信息化应用的发展，可为全国其他地区开展各类农产品的种植规划、农业信息化建设提供参考价值，具有较强的可复制性和广泛的推广前景。主要经验启示如下。

（一）整合全流程数据，带动粮食全产业链转型升级

粮情数据涉及生产、加工、仓储、销售等多个环节，需要互联互通，融合应用才能发挥最大效用，然而现有数据存在量大、杂乱、分散、质量低、闲置等问题，粮情数据要素价值挖掘利用程度普遍不够。浦城县"十县百镇千村"信息化应用项目在顶层设计中，力求通过搭建粮情大数据中心，完善名优粮种生产、加工、仓储一体化监测体系，汇聚政务信息系统、互联网、农业上下游企业、物联网监测数据，整合、关联、分析农业种植生产全链条数据，可为生产者提供全流程的数据应用服务，为粮食全产业链转型升级提供完整、贯通、高价值的数据支撑。

（二）打造时空底座，支撑精细农业高质量发展

好粮种植适宜性产区"一张图""掌上农田"等平台，为田间的精细化管理提供了基准时空框架，支撑不同部门数据的地块级、种植区域级全线打通。此外，卫星遥感技术可贯穿种植的各个环节，实现了山区农田分布、种植作物等信息的精确提取。在统一时空框架的基础上，可进一步整合种植、生产、流通、加工、销售的空间数据，形成全面立体的地块级农田空间信息

档案体系，辅助"从田间到餐桌"精细空间尺度的粮情数据全要素一图统管，为各级政府部门、企业精准把握粮情提供抓手。

（三）深化知识服务应用，促进智慧农业提质增效

传统的信息服务已无法满足不同产业阶段、不同区域、不同品种、不同用户、不同场景的复杂需求。中国农业正处于由主观经验判断向大数据智能决策方向转变的重要阶段，农业知识服务已经成为农业转型升级和高质量发展的重要引擎。[①] 未来还需基于深度学习、知识图谱等方法，构建粮食产业时空知识库，推动农业智能决策融入粮食全产业链，通过"数据-业务-知识"的深度耦合，打造描述型、诊断型、预测型、方案型智能知识服务应用，为智慧农业向决策智能阶段的跃升提供支撑。

---

① 赵瑞雪、杨晨雪、郑建华等：《农业智能知识服务研究现状及展望》，《智慧农业》（中英文）2022年第4期，第106页。

B.26
泉州市晋江市围头村：以"通惠情" 探索海峡两岸融合发展

洪水平 洪万亚*

摘　要：　作为祖国大陆距离大金门岛最近的渔村，围头"闽台五缘村"充分整合"围头新娘"及"海峡姻亲"等民间交流资源，以"通"促融，以"惠"促融，以"情"促融，走在前、做在先，探索创新闽台"文旅渔"融合发展模式，持续做好"通、惠、情"三篇文章，全力打造台胞台企登陆福建第一家园的"海峡第一村"和两岸融合发展示范区的桥头堡，促进两岸文旅共融、乡村共兴、发展共享。

关键词：　闽台五缘村　海峡民间交流　乡村融合　晋江市

一　背景

围头村位于福建东南沿海围头半岛突出部，面积3平方公里。海岸线绵延6500米，东临台湾海峡，西连美丽的围头湾，南与大金门岛相距仅约9.6公里，北靠"宋元中国·海丝泉州"，是祖国大陆距离大金门岛最近的渔村，也是震惊世界的"八·二三"炮战的主战场之一。现常住人口4005人，旅居港澳台和海外乡亲1万余人。

当下，从战地走来的围头村，正致力于"振兴围头·二次创业，全力

---

* 洪水平，福建省晋江市人大常委会委员，中共晋江市金井镇围头村委员会书记、村委员会主任。洪万亚，中共晋江市金井镇围头村第一支部委员会书记。

打造海峡名村"，积极探索构筑"两岸交流窗口、融合发展先锋"，成为创新发展"晋江经验"乡村振兴的排头兵，被誉为"海峡第一村"。

二 主要做法

（一）以"通"促融，搭建交流桥梁

昔日的福建海防最前线，炮与炮对话，享有"英雄的围头""美丽的围头"之美誉；今日的两岸交流最前沿，心与心交流，地缘、商缘、姻缘、民缘、水缘，促成了围头"闽台五缘村"，成为新中国成立75年来两岸关系冷暖变化的"晴雨表"，被誉为"两岸融合发展第一村"。

一是地缘重启商缘，开展"对台小贸易"。围头村"对台、面金、傍海"的独特区位优势异常明显，与一衣带水的台湾有着深厚的历史渊源，具有得天独厚的地缘。1992年，福建省人民政府正式批准围头村为"福建省民间对台小额贸易试点"。1998年，围头村迎来了万吨级对台贸易码头的落成。2008年，又扩建成十万吨级国家一类口岸。2009年，围头对台保税物流园区正式启用，成为吸引台商来围头创业的有效平台，进一步提升围头对台经贸的层次，实现了通商、通邮与通航。"十四五"期间，国家一级渔港项目将落地围头。项目建成后将进一步培育闽台文旅渔消费新业态新热点，实现两岸多业态融合发展和乡村振兴跨越发展，辐射带动周边地区发展。

二是姻缘加深民缘，演绎"冤家变亲家"。1992年，第一个"围头新娘"洪双飞嫁到金门，成为跨海姻缘的报春燕。此后，陆续有138位围头姑娘嫁到对岸，也有10位台湾姑娘嫁到围头，越来越多的两岸姻缘成为佳话。就这样，"嫁过去"和"娶过来"的"围头新娘"成为海峡两岸融合发展的和平使者，把大陆围头的爱带到海峡对岸去，也把宝岛台湾的情带到围头。中国国民党前主席洪秀柱为围头题写"两岸通婚第一村"。

三是民缘促成水缘，彰显"闽台亲上亲"。金门淡水资源匮乏，缺水成

为萦绕在金"围头新娘"心头的"噩梦"。2015年，晋江向金门供水工程方案正式敲定，供水管道的入海口就选在围头。受金门供水工程影响，围头村第一年约有1000亩的海上养殖遭受损失。但是，围头乡亲们没有丝毫怨言，都很配合这项工程。为了纪念晋江向金门供水工程，金门同胞在围头村月亮湾设立了一座高粱酒瓶形状的雕塑，正对着金门，上书"两岸一家亲，共饮一江水"，以表达感激之情。2018年8月正式通水，截至2023年10月13日累计供水超过3000万吨，不仅解决了金门乡亲的用水困难，也体现了两岸同胞之间的深厚情谊和共同利益。

（二）以"惠"促融，贴近台胞需求

围头村始终像为家人服务那样造福台湾同胞，坚持推动以"惠"促融，不断完善保障台湾同胞福祉和享受同等待遇的制度，在惠台利民上开大门、迈大步，不断增强台胞台企参与感、获得感、幸福感，引导台胞台企融入"振兴围头·二次创业"的浪潮中。

一是筑巢引凤来，助力台胞圆梦围头。围头村依托丰富的滨海资源和人文历史，以"乡村旅游助推乡村振兴"为抓手，精心推出东线滨海休闲带和西线战地观光带两条精品旅游线路。多次邀请了台湾乡村旅游协会专家实地指导并参与规划，成功打造出"看金门、喝高粱、探炮洞、逛古街、泡海水、抓鲍鱼、吃海鲜、住民宿、听故事"等九大旅游特色产品，走出了一条线上"带货、带景、带故事"，线下"带人、带游、带美食"的文旅渔融合发展新路。2022年，围头村成为文旅部与央视总台联合推出的迎接党的二十大重点节目《山水间的家》的24个新时代美丽乡村之一，也是福建省唯一入选的村。

与此同时，围头村还引进闽台乡建乡创陪护团队，为围头村渔村规划设计、人居环境改善、农房建设、惠民空间打造、乡土文化传承创新、历史文化保护利用、乡村文创和产业培育等多领域多方面提供陪护式服务，借鉴台湾社区营造经验，探索共谋、共建、共管、共评、共享的"共同缔造"模式，形成了"1+1>2"的融合效应。针对台湾乡亲、宗亲、姻亲的第二代青年，围头村推出在围创业三年免租的优惠政策，洪超雄成为第一个响应政策回家乡创业的台湾青年。

二是打好海峡牌，多元化解涉台纠纷。围头村成立了福建省首家村级涉台海事纠纷人民调解委员会。在调解过程中，充分利用闽台共有的闽南文化底蕴，打好"海峡牌"，针对不同对象、不同情节，找准切入点，对症下药，进行调解。此外，村里还携手晋江市人民法院设立了台湾同胞权益保障法官工作室，积极引导台胞台企通过法律途径维权，及时预防和化解涉台矛盾纠纷，增强台胞参与诉讼的便利度和对裁判结果的满意度，为建设两岸共同家园保驾护航。

三是海峡大邻里，同胞共筑温馨家园。围头村党委深度融合"两岸一家亲·闽台亲上亲"的邻里大背景，按照"一个主中心、两个辅中心、三条线、六大网格、八十八个互助站"网格思维，构筑围头村"党建+"邻里中心和网格党群服务站，打造"15分钟便民服务圈"，把邻里中心建成两岸民众"愿意来、喜欢来、还想来"的"家门口"综合功能阵地，实现"小事不出村，服务零距离"，让台胞工作、生活、学习和在台湾一样便利。

（三）以"情"促融，促进心灵契合

两岸同胞同根同源、同文同种。两岸同根同源、血脉相连，有着共同的文化基因，有着跨越山海的心灵联结。正是闽台两岸这种共同的文化基因与文化记忆，将两岸不同年代的人紧紧联结在一起，未来也将影响海峡更多更加年轻的一代。

一是发挥地理区位优势，开展对台交流活动。围头村充分发挥"对台、面金、傍海"的区位优势，把"亲近海峡、爱在围头"作为新时代围头村的一项重要课题，积极开展闽台民间交流"两大节庆、六大活动"，即两年一届的"海峡两岸（晋江·围头）七夕返亲节"和"闽台（晋江·围头）乡村旅游文化节"，以及每年一度的两岸少儿"围头古街"闹元宵、围头新娘跨海过"三八"、海峡妈祖民间交流、海峡邻里"5·20"徒步活动、"共同家园"两岸（围头）青少年夏令营活动、围头"八·二三"和平之旅，

让对岸的同胞从"线上、线下"看到家乡天翻地覆的变化，感受到新时代祖国大陆乡村振兴的美好成果。

二是发掘两岸乡愁记忆，守护共同精神家园。围头村在强化闽台文化交流的同时，不断发掘两岸乡愁记忆，先后收集、整理、撰写、修编出版了《眼泪与欢笑》《围头情缘》《围头记忆》《围头地情研究》《战争与和平》《两岸一家亲》等书籍，协助拍摄了"通水""通婚"等两岸融合的影视剧，不断营造"两岸一家亲·闽台亲上亲"的浓厚氛围，为促进祖国早日实现和平统一、共同推动中华民族伟大复兴贡献"围头力量"。值得一提的是，高甲戏《围头新娘》亮相2024年新年戏曲晚会，党和国家领导人同首都各界群众一起观看了演出。

三是强化情感纽带作用，深化两岸民间交流。围头村始终秉持"两岸一家亲"理念，强化宗亲、乡亲、姻亲、妈祖信仰"四大纽带"，积极开展寻根谒祖、族谱对接、朝圣祭祀、同名同宗村交流等民间交流活动。将全村各大姓氏47本族谱扫描录入电脑，先后有洪、周、陈、吴、蔡五大姓氏的台湾宗亲前来寻根谒祖。每年的海峡妈祖交流活动更是成为围头"两岸融合发展第一村"的一张亮丽名片。通过不断强化情感纽带，不断凝聚共识，增进认同，增强对台感召力、吸引力和向心力，让两岸同胞心贴得更近、情融得更深。

三 重要成效

（一）展现闽台民间交流互动魅力

围头村对台民间交流"两大节庆·六大活动"已成为海峡两岸同胞的共同盛事。第六届海峡两岸（晋江·围头）七夕返亲节被列入国台办2020年对台重点交流项目和重点宣传项目、第六届闽台乡村旅游文化节被列入文旅部全国乡村文化和旅游能人支持项目。国台办新闻局发言人马晓光、新党主席吴成典、新党前主席郁慕明、台防务部门前负责人孙震及其夫人、金门县县长杨镇浯、台湾中国文化大学教授邱毅等两岸政要特地参加围头村海峡两岸（晋江金井·围头）七夕返亲节和闽台（晋江金井·围头）乡村旅游文化节。2023年初，中共中央台办、国务院台办主任宋涛一行走进海峡第一村调研，对围头村基层对台交流取得的成效给予充分肯定。

（二）激发两岸青年创新创业活力

围头村通过"固态保护、活态传承、业态引进"，保护、修缮与活化古村落，让这个渔村"见人、见物、见生活，留形、留魂、留乡愁"。与此同时，不仅留住原村民，还吸引一批批新乡贤和新村民，特别是围头在台的乡亲、宗亲、姻亲的第二代青年，为传统村落的保护与活化注入新源泉，构筑了"海峡第一村"台青创客孵化基地，即一个中心（围头村新民村会客中心）和五个驿站（"八·二三"台青创客驿站、金沙湾饕餮驿站、围头新娘婚俗驿站、古街直播间福农驿站、"海峡人家"水陆驿站），探索打造两岸乡村融合发展新窗口和福建省闽台乡建乡创合作样板村。

（三）集聚海峡两岸乡村旅游热力

如今，围头村已成为闽台乡村旅游人气最旺的目的地之一，围头战地文化渔村加入"海峡旅游景区大联盟"，与金门县金城镇金城里、台南市安平里以及金门县台湾原住民协进会等单位签订了乡村旅游与文化交流合作协议，成为闽台乡村旅游试验基地，累计吸引了30多万人次的台胞前来观光考察。金门县前县长李沃士先生、前议长王再生先生和台湾发明人协会总顾问曾福力等台湾、金门知名人士先后前来参观。

四　经验启示

（一）大胆探索实践，勇于先行先试

深化两岸融合发展，贵在"先"、重在"试"。"先"，就是要走在前、

做在先；"试"，就是要大胆试验、敢于作为。只要是有利于增进两岸同胞福祉的事，有利于推动两岸关系和平发展、融合发展的事，围头村都要走在前、做在先，大胆探索创新，在对台交流交往中创造更多"率先"和"第一"，打通政策落实的"最后一公里"，进一步深化和扩大闽台民间交流交往，促进两岸文旅共融、乡村共兴、发展共享，努力造福台湾同胞，积极服务台资企业，让台胞台企拥有更多获得感、幸福感。

（二）加强交流互动，增进文化认同

闽台两地文化同根、血脉相连，围头村充分发挥祖地文化优势，强化姻亲、乡亲、宗亲、民间信仰"四大纽带"，不断扩大和深化闽台基层社会人文交流，开展闽台族谱对接、寻根谒祖、朝圣祭祀、同名同宗村交流活动，增强祖地文化对台感召力、吸引力、凝聚力，增进台胞对祖国的认同感和归属感，从"你来我往、常来常往"的交流，走向"你中有我、我中有你"的交融。

（三）促进台胞参与，助推融合进程

建立线上和线下交流合作平台，鼓励台胞参与祖国大陆的乡村振兴、乡村治理、乡建乡创、社区营造等项目，制定台胞优惠政策，降低台胞参与门槛，增进相互了解和友谊。围头村将携手两岸同胞，在 2026 年打造出全国知名的闽台特色民宿村、现场教育研学村、两岸青年创客村、海峡妈祖交流村、闽台五缘影视村"五个围江梦"。在此基础上，到 2035 年实现"商港渔港现代化综合体""闽台融合发展的旅游目的地""幸福围头·海峡名村新范例"的"三个围头梦"，探索出一条"从围头出发、立足晋江、走出福建、面向全国、爱跨海峡，两岸乡村融合发展"的新路径。

B.27
南平市延平区斜溪村：
绿色发展流"金"淌"银"之路

黄桂诚　詹国兵*

摘　要：　习近平总书记多次强调，必须走生态优先、绿色发展之路，使绿水青山产生巨大的生态效益、经济效益和社会效益。延平区炉下镇斜溪村坚持以习近平生态文明思想为指导，在省、市、区、镇的关心支持下，坚持生态优先、因地制宜、创新机制，通过党建引领、源头管护、典型示范、力量积聚，维护河清岸绿、生态宜居、乡风文明的乡村环境，夯实绿色发展基础；通过找准切入点、抓住关键点、把握着力点，推动绿色农业、文旅产业及生态休闲旅游发展，提升绿色发展动力；通过坚守底线、村企共建、配强队伍，在稳定粮食安全、巩固提升脱贫、提高干群能力等方面重点发力，切实增强绿色发展实效，将生态资源转化为生态资本，加快绿色发展，做大金山银山，助推乡村振兴，在大力推进生态文明建设中回答好新时代"炉下之问"新答卷，提升人民群众的获得感和幸福感。

关键词：　"炉下之问"　生态转型　绿色高质量发展　乡村振兴

一　背景

南平市延平区炉下镇斜溪村位于闽江南岸，村域面积 1.5 万余亩，下辖

---

* 黄桂诚，福建莆田人，中共南平市延平区委书记；詹国兵，福建延平人，中共南平市延平区委党史和地方志研究室主任、一级主任科员。

4 个自然村、4 个村民小组，共 677 户 2065 人，原是生猪养殖大村。1998 年 10 月，时任福建省委副书记的习近平到炉下镇调研农村工作。在听完生猪产业发展介绍后他强调，"要转变观念，把资源开发从单纯的经济生产转到开发与保护并重，保持农业资源的永续利用，认真走好绿色农业、生态农业的路子"。这一重要时刻也被记录在《闽山闽水物华新——习近平福建足迹（上）》一书中。① 调研结束后，南平市、延平区迅速开展了一次"炉下之问"，大力发展绿色农业、生态农业。

斜溪村时刻牢记习近平总书记的重要指示精神，坚持"绿水青山就是金山银山"发展理念，既打好污染防治攻坚战、守好基本农田和生态红线，又大力发展绿色产业，走好生态产业化、产业生态化路子，在大力推进生态文明建设中回答好新时代"炉下之问"新答卷。2021 年以来，在上级党委、政府的领导和支持下，斜溪村持续巩固提升乡村生态环境质量，充分借助闽江江岸线、千年古榕树、落雨杉林以及村庄周边绿水青山等当地独特的资源优势，加快推进产业转型升级，发展乡村生态休闲旅游，走好绿色高质量发展的新路子，已连续两届获评"全国文明村镇"称号，先后入选农业农村部首批全国村级"乡风文明建设"优秀典型案例、全国乡村振兴优秀案例，为延平区国家生态文明示范区"首创首成"助力加持。

二 主要做法

（一）党建引领，夯实绿色发展基础

一是铁腕治理，突出源头管护。为解决畜禽养殖污染治理"老大难"问题，斜溪村党支部高度重视，主动作为，成立养殖场拆除专项领导小组，由党支部书记担任组长，强化组织引导，村"两委"、党员带头自拆养殖场，为村民树立榜样，从"拆、转、治、清、管、查"六个方面聚焦发力、综合施

---

① 本书编写组：《闽山闽水物华新——习近平福建足迹（上）》，福建人民出版社、人民出版社，2022。

策，全面推进整村未达标养殖场清栏拆除工作。畜禽养殖污染治理后，村党支部加大山水林田湖草生态环境保护力度，完善生态公益林和天然林保护制度，通过开展工程治理，推进生活污水管网建设和斜溪流域水环境综合整治项目，建设生态护岸，推动区域水系防洪、防涝、景观、生态、休闲等多功能融合，打造水清岸绿景美的河道景观。完善常态长效巡河护河机制，严格落实"巡、管、治、保"四项职责，依托"生态文明护河"志愿服务队，开展巡河护河志愿服务活动，切实守护福泽子孙后代的绿色河道、清新环境。

二是加强引导，突出榜样示范。斜溪村党支部以增绿增质增效为主攻方向，依托乡村人文资源和绿色景观，统筹推进乡村绿化美化工作，营造"诗与田野"的宜居环境。在推动水环境综合治理工作的同时，还大力推进整村立面改造工作，彩绘涂鸦、生态农庄、休闲民宿、茶洋窑艺、生态采摘等项目应运而生，搭建起亲水旅游发展框架。利用库区移民整村推进项目和美丽乡村建设项目资金，按照"一公园一主题"建设思路，建起党建、李侗文化、乡风文明、社会主义核心价值观、孝文化等6个特色主题公园，让群众在潜移默化中理解社会主义核心价值观。同时，党员干部带头干、率先干，带领群众清理垃圾杂物，治理乱堆乱放、乱搭乱建，以实际行动彰显责任担当，形成"支部引领、党员带头、群众参与"的共治格局，让村庄增"颜值"、提"气质"、升"品质"；创新推出"红九条、黑五条"村规民约，开展人居环境红黑榜公示、青少年生态文明实践等活动，评选"美丽庭院""文明家庭""身边好人"，在村民心中树立荣誉墙，形成户户争做最美家庭的浓厚氛围。

三是集聚力量，突出整体发力。为推进乡风文明建设，斜溪村党支部按照延平区创新推行的队伍联建、活动联办、资源联用、信息联通、成果联享的"五联共建"工作机制，与炉下镇瓦口村、洋洴村等组成联建片，通过"以点促面"的发展方式，合理统筹志愿服务资源，扩大服务范围，强化各村纽带和联系，凝聚人居环境整治的强大合力。坚持党建引领新时代文明实践阵地建设，完善村级公共服务设施，推进文化惠民。按照"一中心+多支点"的模式，斜溪村以新时代文明实践站为固定中心，打造洲头优秀传统文化传播实践点、茶洋窑文化服务实践点、生态司法教育实践点、榕树公园生态文明实践点，连点、串线、成片，突出整体，整合、盘活了村里的公共资源，有效传播人与自然和谐共生的生态文明理念。

（二）产业转型，强化绿色发展动力

一是找准切入点，赋能绿色农业。斜溪村持续巩固推进生猪养殖业污染治理，全力推进斜溪流域水环境综合整治，摆脱原有的"养猪产业"路径依赖，坚决遏制非达标养殖场"卷土重来"。作为炉下镇辖区村生态转型的排头兵，斜溪村以发展生态农业为切入点，着力打造一批党员创业致富基地示范先行，培育一批农业合作社、家庭农场落地生根，有力促进了农业的适度规模化经营，推动斜溪村特色种养产业整体高质高效发展。

二是抓住关键点，激活文旅产业。斜溪村按照"党建强村、产业富村、文化育村"的发展思路，大力推进乡村文旅产业发展。积极引入民营企业力量，由村党支部负责整合资源，企业负责开发经营，依托具有当地特色的理学文化、库区文化、茶洋窑文化、龙舟文化等，盘活村内旧文化中心楼、旧粮食仓库、厂房、码头等闲置资源，建设生态司法教育基地、茶洋窑陶瓷文化馆、柘轩古民居等项目点，打造了文化文创、研学基地，助推乡村振兴。通过因地制宜发展濒水文旅经济，斜溪村进一步美化绿化村庄，加快高级版"绿盈乡村"建设。

三是把握着力点，发展生态康养。着眼于村庄发展的长远之计，斜溪村积极践行生态保护和产业发展"两条腿走路"的原则。村党支部按照"以红推绿，以绿促红"的生态旅游思路，借助"生态银行"模式，着力引入社会资本，建设清水景观平台、康养栈道、蓝喉蜂虎观鸟平台、古榕树公园及休闲民宿等，打造了"水美休闲乡村"特色旅游线路，依山傍水的斜溪村成为小有名气的"网红"村。生态环境持续向好，斜溪村积极引导村民由昔日的"猪倌"向宅家的"鸟导"转变。每年初夏，国家二级保护动物蓝喉蜂虎来到斜溪村闽江库湾边"安营扎寨、生儿育女"之际，吸引了来自天南海北的游客和观鸟爱好者，村民在当好"鸟导"的同时还顺销了农

产品。这样，通过提供配套服务和种植基地水果直销的方式，村民走上一条别开生面的"致富路"。①

（三）巩固提升，拓展绿色发展成果

一是守住底线，扩大粮食安全面。斜溪村严格落实"长牙齿"的耕地保护硬措施，结合村庄实际情况，抓好耕地抛荒、农资打假和违法占用耕地建房挖沙"三项治理"工作，坚决遏制耕地"非农化"、严格管控耕地"非粮化"。充分利用大排自然村农田平整宽阔的优势，打造美丽田园，推进高标准农田建设，守护乡村绿色底色。为进一步做优美丽田园经济，斜溪村以重塑乡村魅力、打造田园风光、传播农耕文化为路径，以玉米稻田、果蔬种植园等为主要载体，种植果蔬十余种，发展亲子采摘、农耕研学等游玩项目，推动田园风光向旅游要素转变，融入乡村旅游产业，助力形成集休闲观光、研学旅游等于一体的农业文化旅游融合的发展模式。

二是村企联合，巩固扩展脱贫面。斜溪村党支部依托整村自然风光、发展资源和优惠政策，吸引洲头旅游公司、生态渔业产业园入驻，按照分层分类实施动态帮扶，搭建本土企业与脱贫户劳动力的供需平台，帮助困难户实现在家门口就业。契合节假日开展暖心慰问活动，由挂点领导、村主干、村工作队等组成慰问关怀小组，以慰问金、慰问品、谈心谈话等形式温暖弱势群体，针对性提高村民群众获得感、幸福感、安全感，推动宜居宜业和美乡村建设。

三是配强队伍，拓宽干群能力面。村党支部积极采取了外出调研、参加座谈会和党校培训会等方式，并依托率先建成及应用的南平市首个乡村振兴数字综合服务大平台，搭建网络电视资源平台等，拓宽村干部思维眼界，提高村干部综合素质。多渠道争取资金，建成斜溪村"人大之家""协商议政室"等阵地，拓宽听取民意、反映民情的渠道。充分借助春节、清明、中

---

① 丁南：《炉下之问 生态作答——南平市延平区持续探索绿色发展路径》，《中国改革报》2024年1月29日。

秋时节人才返乡的契机以及村级小微权力监督线上平台，鼓励乡贤、新型职业农民等为乡村绿色可持续发展建言献策，助力实现高质量生活共营共创。

三　重要成效

（一）重塑了产业振兴面貌

过去的斜溪村，因生猪养殖鼓了腰包，却熏臭了村庄，污水横流、苍蝇乱飞，水乡徒有其名。随着环境整治工作的开展，绿色发展理念的深入，斜溪村拆除不符合规定的养殖场 450 多户，面积 8 万多平方米，累计削减生猪 6 万余头，成为全区第一个"无猪村"。依山傍水的斜溪生态环境优势开始凸显。如今，斜溪村可见连绵近 4 公里的闽江岸，水色烟波，景色宜人，为发展休闲旅游产业奠定了良好的生态基础。① 斜溪生态渔业产业园打造渔业特色养殖 800 余亩，洲头度假村等项目突出集餐饮民宿、文化文创、休闲康养、研学拓展于一体的特色亮点，已成为辐射福州、三明等周边县市的乡村旅游网红打卡点，2023 年吸引各地游客约 15 万人次。

（二）激发了绿色发展活力

斜溪村作为延平区重点库区村，基础设施建设良好。20 世纪 80 年代以来，利用政府性投资及村集体自筹资金，建设了文化楼、仓库、厂房、凉亭公园、码头等，后因缺乏资金管理且年代久远大量闲置。在畜禽污染整治后，各级党委、政府全力推进转产转业，斜溪村党支部抓住绿色变革时机，通过大力开展招商引资活动，把村内自然、文化资源以及集体资产打包招商，通过租赁形式进行生态旅游建设开发，盘活了村内闲置资产，解决了农村劳动力闲置问题，同时壮大了村集体经济，2023 年斜溪村财收入 193.8 万元，获评全省乡村振兴示范村创建对象。

---

① 《将畜禽养殖污染整治进行到底延平迈上绿色发展新路》，美丽延平微信公众号，2019 年 10 月 6 日，https：//mp. weixin. qq. com/s/ZzRASwLKZ3NHpuscZW9sFQ。

（三）凝聚了生态宜居合力

在各级党委、政府的指导帮扶下，斜溪村党支部完善了人居环境整治工作机制，通过"网格化"管理制度，划分党员卫生责任区，让党员挂户、挂巷，带头示范，争做人居环境品质提升的"领跑者"。2023年斜溪村绿地覆盖率达30%，绿化率达91%。① 通过人居环境红黑榜公示、示范户评选等形式，积极展示最美家庭，形成争先争优的浓厚氛围，为打造干净整洁、生态宜居的美丽乡村凝聚新合力，先后获评全省乡村"五个美丽"建设典型村、省级美丽宜居村庄培育对象等。

（四）增添了乡村治理动力

斜溪村充分利用新时代文明实践站、主题公园及长廊等宣传阵地，增强了生态文明宣传氛围；通过村党支部发力，组织党员、"四会"成员、志愿者发放倡议书，"进组入户"开展生态文明思想宣传志愿服务活动，每月常态化开展人居环境整治、生态文明建设主题活动，受众累计1200余人。充分发挥党员"1+N"作用，村"两委"、党员干部带头签订《斜溪村移风易俗承诺书》等，在移风易俗、倡树新风、践行生态文明等方面，给群众当好带头人、做出好表率，已逐步形成"自主管理、户户参与、人人维护"的良好氛围，获评省级乡村治理示范村。

四　经验启示

（一）要始终坚持生态优先

人不负青山，青山定不负人。北宋著名理学家杨时曾赞延平"山川清明伟丽，为东南之最"，斜溪村在先贤的赞誉肯定下，始终坚持以习近平生

---

① 《龙腾大武夷！打卡春节热门旅游地来，炉下斜溪等你！》，美丽延平微信公众号，2024年2月14日，https：//mp.weixin.qq.com/s/yAfZuaWEqDbrIOLyMUAtwg。

态文明思想为指引，牢固树立"绿水青山就是金山银山"的理念，紧紧围绕延平区巩固提升生态文明建设示范区的目标，坚定不移走生态优先、绿色发展之路，取得了一定成效。斜溪村的绿色发展实践是广大乡村生态文明建设的一个缩影，乡村治理、建设及发展要把生态文明建设摆在全局工作的突出地位，坚持节约资源和保护环境的基本国策，始终坚持生态为民、生态利民、生态惠民的环保理念，筑牢绿水青山强大屏障。

（二）要大力发展生态经济

乡村旅游以乡村风景为背景，即优质生态能够更好地反哺经济发展。斜溪村生态休闲旅游的发展壮大，离不开其延绵的闽江江岸线、千年古榕、落羽红杉等特色自然资源，也离不开其干净整洁、清新净雅的整村环境。在良好生态环境基础上，推进农旅、文旅项目开发，这是符合绿色高质量发展目标的可持续经济模式，因此，要树牢绿色发展理念和正确政绩观，一张蓝图绘到底，扎实推进生态文明建设，优化产业结构，不断拓宽"两山"转化路径，积极探索生态产品价值实现机制，推动生态产业化、产业生态化，以高品质生态环境支撑高质量发展，促进人与自然和谐共生。

（三）要科学编制乡村规划

乡村发展需要准确定位，要科学编制具有系统性、前瞻性的空间规划，明确乡村建设方向，奠定乡村发展主基调。斜溪村因地制宜，基于闽江源头库区村的乡村属性，打造"水美渔乡"，便是充分整合闽江南麓山水渔资源，充分发掘了乡村可打造的特色亮点。乡村发展要做到点、线、面串联，避免点状开花，这就要加强乡村风貌规划和管控，突出乡土特色和地域特点，契合实际整合优势资源，彰显村庄特色风貌。

2023年4月12~13日，福建省委书记周祖翼一行沿富屯溪顺流而行，了解闽江源头森林保护、水质监测和航运发展、农村建设等情况。12日，周祖翼来到延平区炉下镇斜溪村调研。周祖翼一行走进宁静古朴的村庄，与洲头生态餐厅的经营者交谈。听说清理了生猪养殖场后，村里大力发展生态餐厅、民宿、水上游乐等项目，焕发蓬勃生机，他十分高兴并关切询问村集体收入、村民收入和发展乡村旅游情况，希望斜溪村继续深化农村人居环境整治提升工程，提升知名度，吸引更多游客，加快乡村振兴，让绿水青山真正成为百姓增收致富的金山银山。省委周书记的一席话激励着斜溪村干群踔厉奋发，笃行人与自然和谐共生的高质量绿色发展之路。

如今，在省、市、区、镇党和政府的关心、支持下，斜溪村又相继引进一批民生和产业项目，绿色发展流"金"淌"银"之路正在越走越宽。

B.28
南平市延平区溪后村：
科技特派员起源地的百合"种球自由"

摘 要： 科技特派员制度源起南平延平、兴于福建、推向全国，是习近平总书记在福建工作期间，总结全省"三农"工作经验，指导创立和大力倡导推进的一项十分重要的农村工作创新机制。本报告分析了作为科技特派员"第一村"的溪后村是如何深化"科特派"机制，以科技助力百合花产业发展的探索之路。20多年来，通过合作攻关，打破技术壁垒，摆脱进口依赖，实现了百合"种球自由"。同时，综合利用花卉产业资源，重点打造了一批主题公园、特色小镇、康养基地、文化IP等综合体业态，推动花卉产业从单一种植向旅游、康养、艺术等领域延伸，实现了百合花三次产业融合发展。

关键词： 科技特派员 延平百合 乡村振兴

一 引言

19世纪90年代，由于政策环境、体制环境、市场环境和社会环境不断变化，"三农"发展陷入困境，农业农村科技推广出现"网破、线断、人散"情况。1999年福建省南平市率先推出科技特派员制度，多年来数十万

---

* 艾琴，福建松溪人，中共南平市延平区委副书记；张敏，福建长乐人，中共福建省委党校2017级经济法专业硕士研究生，主要研究领域为经济法。

名科技特派员穿梭山林、躬耕乡野，矢志不渝地践行着"把论文写在大地上"的庄重誓言，点亮了农村发展的科技之光，架通了农民增收致富的桥梁，延长了农业产业链，结出了累累硕果。20多年来，延平区坚持以支撑产业、提升能力为主攻方向，围绕乡村振兴和特色农业产业发展，加强与企业、高校、科研院所的沟通联系，完善科技特派员服务体系，切实抓实抓好农业科技特派员工作，让"科技之花"在乡村绽放。作为"科技特派员第一村"的王台溪后村，深入推行科技特派员制度，利用科技特派员起源地的地域和人才优势，从在第一产业集中投放特派员人才向在三次产业合理分配拓展，加大深度开发乡村资源的科技供给力度，有效解决"三农"发展中效益、效能的不充分问题。通过加速百合花产业科技成果的转化和推广，示范带动农业增产和农民增收，为乡村振兴和脱贫攻坚提供科技支撑。如今，溪后村百合花产值3000多万元，每亩净利润超1万元，是名副其实的"致富花"。南平市延平区的百合品种占世界总数的1/3以上，是全国百合鲜切花三大主产区之一，被誉为"中国百合之乡"。

二 科技特派员制度的缘起和发展

为贯彻落实习近平同志调研指示精神，破解"三农"难题，1998年11月末，时任南平市市长的李川来到延平区王台镇溪后村"驻村三昼夜"，开展"三农"问题调研，连续召开了几场座谈会，问计于农。随后又组织开展千人大调研活动，四套班子领导带领近千名干部，分赴10个县（市、区）深入调研，寻找破题之路。得到群众呼声最高的反映就是当前最迫切需要的是有效的科技服务，在当时有一种理论叫做皮球理论，干部下村就像皮球下水一样，从上往下看球是在水里，但是从下往上看却还是浮在水面上，这也说明当时农村科技服务不到位，工作并没有真正深入农村。在经过深入调研与慎重决策后，南平市走出了实施科技特派员制度的第一步，1999年2月，南平市下派了首批225名科技特派员，奔赴全市215个行政村，开启了全国推行科技特派员制度的先河。20多年来，科技特派员牢记习近平总书记嘱托，一任接着一任干，科技特派员制度也从南平市走向全国，由一产向二产、三产延伸，开展全产业链创业和技术服务。科技特派员制度也在传承中创新、创新中发展下结出了累累硕果。比如，自 2012 年起，科技特派员制度连续 6 年被写入中央一号文件。2016 年 5 月，国务院办公厅发布《关于深入推行科技特派员制度的若干意见》，标志着科技特派员制度从地方实践正式成为国家制度安排。2018 年 11 月，南平 19 年来推进科技特派员工作，助力精准扶贫的经验受到了国务院通报表扬，并入选改革开放 40 年福建影响力优秀案例。2019 年 10 月，习近平总书记在对科技特派员制度推行 20 周年做出重要指示时指出，科技特派员制度推行 20 年来，坚持人才下沉、科技下乡、服务"三农"，队伍不断壮大，成为党的"三农"政策的宣传队、农业科技的传播者、科技创新创业的领头羊、乡村脱贫致富的带头人，使广大农民有了更多获得感、幸福感。2021 年 11 月 23 日，全国第一个涉及科技特派员制度的福建省地方标准《科技特派员服务规范》正式发布实施。此标准历经两年多推广运用，经国家市场监督管理总局批准上升为国家标准，于 2023 年 11 月 27 日正式发布实施。由此可证，在科技助农这条路上，南平市走出了一条坚实的路，切实地将"农业的根本出路在科技、在教育"这句话落实到行动中。

三 溪后的探索到转变发展

作为起源地的南平延平区，在推行科技特派员制度过程中，始终坚持"高位嫁接、重心下移"的思想灵魂，在传承中创新，在创新中发展，不断赋予时代内涵，保持科技特派员制度蓬勃生机和旺盛活力。1984 年从福建农林大学园艺专业毕业后，吴敬才一直在南平农业系统工作。1997 年，他被公派德国莱法州进修园艺栽培技术，1998 年 12 月，学成归国。这些特殊经历，让吴敬才成为市里尝试推行科技特派员制度的最佳人选。刚进修回来，吴敬才便受命前往延平王台镇挂职镇长助理，派驻溪后村进行农业技术推广和指导工作。谁也没想到，他的下派成为一场闽北大地"体制性的革命"的开端。1999年初，南平市首批225名科技特派员下村为农民服务。吴敬才由此成为"1号科技特派员"。从"1号科技特派员"吴敬才到"花仙子"陈文靖，溪后村前后迎来12位科技特派员，他们在驻派期间不仅根据溪后村独具特色的林业、畜牧业给予技术支持，也根据溪后村的条件给溪后村民带来"致富花"——百合。

科技特派员们发现溪后村的气候、水质很好，土壤呈弱酸性，特别适合种植百合花，加上延平区为进一步做强做大百合产业的决心和信心，区委、区政府相继出台百合产业规划和优惠政策，引导花农成立协会，抱团发展，在王台、峡阳、炉下等乡镇建起种植基地，导入现代农业发展模式，打造"延平百合"品牌，使"延平百合"产业活力大增，促进百合产业高质量发展。溪后村在"科特派+百合产业"的发展模式带动下，成立了20余个百合花专业合作社，每年销售鲜切百合花3000多万枝，销售额达5000多万元，溪后村2000亩种植成为该地区的标志性产业，延平区百合种植面积位列福建第一，全国前三。同时延平区聚焦百合产业链延伸，大力推动百合种球研发、深加工，促进百合产业集约化、精细化发展。2022年来先后投资约4000万元，建成了延平区花卉物流中心、华东球根百合花种球培育、现代农业产研学展示等项目，并与原有市场相互支撑，形成了从种球研发到销售的一体化百合产业链，种植百合品种从过去以索蚌、西伯利亚、马可、木门为主到如今东方香水百合、OT系列、LA系列及盆栽系列等近30多个品种，同时还发展多头彩菊、尤加利等鲜切花品种，百合花已逐渐发展成为延平区极具区域特色和发展潜力的一大支柱产业。近年来，延平区不断打响"延平百合"知名度。2014年，延平区被授予"中国百合之乡"称号，同年，"延平百合"获评国家地理标志证明商标。同时，"延平百合"也是"一县一品"产业，并成功入选特色农产品区域公用品牌。2019年，"延平百合"上榜中国区域农业品牌影响力排行榜小宗特产第九位，品牌价值达12.85亿元。溪后村花农们也依靠种植"百合花"开出了生活的"致富花"，2023年全村农民人均可支配收入达3.8万元，户均增收2万元。

多年来，在科技特派员指导下，溪后村调整种植结构，进军百合花这个朝阳产业。"绿色"与"创新"交响，"科技"与"产业"碰撞，青山正加快变成金山。如今，溪后村"绿色金库"内涵外延不断拓展，依托国家储备林质量精准提升项目，在新入驻的科技特派员的助力下，综合发展森林旅游、花卉种植、文化创意等产业，以百合小镇为新载体，打造百年"绿色金库"升级版，奏响乡村振兴曲。

四 政策帮扶深化

南平市延平区委、区政府充分运用省、市乡村振兴政策红利，优化农业布局，推动辖区土地规模化经营，打造一批标准高、规模大、品种优的精品百合基地，通过科技助力，推动产业高效发展，发挥科技特派员制度起源地优势，发展"科特派+"模式，通过"科特派+产业链""科特派+金融""科特派+扶贫"等方式，为王台镇溪后村的百合花发展插上了产业发展的"翅膀"。

为百合花种植户遇到问题能得到及时解决，依托"中国科技特派员第一村"的资源优势，溪后村建立了科技特派员共享平台，使一个科技特派员能为多个农户提供科技服务，同时一个农户也能享受多个科技特派员的技术指导，为百合花产业发展添加科技的力量。现在，在区委的推动下，溪后村主动对接校域合作，建立了"福建林业职业技术学院延平百合研究所""福建林业职业技术学院延平百合实训基地"。王台镇溪后村推出了"秋种百合，夏种水稻"的"花稻轮作"模式，实现土地的高产高效种植和农业可持续发展，通过制定统一分级标准、统一物流配送、统一生产安排等"十个统一"标准，推动百合鲜切花产品分级标准和百合种植技术规范的制定，打造国产百合种球标准化生产体系。探索百合病虫害的田间识别与判定指标体系，开展花农百合花健康生产理念和标准化生产技艺培训活动，规范百合种球生产过程，加强成果创新应用，保持长期稳定的百合商品种球繁育生产和规模化种植水平。历经20多年攻关，成功突破国产化商品种球繁育技术难关，开发出诱导配方、低温春化、热激渗调等10多项适配技术，建成国产百合种球三级繁育体系，打破技术壁垒，率先在全国实现百合"种球国产化"；创建"人人都是科特派"App，通过"线上+线下""课堂+田间""现场观摩会"等方式，推动科技特派员快速下沉指导，精准解题。在科技特派员的指导下，基本形成了以王台现代农业示范园区和水口库区移民百合示范园区为中心，辐射带动周边乡镇发展，逐步构建"两带、八镇、多点"的百合花产业发展布局。实现百合花向高科技、高品质、高附加值发展，真正做好延平百合产业链。到2025年，预计花卉种植总面积达10000亩，实现产值6.5亿元。同时，重点推广东方香水百合、OT系列、LA系列及盆栽系列等百合新品种，占领国内市场，让一产实现规模化生产。

在二产方面，聚焦百合产业链延伸、价值链提升、供应链贯通，大力推动百合深加工，促进百合产业集约化、精细化发展。成立延平百合物流中心，以花卉协会为依托，构建由"政府+协会+物流公司"协同管理运营模式，形成"生产—包装—冷链物流—销售"专业化、规模化的百合产业链。不断对接市场行情，规划运价合理、时效更强、质量更优的物流运输线路，积极开发新的物流运输线路，探索可行性方案，打造创建百合花特色加工运输基地。目前，已形成稳定的上海浙江专线、广州专线、厦漳泉专线、"福州+机场"专线、中铁快运等5条配送线路。同时，又有顺丰快递、邮政快递的强强加入，不断完善和补充了延平百合专业配送路线，助力延平百合形成辐射全国重要城市市场的销售网络，真正做到延伸延平百合产业链，让二产实现集约化发展。

在三产方面，探索"美丽乡村+农林旅"新模式，推动农业、生态、文化、旅游融合发展。紧抓南平"武夷山水"品牌，加快推动百合品牌培育，大会宣传推介延平百合和百合小镇，探索"花"产业更多可能，积极推进省级第二批百合特色小镇建设，精心策划"科技特派员主题馆—红色闽浙赣会议旧址—绿色金库丰产林—百合花产研学展示"旅游线路。深度开发网红"百合仙子"IP形象品牌系列周边产品，大力谋划品牌推介活动，让三产实现特色化运营。积极参与武夷山茶博会、厦门旅游博览会、北京武夷品牌推介会等系列活动，扩大延平百合的宣传面，进一步增强延平百合的影响力，在中国花卉博览会、漳州花卉博览会、中国花卉零售业交流会等活动斩获奖项 30 多项。同时举办海峡两岸延平百合花节、延平百合文化节等活动，积极参加中国花卉博览会和海峡两岸（漳州）花卉博览会等展会。在 2023 年海峡两岸花卉博览会上，延平共取得 1 金 2 银 2 铜的佳绩。其中，百合（伊莎贝拉）获得金奖，百合（西诺红）获得铜奖。以此逐步提高延平百合知名度，助力打响延平百合品牌知名度，真正做强延平百合宣传，进一步扩大和提升百合的知名度和影响力。2023 年 12 月延平百合获评"2023 中国区域农业品牌·年度案例"。

五 主要成效

（一）科学技术跑出"加速度"

2020 年以来，延平区联合中国科学院、福建省农科院多位农技专家组建华东球根花卉研发中心，突破了国产化百合繁育种球技术难关，培育推广国产化百合种球 30 万粒，比进口百合种球节约成本近 40%。深化与省农科院合作，实施总投资 6 亿元的百合花种业振兴项目，朝着国产化种球千万粒的层级规模迈进，推动"延平百合"走出全省、面向全国。

（二）乡村发展打出"组合拳"

家门口就业岗位不足，年富力强劳动力纷纷外出务工，农民老龄化、农村空心化严重，是之前的普遍状况。随着全产业链发展百合花产业，生产要素集聚程度越来越大。一方面，大量产业项目在家门口落地，村庄集体经济实力不断壮大，外出人员回流达 200 余人，实现了由原先的"抛家舍业"向"安居乐业"转变；另一方面，花旅融合发展，美丽乡村、田园综合体的建设，乡村旅游蓬勃发展，涌现出的农家乐、休闲农庄，使得村庄自身发展的内生动力和活力得到释放。

（三）百姓增收按下"快捷键"

百合产业大发展带动群众收入增长。2022年，全村农民人均可支配收入达2.2万元，户均增收0.4万元，带动全镇壮大百合花合作社50家，其中，市级示范合作社9家、省级家庭农场5家、国家级示范合作社2家，绿色发展内生动力不断增强。在新一届区委、区政府大力支持下，全区百合花种植面积达8500亩，产值6亿元，跻身全国六大百合鲜切花主产区之一，"延平百合"先后获评南平市知名商标、福建省著名商标、国家地理标志证明商标，品牌价值达12.85亿元。

六　经验启示

要始终牢记习近平总书记"绿水青山就是金山银山"嘱托，紧紧围绕乡村振兴示范村建设目标，因地制宜，多点开花，聚焦做强"一枝花"特色产业，通过赋能"花""旅""研""学"四个关键要素，做深做透三次产业深度融合，助力农民增收、经济全面发展。

（一）必须坚持科学系统的区域发展规划

紧紧围绕国家、省、市战略和规划，围绕产业布局进行统筹，明确发展方向、实施路径、项目支撑，大力发展特色产业，做好"土特产"文章。坚持一体性，统筹区域布局，在空间融合上体现村庄资源融合，在功能融合上体现产学研融合、产业融合，统筹区域内资源，组建由高校、科研院所、企业、科技特派员的"链式"复合型科技特派团，实现"乡村出题，特派员答题""特派员坐诊，基层选医"的精准对接，重点关注产业、土地、资金等核心要素，推进资源配置高效化和价值实现最优化。

（二）必须坚持以产业生态化和生态产业化为主体的生态经济体系

应立足生态优势，充分发挥我国市场作用，持续把"生态+"理念融入产业发展之中。立足区域生态资源优势，把生态优势转化为经济优势，有效延伸拓展产业链和利润来源，不断提高良好生态环境的含金量和附加值，有效推进"绿水青山"转化为"金山银山"。鼓励通过林权流转、生态银行等多样化的交易活动，促进生态产品价值实现，形成"资源收储、资本赋能、市场化运作"的完整闭环，打通"资源-资产-资本-资金"的生态产业化转化通道。同时，遵循产业自然生态有机循环机理，对本地区空间内产业系统、自然系统与社会系统之间进行耦合优化，着力推进产业与生态的融合发展，促进经济效益与生态效益、社会效益的有机统一。

（三）必须坚持以人民为中心的发展思想

坚持从人民最关心最直接最现实的利益问题入手，想农民之所想，急农民之所急，以问题为导向，把满足农民对科技的需求放在首位，抓住重点，补短板、强弱项，切实改善农村生活环境，拓宽农民增收渠道，提高群众生活品质，把人民对美好生活的向往作为探索实践的奋斗目标，精准对接需求、满足需求，以优质的科技服务赢得了群众认可和支持，也为科技特派员制度根深叶茂提供了丰厚的土壤。

（四）必须坚持以产业振兴带动乡村振兴

坚持以"工业化理念、产业化思维"经营农业，要充分结合自身交通区位、资源禀赋，因地制宜围绕一瓶奶（乳业）、一朵花（百合花）、一根竹（竹产业）、一片叶（茶产业）、一江水（闽江流域生态保护和开发）的"五个一"特色产业，积极培育龙头企业，引进上下游企业，做好产业延链扩链补链文章，打造一批"延字号"品牌，使产业集聚形成一定规模，让好产品卖出好价钱，获得更大效益，让农民更有收获感。

B.29

柑橘黄龙病防控的"永春模式"

尤有利[*]

摘 要： 永春芦柑是世界上品质最优的宽皮柑橘品种，在世界柑橘产业中具有独特地位，素有"世界芦柑看中国 中国芦柑看永春"之说。柑橘黄龙病是柑橘生产上最为严重的病害，传播速度快且难以防控，全国各柑橘产区都受到黄龙病的严重威胁，2005年永春芦柑遭受黄龙病严重危害，阻碍了永春芦柑产业的生存与可持续发展。通过十多年的研究，永春县创新产学研政联合推广机制，集成柑橘黄龙病防控"永春模式"，得到了广大果农的欢迎和认可，在全县、全省乃至全国柑橘产区大面积推广应用，为全力推动柑橘产业形态由"小特产"向"大产业"转型提供重要的技术支撑，有效遏制了柑橘黄龙病的蔓延势头，从而促进泉州市甚至福建省乃至全国柑橘产业的可持续健康发展，柑橘黄龙病防控"永春模式"入选2022年全国农技中心种植业技术推广典型案例，被评为"科普助力乡村产业振兴"优秀案例。

关键词： 柑橘 黄龙病 永春模式

一 背景

柑橘是世界第一大水果，我国是世界第一大柑橘主产国，柑橘种植面

---

* 尤有利，农业推广硕士，永春县种植业服务中心负责人，兼任国家柑橘产业技术体系永春芦柑综合试验站站长，高级农艺师，主要研究领域为柑橘等园艺作物新品种引进筛选、栽培技术、采后保鲜、三产融合等。

积、产量均位居世界前列，全国柑橘产量超过 6000 万吨，且柑橘产品质量较高、享誉海内外，具有很强的市场竞争力。福建省地处浙—闽—粤柑橘特色生产带，是中国重要柑橘产区，柑橘种植历史悠久，柑橘产业是福建省水果产业的重要支柱。永春芦柑是世界上品质最优的宽皮柑橘品种，已有 80 多年生产历史，在世界柑橘产业中具有独特地位，在国内外市场上享有盛誉（"东方佳果""远东柑王"），果实硕大，色泽鲜艳，皮松易剥，甜酸适度，芳香甘美，入口有香甜浓密之感，风味独特，回味无穷，品质优异。永春芦柑最大种植面积达 25 万多亩，年产 35 万吨以上，栽培规模居全国首位，良种化、专业化程度位居全国领先水平，曾连续 5 次获全国、全省芦柑评比第一名，产品畅销海内外，出口马来西亚、菲律宾、新加坡、文莱、泰国、加拿大等 30 个国家和地区；曾连续 3 个产季突破 10 万吨，2008～2009 产季出口 14.62 万吨、创汇 1.02 亿美元，是福建省首个出口创汇超亿美元的农产品；2019～2020 产季自 9 月 28 日首批永春芦柑顺利出口，共出口 7.65 万吨、创汇 1.07 亿美元，促使永春县成为著名的"中国芦柑之乡"、福建第一批特色农产品优势区（永春芦柑）、全国柑橘产业 30 强县（市、区）、全国农业标准化（芦柑）示范县、国家级出口柑橘质量安全示范区、全国绿色食品原料（柑橘）标准化生产基地县、全国优势农产品产业带建设示范县。

柑橘黄龙病是柑橘生产最为严重的病害，传播速度快且难以防控。20 世纪以来，柑橘黄龙病危害蔓延范围广、势头猛，全国柑橘产业可持续发展受到黄龙病的严重威胁，面临生存险境，2005 年，永春芦柑遭受黄龙病严重危害，面积、产量锐减，严重阻碍了永春芦柑乃至全国柑橘产业的生存与可持续发展。依托国家柑橘产业技术体系，经过 20 年来的研究，永春县创新产学研政联合推广机制，集成"生态隔离、无毒大苗定植、动态更新病树、快速灭杀木虱、矮密早丰栽培"的柑橘黄龙病防控"永春模式"，将柑橘黄龙病发生率降低在 1% 以下，促使永春芦柑产业浴火重生，重新回到健康发展的轨道上。

二 主要做法

面对遭受黄龙病重创的永春芦柑产业状况，2010 年起，永春县以国家现代柑橘产业技术体系为技术依托，加强与华中农业大学等高等科研院校合作，集成综合防控技术、创新栽培管理模式，逐渐摸索出了"生态隔离、无毒大苗定植、动态更新病树、全园快速灭杀木虱、矮密早丰栽培"五措并举的柑橘黄龙病防控的"永春模式"，有效遏制了黄龙病的扩散蔓延。

2018 年 8 月，由永春县农业局主导制定的福建省地方标准——《黄龙病发生区芦柑栽培技术规程》实施。国家柑橘产业技术体系将该模式确认为主推技术，专家认为"永春模式"易于操作、实用性强，采用"永春模式"的柑橘产区黄龙病得到有效控制，未发现明显病状植株，有效实现了柑橘产量和质量双提升，对控制柑橘黄龙病、促进柑橘产业可持续发展具有非常重大意义。

（一）生态隔离

园区内柑橘木虱近距离扩散达 100～200 米，成虫可飞 7 米高，随台风或强对流天气扩散则可达千米以上，但是高海拔生态因素可以限制柑橘木虱的扩散。生态隔离，不仅可以降低风速，减轻风害，还能有效阻断或延缓柑橘木虱的扩散，是成功防控黄龙病传播的一项非常关键有效的措施。

根据地形地貌，在园区周边空缺位置、园内小区（3000m² 左右）周边种植生态防护林，树种以杉木、柏树、松树等非木虱寄主植物为宜，采用三角形方式种植 2～4 行，防护林与柑橘树要保持适当的距离，至少保留 5 米间距，以免影响柑橘生长；不能种植与柑橘有共生性病虫害的树种，如九里香、枳、花椒等，也不宜种植樟树、榕树等树冠大的树种。

（二）无毒大苗定植

1.培育柑橘无病良种繁育体系

在永春绿源柑橘苗木繁育场配套农业气象自动观测仪 1 台，完成网室换网（不锈钢）22000m²，建设"永春芦柑"采穗母本园与柑橘品种资源圃660m²，引进70个柑橘品种，每个品种5株，提供良种与种质资源；通过茎尖嫁接脱毒，获得优质柑橘无病源母树67株；建立DTBIA黄龙病菌快速检测技术，改良完善芦柑无病源良种繁育体系；研发"柑橘苗木的繁育方法"并获得国家发明专利，通过柑橘应用营养袋（钵）基质育苗技术，嫁接、培育无病健壮良种柑橘苗木100多万株，为全县乃至全省的柑橘产业提供安全健康的苗木保障。

2. 无病大苗栽培

存在病原和传播媒介柑橘木虱是黄龙病危害橘园的两个必要条件。特定园中的柑橘黄龙病病菌主要来源于带病苗木或接穗，或者带菌柑橘木虱的取食传播。因此，新建园采用无病苗木是降低橘园黄龙病危害风险的一个关键措施。柑橘从幼苗到开始着果所需时间较长，而幼年期主要是进行营养生长，会多次抽生新梢，在田间的苗木幼年期越长，感染黄龙病的可能性越大，防治难度也越大。

采用无毒大苗（2年生以上，株高>1米）进行定植和建园，将大幅压缩田间的苗木幼年期，进一步降低黄龙病危害风险。同时，无毒大苗根系发达，种植后生长快，当年可形成丰产树冠，节省1~2年田间管理成本、缩短投资周期。

（三）动态更新病树

柑橘木虱作为柑橘类新梢期的主要害虫，木虱成虫大多在感染病害的嫩树梢上产卵，孵化出幼虫后开始吸取嫩梢的汁液，从而产生大量的带菌成虫，这些带菌成虫再飞到新植株上传播柑橘黄龙病。如果未及时、科学地清除病树，那么园区内的柑橘黄龙病将快速扩散，造成十分严重的后果。果农必须动态更新病树，对于病树要给予及时清除，从而使柑橘黄龙病病原得以消除。尤其是对于病发初期以及病情较轻的柑橘园来说，一旦发现有黄龙病症状的病树，一定要立刻采取措施，将其挖除。如果没有连根挖除，则要用柴油在其树桩上进行涂抹，致使其自然死亡，从而使黄龙病的蔓延情况得到有效控制。

（四）全园快速灭杀木虱

采果后到翌年春梢萌芽前和新梢抽生期是灭杀柑橘木虱的两个关键时期。在这两个时期喷药扑杀柑橘木虱，尤其是结合冬季清园扑杀柑橘木虱，往往可以达到事半功倍的效果。

1. 农业防治

加强栽培管理，科学合理施肥，保持橘树生长健壮；坚持抹芽放梢，去零留整秋梢，抹除晚秋梢，促进柑橘整齐放梢，减少夏秋期间木虱生活繁殖和越冬木虱早期食料、产卵繁殖场所。

2. 化学防治

做好冬季清园工作，结合其他病虫害防治措施，全面喷洒农药 1 次，以消灭越冬寄生木虱；抓住春梢（4 月上旬）、夏梢（5 月中旬、6~7 月）、秋梢（8 月上旬~9 月中旬）等新芽萌发至展叶时机，结合其他病虫害防治措施进行喷药；药剂可选用高效低毒的菊酯类农药、普通有机磷农药或者生物农药。注意互相交替使用，以防产生抗药性。

3. 生物防治

保护利用木虱天敌，捕食和寄生木虱的天敌有瓢虫、草蛉、食蚜蝇、跳小蜂、螳螂等，在橘园中应种植藿香蓟和绿肥，给天敌营造栖息场所，有利于对木虱的控制。

（五）矮密早丰栽培

采用早期适当密植早结丰产栽培方法（梯田行距 2m，平缓坡地 1.5~2m×3~3.5m），亩栽 80~100 株，过于密闭时才修剪间伐。幼树第 2~3 年夏秋季（生长>1.6m）拉枝矮化，树高控制在 2.5 米以下，培养成年树独立矮化开心树形，提高光合作用产物，方便打药、修剪、施肥等操作，减少病虫危害。第 2 年全部分 3 期人工疏花疏果，幼树花期、幼果期部分人工疏花疏果（主要分 2 期人工疏花，并疏小果、病果、畸形果、过密果），以生产高等级优质芦柑。测土配方施肥、拉沟施肥，增施鸡粪等有机肥及贝壳粉，秋季株施腐熟鸡粪 12kg 左右，幼树抽梢期追施 1~2 次叶面肥。

大力推广芦柑配套栽培集成技术即简化修剪技术，山地果园轨道运输、智能水肥一体化省力化技术，采后自动分级打蜡、包装处理技术，建立产品质量全程管理制度；补种、假植无病源芦柑大苗；新果园建成后，在果园偏僻地方建立一个简易网室大棚，预备 5%~10% 的 2 年生以上的容器大苗，当新建果园零星植株出现感染病症状后，及时进行清除销毁处理，然后补栽健康的预备容器苗，以确保果园的黄龙病病株比例控制在 3% 以内，保障果园效益。

三 重要成效

柑橘黄龙病防控"永春模式"的示范推广以及《黄龙病发生区芦柑栽培技术规程》标准的发布实施，对促进永春芦柑产业结构的优化调整，规范黄龙病发生区芦柑生产技术，提振芦柑种植信心，以及促进黄龙病发生区永春芦柑产业健康发展都具有重要作用。目前，永春县柑橘种植面积已恢复至 10 多万亩，年销量超过 30 万吨，2022 年全产业链产值达 83.53 亿元。如今，"五措并举"的柑橘黄龙病防控绿色栽培模式已经由国家柑橘产业技术体系的综合试验站在福建、广东、广西等黄龙病疫区不同地方落地示范。

（一）科学价值

柑橘黄龙病防控"永春模式"，创新了柑橘黄龙病防控理论与推广模式，定植第 10 年的芦柑植株，平均株高 2.76m、冠幅 3.72m×3.56m，平均单果重 169.66g，平均株产 69.59kg，折合亩产 4.87 吨；大于 70mm 果实比例 83.43%，可溶性固形物含量 11.99%。现场未发现柑橘黄龙病病株，经抽样检测亦未检出黄龙病病株，黄龙病得到了根本控制，同时，该模式易于操作、实用性强，是对我国黄龙病防控技术的完善与创新。2016 年，美国农业部段永平研究员指出：黄龙病发生区永春芦柑栽培新技术新模式，已走在世界前沿，为国内外柑橘产区黄龙病综合防控提供了借鉴，具有非常重大意义。

2017年，国家"黄龙病绿色防控与栽培新模式研发与示范"推进工作会议在永春召开，农业农村部科技教育司刘艳巡视员指出，柑橘黄龙病这一世界柑橘产业难题有了中国解决方案。2019年4月，以永春芦柑黄龙病综合防控的节目《预防柑橘黄龙病的技术套餐来了》在中央电视台第七频道《农广天地》栏目不断播放宣传，为全国柑橘产区普及了柑橘黄龙病知识与防控技术。2019年8月进行成果评价，柑橘黄龙病防控"永春模式"项目成果总体水平达到国际同类研究先进水平，其中"生态隔离、无毒大苗定植、动态更新病树、全园快速灭杀木虱、矮密早丰栽培"五措并举"永春模式"关键技术达到了国际领先水平，柑橘黄龙病防控"永春模式"值得示范推广。2022年5月进行第三方评价，项目成果达到国内同类领先水平，可在全国柑橘产区推广；入选2022年全国农技中心种植业技术推广典型案例，被中国科普研究所评为"科普助力乡村产业振兴"优秀案例。

（二）经济效益

通过在福建安溪、顺昌、尤溪等省内乃至江西、广东等省外柑橘主产区开展技术推广应用试点示范，柑橘黄龙病防控"永春模式"取得了明显成效，降低了柑橘种植大户的经济损失，柑橘种植大户的经济效益明显提升。2019~2023年累计应用150万亩以上，建立示范基地100多个、15万亩以上，柑橘平均亩产4.87吨，新增纯收益超过1800元/亩，累计实现经济效益200亿元以上，黄龙病得到了根本控制，大幅度提高了柑橘的产量和质量，促进了柑橘产业可持续健康发展。同时，通过改变原有生产资料投入结构，减少了化学农药与肥料的施用，大力促进柑橘产业实现绿色生产。通过大幅度减少劳力投入，让果农有所解放，能谋划其他发展途径，获取更多收入。2019年以来，"永春模式"实现亩均节约人工成本400元，累计提供就业岗位1.5万个以上，促进农民增收1.8万元/年以上，经济效益极其显著。

（三）社会效益

通过电视媒体宣传，"体系风采｜福建永春：柑橘黄龙病防控'永春模式'"在全国农技推广发布，"永春模式"被越来越多农民了解、认可和应用；作为国内领先的柑橘黄龙病防控技术，"永春模式"被电视媒体争相报道 60 余次，中央电视台第七频道《农广天地》栏目重磅推出科教片《预防柑橘黄龙病的技术套餐来了》，向全国柑橘种植区果农系统介绍"永春模式"的具体应用规程和核心要领，给柑橘产业未来发展提振更大的信心。通过示范推广，在国内江西、广东、广西等柑橘主产区大面积推广应用，大幅度提高全省柑橘黄龙病防控技术水平，对树立柑橘品牌具有积极作用；促使永春县荣获全国绿色食品原料（柑橘）标准化生产基地县、福建第一批特色农产品（永春芦柑）优势区、全国柑橘产业 30 强县（市区），2022 年永春芦柑区域公用品牌价值评估达 39.74 亿元，入选 2022 年国家现代农业产业园创建名单，国家农村产业融合发展示范园通过确认。

（四）生态效益

"永春模式"实行草生栽培、节水灌溉、智能水肥一体化、病虫害生物防治等技术，亩均减少施用化学农药 20%～30%，降低了农药在果品、土壤、水源中的残留，减少了农药及其废弃物造成的污染，对生态环境起到了很好的保护作用；中华草蛉以及食蚜蝇、赤星瓢虫、姬赤星瓢虫等木虱天敌数量明显增多，维持了生态平衡，改善了生态环境；同时改善了土壤结构，培肥了地力，形成了有利于生态良性循环的种植结构，促进自然资源的合理利用，生态效益显著。

四　经验启示

（一）繁育无病苗木，加强检疫监管

种植无病良种健康苗木是防控柑橘黄龙病的基础，柑橘黄龙病的传播往往与苗木的调运有关。因此，应选择经过检疫认证、来源可靠的无病良种苗木，强化检疫监管是阻止病害传播的首要任务，应加强对苗木市场的监管，建立健全苗木检疫制度，对所有引进的苗木进行严格的检验，确保不带有黄龙病病原菌，严厉打击非法销售病害苗木的行为。

（二）加强田间管理，推行生物防治

良好的田间管理是防控柑橘黄龙病的关键，生物防治是一种环保、可持续的防控方法。应合理施肥、浇水，保持树势健壮，提高树体抵抗力，定期修剪枝条，清除病弱部分，减少病原菌的滋生。同时，通过利用天敌昆虫、微生物等自然生物因子，对柑橘黄龙病进行防治，不仅可以降低对环境的污染，还能提高防控效果。

（三）实施统防统治，及时清除病树

统防统治是指由政府或相关组织统一组织、统一指挥、统一行动的防控策略，通过整合资源，形成防控合力，能够更好地应对柑橘黄龙病的挑战。同时，及时发现并清除病树是防止柑橘黄龙病扩散的重要手段，在田间管理中，应密切观察树势，一旦发现疑似黄龙病的症状，应立即清除病树加以补植。

（四）强化科技支撑，加强投入保障

科技进步是推动柑橘黄龙病防控工作的重要动力，防控柑橘黄龙病需要充足的资金保障。政府应加大对柑橘产业的投入力度，特别是加强科研投入，为发展柑橘产业提供资金支持和技术指导，开展柑橘黄龙病防控技术的研究和推广工作，帮助种植户有效防控黄龙病，不断提高防控水平和效果，才能有效应对黄龙病危害，切实保障柑橘产业的安全、绿色、高质量发展。

附 录
福建省乡村振兴大事记（2022~2023年）

2022年福建省乡村振兴大事记

1月7日 福建省委农村工作会议在福州召开。时任省委书记尹力，时任副书记/代省长赵龙对福建省做好"三农"工作做出批示要求。会议总结了福建省2021年乡村振兴成果，强调2022年要积极探索具有福建特色的城乡融合、产业发展、科技创新、共同富裕、乡村善治的振兴之路。会议还表彰了2021年度全省乡村振兴先进单位和个人。

1月8日 福建省农业农村局长会议在福州召开，总结2021年工作，研究安排2022年重点任务。

1月27日 福建省农业农村厅携手省高速公路集团，在沈海高速宁德林厝服务区举办"福农优品"进高速农特产品展销活动启动仪式，旨在加强福建优质农产品营销宣传，创新展示平台，拓宽销售渠道，让福建优质农产品卖得出、卖得好、卖得更顺畅。

6月10~12日 第三届中国食用菌产业博览会在福州举办，福建省农业农村厅厅长陈明旺出席相关活动时指出，食用菌是福建重要的优势特色产业，要充分利用中国食用菌产业博览会平台提高"福菌"知名度和影响力。

6月16日 2022年全国绿色食品宣传月福州站启动仪式在三坊七巷隆重举办，旨在搭建平台，广泛宣传绿色食品，让更多人认识、了解和支持绿色食品事业，营造全社会共同关注和消费绿色食品的良好氛围。

7月2日 福建省农业农村厅、中石油福建销售分公司在中国石油福源加油站联合举办"福农优品·昆仑好客"一号店启动仪式,旨在加强"福农优品"营销宣传。

7月5日 《摆脱贫困》出版30周年暨乡村振兴理论研讨会在福州召开,福建省农业农村厅牵头组织举办分论坛。来自全国各地的专家学者、部分省的市县政府负责同志参加研讨会。

7月6日 福建省农业农村厅在屏南县双溪镇岩后村举办"助力乡村振兴、捐赠农机下乡"农机捐赠仪式。

7月15日 第十四届海峡论坛·两岸特色乡镇交流对接暨乡村融合发展论坛在厦门举行。论坛就两岸农业合作、基层交流、乡村融合等事项深入交流沟通。

7月20日 福建农林大学在福州举办中国—太平洋岛国减贫与发展合作研讨会,研讨会主题围绕福建与太平洋岛国如何进一步加强友好往来,深化减贫、农业合作等开展交流沟通。

7月25日 福建省农业农村厅在长汀县南山镇中复村举办放心农资下乡进村宣传活动,旨在开展农资打假专项治理行动,推进放心农资下乡进村。

7月28~29日 首届全球农遗·安溪铁观音茶文化系统保护与发展论坛在安溪县举办,旨在把茶文化、茶产业、茶科技统筹起来,打造农遗价值提升的"安溪模式"。

8月23~25日 第五届全国农业行业职业技能大赛茶叶加工赛项福建省选拔赛暨福建省第二届茶叶(绿茶)加工工职业技能竞赛在福安市举办,旨在选拔培养福建省茶叶加工技能人才,推动"多彩闽茶"高质量发展。

8月26日 福建省农业农村厅在福州举行全省乡村产业振兴带头人培育"头雁"项目实施启动仪式暨第一期培训班开班仪式。

9月9日 德化县成立乡村振兴研究院,福建省农业农村厅党组成员、副厅长黄书荣应邀参加揭牌仪式并致辞。

9月13~14日 福建省乡村"五个美丽"建设现场推进会在泉州晋江召开,副省长李建成出席会议。省农业农村厅厅长陈明旺主持会议并介绍

"五个美丽"建设进展情况。

9 月 23 日　2022 年福建省"中国农民丰收节"主会场活动在永泰县隆重举办。

9 月 23 日　人民银行福州中心支行、福建省农业农村厅联合举办福建省乡村金融教育基地授牌仪式暨金融知识下乡专场活动，对构建健康可持续的农村金融生态具有重要意义。

11 月 22 日　省农业农村厅与中国银行福建省分行在福州签订战略合作协议。省农业农村厅厅长陈明旺、中国银行福建省分行行长黄新斌出席签约仪式。

11 月 18 日　由福建省农业农村厅、宁德市人民政府、省农业科学院联合主办，屏南县人民政府、省种子总站、厦门中厦菜籽有限公司承办的"2022 年福建（屏南）蔬菜种业创新大会"在屏南县举行。来自全国各地 150 多家种业企业参加大会，集中展示了 3000 多个蔬菜新优品种。

12 月 14 日　福建省农业农村厅联合省司法厅在寿宁县下党乡下党村举办 2022 年福建省"宪法进农村"省级主场活动。大力加强宪法学习宣传，努力使尊法学法守法用法在农村蔚然成风。

12 月 16 日　福建省农业农村厅与建设银行福建省分行共同举办福建省农村产权流转交易信息平台上线启动仪式。该平台上线为推进福建省乡村全面振兴提供金融支撑。

12 月 30 日　由福建省农业农村厅、省政府外事办公室、福建日报社共同主办的"闽茶海丝行"主会场活动在福州海峡国际会展中心成功举办。向全球爱茶人士推广福建好茶。活动现场还开启了电商平台闽茶展示与销售专区，授予部分境内外人士"闽茶推广之星"荣誉称号。

2023年福建省乡村振兴大事记

1 月 19 日　全国乡村振兴局长会议以视频形式在北京召开，各省（市、区）设分会场，10 个省（市、区）在会上做交流发言。福建省委农办主任,省农业农村厅厅长、省乡村振兴局局长陈明旺做题为《突出"四个坚持"健全"四项机制"着力打造福建版宜居宜业和美乡村》的交流发言。

1月19日 福建省农业农村局长会议在福州召开,会议总结了2022年全省农村工作成果,强调要抓紧抓实2023年农业农村重点工作,全方位夯实粮食安全根基,巩固拓展脱贫攻坚成果,牢牢守住不发生规模性返贫底线。

2月10日 福建省农业农村厅与宁夏乡村振兴局在福州就闽宁协作工作开展对接座谈。福建省农业农村厅厅长陈明旺、宁夏乡村振兴局局长赵晓东出席座谈。

3月3日 福建省农业农村厅与兴业银行联合召开"兴业惠粮贷"产品发布会。"兴业惠粮贷"是省农业农村厅与兴业银行联合推出的保障粮食安全的金融产品。

3月31日~4月2日 福建省以"福山福水、福农优品"为主题参展第二十二届中国绿色食品博览会暨第十五届中国国际有机博览会。集中展示了300多家绿色有机地标企业1000多种福建优质绿色农产品。

4月28日 福建省农产品质量安全现场宣传活动在福州举办。现场发布了福建省农产品质量安全县(市)LOGO以及为2022年度"最美农安卫士"先进个人和先进集体颁发荣誉证书,组织优质农产品现场展销。

5月15日 由福建、海南、广东、广西四省(区)农业农村厅共同主办的第二十一届中国(海南)荔枝龙眼产销对接活动在海口举办。福建省积极组织漳州、泉州、福州、宁德等荔枝龙眼生产商、加工商、经销商等共20人参加,现场签约2个采购项目共8300万元。

5月20~24日 第五届中国国际茶叶博览会在杭州举办,福建作为唯一主宾省参展,以"福农优品、多彩闽茶"为主题,组织69家知名茶企参展。展团荣获"最佳组织单位""最佳设计单位",11个参展茶产品被评为优秀茶产品,武夷山、政和、周宁、寿宁被评为特色魅力茶乡,安溪、周宁两条茶旅线路入选全国茶乡旅游精品线路。

5月30日 福建省农业农村厅在诏安县梅岭镇下河村举办2023年"民

法典进农村"省级主场活动，旨在宣传民法典有关"三农"规定以及乡村振兴促进法、农产品质量安全法等涉农法律法规。

6月1日　福建省农业农村厅在厦门举办全省农业综合行政执法大比武大练兵活动启动仪式。

6月16日　由中宣部组织的"高质量发展调研行"福建主题采访活动在福州启动，省农业农村厅党组成员、副厅长袁忠贤出席情况介绍会，介绍福建农业农村高质量发展情况。

6月15~16日　第十五届海峡论坛·两岸特色乡镇交流对接暨乡村振兴合作论坛在漳州漳浦举行。论坛期间，两岸嘉宾参访了漳浦台湾农民创业园，10对闽台乡村振兴合作项目现场签约。

6月28~29日　中荷设施农业路演暨企业对接洽谈会在漳州举办。本次活动由福建省农业农村厅、漳州市人民政府、荷兰驻广州总领事馆联合主办，组织福建省21家农业龙头企业与荷兰15家设施农业装备企业参加，现场多家企业达成意向协议。

8月11~31日　福建省委乡村振兴办、省农业农村厅在福州市鼓楼区三坊七巷郎官巷举办福建省乡村振兴成果展。

8月17~19日　福建省农业农村厅在香港举办"闽茶海丝行"推介活动。本次活动由副厅长梁全顺率团组织35家福建茶叶企业参加，借助香港作为国际金融、贸易、航运中心的重要地位促进福建茶文化在世界各地的传播推广。

9月5日　福建省农业农村厅、省侨联在福州联合举办第二十三届中国国际投资贸易洽谈会现代农业项目对接洽谈活动。本次活动围绕预制菜、设施农业等主题，深入对接洽谈经贸合作项目。

10月9日　福建省农业农村厅在泰宁县举办2023年福建省休闲农业精品线路推介活动。此次推介活动以"福韵乡情　乐享农趣"为主题，发布2023年63个美丽休闲乡村和休闲农业示范点。

10月18日　福建省农业农村厅在福建农林大学举行2022年福建省乡村产业振兴带头人培育"头雁"项目结业典礼，副厅长袁忠贤出席并勉励

"头雁"要利用资源优势更好为乡村振兴服务。现场还为优秀结业生、优秀指导教师颁发荣誉证书，为优秀组织单位、"头雁汇"会客厅、实践教育基地授牌。

10月23日～11月1日　福建省农业农村厅厅长陈明旺率团组织省内8家重点茶企赴英国、马来西亚、新加坡开展"闽茶海丝行"欧亚站经贸活动，传播闽茶文化，推动经贸合作。活动期间，重点茶叶企业与当地企业签署茶叶销售和战略合作协议。

11月11日　福建省农业农村厅联合省体育局在连江县黄岐镇举办全省2023年"和美乡村健康跑"首站活动。

11月9～12日　福建省农业农村厅副厅长袁忠贤率团参加在青岛举办的第二十届中国国际农产品交易会。全省40多个县（市、区）160多家企业参展，展团荣获本届农交会"最佳设计奖"，福州、安溪、诏安、南靖展团荣获"优秀设计奖"。

11月20～22日　2023年全国（建瓯）鲜食玉米产业大会暨福建省鲜食玉米发展大会在福建省建瓯举办。大会设置鲜食玉米品种展示评审、学术交流及产业发展论坛、科研成果转让、鲜食玉米购销签约等活动。

11月30日～12月2日　2023年海峡两岸现代农业博览会·海峡两岸花卉博览会在福建省厦门、漳州举办。

12月1～3日　第二届福品博览会在福州海峡国际会展中心举办，福建省组织了30多家农业企业400多款产品亮相"福农优品"展区，推介福建省特色优势农产品，着力提升"福农优品"市场竞争力和品牌影响力。

12月4日　福建省农业农村厅、省司法厅联合在永泰县同安镇洋中村举办2023年福建省"服务农企　宪法进农村"主场活动。

12月13日　全国农业社会化服务工作座谈会在福建省厦门市召开。旨在支持农民合作社、服务专业户等服务组织发展，重点面向小农户、聚焦粮食和重要农产品生产开展服务，不断完善农业社会化服务体系，促进小农户和现代农业的有机衔接。

后　记

自党的十九大提出实施乡村振兴战略以来，围绕实施这一战略，福建农林大学先后组织编撰了《福建蓝皮书 NO.1：福建乡村振兴报告（2018～2020）》《福建蓝皮书 NO.2：福建乡村振兴报告（2020～2022）》，付梓得到人民网、"学习强国"、《福建日报》、东南网等媒体报道，并获得了社会各界的广泛关注，逐渐成为"三农"理论研究工作者、实务部门同志研究探讨福建省乡村振兴问题的载体，社会各界全面、快速了解福建省乡村振兴进展情况的窗口，农林院校、涉农智库的话语工具和引导社会舆论的平台，以及"三农"理论工作者为各级党委、政府提供资政咨询的重要渠道和形式。

2023 年 6 月，福建农林大学与福建省政协农业和农村委员会签署战略合作协议，按照"资源共享、优势互补、合作共赢、共同发展"的原则，围绕助力巩固拓展脱贫攻坚成果、全面推进乡村振兴，聚焦课题研究、建言献策、社会服务、人才培养、凝聚共识等领域开展合作，建立长期、紧密的战略合作伙伴关系，共同贯彻落实党中央和福建省委关于全面推进乡村振兴战略部署和工作要求，发挥智库优势作用，助力乡村振兴。其中，《福建蓝皮书：福建乡村振兴报告》系双方合作内容之一。双方自建立战略合作关系以来，充分利用各自资源与优势，共同推进《福建蓝皮书 NO.3：福建乡村振兴报告（2022～2024）》（以下简称"《蓝皮书》"）编撰、出版工作顺利开展。值得一提的是，福建省政协农业和农村委员会积极协调省委、省政府相关部门，获得了大量的数据资料，为《蓝皮书》编撰提供了坚实基础。

　　《蓝皮书》编撰工作于 2023 年 10 月正式启动，依托福建省习近平新时代中国特色社会主义思想研究中心福建农林大学研究基地，由福建农林大学福建农村发展智库协调组织公共管理与法学院、经济与管理学院、乡村振兴学院、安溪茶学院，中共福建省委党校，福州大学，福建省农业科学院，闽江学院，福建江夏学院，福建开放大学，福州市海洋与渔业局，中共南平市延平区委、区政府，新华社中国经济信息社福建中心，福建省乡村振兴研究会，福建省恒申慈善基金会，福建省乡村休闲发展协会，福建省引凤扶贫服务中心，中国福建三农网，晋江市金井镇围头村民委员会等单位相关人员有序推进《蓝皮书》编撰工作的分工协作、进度跟踪、质量把控等。

　　此外，2023 年以来，福建农林大学还先后与泉州市人民政府、宁德市寿宁县人民政府、福建省乡村振兴促进会等签订战略合作框架协议，各自发挥优势，组织共建乡村振兴案例研究中心、政策研究中心、乡村振兴研究会、乡村振兴专家库等，并在全省各地建设 40 余家科技小院。这些平台为《蓝皮书》编委会提供了较好的调研渠道，也成为相关研究报告观察的对象，为编撰工作提供了鲜活的案例素材和数据资料。

　　2024 年 4 月，前后经过近 30 位师生努力的《蓝皮书》终于成稿待版。在此过程中，我们还得到了许多部门领导、专家、老师、村干部、农户和学生的大力支持与帮助。在此我们表示衷心感谢。谨以此书献给福建省的广大农民兄弟和"一懂两爱"的"三农"工作队伍，并欢迎大家对本书提出批评指正，携手共促福建乡村振兴。

　　本书是国家社会科学基金项目"分类视角下空心村协同治理研究"（项目批准号：20BGL240）的阶段成果之一。

杨国永

2024 年 7 月于福建农林大学

Abstract

The year 2022 is an extremely important year in the history of the Party and the country, the world's attention of the 20th CPC National Congress was held victoriously, and the new journey of building a socialist modernized country in an all-round way has taken a solid step forward; the year 2023 is the opening year for the comprehensive implementation of the spirit of the 20th CPC National Congress, and it is the year of economic recovery and development after the three years of the new Crown epidemic prevention and control of the turn of the century. General Secretary Xi Jinping's important exposition and important instructions on the work of the "three rural areas", implement the deployment of the Central Rural Work Conference, study and apply the experience of the "Ten Million Project", unswervingly take the road of rural revitalization with Fujian characteristics, and do a good job in rural development, rural construction, rural governanceand urban-rural integration in a solid and orderly manner. We will do a good job in rural development, rural construction and rural governance in a solid and orderly manner, and vigorously and effectively promote the comprehensive revitalization of Fujian Province's rural areas. Through field surveys in typical villages in Fujian Province, in-depth interviews with agriculture-related departments, townships, villages, enterprises, cooperatives and farmers, descriptive statistics and econometric analysis based on annual statistics and questionnaire data, as well as reference to summaries of the work of the relevant departments and public reports in the media, this book monitors the economic, social, political, cultural and ecological development of the villages in Fujian Province and related hotspot issues in the period of 2022 – 2023, and provides a comprehensive overview of the economic, social, political, cultural, and ecological development of the villages in Fujian Province. This book monitors, analyzes and forecasts the economic, social, political, cultural and ecological development of rural areas in Fujian Province from 2022 to 2023, as well as related hot issues.

This book systematically reviews and summarizes the progress of rural revitalization in Fujian Province from 2022 to 2023, including rural development, rural construction, rural governance, urban-rural integration, as well as rural reform and security. Under the pressure of overcoming the impact of the epidemic and the economic downturn, new progress has been made in Fujian Province's rural revitalization from 2022 to 2023. In 2023, the province's added value of the primary industry will be 321.766 billion yuan, an increase of 4.2% over the previous year; the annual grain sowing area will be 12.617 million mu, with a total output of 5.11 million tons; the high-quality development of characteristic modern agriculture will be vigorously implemented under the "3212" project; the number and scale of agricultural utilization of Taiwan capital to maintain the first in the country; to promote the integrated development of rural one, two and three industries; village planning preparation in an orderly manner, ahead of schedule to complete the three-year action plan for village planning; the province's scale water supply to the rural population ratio is higher than the national average. Against the five target requirements of rural revitalization, this book believes that there are still some problems in Fujian Province's rural revitalization, and puts forward a number of countermeasures and suggestions in the light of the opportunities and challenges facing Fujian Province's rural revitalization in 2024, with a view to vigorously and effectively advancing the comprehensive revitalization of Fujian Province's countryside.

This book analyzes in-depth the revitalization of Fujian Province's countryside in the five aspects of industry, talent, culture, ecology and organization from 2022 to 2023, and makes recommendations on the cooperation between Fujian and Taiwan in rural construction and creation, the assistance of social organizations in rural revitalization, the reform of collective forest rights, the report on the coordinated development of the "three teas", the protection and utilization of agricultural cultural heritage, the transformation of arable land use, agricultural science and technology, the special agent system, the rural residence system, and the development of the rural land. The investigation and analysis of the special agent system and the reform of the "three rights" of the rural residence base were carried out. Interviews with Wen Tiejun, Lin Wenxiong, Wang Shengxi, ZengYurong, Chen Qiuhua, and Huang Yuedong, experts in the field of "Three Rural Areas", presenting their views on rural revitalization in Fujian Province in the form of interviews. The collection includes typical cases of exploring rural revitalization with Fujian characteristics, such as Young Talent Station, Yongtai Model, Sisters' Countryside Companions, Fuzhou Fish Balls, Smart Grain Industry, Citrus Huanglong Disease Prevention and Control, and so on.

Keywords: Rural Revitalization; Urban-rural Integration; Fujian-Taiwan Integration; Fujian Characteristics

Contents

I General Report

Abstract: From 2022 to 2023, Fujian Province has made new progress in
the revitalization of the countryside, with the added value of the primary industry
amounting to 307. 620 billion yuan and 321. 766 billion yuan in 2022 and 2023,
respectively, representing an increase of 3. 7% and 4. 2% compared with the
previous year; the area of food grains, the total output and the yields of food
grains have achieved the " three growths " in 2022 and 2023; vigorously
implement the " 3212 " project for the high-quality development of modern
agriculture with special characteristics, and cumulatively support the development
of "one village, one product" professional villages of 970; the number and scale
of agricultural utilization of Taiwan capital have maintained the national level. The
number and scale of agricultural utilization of Taiwan capital will remain the first in
the country; promote the integrated development of one, two and three
industries in rural areas, with a growth of 3. 766 billion yuan in 2022, an increase
of 3. 7% and 4. 2% over the previous year; achieve a " three-growth " growth in
grain area, total production and yields in 2022 and 2023 respectively. The

integrated development of one, two, three industries, in 2023, four new national rural industrial integration development demonstration park creation unit; village planning preparation in an orderly manner, ahead of schedule to complete the three-year action plan for village planning; the province's large-scale water supply to the rural population ratio is higher than the national average; actively promote the "ecological +" recreation, tourism, the province has a total of 6 Base selected 2022, 2023 national forest recreation pilot construction units; carry out party building led rural governance pilot, the province using "grid" "digital" "points system" "list system" governance in the province using the "grid" "digital" "points system" "list system" governance of the village reached 4045, 2072, 8644, 2543 respectively. However, compared with the five aspects of rural revitalization target requirements, Fujian Province rural revitalization there are still some problems, such as agricultural science and technology innovation capacity is still weak, rural one, two, three industries integration development needs to be strengthened; rural education, medical care, old age and other basic public services in urban and rural areas is still a large gap; rural characteristics of the cultural excavation is not deep; the effectiveness of rural governance needs to be further improved; the farmers continue to face the pressure of stable income growth. The basic judgment on the opportunities and challenges facing rural revitalization in Fujian Province in 2024 is that: multiple strategies are superimposed, policy support has been strengthened, the new quality of productive forces is leading the upgrading and transformation of industries, and the integration and development of the two sides of the Taiwan Strait provide opportunities for rural revitalization; however, it is also facing the pressures of insufficient effective demand, overcapacity in some industries, weak social expectations, and still more risks and hidden dangers; and there are blockages in the domestic macro-cycle, and the external environment is complex, severe, and severe. The complexity, severity and uncertainty of the external environment are on the rise, and these factors have posed challenges to Fujian Province in promoting rural revitalization. 2024 is the 75th anniversary of the founding of the People's Republic of China, a critical year for achieving the goals and tasks of the 14th Five-Year Plan, and the year when General Secretary

Xi Jinping personally broke the "mechanism of revitalization, industry excellence, people's prosperity, and the development of the countryside". The year 2024 is the 75th anniversary of the founding of the People's Republic of China, the key year to achieve the goals and tasks of the Fourteenth Five-Year Plan, the 10th anniversary of General Secretary Xi Jinping's grand blueprint of "active mechanism, excellent industry, rich people, and beautiful ecology" for a new Fujian, and the key year to comprehensively promote the revitalization of rural areas.

Keywords: Rural Development; Rural Construction; Rural Governance; Urban-rural Integration; Rural Reform and Security

Ⅱ Partial Reports

B.2 Analysis of Rural Industry Revitalization in Fujian
Province (2022—2023) *Sheng Jie* / 051

Abstract: The revitalization of industries serves as the cornerstone and prerequisite for rural vitalization, while also serving as the fundamental driver for accelerating agricultural and rural modernization. The revitalization of rural industries in Fujian Province has achieved remarkable results from 2022 to 2023. Overall, the rural economy continues to grow. The added value of the primary industry in 2022 and 2023 has reached 307.620 billion yuan and 321.766 billion yuan respectively, up 3.7% and 4.2% over the previous year. In terms of the supply of grain and important agricultural products, the area, total yield and unit yield of grain in 2022 and 2023 have achieved "three growth"; Important agricultural products such as meat, eggs, milk, vegetables, fruits and tea bacteria increased steadily, and the ability to ensure the supply of grain and important agricultural products continued to improve. In the development of modern agriculture with characteristics, the implementation of high-quality development of modern agriculture "3212" project as a starting point to promote the agglomeration of characteristic industries; To build the regional public brand of "Fu Nong

Excellent product" and strengthen the construction of agricultural brand; Develop and strengthen industries with rural characteristics and advantages, and promote the construction of a modern agricultural system with Fujian characteristics. In the process of promoting the integration of rural three industries, vigorously develop the processing industry of agricultural products, promote multiple processing of agricultural products, and realize multiple value-added; Actively expand the multiple functions of agriculture, encourage the development of leisure agriculture, ecotourism and other business formats; Promote the construction of national rural industrial integration development demonstration parks, successfully create 10 national demonstration parks for the integrated development of rural industries, comprehensively build a new engine for the revitalization of rural industries, and realize the double upgrading of the agricultural industry chain and value chain in Fujian Province. In terms of green ecological development of agriculture, promote the green transformation of forestry, animal husbandry and aquaculture industries; Promote comprehensive prevention and control of agricultural non-point source pollution; Raise the level of resource utilization of agricultural waste, deepen the construction of pilot zones for green agricultural development in eight countries, and constantly explore typical models of green agricultural development. In terms of upgrading agricultural scientific and technological equipment, promote the revitalization of the seed industry. Strengthen the construction of high-standard farmland to ensure the quantity and quality of cultivated land; Increase investment in agricultural mechanization; Comprehensively strengthen the demonstration and popularization of standardized agricultural production technologies; Strengthen the construction of standardized agricultural product quality and safety, and comprehensively promote the demonstration and promotion of standardized agricultural production technology. In 2022 and 2023, the overall pass rate of the quality and safety monitoring of major agricultural products in Fujian Province has reached 99.4% and 99.5%, respectively, maintaining the forefront of the country. In terms of promoting the construction of digital agriculture and digital countryside, in 2022, Fujian Province established the "Agricultural Cloud 131" information engineering platform to expand the construction of rural information

413

infrastructure and promote the rapid development of rural digital industry. In terms of opening to the outside world and cooperation between Fujian and Taiwan, the import and export of agricultural products showed a steady upward trend. The degree of agricultural integration between Fujian and Taiwan has been enhanced, and the grass-roots exchanges between Fujian and Taiwan have been deepened. At the same time, there are some problems in the revitalization of rural industry in Fujian Province, which are as follows: the pressure of stabilizing grain production is still large; The development level of rural industry needs to be further improved; Modern agricultural technology and equipment are insufficient. In order to accelerate the revitalization of rural industries, Fujian Province should ensure the stable and safe supply of grain and important agricultural products; Quicken the construction of Fujian characteristic rural modern industrial system and strengthen modern agricultural science and technology and institutional reform.

Keywords: Rural Industry Revitalization; Characteristic Modern Agriculture; Green Ecological Agriculture; Integration of Three Industries; Digital Agriculture

B.3 Analysis of Rural Talents Revitalization in Fujian Province (2022-2023)
Liu Qiyun / 071

Abstract: From 2022 to 2023, Fujian Province adheres to the road of rural revitalization with Fujian characteristics and continues to implement the support policy for rural talents revitalization. New progress has been made in rural talents revitalization by vigorously cultivating local rural talents, actively guiding all kinds of talents to flow into the countryside, strengthening the reform of talent management system for rural revitalization, deeply implementing the "teachers and apprentices" project to guide talents to countryside, promoting multi-subject participation in the revitalization of rural talents, using talents to support rural revitalization in poverty-stricken areas, and deepening the exchange and cooperation between Fujian and Taiwan rural talents. However, there are still problems such as insufficient talent team to support rural revitalization, structure of talent team to be optimized, institutional reform to promote the development of rural talents still needs to be deepened, and the environment to attract all kinds of talents to rural innovation and entrepreneurship is not perfect. In the future, we should systematically plan and build a talent support system for rural revitalization, continue to reform and optimize the system and mechanism of rural talent team construction, gather all types of subjects to promote the construction of rural talent team, and continue to improve the guarantee system for rural talentsrevitalization.

Keywords: Fujian Countryside; Talent Team; Talent Revitalization

B.4   Analyses on the Situation of Revitalization of Rural Culture in Fujian Province (2022－2023)

Lin Jianhong, Ruan Xiaojing / 094

Abstract: Cultural revitalization is an important part of comprehensive rural revitalization and an important driving force for rural revitalization. Focusing on rural civilization, 2022－2023 Fujian Province has sustainably deepened rural ideological and moral construction, inherited and carried forward the excellent traditional culture of Bamin, promoted the protection, inheritance and development of cultural heritage, continuously improved the rural public cultural services system, accelerated the integrated development of agriculture, culture and tourism, and actively explored cultural empowerment for rural revitalization by strengthening top-level design, consolidating the foundation of positions, and coordinating the creation of civilization. At the same time, there are still problems or deficiencies in the ideological understanding of rural cultural revitalization, construction strength, supply and demand structure, and the industrial development model in Fujian Province. In this regard, it is necessary to coordinate the rural cultural development mode, enrich the rural cultural system in multiple dimensions, seek development in "empowerment", enhance "empowerment" in development, and take the road of rural cultural revitalization with Fujian characteristics.

Keywords: Rural Culture Revitalization; Coordinate and Promote; Cultural Empowering; Fujian Characteristics

B.5 Analysis of Rural Ecological Revitalization in Fujian Province (2022-2023)   *Lin Limei, Zheng Yifang* / 114

Abstract: Ecological revitalization, as the key link and core support of rural revitalization, is an important measure to promote the modernization of agriculture and rural areas, promote the construction of ecological civilization, and enhance people's well-being. From 2022 to 2023, Fujian Province will promote rural ecological revitalization in an orderly manner by focusing on the improvement and upgrading of the rural habitat environment, the protection and restoration of key ecosystems, the development and utilization of ecological resources, and the construction of disaster prevention and mitigation systems, and achieve remarkable results. Remarkable results have been achieved. However, at the same time, the rural ecological revitalization of Fujian Province still exists in the governance of the main body is relatively single, the value of ecological resources can not be fully embodied, the governance of the policy synergy is not reasonable enough, the ecological culture is lagging behind the construction of the waiting to be perfected. In this regard, it is necessary to further promote the quality and efficiency of Fujian Province's rural ecological revitalization by optimizing the structure of the main body of governance based on the synergy between the government and society, strengthening the integration of industries to promote the realization of ecological value, integrating the policy system to improve the effectiveness of comprehensive governance, and reshaping the ecological culture to improve the level of ecological cognition, and so on.

Keywords: Rural Ecological Revitalization; Ecological Governance; Ecological Product Value Realization; Ecological Culture; Fujian Province

B.6 Analysis of Rural Organization Revitalization in Fujian

Province（2022－2023） *Shen Junbin* / 132

Abstract：From 2022 to 2023, Fujian Province has compressed the responsibility of five-level secretaries for rural revitalization, strengthened the construction of rural grass-roots Party organizations and the team of leaders and the organizational system, and increased the creativity, cohesion and combat effectiveness of rural grass-roots Party organizations. The province has effectively raised the level of village (neighbourhood) autonomy by strengthening the standardization of villagers' self-governance organizations. Specific initiatives include：first, focusing on deepening grass-roots democracy and consolidating the mass foundation of grass-roots autonomy; second, focusing on strengthening community governance and raising the level of grass-roots self-governance; and third, focusing on enhancing community services and stimulating the vitality of grass-roots self-governance. Over the past two years, the "Sunshine 1＋1" hand-holding plan and other rural social organizations with Fujian characteristics to help rural revitalization brand is maturing, the plan mobilized thousands of social organizations across the province and thousands of villages in the old districts to carry out twinning and in-depth cooperation cards, and achieved remarkable results. 2022 to 2023, Fujian Province also actively Implementing cross-village joint construction and village party branches leading cooperatives to develop and strengthen village-level collective economies, the province has basically eliminated villages with annual operating income of less than 100, 000 yuan. The results of the questionnaire survey and in-depth interviews conducted on 150 groups of grassroots cadres from all over Fujian show that there are some outstanding problems in the revitalization of rural organizations in Fujian Province, which should be highly concerned. Based on the statistics of questionnaire data and interview information of 50 chief township officials, this report puts forward specific policy recommendations on how to promote the revitalization of rural organizations.

Keywords：Rural Organization; Rural Revitalization; Fujian; Party Organization

Ⅲ Special Topics

B.7 Report on the Development of Cooperation Between
Fujian and Taiwan in Township Construction and
Township Creation

Deng Qiming, Lan Zixin, Zheng Xiaoling,
Chen Kaida and Chen Shunhe / 148

Abstract: Fujian Province has innovatively launched the " Fujian-Taiwan
Rural Construction and Rural Creation" model of cooperation and development,
and has carried out "escorted" service work. This report will briefly review and
analyze the development history and policy support, summarize the effectiveness
and typical cases of Taiwanese enterprises in expanding and deepening rural
construction and promoting industrial and cultural revitalization, as well as analyze
and grasp the dilemmas and problems faced in the actual work. On this basis, we
will research and design a comprehensive security system to promote the
institutionalization of the Xiangchuang work; Advocate for professional diversity
and promote the gradual diversification of service teams; Expand exchanges and
consultations to promote common standards between the two sides of the Taiwan
Strait; Strengthen project design and improve the level of rural operation and
management; Enhance awareness of integration, enhance the driving force and
effectiveness of integrated development, and enhancing the awareness and
capability of integrated development.

Keywords: Fujian-Taiwan Rural Construction and Rural Creation; Cross-
strait; Integrated Development; Rural Revitalization

B . 8   Practical Exploration of Social Organizations Helping

Rural Revitalization in Fujian Province

Guo Yuhui , Lin Qin / 166

Abstract: The strategy of rural revitalization is an important strategic conception of the Party in the new period, and it is a long-term historical task. Social organizations, as an important main body of rural governance, are an important driving force for rural revitalization. This report takes social organizations in Fujian Province as cases, and selects the Rural Revitalization Promotion Association, the Fujian Yuan Dao Ecological Environment Research Institute, and the Fujian Foundation for Justice and Courage to analyze their concrete achievements and difficulties in the process of rural revitalization, and to show how social organizations in Fujian Province can break down the barriers and solve the problems, so as to realize the diversified social forces "shaking their fingers to form a fist", and to enhance the sense of obtaining happiness and safety for the general masses, so as to provide reference for the realization of the sustainability of the development of social organizations in our country.

Keywords: Social Organizations; Rural Revitalization; Social Power

B . 9   Analysis on Cultivated Land Use Transition in Fujian

Province from the "Great Food" Perspective

Song Yu , Lin Chenyu / 178

Abstract: Complying with the changes in food consumption and dietary structure of urban and rural residents, promoting the transformation of cultivated land utilization is a practical need of "Greater Food" perspective. From 2000 to 2022, plant foods have always occupied a large proportion in the dietary structure system of residents in Fujian Province, the proportion of animal foods has shown an increasing trend, the dietary structure of residents has become more balanced, and the dietary difference between urban and rural areas has gradually decreased. The per capita dietary cultivated land footprint and the total dietary cultivated land footprint of residents both show an upward trend, the cultivated land footprint of animal food has increased significantly, and the self-sufficiency rate of cultivated land has declined. Affected by changes in urban and rural population, the total dietary cultivated land footprint in urban areas has increased and decreased in rural areas. The demand for farmland feed grains has increased significantly, the supply of vegetables is sufficient, the gap of vegetable oil is large, and the self-sufficiency rate of fruits and sugar has declined. The transformation of cultivated land utilization in Fujian Province should focus on establishing a dual guaranteed system for cultivated land resource security and food supply security, implementing a collaborative control model of rigid and flexible regulation of cultivated land, accelerating the improvement of cultivated land quality and spatial pattern optimization, and exploring and utilizing the food supply potential of various natural resources.

Keywords: "Great Food" Perspective; Dietary Farmland Footprint; Cultivated Land Use Transformation; Dietary Structure

B.10 Analysis of the Reform of the Collective Forest Tenure System in Fujian Province   *Hong Yanzhen* / 198

Abstract: Over the past 20 years, Fujian Province has actively and steadily promoted the reform of the collective forest rights system, and the relevant reforms have also achieved remarkable results, effectively stimulating the management vitality of collective forests, especially in important areas and key links such as the "separation of three rights" of collective forest land, promoting the appropriate scale management of forestry, and improving the socialized service system. Great breakthroughs have been made, and many practices can be replicated and promoted. However, the ownership rights of forest trees still need to be improved, the sustainable management ability of forestry needs to be strengthened, and the path to realize the value of ecological products needs to be improved. It is urgent to take the introduction of the Plan for Deepening the Reform of the Collective Forest Rights System as an opportunity. We should promote the reform into the deep water area from the aspects of perfecting the modern forestry property rights system, strengthening the sustainable management mechanism of forestry, unimpeded the value realization mechanism of ecological products, and improving the modern forestry management system, so as to further promote the high-quality development of forestry.

Keywords: Collective Forest Tenure System; Modernization of Forestry; Fujian Province

B.11 Report on the Integrated Development of Tea Culture, Tea Industry, and Tea Technology in Fujian Province

Ji Jinxiong, Chen Zhidan / 215

Abstract: Fujian Province is the birthplace and origin of the integrated theory of "tea culture, tea industry and tea science and technology", and the comprehensive implementation of the concept of integrated development of the "three teas" is of great significance to the promotion of high-quality development of the tea industry in Fujian Province. 2021 Since then, Fujian Province has been focusing on the integration of "tea culture, tea industry and tea science and technology" to promote the development of tea industry. Since 2021, Fujian Province, closely around the integration of "tea culture, tea industry, tea science and technology" this article to promote the high-quality development of the tea industry, has achieved remarkable results, but in the tea culture heritage, tea industry upgrading and tea science and technology innovation is still faced with a series of challenges, especially in the coordination between the three and the development of the relationship. To this end, it is necessary to build a bridge for the integration of tea culture inheritance and modernization, promote the optimization and innovation and upgrading of the tea industry structure, strengthen the connection between tea science and technology research and development and industrial demand, establish a sound coordination mechanism, and strengthen the policy support and incentive mechanism, in order to achieve effective coordination and synergistic development among the three, namely, tea culture, tea industry, and tea science and technology.

Keywords: Tea Culture; Tea Industry; Tea Science and Technology; Fujian

B.12　Report on the Protection and Utilization of Agricultural Cultural Heritage in Fujian Province

Qu Feng, *Fu Zhuoyue* / 229

Abstract: Fujian Province is rich in agricultural cultural heritages, such as jasmine tea culture system, Tieguanyin tea culture system, Youxi United terrace culture system and so on, which have a long history and unique value. It is necessary to sort out the agricultural cultural heritages in Fujian Province comprehensively, and protect, develop and utilize them. In the investigation, it is found that there are still some problems in the protection and inheritance of agricultural cultural heritage in Fujian Province, such as unclear understanding of the main body of protection and inheritance, imperfect mechanism of protection and inheritance, etc. Therefore, it is necessary to carry out a comprehensive survey of agricultural cultural heritage, establish a detailed list of agricultural cultural heritage, and improve the mechanism of protection and inheritance, so as to realize the living inheritance of Agricultural Cultural heritage.

Keywords: Agricultural Cultural Heritage; Tea Culture; Terraced Fields Culture; Fujian

B. 13   Report on Service of Agricultural Science and

Technology Commissioners in Fujian Province

Wang Zhenghuan, *Cai Weiping and Wu Rui* / 245

Abstract: The system of science and technology dispatchers is a rural work mechanism innovation that General Secretary Xi Jinping personally instructed to promote through in-depth field research during his work in Fujian Province, and which the Nanping municipal government has taken the lead in implementing. The system has since been promoted in rural areas across the country, providing a solid scientific and technological foundation to help our country win the battle against poverty and realize the revitalization and development of the countryside. At this time when we are studying the important instructions given by General Secretary Xi Jinping on the S&T Special Agent System during his visit to Fujian, we are reviewing the different stages of the development of the S&T Special Agent System and sorting out the operation mechanism of the S&T Special Agent System. At the same time, it summarizes the effectiveness of the S&T Special Agent System in empowering Fujian's rural revitalization in the light of actual cases of rural development in Fujian Province, explores the successful experiences in the development of the S&T Special Agent System, and puts forward practical suggestions for the innovative development of the system. It is of great practical significance to the current enrichment and improvement of the science and technology dispatchers system and the agricultural science and technology extension service system in Fujian Province.

Keywords: Science and Technology Commissioner; Rural Revitalization; Agricultural Technology Promotion; Fujian

B.14   Report on the Reform of Rural Homestead System in
Fujian Province

Yu Liyan, Guo Minghao, Chen Shuying and Nie Chuang / 258

Abstract: The pace of homestead reform in Fujian Province is steady, and the accumulation of pilot reform experience with important practical significance is of great significance to improve the efficiency of homestead management. This paper analyzes the main practices and results of the property rights reform of rural residential land in Fujian Province, and focuses on the successful experience of the second batch of pilot reform areas in Fujian Province, such as Shaxian, Jianou and Jinjiang, and summarizes the experience of strengthening the leadership of grass-roots organizations, people-oriented and rooting in local characteristics. The pilot projects in the three places have achieved remarkable results, not only improving the efficiency of land use and innovating the rural financial mortgage loan model, but also It has also improved the ecological environment and rural culture. However, the pilot program has not been widely implemented nationwide, and further efforts are needed to improve the efficiency of resource utilization and utilization; Adapt to local conditions and implement flexible policies; Combining unblocking and steadily advancing; Actively innovate and explore new paths to promote the reform of the homestead system in other regions of Fujian Province.

Keywords: Residential Land; Homestead Property Right Reform; Fujian Province

V   Case Studies

B.21   Building Nests and Attracting Phoenixes: Exploring the
Path of Young Talents to Serve Rural Revitalization

You Meizhu, Hu Yanfu / 316

Abstract: The implementation of rural revitalization strategy cannot be separated from the support of talents, and a batch of young talents engaged in the field of rural revitalization have emerged in all parts of Fujian Province, who have invested in rural revitalization with their professional skills and enthusiasm, and have achieved remarkable results. Pei Jinze, a master's degree graduate of Fujian Agriculture and Forestry University in 2017, carried out "three rural" services during his college years, and after graduation, he set up the Fujian Province Phoenix Poverty Alleviation Service Center, Tsinghua University Rural Revitalization Workstation Minqing Station, Dehua County Rural Revitalization Research Institute and other institutions, exploring a new way for young talents to serve rural revitalization, from choosing a profession to starting a business in their hometowns. It has explored a new way for young talents to serve rural revitalization and provided experience for young people to participate in rural revitalization.

Keywords: Young Talents; Building Nests and Attracting Phoenixes; Returning Home to Start Business; Rural Revitalization

B. 22 Yongtai Sample: Innovative Practice of Guzhuangzhai

Cultural Heritage Protection and Activation

Peng Chongming, Zhang Peifen and Huang Shuzhen / 327

Abstract: As an important defensive residential building in central Fujian, the heritage protection mode of Yongtai Village has been continuously concerned by domestic and foreign scholars in recent years. In order to further explore the coordinated development of cultural heritage protection and rural revitalization, the Fujian Center of China Economic Information Agency of Xinhua News Agency, in cooperation with the Office of the Leading Group for the Protection and Development of Ancient Villages and Villages in Yongtai County, jointly conducted field research and analysis on the innovative practice of the protection and activation of ancient villages and villages. This paper explores and summarizes the experience of Yongtai County in promoting the protection of Zhuangzhai cultural heritage, rural revitalization and high-quality development, and forms a Yongtai sample for the development of other regions.

Keywords: Cultural Heritage Protection and Activation; Village; Yongtai Experience

B.23 Sisters' Countryside Companions: Exploring the Model of Rural Women's Participation in Rural Revitalization in Fujian Province   *Fujian Highsun Foundation* / 339

Abstract: Women are an important force in the countryside, and how to let women give full play to their potential and power to participate in rural revitalization is a common concern in the field of theory and practice nowadays. In 2018, Fujian Highsun Foundation puts forward and practices the support of women's self-organization as a carrier, and realizes the empowerment and development of women in the countryside through capacity building, following up on companionship, building a community exchange platform, and providing a development fund, It also promotes women's participation in rural revitalization. Under this model, women not only get personal development, but also explore a new way for women to participate in rural revitalization.

Keywords: Women's Self-organization; Public Affairs; Rural Revitalization

B.24 Fuzhou: The Implementation of the "One Million Project" to Create a Hundred Billion FishballIndustry Chain

Tong Guirong / 347

Abstract: Fuzhou fishballs have the name of "Fukumaru", which is a business card of the culture of Min Du, Min cuisine culture, Fukushima culture and "Fuzhou on the sea". In recent years, Fuzhou City from focusing on

Fuzhou fishball raw material supply, production and processing, marketing, branding and other forms of the whole industry chain, from policy innovation, mechanism innovation, mode innovation and other aspects to promote the development of Fuzhou fishball whole industry chain. Fuzhou is through the implementation of the "hundred million project" to create a hundred fishball enterprises, a thousand fishball stores, creating ten thousand rural jobs, the formation of 100 billion Fuzhou fishball industry chain. By continuously strengthening the chain to extend the chain and supplement the chain, expanding the Fuzhou fishball industry chain, promoting the integrated development of one, two and three industries of Fuzhou fishball, improving the income level and quality of life of farmers, and promoting the sustainable, healthy and stable development of rural economy.

Keywords: Fuzhou Fishball; Whole Industry Chain; Rural Revitalization

B. 25 Pucheng County, Nanping City: Smart Grain Industry Innovative Development Model

Li Daichao, Wu Sheng, Li Mengmeng and Zhao Zhiyuan / 354

Abstract: Pu Cheng County is a demonstration county of China's good grains and oils production and a national commodity grain base county. In order to further improve the production efficiency and benefits of Pu Cheng County's Food industry, Pu Cheng County has laid out projects such as "Ten Counties, Hundred Towns, Thousand Villages" informatization demonstration and "Handheld Farmland". Following the food industry chains of "good seeds, good raw materials, good storage, good processing, good products, and good staple food", it organizes and carries out demonstrations of informationization applications in the food industry. Aiming at boosting the transformation and upgrading of food industry. The main methods include: researching fine-grained monitoring technology for agricultural remote sensing in mountainous areas, constructing a grain production suitability zoning map for "Different regions are suitable for different crops", building a "Handheld Farmland" data resource management system, and developing a product quality traceability prototyping system of "one product, one yard". Subsequent efforts should focus on improving the entire process monitoring system for food data, solidifying the foundation of big data support, enhancing knowledge service levels, and constructing intelligent analysis application scenarios for food big data. The implementation of the project provides support for the transformation and upgrading of Pu Cheng County's food industry and the enhancement of the brand value of high-quality food industry, and also provides a reference for other regions in China to carry out refined informatization applications in the food industry.

Keywords: Intelligent Agriculture; Informatization Application; Nanping City

B.26   Weitou Village, Jinjiang City: "Connectivity, Welfare, and Emotion" Exploring New Approaches for Integrated Cross-Strait Development

Hong Shuiping, Hong Wanya / 365

Abstract: As the fishing village closest to the Great Kinmen Island in the mainland of China, Weitou "Fujian-Taiwan Five-Special-Relationship Village" fully integrates the resources of folk exchange such as "Weitou brides" and "cross-strait in-laws". Advancing integration through better connectivity and more preferential policies, and based on mutual trust and understanding. It takes the lead and explores and innovates the integrated development of "culture, tourism, and fishing" between Fujian and Taiwan. It continues to do a good job in the three articles of "connectivity, welfare, and emotion", and make every effort to build the "first village of the Taiwan Straits" for Taiwan compatriots and Taiwan enterprises to land in the first home of Fujian Province and the bridgehead of the pilot zone for the Cross-Strait integrated development, promoting cross-strait culture and tourism integration, rural prosperity, and shared development.

Keywords: Fujian-Taiwan Five-special-relationship Village; Cross-straits People-to-people Exchanges; Integrated Rural Development; Jinjiang City

B. 27   Xiangxi Village, Yanping District, Nanping City: The Road of "Gold" and "Silver" in Green Development

Huang Guicheng, Zhan Guobing / 372

Abstract: General Secretary Xi Jinping has repeatedly emphasized the need to take the road of ecological priority and green development, so that green water and green mountains can produce huge ecological, economic and social benefits. Yanping District, Furnace under the town of diagonal stream village adhere to Xi Jinping ecological civilization thought as a guide, in the province, city, district, town care support, adhere to the ecological priority, according to local conditions, innovative mechanism, through the party building leadership, the source of the management and care, typical demonstration, the power to build up, maintenance of the river clear bank green, ecological livability, civilized countryside style of the countryside environment, tamping the foundation of the green development; through the identification of the point of entry, seize the key point, grasp the focus of Promote the development of green agriculture, culture and tourism industry and ecological leisure tourism, enhance the power of green development; by adhering to the bottom line, the village enterprises to build, with a strong team, in the stabilization of food security, consolidate and enhance the poverty alleviation, improve the ability of the cadres and so on the focus of the force, and effectively enhance the effectiveness of green development, will be converted into ecological resources for the ecological capital, to accelerate the green development, to do the mountains, to help the revitalization of the countryside, and vigorously promote the construction of ecological civilization in answering the question of "the stove". In the construction of ecological civilization, we will answer the new answer to the "question under the stove" and enhance the people's sense of achievement and happiness.

Keywords: "Furnace under the Question" Ecological Transformation; Green High-quality Development; Rural Revitalization

B.28 Xihou Village, Yanping District, Nanping City: "Seedball Freedom" of Lily in the Origin of Science and Technology Specialists   *Ai Qin, Zhang Min* / 381

Abstract: The system of science and technology dispatchers originated in NanpingYanping, flourished in Fujian, and was promoted to the whole country. It is a very important rural work innovation mechanism that General Secretary Xi Jinping personally guided the creation of and vigorously advocated the promotion of during his working period in Fujian by summarizing the experience of the province's "Three Rural Issues" work. In this paper, from YanpingWangtai Township, Xihou Village, as a scientific and technological specialists, "the first village", how to deepen the "science and technology" mechanism, science and technology to help rural revitalization of the successful exploration of the development of the lily industry. 20 years, through the cooperation of research and development, to break the technological barriers, to get rid of the imported Dependence, to realize the lily "seed ball free". At the same time, the comprehensive utilization of the resources of the flower industry, focusing on creating a number of theme parks, special towns, recreation bases, cultural IP and other complexes, to promote the flower industry from a single planting to tourism, recreation, art and other areas of extension, to achieve the integrated development of one, two or three industries of lilies.

Keywords: Science and Technology Specialists; Yanping Lily; Rural Revitalization

B . 29   The "Yongchun Model" of Citrus Huanglong Disease Prevention and Control
You Youli / 390

Abstract: Yongchun rutabaga is a wide-skinned citrus variety with the best quality in the world, and it has a unique position in the world citrus industry, which is known as "the world rutabaga look at China, China rutabaga look at Yongchun". Citrus huanglong disease is the most serious disease in citrus production, fast spreading and difficult to prevent and control, all citrus producing areas in the country are seriously threatened by huanglong disease, Yongchun rutabagas suffered from huanglong disease in 2005, which impeded the survival of Yongchun rutabagas and sustainable development of the industry. Through more than ten years of research, Yongchun County innovated the joint promotion mechanism of industry, academia, research and government, and integrated the "Yongchun model" of citrus Huanglong disease prevention and control, which was welcomed and recognized by the majority of fruit growers, and was popularized and applied in the whole county, the whole province, and even the whole country's citrus producing areas, which has contributed to the promotion of the citrus industry from "small specialties" to "big specialties". It has provided important technical support for the transformation of the citrus industry from a "small specialty" to a "big industry", effectively curbed the spread of citrus huanglong disease, and promoted the sustainable and healthy development of the citrus industry in Quanzhou City, even in Fujian Province, and even in the whole country, and has been selected as a typical case of planting technology promotion by the National Center for Agricultural Technology in 2022, and has been named as one of the "Science Popularization Helps Rural Fruit Farmers". It was selected as a typical case of planting technology promotion of the National Agricultural Technology Center in 2022, and was awarded as an excellent case of "popularization of science helps rural industry revitalization".

Keywords: Citrus; Huanglong Disease; Yongchun Model

社会科学文献出版社

皮 书

智库成果出版与传播平台

❖ 皮书定义 ❖

皮书是对中国与世界发展状况和热点问题进行年度监测，以专业的角度、专家的视野和实证研究方法，针对某一领域或区域现状与发展态势展开分析和预测，具备前沿性、原创性、实证性、连续性、时效性等特点的公开出版物，由一系列权威研究报告组成。

❖ 皮书作者 ❖

皮书系列报告作者以国内外一流研究机构、知名高校等重点智库的研究人员为主，多为相关领域一流专家学者，他们的观点代表了当下学界对中国与世界的现实和未来最高水平的解读与分析。

❖ 皮书荣誉 ❖

皮书作为中国社会科学院基础理论研究与应用对策研究融合发展的代表性成果，不仅是哲学社会科学工作者服务中国特色社会主义现代化建设的重要成果，更是助力中国特色新型智库建设、构建中国特色哲学社会科学"三大体系"的重要平台。皮书系列先后被列入"十二五""十三五""十四五"时期国家重点出版物出版专项规划项目；自2013年起，重点皮书被列入中国社会科学院国家哲学社会科学创新工程项目。

权威报告·连续出版·独家资源

皮书数据库

ANNUAL REPORT(YEARBOOK)
DATABASE

分析解读当下中国发展变迁的高端智库平台

所获荣誉

- 2022年，入选技术赋能"新闻+"推荐案例
- 2020年，入选全国新闻出版深度融合发展创新案例
- 2019年，入选国家新闻出版署数字出版精品遴选推荐计划
- 2016年，入选"十三五"国家重点电子出版物出版规划骨干工程
- 2013年，荣获"中国出版政府奖·网络出版物奖"提名奖

皮书数据库　　"社科数托邦"
　　　　　　　　微信公众号

成为用户

登录网址www.pishu.com.cn访问皮书数据库网站或下载皮书数据库APP，通过手机号码验证或邮箱验证即可成为皮书数据库用户。

用户福利

- 已注册用户购书后可免费获赠100元皮书数据库充值卡。刮开充值卡涂层获取充值密码，登录并进入"会员中心"—"在线充值"—"充值卡充值"，充值成功即可购买和查看数据库内容。
- 用户福利最终解释权归社会科学文献出版社所有。

数据库服务热线：010-59367265
数据库服务QQ：2475522410
数据库服务邮箱：database@ssap.cn
图书销售热线：010-59367070/7028
图书服务QQ：1265056568
图书服务邮箱：duzhe@ssap.cn

社会科学文献出版社 皮书系列
SOCIAL SCIENCES ACADEMIC PRESS (CHINA)
卡号：574716521587
密码：

S 基本子库
UB DATABASE

中国社会发展数据库（下设 12 个专题子库）

紧扣人口、政治、外交、法律、教育、医疗卫生、资源环境等 12 个社会发展领域的前沿和热点，全面整合专业著作、智库报告、学术资讯、调研数据等类型资源，帮助用户追踪中国社会发展动态、研究社会发展战略与政策、了解社会热点问题、分析社会发展趋势。

中国经济发展数据库（下设 12 专题子库）

内容涵盖宏观经济、产业经济、工业经济、农业经济、财政金融、房地产经济、城市经济、商业贸易等 12 个重点经济领域，为把握经济运行态势、洞察经济发展规律、研判经济发展趋势、进行经济调控决策提供参考和依据。

中国行业发展数据库（下设 17 个专题子库）

以中国国民经济行业分类为依据，覆盖金融业、旅游业、交通运输业、能源矿产业、制造业等 100 多个行业，跟踪分析国民经济相关行业市场运行状况和政策导向，汇集行业发展前沿资讯，为投资、从业及各种经济决策提供理论支撑和实践指导。

中国区域发展数据库（下设 4 个专题子库）

对中国特定区域内的经济、社会、文化等领域现状与发展情况进行深度分析和预测，涉及省级行政区、城市群、城市、农村等不同维度，研究层级至县及县以下行政区，为学者研究地方经济社会宏观态势、经验模式、发展案例提供支撑，为地方政府决策提供参考。

中国文化传媒数据库（下设 18 个专题子库）

内容覆盖文化产业、新闻传播、电影娱乐、文学艺术、群众文化、图书情报等 18 个重点研究领域，聚焦文化传媒领域发展前沿、热点话题、行业实践，服务用户的教学科研、文化投资、企业规划等需要。

世界经济与国际关系数据库（下设 6 个专题子库）

整合世界经济、国际政治、世界文化与科技、全球性问题、国际组织与国际法、区域研究 6 大领域研究成果，对世界经济形势、国际形势进行连续性深度分析，对年度热点问题进行专题解读，为研判全球发展趋势提供事实和数据支持。

法律声明

"皮书系列"（含蓝皮书、绿皮书、黄皮书）之品牌由社会科学文献出版社最早使用并持续至今，现已被中国图书行业所熟知。"皮书系列"的相关商标已在国家商标管理部门商标局注册，包括但不限于 LOGO（ ）、皮书、Pishu、经济蓝皮书、社会蓝皮书等。"皮书系列"图书的注册商标专用权及封面设计、版式设计的著作权均为社会科学文献出版社所有。未经社会科学文献出版社书面授权许可，任何使用与"皮书系列"图书注册商标、封面设计、版式设计相同或者近似的文字、图形或其组合的行为均系侵权行为。

经作者授权，本书的专有出版权及信息网络传播权等为社会科学文献出版社享有。未经社会科学文献出版社书面授权许可，任何就本书内容的复制、发行或以数字形式进行网络传播的行为均系侵权行为。

社会科学文献出版社将通过法律途径追究上述侵权行为的法律责任，维护自身合法权益。

欢迎社会各界人士对侵犯社会科学文献出版社上述权利的侵权行为进行举报。电话：010-59367121，电子邮箱：fawubu@ssap.cn。

社会科学文献出版社

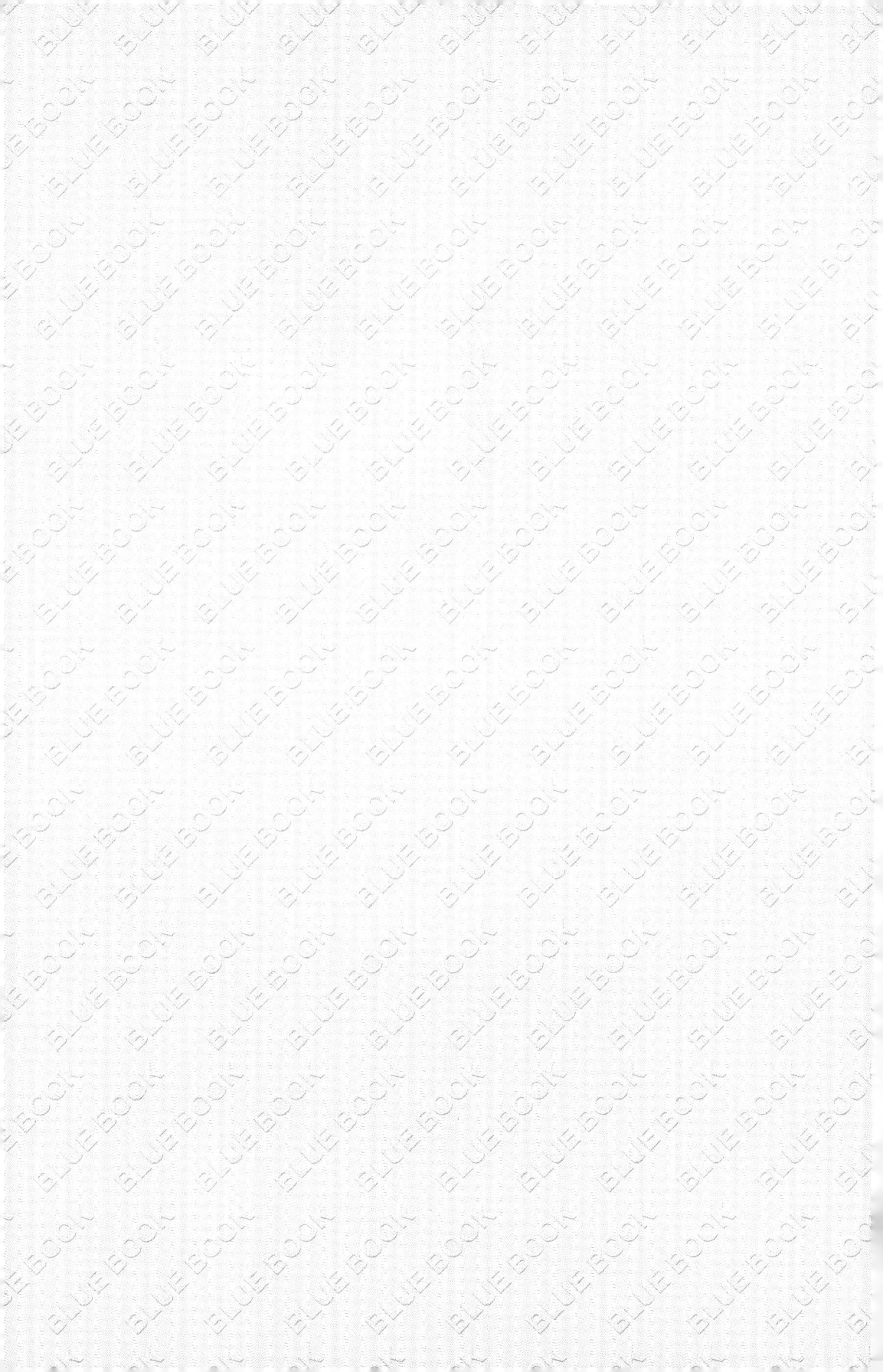